JEAN-FRANÇOIS LÉPINE

sur
la ligne
de feu

Du même auteur

Janine Sutto – Vivre avec le destin, Éditions Libre Expression, 2010

JEAN-FRANÇOIS LÉPINE

sur
la ligne
de feu

Libre Expression

Une société de Québecor Média

Catalogage avant publication de Bibliothèque et Archives nationales du Québec et Bibliothèque et Archives Canada

Lépine, Jean-François, 1949-
      Jean-François Lépine : sur la ligne de feu
      Comprend des références bibliographiques.
      ISBN 978-2-7648-0945-7
1. Lépine, Jean-François, 1949-   - Anecdotes. 2. Journalistes - Québec (Province) - Anecdotes. 3. Animateurs de télévision - Québec (Province) - Anecdotes. I. Titre. II. Titre : Sur la ligne de feu.

PN4913.L46A3 2014   070.4'3092   C2014-941985-6

Édition : André Bastien
Révision linguistique : Gervaise Delmas
Correction d'épreuves : Julie Lalancette
Couverture : Chantal Boyer
Mise en pages : Louise Durocher

Toutes les photos, y compris celles de la couverture, proviennent de la collection personnelle de l'auteur.

Remerciements
Nous reconnaissons l'aide financière du gouvernement du Canada par l'entremise du Fonds du livre du Canada pour nos activités d'édition.
Nous remercions le Conseil des Arts du Canada et la Société de développement des entreprises culturelles du Québec (SODEC) du soutien accordé à notre programme de publication. Gouvernement du Québec – Programme de crédit d'impôt pour l'édition de livres – gestion SODEC.

Les Éditions Libre Expression
Groupe Librex inc.
Une société de Québecor Média
La Tourelle
1055, boul. René-Lévesque Est
Bureau 300
Montréal (Québec) H2L 4S5
Tél. : 514 849-5259
Téléc. : 514 849-1388
www.edlibreexpression.com

Dépôt légal – Bibliothèque et Archives nationales du Québec et Bibliothèque et Archives Canada, 2014

ISBN : 978-2-7648-0945-7

Distribution au Canada
Messageries ADP inc.
2315, rue de la Province
Longueuil (Québec) J4G 1G4
Tél. : 450 640-1234
Sans frais : 1 800 771-3022
www.messageries-adp.com

Diffusion hors Canada
Interforum
Immeuble Paryseine
3, allée de la Seine
F-94854 Ivry-sur-Seine Cedex
Tél. : 33 (0)1 49 59 10 10
www.interforum.fr

À Félix et Sophie,
mes enfants adorés.

« La politique est un procédé qui permet
à des hommes imprévoyants de gouverner
des hommes sans mémoire. »
Anonyme

Avec les guérilleros khmers rouges à l'intérieur du Cambodge, en juillet 1984, en compagnie du caméraman Michel Dumond.

Sommaire

Prologue

C'était un jour de printemps 1976, l'année des Jeux olympiques à Montréal. Mon frère aîné, le grand compagnon de mon enfance, était disparu depuis plus de vingt-quatre heures. Il n'était pas rentré coucher chez lui. Sa femme était morte d'inquiétude. Depuis plusieurs mois, Gilles souffrait de dépression et il était suivi par un psychiatre. Il avait été hospitalisé au moins à une reprise et en était sorti un peu mieux. Quelques semaines auparavant, nous avions dîné ensemble dans un petit restaurant italien de la rue Amherst, près de la Maison de Radio-Canada, où j'avais commencé à travailler comme journaliste cinq ans plus tôt.

Pendant tout le repas, il m'avait raconté sa haine de l'emploi qu'il occupait, parce qu'il fallait bien faire vivre sa femme et surtout ses deux enfants que sa maladie l'empêchait d'aimer autant qu'il l'aurait souhaité. Gilles était foncièrement malheureux, et c'était difficile de savoir si la dépression qui l'affectait était responsable de sa souffrance ou si ce n'était pas plutôt la profondeur de sa peine de ne pas avoir réalisé ses rêves qui lui était devenue insupportable.

Gilles était un rêveur, un homme aux talents exceptionnels qui n'avait jamais réussi à vivre ses passions. Enfant féru d'histoire, rempli d'imagination, il aurait pu écrire, devenir un auteur à succès. Adolescent fasciné par le monde du sport automobile, il connaissait tout du dessin et de la conception des bolides qui nous faisaient fantasmer et dont il allait admirer les performances au circuit de Mont-Tremblant. Il aurait pu devenir chef d'équipe chez Lotus ou McLaren – les constructeurs vedettes de l'époque – et passer sa vie à concevoir les prototypes les plus performants. Non, il n'avait pas poursuivi ses rêves, parce qu'il avait cédé à une étrange urgence de s'installer, de gagner sa vie et d'entrer dans un monde d'adultes responsables dont l'ennui le minait.

Pendant toute la durée du repas et de la nuit qu'il avait passée en partie chez moi, dans le nid d'aigle que j'occupais dans un édifice en hauteur, au centre-ville, j'avais essayé de le convaincre qu'il pouvait recommencer à neuf, prendre les moyens pour sortir de la noirceur qu'il percevait autour de lui. Je lui offrais tout ce que je possédais, toute l'aide que je pouvais lui procurer. Mais je ne savais pas, malgré tout l'amour que j'éprouvais pour cet être qui avait tant nourri la joie de mon enfance, comment parler à un homme brisé par la tristesse.

Il me disait que j'étais devenu son grand frère, tellement il enviait la façon avec laquelle, moi, pourtant si jeune, j'avais réalisé mes rêves. Élevé dans l'univers de Tintin, éduqué par des maîtres qui m'avaient inculqué l'amour du dépassement, j'étais devenu, à vingt-cinq ans, animateur d'une émission d'affaires publiques influente à la radio de Radio-Canada, où je vivais mes passions à l'état brut. Le métier de journaliste était à son paroxysme. Les moyens et les libertés illimités ; les ouvertures nombreuses. Un monde où tous les espoirs étaient permis. Je vivais la vie à plein régime, comme je l'avais rêvé, et je devais difficilement cacher devant mon frère malade cet immense bonheur qui allait se poursuivre pendant les décennies à venir. Il le sentait et cela devait, j'imagine, accentuer encore davantage l'impression de marasme qu'il éprouvait dans sa propre vie.

Quelques jours avant sa disparition, mes parents m'avaient appelé pour savoir si j'avais emprunté, sans les prévenir, la carabine de chasse de mon père, qui était laissée à la portée de tous, avec ses cartouches, dans une armoire ouverte. L'arme avait disparu de sa cachette non sécurisée et mes parents ne voulaient pas croire à leur prémonition : Gilles, dépressif, l'avait-il prise avec l'idée de commettre l'inéluctable ? Puis l'arme était revenue, comme par miracle, mais avec une cartouche encore logée dans le canon, peut-être un signe qu'on voulait nous adresser. On dit que les gens qui vont se suicider cherchent toujours à attirer notre attention, à nous envoyer un dernier cri du cœur.

Cet après-midi de printemps, la police nous a appelés pour nous dire qu'on avait retrouvé Gilles, mort, dans une chambre de motel, en banlieue de Montréal. Vendeur itinérant pour une compagnie pharmaceutique, il avait ingurgité une quantité incroyable de médicaments pour être sûr d'en finir. J'ai aussitôt rejoint mon père, médecin, à la résidence familiale, et nous avons fait la route ensemble jusqu'à la morgue de campagne où reposait le corps de Gilles. Arrivés sur place, nous avons été reçus par le coroner qui connaissait mon père et qui nous a avertis que ce que nous allions voir serait terrible. Je n'en ai jamais rien vu. Mon père m'a intimé de rester à l'extérieur. «Je suis médecin, je suis habitué, m'a-t-il dit, toi, tu n'as pas besoin de voir cela. »

Je lui en ai rendu grâce toute ma vie, peut-être sans le lui avoir suffisamment dit. Parce qu'on ne parle pas de ces choses-là. On veut les oublier. Puis, sur la route du retour, tandis que je n'arrivais pas à retenir des pleurs violents, il m'a raconté qu'à cause de la quantité de médicaments qu'il avait ingurgitée Gilles était méconnaissable. Une mort atroce. Mon père est resté seul, jusqu'à la fin de sa vie, avec cette dernière image de son fils qu'il n'a pas voulu que je partage ; et après qu'il m'eut confié, dans la voiture, au retour, une portion de son désarroi que je devinais encore plus terrible que le mien, nous n'avons plus jamais parlé de cette déchirure profonde dont nous n'allions jamais nous remettre.

Pendant des années, après la mort de Gilles, j'ai rêvé, la nuit, qu'il était encore à côté de moi, qu'il avait retrouvé le bonheur et qu'enfin nous en profitions. Et j'ai pleuré, chaque fois, quand, au réveil, je ne le revoyais pas. Encore aujourd'hui, en écrivant ces lignes, je suis aveuglé par les larmes et je maudis le ciel de m'avoir volé, si jeune, une partie aussi importante de moi-même.

Si je prends la peine, aujourd'hui, de révéler cette histoire, dont je n'ai jamais voulu parler publiquement, c'est parce qu'elle a été à l'origine de tout ce que je veux raconter dans ce livre. La mort de Gilles a constitué, pour moi, un tournant qui a influencé à jamais ma manière de vivre et de pratiquer mon métier. Tous les êtres humains subissent, à un moment ou un autre de leur vie, des chocs, heureux ou malheureux, qui les transforment. La disparition de mon frère m'a convaincu plus que tout qu'il était important que je réalise mes rêves. Après sa mort, j'ai voulu comprendre la complexité des hommes, partir à la recherche des autres, explorer le monde et le raconter.

Né le quatrième d'une famille de huit frères et sœurs, j'ai vécu une enfance heureuse dans la sécurité d'un environnement stimulant et rassurant. Au Collège de Saint-Laurent, où j'ai passé huit ans de ma vie étudiante, j'ai appris, grâce à l'éducation des pères de Sainte-Croix, à m'ouvrir sur le monde, à assouvir ma curiosité. En sciences politiques, à l'Université Laval, et avec des maîtres comme Léon Dion, Louis Balthazar, André J. Bélanger ou Vincent Lemieux, j'ai compris que pour apprendre sur les hommes il fallait aussi s'engager, s'exposer. Nous vivions à l'époque de l'éveil de la société québécoise et des politiciens qui croyaient à leurs idéaux plus qu'aux sondages. Nos professeurs étaient des acteurs du débat public. À l'Université du Québec, naissante et marxiste, j'ai apprivoisé par la suite le pouvoir de la parole et de la contestation. Au Centre d'études de politique étrangère du Pr Jacques Vernant, à Paris, j'ai rencontré mon premier acteur de la politique internationale, le ministre israélien Abba Eban. Mais ma plus grande école aura sans conteste été celle de Radio-Canada, celle des Louis Martin, Pierre Nadeau, Michel Gaudet, Marc Thibault, Marcel Desjardins, où nos patrons étaient des figures d'autorité et nos aînés, des modèles, des journalistes au talent qu'on n'imaginait jamais pouvoir dépasser. Grâce à cette trajectoire de formation exceptionnelle, j'ai eu la chance d'être projeté au cœur du monde, bien armé, pour en être pendant plus de quatre décennies un témoin curieux.

Animateur d'émission de radio à vingt-cinq ans, journaliste politique à Québec au moment du premier référendum de 1980, correspondant en Chine durant les années 1980, au début de la révolution capitaliste de Deng Xiaoping, en Europe pendant que se préparait la chute du mur de Berlin, au Moyen-Orient quand les Palestiniens ont lancé leur première intifada. Témoin de l'histoire tragique des Gandhi en Inde, de l'avènement du pouvoir islamiste en Iran, de la reconnaissance d'Israël par l'OLP de Yasser Arafat. J'ai raconté, en le voyant se dérouler devant moi, comment des pouvoirs qu'on croyait immuables ont fini par tomber : la fin de l'apartheid et la libération de Nelson Mandela en Afrique du Sud, la chute de Ferdinand Marcos, le premier dictateur moderne renversé par un authentique mouvement populaire, le démantèlement de l'Empire soviétique, et plus récemment la révolte contre les dictatures militaro-criminelles du monde arabe. De grands moments initiateurs qui ont préparé le tournant du XXIe siècle.

J'ai voulu, dans ce livre, raconter ce que je n'ai jamais eu le temps de dire. Les anecdotes qui nous permettent de tout comprendre, les personnages qui nous ont marqués et dont on ne parlera jamais assez. Le contexte de tous ces événements dont nous avons été témoins, mais que le format de nos reportages ne nous permet pas toujours de transmettre.

Durant mes quarante-deux ans de vie au cœur de l'actualité, ici et à l'étranger, de René Lévesque et Pierre Elliott Trudeau à Pauline Marois et Stephen Harper, de Mao à Xi Jinping, de Brejnev à Poutine ou de Moubarak au chaos, notre monde éloigné et rapproché a vécu des bouleversements majeurs dont on découvre tous les jours les conséquences de plus en plus imprévisibles. Je dis souvent que le monde change à une vitesse jamais atteinte dans l'histoire de l'humanité. On pourrait en avoir peur et se refermer sur soi-même. On peut aussi, j'en suis convaincu, faire sa place dans ce monde en bouleversement, en cherchant à savoir ce qui s'y passe pour pouvoir s'adapter et innover. Parce que je suis persuadé également, comme l'étaient les Mandela, Gorbatchev, Walesa ou Deng Xiaoping, qu'en mettant en commun leurs énergies les sociétés, même les plus mal en point, peuvent elles aussi réaliser leurs rêves. En revenant sur l'histoire des dernières décennies, cette histoire qui passionnait tant mon frère Gilles, je souhaite contribuer à garder vivante la mémoire du temps qui passe, mais aussi à dégager des clés pour mieux préparer l'avenir.

Chapitre 1

La formation à l'école du Québec

Aéroport de Dorval, 14 décembre 1972
Le premier reportage que j'ai réalisé dans ma vie de journaliste a porté sur un fait divers majeur qui ne s'était jamais produit au Canada jusqu'alors, et qui ne s'est jamais reproduit depuis. Un détournement d'avion.

J'étais rédacteur dans la salle de nouvelles de la radio de Radio-Canada depuis un an et demi, quand, le 14 décembre 1972, l'information est tombée. Un appareil de la compagnie Québecair avec cinquante-deux personnes à son bord, faisant la navette entre différents points de la province, venait d'être détourné, après son départ de Wabush dans le Labrador. Le pirate de l'air, qui détenait deux personnes en otages, exigeait qu'on le transporte jusqu'à Vancouver. Le recours aux détournements d'avion était très populaire à l'époque au sein des organisations terroristes voulant attirer l'attention sur leur cause. L'Organisation de libération de la Palestine et ses branches plus radicales avaient procédé, dans les années précédentes, à des détournements spectaculaires, dont celui d'un appareil de la compagnie israélienne El Al, à l'aéroport de Lod, en 1968. En septembre 1970, le

Front populaire de libération de la Palestine, du Dr Georges Habache, avait détourné trois avions vers la base militaire Dawson en Jordanie et les avait fait exploser, pour embarrasser le roi Hussein, qui s'apprêtait à signer une trêve avec Israël. Mais, ce jour-là, au Québec, le détournement n'avait rien de politique. Le pirate de l'air, Larry Stanford, un jeune chômeur de vingt et un ans, ex-employé de la minière Iron Ore à Labrador City, ne semblait lié à aucune organisation.

À cette période, la radio de la Société Radio-Canada, qui, depuis ses débuts en 1936, s'est consacrée presque exclusivement à la couverture de l'information nationale et internationale, et aux nouvelles politiques en particulier, n'a pas de tradition de reportage local. On commence à peine depuis quelques mois, dans les émissions du matin et de l'après-midi, à s'intéresser aux faits divers. Un réalisateur génial, Michel Chalvin, vient de créer une émission de retour à la maison, en fin d'après-midi, *Montréal Express*, entièrement dédiée aux nouvelles locales. Pour couvrir la région de Montréal, Radio-Canada s'est aussi dotée, pour la première fois, d'une voiture de reportage dont le transmetteur, qui pourtant occupe tout le compartiment arrière d'une immense *station wagon* américaine, ne fonctionne pas quand il pleut, ou quand on contourne le mont Royal. Même si je n'ai jamais encore prononcé un mot dans un microphone professionnel, on m'envoie donc ce jour-là à l'aéroport de Dorval où le vol de Québecair va atterrir ; parce que nos reporters habituels, qui auraient dû couvrir cet événement, sont mobilisés ailleurs. Je devrai rendre compte en direct, comme on dit familièrement, de l'évolution de la situation. Mais comme je n'ai aucune expérience du direct, ni de ce genre de situation d'urgence, j'en meurs de trouille à l'avance.

Arrivé à l'aéroport, je découvre la meute des journalistes de faits divers pour lesquels, il faut le dire, nous entretenions encore à Radio-Canada une certaine condescendance, mais qui nous font pourtant une concurrence redoutable, dans les grandes stations AM de la radio montréalaise, CKAC, CJMS ou CKVL. Deux ans plus tôt, Mychel Saint-Louis, de CKAC, s'était rendu célèbre par sa couverture exceptionnelle de la crise d'octobre 1970, provoquée par les enlèvements du Front de libération du Québec. Au cœur de cette troupe de reporters vedettes, il y a aussi Claude Poirier, le plus célèbre d'entre eux.

Une fois sur place, j'apprends que l'appareil vient tout juste d'atterrir et qu'une hôtesse de Québecair a réussi à convaincre le pirate de laisser sortir les passagers, le temps d'organiser la suite du vol vers Vancouver, comme il l'exige. Je décide donc d'appeler le studio de radio pour faire une intervention au prochain bulletin de nouvelles, et je mobilise une cabine téléphonique – on était encore loin des cellulaires – pour être prêt, à l'heure dite, à prendre la parole en direct.

Au signal donné, tout commence bien ; je maîtrise ma nervosité et mon propos est clair. Soudain, passant devant moi en trombe, Claude Poirier me dit que le pirate aurait fait feu sur quelqu'un et que tout serait en train de changer radicalement. Complètement pris au dépourvu, et surtout incapable de vérifier moi-même les faits, je décide donc – dans une impulsion totalement irrationnelle – de cesser de parler, comme pour simuler une panne, ou une ligne qui se serait brisée. Mais le technicien au bout du fil n'est pas dupe du stratagème et me dit brutalement : « T'es en ondes, continue ! » Ce sera ma première vraie leçon de journalisme : le contrôle de la situation et du message.

Claude Poirier, de toute façon, s'est trompé. Après une négociation ardue, l'avion a redécollé, cette fois vers Ottawa, pour revenir à Montréal une heure plus tard. Finalement, grâce à l'intervention d'un psychiatre que le pirate réclamait, l'affaire s'est résolue sans heurts et l'homme s'est rendu.

Je me souviendrai toute ma vie de la fin de cette histoire, quand, en conférence de presse, après la conclusion du drame, nous avons demandé au pilote – un homme dans la cinquantaine, un vieux routier de ce métier pratiqué à la grandeur du territoire sauvage du Québec – comment il avait réagi en apprenant qu'il y avait un pirate dans son avion. « J'ai appelé la tour de contrôle, nous a-t-il répondu, et je leur ai dit de téléphoner à ma femme pour lui dire que je serais en retard pour souper. »

Une autre leçon retenue : la sagesse et la modestie devant l'adversité.

Les premiers pas en journalisme

Mon entrée à Radio-Canada quelques mois plus tôt, en juin 1971, avait été l'aboutissement d'un rêve. Déjà, quand j'étais enfant, le personnage de Tintin avait sûrement contribué à m'attirer vers ce métier mythique de journaliste. Chaque semaine, l'arrivée par la poste du *Journal de Tintin*, en provenance de Belgique, provoquait toute une agitation dans notre famille de huit enfants qui se l'arrachaient pour découvrir la dernière tranche des albums que Hergé y publiait au compte-gouttes. Le personnage de Tintin me fascinait par les endroits exotiques qu'il nous faisait découvrir lors de ses aventures. Je crois que j'étais déjà passionné par les êtres humains, en particulier ceux qui m'étaient les plus étrangers. J'étais fasciné par les univers de *Coke en stock*, des *Cigares du Pharaon* ou du *Temple du Soleil*. Quand je partirais en Chine, des années plus tard, mes amis m'offriraient d'ailleurs l'album *Le Lotus bleu* en guise d'objet fétiche.

Très tôt au cours de mes études collégiales, j'ai réalisé que je voulais faire du journalisme. J'écrivais dans le journal de ma classe de méthode, *Le Gavroche*. Puis dans un journal humoristique que nous avions créé pour contester l'aspect trop formel du journal officiel du collège, le *Collégia Laurentien*, et qui s'appelait *L'Organe*, avec sa célèbre chronique éditoriale au titre un peu douteux : « *L'Organe* s'élève contre… »

Passionné d'analyse politique, j'ai été recruté pour la première fois en tant que journaliste à la pige par un ami du collège, Robert Pouliot, qui travaillait déjà comme reporter au magazine *Sept Jours*. Il deviendra plus tard journaliste à *La Presse* puis grand spécialiste des institutions financières et sera pour moi un inspirateur. Robert souhaitait réaliser pour *Sept Jours* un reportage sur Jean-Jacques Bertrand, alors premier ministre du Québec, qui, ayant remplacé Daniel Johnson sans vraiment avoir été plébiscité par son parti, avait décidé de convoquer un congrès à la direction de l'Union nationale pour confirmer son leadership. Comme collaborateur dans ce projet, j'ai rencontré des personnages mythiques de l'époque, comme Jean Lesage, le grand tribun de la Révolution tranquille devenu chef de l'opposition officielle, ou Jean-Noël Tremblay, figure emblématique de l'Union nationale et ministre de la Culture de Bertrand. Le monde de la politique me fascinait déjà. Un an et demi auparavant, à l'initiative d'André Larocque, notre professeur de sciences politiques au Collège de Saint-Laurent[1], nous nous étions rendus en délégation étudiante au congrès du Parti libéral du Québec qui, le 14 octobre 1967, avait provoqué le départ de René Lévesque des rangs du parti après avoir rejeté sans même la considérer sérieusement son option de souveraineté-association pour le Québec. Nous avions suivi Lévesque, à la sortie du Château Frontenac, jusqu'à l'hôtel Victoria, où il avait annoncé la création d'un nouveau mouvement visant à promouvoir son option. On avait l'impression, à juste titre, de voir l'histoire se dérouler sous nos yeux d'étudiants. À la fin de la conférence de presse, comme toutes les personnes présentes, j'avais laissé mes coordonnées sur une liste prévue à cette fin par les organisateurs de Lévesque qui nous avaient promis de nous recontacter. Quelques semaines après, nous étions tous convoqués au monastère des Dominicains, chemin de la Côte-Sainte-Catherine, à Montréal, où a été créé le Mouvement Souveraineté-Association, qui a donné naissance au Parti québécois. Un moment clé de l'histoire politique récente du Québec.

Si une occupation plus urgente ne m'avait pas retenu ailleurs ce soir-là, j'aurais peut-être rejoint les rangs des bénévoles qui, comme Claude Charron, un autre collègue de Saint-Laurent, se retrouveraient plus tard députés ou cadres du Parti québécois.

Dans les années qui ont suivi, j'ai plutôt confirmé mon cheminement vers le journalisme. Étudiant en sciences politiques

---

1. Membre de l'exécutif fondateur du Parti québécois. Il a été, de 1977 à 1985, le sous-ministre de René Lévesque à la Réforme électorale.

à l'Université Laval, à Québec, cette grande école des penseurs de la Révolution tranquille, j'ai été formé au contact de tous ces intellectuels dont les idées animaient le débat public au Québec : le sociologue Fernand Dumont, les politologues Léon Dion, Gérard Bergeron, André J. Bélanger, les grands spécialistes en relations internationales Paul Painchaud ou Louis Balthazar, et j'en passe. Les sciences sociales de l'Université Laval étaient comme l'antichambre du gouvernement du Québec. Chaque semaine, dans son cours en administration publique, Claude Morin, futur ministre du Parti québécois et grand mandarin de l'État québécois, invitait un de ses collègues à nous entretenir des défis auxquels ils faisaient face : Roland Parenteau, fondateur du Conseil de planification économique du Québec et créateur de l'École nationale d'administration publique ; Roch Bolduc, créateur de la fonction publique ; Guy Coulombe, futur secrétaire général du Conseil exécutif sous Bourassa et Lévesque ; Robert Normand, sous-ministre de la Justice, responsable de l'implantation du cadre juridique de la modernisation du Québec. Nous avions l'impression d'être au cœur du processus de décision qui se déroulait à quelques kilomètres à peine de la faculté, au Parlement du Québec. Parallèlement, je fréquentais aussi l'École de journalisme naissante de l'Université Laval, la première école de journalisme francophone du Québec fondée par Tom Sloan et Florian Sauvageau. Un milieu de vie chaleureux où l'on voyait là aussi passer régulièrement les plus grands journalistes de l'heure. C'est là que j'ai rencontré Robert Séguin, l'homme qui m'a donné le goût de la télévision et de la radio. Séguin était alors directeur du service de l'audiovisuel de l'université et il donnait un cours d'initiation aux médias électroniques à l'École de journalisme. Ancien réalisateur de Radio-Canada, il avait été le créateur de grandes émissions comme *Aujourd'hui*, un rendez-vous quotidien d'information de 1962 à 1969, à la télévision de Radio-Canada, doté d'une équipe de vedettes de l'heure comme Michelle Tisseyre, Wilfrid Lemoine, Jacques Languirand et où Bernard Derome avait fait ses premières classes. Séguin nous racontait, la plume à la main, comment le studio était éclairé, équipé, dessiné ; il nous expliquait le mouvement des caméras, le processus de choix des sujets et surtout les méthodes de chacun des intervieweurs pour surprendre leurs invités, les amener à se révéler. C'est ainsi que nous avions appris que Jacques Languirand, par exemple, consultait l'horoscope détaillé de ses invités avant de planifier son scénario d'entrevues. Séguin était un passionné, et très tôt, sans doute parce qu'il percevait une certaine flamme chez moi aussi, il m'a poussé à m'engager dans cette voie.

À la fin de mon premier cycle universitaire à Laval, un poste de relève d'été temporaire s'est ouvert dans la salle de rédaction de Radio-Canada à Québec, et grâce à l'appui de mes maîtres de l'École de journalisme, je l'ai facilement obtenu.

À la fin de l'été, une autre ouverture s'est faite, cette fois dans la grande salle de Montréal, où j'allais vraiment entamer mon aventure radio-canadienne.

J'ai commencé à Radio-Canada à Montréal comme rédacteur de nouvelles à la radio, en septembre 1971, dans le vieil édifice de la SRC, l'ancien Hôtel Ford, boulevard Dorchester Ouest[2]. Peu de temps après mon arrivée, Pierre Nadeau lançait un nouveau magazine d'information radiophonique à midi intitulé *Le Monde maintenant*, auquel j'ai été affecté. Une émission d'une heure, au cours de laquelle la grande vedette de l'information faisait le tour de l'actualité nationale et internationale en interviewant des invités de partout sur la planète. Aux côtés d'un collègue extrêmement brillant et amusant, Claude Sauvé, mon rôle était de suivre les principaux dossiers de l'actualité internationale du jour, d'écrire les textes de nouvelles et de dénicher aux quatre coins du globe des journalistes ou des commentateurs que Pierre Nadeau allait joindre par téléphone en direct dans l'émission. C'est ainsi que Sauvé et moi, pendant des mois, nous avons suivi quotidiennement, à distance, les répercussions de la guerre du Biafra, un conflit atroce entre les Ibos, une minorité, qui voulaient leur indépendance et

---

2. Aujourd'hui, boulevard René-Lévesque Ouest.

l'armée du Nigeria qui cherchait à maintenir le contrôle sur cette région du pays riche en pétrole.

C'était encore l'époque où l'Afrique était perturbée par les suites de la décolonisation du continent. Pendant des mois aussi, nous avons couvert quotidiennement la guerre de sécession du Bangladesh, le Pakistan oriental, qui, sous l'impulsion d'un homme charismatique, le cheikh Mujibur Rahman, avait décidé, avec l'aide du gouvernement d'Indira Gandhi, de se séparer du reste du Pakistan dont il était coupé par plus de 1 000 kilomètres de territoire indien. Une autre absurdité de la décolonisation. Nadeau n'était pas très présent dans la préparation de son émission, mais quand il arrivait sur place, il fallait que tout soit prêt, et nous étions fiers de travailler pour cet homme d'une efficacité redoutable et d'un enthousiasme exceptionnel dès que la lumière du studio s'allumait. Je n'aurai jamais l'occasion par la suite de travailler directement avec lui, mais Pierre Nadeau restera toujours pour moi le plus grand journaliste de télévision ou de radio produit par Radio-Canada.

Après plusieurs mois à la rédaction, mes reportages en direct sur le détournement du vol de Québecair ont convaincu la direction de l'information de m'envoyer au reportage, comme on disait. J'ai aussi reçu en prime la confirmation de ma permanence à Radio-Canada. Contrairement à la situation précaire que vivent beaucoup de jeunes d'aujourd'hui, durant les années 1970, les diplômés universitaires se voyaient ouvrir les portes du monde du travail dès l'obtention de leur diplôme et bénéficiaient rapidement d'une sécurité d'emploi exceptionnelle. Un jour, j'ai été convoqué par le patron d'alors, Pierre Charbonneau, qui m'a confirmé la nouvelle de mon entrée officielle dans la grande boîte en me disant : « Vous savez, vous serez appelé à faire de la télévision, j'espère que vous accepterez de vous nettoyer un peu… » Charbonneau, un homme d'une autre époque, n'appréciait pas beaucoup la barbe et les cheveux longs pourtant très à la mode.

Plongé dans le reportage quotidien, au début de la vingtaine, j'ai pu assouvir encore davantage la curiosité que m'avaient inculquée mes maîtres, et le moindre sujet – un incendie, une tornade, un vol de banque – était pour moi un prétexte pour rencontrer des gens, poser des questions, comprendre et approfondir. Tout me semblait passionnant.

Après les faits divers, les jeunes journalistes étaient souvent affectés à la couverture des conflits de travail ; et il y en avait beaucoup. Au début des années 1970, le Québec était le terreau d'un effort de syndicalisation massif.

Un matin, je me rends dans une immense salle, où plusieurs centaines de camionneurs sont réunis pour entendre leurs dirigeants syndicaux. La réunion est convoquée par les Teamsters, la branche québécoise d'un grand syndicat américain, qui viennent de déclencher une grève paralysant l'industrie locale du camionnage. Je m'avance vers la scène pour rencontrer les dirigeants syndicaux, mais tout le monde m'ignore. Lorsque je finis par identifier le président du syndicat, un homme immense, qui fait presque deux fois ma taille, il me fait comprendre qu'il n'a pas le temps de me parler.

Soudain, l'immense assemblée se met à entonner l'indicatif musical de CJMS, une des radios privées très populaires de Montréal, et je retrouve, remontant triomphalement l'allée principale, nul autre que Claude Poirier, le journaliste vedette.

Poirier s'approche du chef syndical qui le reçoit à bras ouverts, et la réunion peut commencer…

À la fin des délibérations, la petite meute de journalistes présents sur les lieux se rue sur le président du syndicat dans l'espoir de rapporter le *clip* qui illustrera leur reportage radio. L'homme, d'un geste du bras, les écarte tous pour donner la priorité encore une fois à la vedette, Claude Poirier. Il accordera, en fait, ce jour-là, des entrevues à tous les autres avant de daigner me parler, excédé et impatient d'en finir, en ne me concédant que quelques mots brefs sans saveur.

Jamais dans ma vie je n'avais vécu un tel sentiment de rejet. L'impression de ne pas faire partie des vrais. D'être considéré, en fait, presque comme un sous-homme aux yeux des leaders syndicaux.

Dans les jours qui ont suivi, je me suis acharné. Chaque fois qu'on convoquait les assemblées des Teamsters, j'ai voulu y assister, poursuivre le dossier. J'étais souvent le seul journaliste dans la salle, et le chef syndical s'est mis à apprécier ma présence, et surtout, probablement, mon acharnement. À la fin, j'avais remplacé Claude Poirier comme vedette de l'assemblée. Et c'est à moi qu'on accordait la première entrevue. J'en ai tiré une autre leçon de journalisme qui me servirait pour l'avenir : l'importance de la persévérance.

À l'étranger

Après trois ans de reportage à la radio, dont une année et demie au sein d'une nouvelle émission d'affaires publiques intitulée *Présent édition québécoise*, animée par un ancien collègue de sciences politiques, Réal Barnabé, j'ai senti le besoin de changer d'air. À l'époque, mon *alma mater*, l'Université Laval, offrait, par l'intermédiaire de son Centre québécois des relations internationales, une bourse d'études destinée aux journalistes qui était le fruit d'une entente de coopération franco-québécoise. Une année, la bourse était donnée à un Français, l'année suivante à un Québécois. Un ami de Radio-Canada, Normand Lester, en avait profité avant moi et ses conseils ont été judicieux. Les boursiers québécois étaient reçus à Paris par le Centre d'études de politique étrangère, dirigé par un grand homme, très influent dans l'élaboration de la politique étrangère de la France, Jacques Vernant, à qui je dois une partie importante de mon éveil aux affaires internationales.

Le centre du Pr Vernant était situé dans un édifice magnifique, rue de Varenne, dans le septième arrondissement, de biais avec l'Hôtel Matignon, la résidence officielle du premier ministre de France. On y trouvait, dans le programme de doctorat auquel j'étais inscrit, un microcosme de la planète : Américains, Européens, Iraniens, Africains, Arabes ; les étudiants du Pr Vernant venaient de partout dans le monde pour profiter de son réseau de contacts et de sa connaissance intime des grands enjeux. Quand je suis arrivé, en septembre 1974, une année à peine s'était écoulée depuis la guerre du Kippour qui, on le sait aujourd'hui, avait provoqué une telle tension au Moyen-Orient qu'elle avait failli mener à l'utilisation par les Israéliens de l'arme nucléaire. L'économie mondiale vivait sous le coup de la crise pétrolière et de la flambée des prix des hydrocarbures qui s'en était suivie. La guerre froide battait son plein. Et tous les jours des étudiants de haut niveau, issus de milieux influents de tous ces pays en plein bouleversement, débattaient de ces enjeux sous mes yeux. Mon sujet de thèse devait porter justement sur le rôle de l'OPEP, l'Organisation des pays exportateurs de pétrole, dont la planète entière découvrait soudainement le pouvoir exceptionnel. Toutes nos économies industrielles, dopées aux hydrocarbures, se trouvaient, du jour au lendemain, otages d'un nouveau phénomène issu lui aussi de la décolonisation : la prise de conscience par les pays producteurs de pétrole de leur capacité d'action commune.

Quelque temps après mon arrivée à Paris, un collègue iranien m'a apporté un livre fraîchement sorti des presses et intitulé *Pétrole et violence. Terreur blanche et résistance en Iran*[3]. L'ouvrage, qui décrivait le régime de terreur mis sur pied par ce qu'il appelait la pétromonarchie du shah d'Iran, était écrit par Abol-Hassan Banisadr, un économiste qui deviendrait premier ministre au début de la Révolution islamique en Iran après le retour dans ce pays de l'ayatollah Khomeiny, en 1979.

Dans le saint des saints du Centre d'études de politique étrangère, le petit journaliste québécois découvrait, à vingt-cinq ans, un monde exotique, le monde des relations internationales, dont il soupçonnait à peine l'ampleur ou l'influence qu'il pouvait exercer sur nos vies quotidiennes.

Je n'oublierai jamais le sentiment d'ignorance qui m'habitait quand, dès le premier séminaire auquel j'ai assisté au centre de Jacques Vernant, l'étudiant qui présentait ce jour-là son projet de thèse en a énoncé le titre : « Le conflit Hutus-Tutsis en Afrique interlacustre ». C'est là que j'ai compris

---

3. Sous la direction de Paul Vieille et Abol-Hassan Banisadr, *Pétrole et violence. Terreur blanche et résistance en Iran*, Paris, Éditions Anthropos, 1974.

une autre dynamique pernicieuse issue du colonialisme, et qui allait se manifester de façon horrible devant mes yeux de journaliste, plus tard, au moment du génocide au Rwanda. Après mes premières années de métier au Québec, un nouveau monde de curiosité s'ouvrait ainsi, celui de la planète entière, qui allait influencer ma vie professionnelle.

Le Pr Vernant recevait toutes les semaines des invités de marque dans une petite salle discrète où, après avoir fait servir le thé, il menait, en compagnie de collègues enseignants et d'élèves triés sur le volet, une discussion en profondeur. Des ministres, des grands journalistes, des conseillers étrangers ou français acceptaient de se prêter au jeu avec une générosité qui témoignait probablement de l'estime qu'ils avaient pour Vernant. C'est ainsi que, un jour, nous avons eu droit à une rencontre avec Abba Eban, le grand diplomate israélien, alors en visite officieuse en France après avoir été éjecté de son poste de ministre des Affaires étrangères, à la suite d'un des nombreux changements d'alliances typiques de la politique israélienne.

Invité au centre par Vernant qu'il connaissait intimement, Eban a été d'une ouverture et d'une transparence exceptionnelles, auprès de notre groupe d'étudiants et de chercheurs, sur le déroulement de la guerre du Kippour, un an plus tôt, et sur ses conséquences pour son pays. Un moment unique.

Avant que je quitte le Canada, Marc Thibault, le grand patron de l'information, avait accepté, pour ajouter un peu d'argent à ma maigre bourse d'études, que je conserve une partie de mon salaire durant mon séjour en France, en échange de quoi je devais être à la disposition de notre bureau de Paris si jamais ils avaient un urgent besoin de « main-d'œuvre ». J'avais donc contacté le bureau en arrivant pour indiquer ma disponibilité. Et très tôt j'ai ainsi eu droit à une autre expérience bouleversante.

Un matin, je reçois un coup de fil d'une recherchiste du bureau qui me dit : « M. Malraux vient de publier un nouveau livre, il veut nous donner une entrevue. Montréal est très intéressé, mais le correspondant ne veut pas la faire ! » Il faut dire que le grand homme d'État et écrivain français

André Malraux est très malade. On dit qu'il prend des quantités de médicaments qui rendent les choses difficiles quand il s'agit de l'interviewer. Je décide malgré tout de relever le défi, même si c'est la première fois que j'aurai à réaliser une entrevue pour la télévision. Je ne peux pas rater l'occasion de rencontrer cet homme politique dont la vision m'a fasciné et l'écrivain dont les œuvres, comme *La Condition humaine*, ont marqué mon imaginaire.

Pendant une semaine, avant l'entrevue, je me laisse envahir par la douzaine de livres que m'a fait parvenir son éditeur. Dont *Lazare*[4], la toute dernière parution, qui est en fait l'objet de la rencontre. Malraux, après avoir failli mourir d'une infection qui l'a laissé pendant quelque temps à demi paralysé, est revenu sur un ancien roman, *Les Noyers de l'Altenburg*, évoquant l'amitié et la solidarité entre deux soldats ennemis durant les attaques aux armes chimiques de la Première Guerre mondiale. Ayant vu de près la mort, il a retrouvé dans ce récit des valeurs humaines fondamentales qu'il chérit. Un sujet lourd et peu emballant pour le grand public, me semble-t-il, mais qui me permettra d'aborder l'homme par des sentiments humains pour l'emmener finalement, je l'espère, vers autre chose.

Le jour de l'entrevue, un samedi matin, je rencontre l'équipe de tournage au bureau de Radio-Canada à Paris. Des pigistes que je ne connais pas, engagés seulement pour cette occasion. Dès les premières secondes, dans la voiture, le caméraman, un peu désabusé, me dit : « Tu vas voir, on le comprend à peine, tellement les médicaments l'ont transformé. Et puis, dès qu'on va changer de magasin [on tourne encore en film, et il faut changer de bobine toutes les dix minutes], il va se lever et partir. » En somme, une façon un peu brutale de me souhaiter bonne chance !

À notre arrivée au manoir que Malraux habite en banlieue de Paris, un maître d'hôtel en livrée nous fait passer au salon où il nous annonce que monsieur sera là d'une minute à l'autre. Soudain, la porte s'ouvre et je découvre l'homme

---

4. André Malraux, *Lazare. Le Miroir des limbes*, Paris, Éditions Gallimard, 1974.

mythique, droit comme un chêne, l'air en pleine forme, qui, après nous avoir salués chaleureusement, nous offre de boire un scotch. Il est 11 heures du matin ; un peu tôt, me semble-t-il, pour l'apéro, mais comment refuser ? Alors commence le moment redoutable pour tout intervieweur. Celui, qui peut paraître une éternité, où l'équipe installe l'éclairage et la caméra, et pendant lequel tout peut être compromis si un malaise se produit avec l'invité. Et Malraux entame ce moment critique par la question mortelle : « Qu'avez-vous pensé de mon livre ? » C'est alors que je me lance dans une explication d'un intellectualisme qui me semble de plus en plus douteux, au fur et à mesure que le temps passe. J'ai l'impression de m'enliser lorsque soudain l'homme m'interrompt, émerveillé, en me disant que personne n'a aussi bien compris son livre. Puis il ajoute : « Alors, allons-y, ne perdons pas de temps, commençons cet entretien ! »

L'entrevue a été formidable ; Malraux a été d'une grande générosité, répondant à toutes mes questions avec une patience d'enfant amusé. Quand j'ai eu épuisé le temps que je souhaitais passer avec lui, nous nous sommes quittés, tous les deux convaincus, je crois, d'avoir vécu un bon moment. Ce sera la dernière et probablement une des rares entrevues d'André Malraux diffusées par Radio-Canada. Elle sera rediffusée deux ans plus tard à sa mort en 1976.

L'année scolaire 1974-1975 au Centre d'études de politique étrangère, avec les rencontres que me permettaient, en plus, les entrevues réalisées pour Radio-Canada, a ainsi été une période de formation incroyable et de pur bonheur.

En janvier 1975, cinq mois après mon arrivée en France, j'ai quitté Paris pour l'Algérie où se tenait un sommet des pays membres de l'OPEP. Une rencontre importante qui provoquerait un deuxième choc pétrolier après celui qui avait suivi la guerre du Kippour, les chefs d'État et de gouvernement ayant décidé de hausser de 10 % les prix du brut. Après le sommet, auquel j'ai assisté en tant qu'observateur, invité par mon collègue Paul-André Comeau, alors correspondant de Radio-Canada à Bruxelles, et qui couvrait l'événement, j'ai décidé de rester dans le pays à l'invitation d'un médecin français, ami de mon père, le Dr Michel Martini. Personnage haut en couleur, Martini avait fait la guerre d'Algérie aux côtés des militants du Front de libération nationale algérien (FLN) ; il avait même été torturé par ses propres compatriotes français. Après l'indépendance, il s'était établi en Algérie, parce que son pays d'origine l'avait déclaré *persona non grata*, le considérant comme un traître pour avoir épousé la cause algérienne. Grâce au Dr Martini, qui dirigeait un département d'orthopédie à l'hôpital de Douera, une commune magnifique, en banlieue d'Alger, j'ai passé presque deux mois à visiter de fond en comble ce pays fascinant, auquel je consacrerais mon premier vrai article de presse écrite, intitulé « L'Algérie des Algériens », publié dans le magazine *Maclean's*, dirigé par le grand journaliste Louis Martin. L'Algérie en 1975 était déjà, treize ans à peine après son indépendance, un pays dominé par l'armée et une clique de politiciens associés au pouvoir militaire, avec à sa tête un héros de la guerre de libération, Houari Boumediène, qui, jusqu'à sa mort en 1978, cumulerait les postes de président de la République et de premier ministre. Pour la réalisation de ce reportage, j'avais rencontré le ministre du Pétrole et visité des infrastructures pétrolières et gazières au potentiel énorme ; mais il était frappant de constater à quel point la population ne profitait pas de cette manne. Hormis quelques lieux de villégiature superbes, accessibles seulement aux plus fortunés, le pays commençait déjà la longue dégradation qu'il connaîtrait au cours des années subséquentes, jusqu'au déclenchement de la guerre civile au début des années 1990. Déjà, à l'époque, en rencontrant, grâce au Dr Martini, des intellectuels algériens et des journalistes de mon âge, désabusés de vivre sous un régime autoritaire, sans rêves ni ambition, j'avais senti le désespoir d'un pays devant le cynisme d'un pouvoir absolu.

En quittant l'Algérie pour rentrer à Paris, j'ai demandé au Dr Martini comment je pourrais le remercier pour l'accueil exceptionnel qu'il m'avait réservé ; à mon départ vers l'aéroport, il m'a dit : « Un jour, peut-être, si j'en ai besoin, je ferai appel à toi. » Je ne savais pas que je serais bientôt plongé dans une affaire qui allait avoir beaucoup de rebondissements au Québec.

Tout a commencé, en fait, quelques semaines plus tard, quand quelqu'un a frappé à la porte du studio d'étudiant que j'occupais, dans un bel édifice, rue Cardinal-Lemoine, près de la place de la Contrescarpe. En ouvrant, je découvre un jeune homme que je ne connais pas, qui se dit recommandé par Michel Martini ; il se présente comme étant Denis Maschino, le fils de Maurice Maschino, qui a lui aussi participé à la lutte pour l'indépendance algérienne.

Un peu avant cette visite, Martini m'avait prévenu par lettre du service qu'il allait me demander. Denis Maschino était de passage à Paris où il vivait presque clandestinement sous la protection d'un cadre d'un mouvement trotskiste français ami du Dr Martini. Denis s'adressait à moi pour que je l'aide à émigrer au Canada en compagnie de son amoureuse, Dalila Zeghar, qui était la sœur cadette d'un des personnages les plus influents du régime algérien, Messaoud Zeghar. Le jeune couple était en fait en cavale à Paris après avoir fui l'Algérie et le puissant frère de Dalila, qui n'acceptait pas leur union. À l'époque, comme cela se produit sans doute encore aujourd'hui, les services secrets algériens avaient beaucoup d'antennes dans la capitale française, et Denis estimait que le Québec pouvait représenter un havre plus sécuritaire pour démarrer leur vie commune. Il m'avait emmené dans l'appartement de luxe du militant trotskiste, au sommet de la tour Montparnasse, où j'ai fait la connaissance de Dalila.

Heureusement pour le jeune couple, nous avons découvert, en faisant les premières démarches pour les visas à l'ambassade du Canada à Paris, qu'un des agents consulaires me connaissait. En acceptant de leur servir de parrain d'immigration, je permettrais à Dalila et Denis d'obtenir leur sauf-conduit facilement, mais leur sécurité au Québec ne serait pas garantie pour autant.

Un appel du Québec

À peu près au même moment, je reçois un coup de téléphone de Michel Gaudet, un réalisateur avec lequel j'ai travaillé brièvement avant de quitter Montréal pour la France. Un ancien correspondant parlementaire passionné de politique, d'un cynisme redoutable, qui a réuni autour de lui un groupe de journalistes qui partagent son sens critique et sa curiosité. Michel est un intellectuel d'une grande exigence envers ses équipes, qui n'a qu'un seul défaut, celui de commencer très tôt, dans sa journée, à consommer du gin. Une boisson qu'il affectionne au plus haut point. Il deviendra, en raison de ses qualités exceptionnelles d'analyse, un de mes mentors. Depuis quelques années, Gaudet réalise une version renouvelée de l'émission radiophonique d'affaires publiques *Présent édition québécoise*, qui traite de l'actualité politique, économique et culturelle au Québec. Michel m'appelle donc de Montréal, accompagné au téléphone d'une partie de l'équipe, pour m'offrir de devenir l'animateur de l'émission pour la prochaine saison d'automne, en septembre. L'offre est alléchante. Le Québec, en 1975, traverse une période de bouillonnement extraordinaire avec l'essor du mouvement souverainiste de René Lévesque, la fin de l'Union nationale et le déclin du Parti libéral de Robert Bourassa. À Ottawa, Pierre Elliott Trudeau règne avec l'arrogance qui lui est propre et qui va se manifester de plus en plus au fur et à mesure de la montée du nationalisme québécois. Pour un journaliste politologue, c'est une occasion en or ; mais elle exige en contrepartie que j'abandonne, pour un temps en tout cas, mon projet de doctorat à Paris. L'offre implique aussi que je renonce à ma permanence d'emploi à Radio-Canada. À l'époque, en effet, tous les animateurs d'émissions d'information – à l'exception des présentateurs de nouvelles – sont des contractuels, engagés sur une base annuelle. La direction de l'information conserve ainsi un contrôle sur les têtes d'affiche de ses émissions qu'elle peut changer à volonté. Je signerai donc mon premier contrat d'animateur pigiste sur une table de café à Paris, avec Jean-Pierre Pépin – l'administrateur qui m'a engagé quatre ans plus tôt, à mon arrivée à Radio-Canada en 1971, et pour lequel j'ai un profond respect – lors d'un de ses passages dans la capitale française. J'achèverai donc mon séjour à Paris avec le sentiment d'avoir ouvert une porte extraordinaire sur le monde et la perspective d'un nouveau défi passionnant.

En arrivant à Montréal, en septembre 1975, je retrouve avec joie mes collègues de *Présent*, et la passion du micro et de la communication. À vingt-six ans à peine, j'ai l'impression d'avoir déjà effectué un parcours journalistique significatif, et le contexte nous permet d'assumer des responsabilités impressionnantes pour notre âge. Nous avons le sentiment que le monde est à nous et qu'il suffit d'ouvrir les portes pour le conquérir ; nos patrons nous le font sentir aussi, en nous confiant le contrôle quasi total de nos émissions.

La société québécoise est elle aussi en pleine effervescence. Durant la première moitié des années 1970, la Révolution tranquille a continué à progresser, avec la mise sur pied du programme d'assurance maladie, les premières réformes de l'assurance automobile, le débat sur la langue et l'adoption de la loi 22. Dans le monde des affaires, propulsé par des instruments collectifs comme la Caisse de dépôt et placement du Québec ou la Société générale de financement, le Québec inc., francophone, prend sa place.

Mais en politique, le Parti libéral de Robert Bourassa, au pouvoir depuis cinq ans, commence à battre de l'aile. À la veille des Jeux olympiques de Montréal, l'administration municipale de Jean Drapeau est elle aussi très éprouvée. L'opacité avec laquelle ces deux instances gouvernent et la multiplication des scandales entourant leur gestion préparent déjà le thème de la campagne électorale qui portera au pouvoir, un an plus tard, le Parti québécois de René Lévesque. Et tous les matins, à 9 heures, *Présent édition québécoise* devient le rendez-vous radiophonique où l'on retrouve les acteurs – journalistes, politiciens, intellectuels – qui font partie de ce bouillonnement.

Un peu après mon arrivée, nous procédons à l'engagement de Jean-Claude Picard, le correspondant parlementaire du quotidien *Le Soleil*, qui sera nos yeux et nos oreilles à Québec. Jean-Claude contribuera à la révélation de nombreuses erreurs de jugement commises par l'administration

Bourassa et, ainsi, à la réputation de l'émission dans l'univers médiatique québécois.

Le 15 novembre 1976, l'arrivée au pouvoir du Parti québécois, neuf ans après la rupture de René Lévesque avec le Parti libéral, vient lancer le Québec dans une nouvelle Révolution tranquille. Le cabinet formé par le nouveau premier ministre, composé d'un nombre imposant de personnalités de divers horizons, est un des plus brillants que la province ait connu.

Aussitôt au pouvoir, Lévesque lance une série de réformes qui vont mobiliser l'attention de la presse et celle de l'opinion publique. Adoption de la loi 1, qui deviendra la loi 101, sur la langue, réformes électorales, poursuite de la refonte de l'assurance automobile, zonage agricole et nationalisation des clubs privés de chasse et pêche, pour ne citer que les principaux changements. Encore une fois, les médias profitent de cette effervescence pour augmenter leur audience et éclairer le débat.

C'est l'époque où Claude Ryan, le directeur du quotidien *Le Devoir*, un habitué de *Présent*, commence sa transformation qui le mènera jusqu'à la direction du Parti libéral. Dans son journal – où il va publier plus d'une vingtaine d'éditoriaux sur la question – et dans nos studios, il se lance dans une campagne en règle contre le projet de loi 1, qui propose l'adoption d'une Charte de la langue française au Québec. Ryan, qui nous a habitués au fil des ans à son style posé – considérant minutieusement, chaque fois qu'il porte un jugement, tous les aspects des questions dont il traite –, a visiblement abandonné la nuance et entrepris une croisade qui ne lui est pas habituelle. En coulisse, un matin, à *Présent*, il nous confie qu'on le sollicite pour qu'il se présente à la direction du Parti libéral, qui n'a plus de chef officiel depuis la défaite magistrale de Robert Bourassa. Ryan nous avoue qu'il hésite beaucoup à s'engager dans ce monde – la politique – qu'il estime peuplé de « rastaquouères », selon ses propres mots. Quelques mois plus tard, alors que je l'accompagne en reportage pour *Présent* dans une de ses tournées régionales, durant la campagne à la direction du Parti libéral, je suis témoin d'une scène où il raconte à la foule réunie dans un sous-sol d'église comment tous les soirs, au coucher, il s'agenouillait sur le bord de son lit avec sa femme en disant : « Dieu, éloigne ce calice de nous ! », parlant de la tentation qu'il avait de se lancer en politique. Puis il décrit à l'auditoire comment un jour il a senti « la main de Dieu » lui indiquer le chemin qu'il devait prendre. La diffusion de l'enregistrement de ce récit expliquant le rôle de la main de Dieu dans son engagement en politique marquera l'image de Claude Ryan pour des années et donnera lieu à toutes sortes de caricatures.

L'affaire Maschino

Près de trois ans après leur arrivée au Québec, et au moment où, ayant obtenu leur statut d'immigrants reçus, ils commençaient à y trouver un rythme de vie normal, mes amis Dalila Zeghar et Denis Maschino voient leur destin soudainement transformé. Le 25 avril 1978, je reçois un coup de téléphone en panique de Denis qui m'apprend que Dalila, sa femme, est disparue et qu'elle a probablement été enlevée. Depuis leur installation au Canada, nous nous sommes éloignés un peu les uns des autres. Eux ont entamé des études universitaires et moi, un nouveau travail très prenant. Denis m'informe dans la foulée que, depuis plusieurs mois, Messaoud Zeghar, le frère aîné de Dalila, a installé à Montréal des membres de la famille avec lesquels ils sont graduellement entrés en contact. La veille de sa disparition, Dalila, se sentant en sécurité, a passé la soirée avec deux de ses sœurs préférées. Mais tout ce beau monde a disparu comme par enchantement. Dans les jours suivants, grâce à la collaboration de la police et aux démarches frénétiques de Denis pour comprendre ce qui s'est passé, nous découvrons que Messaoud Zeghar aurait effectivement enlevé sa sœur après l'avoir droguée et, la faisant passer pour malade, l'aurait embarquée dans un DC-8 privé à destination d'Alger en évitant, avec l'aide de complices au Québec, les contrôles douaniers à l'aéroport de Dorval.

L'affaire Dalila Maschino, par les questions qu'elle soulève et son caractère particulièrement rocambolesque, va faire la manchette des médias québécois et internationaux pendant plusieurs semaines ; mais ni les journalistes ni les enquêteurs de la police, qui se heurtent à un mur d'opacité autant de la part des Algériens que de celle de leurs amis au Québec, ne réussiront à trouver des éléments de preuve suffisants pour pouvoir porter des accusations précises. Au milieu de toute cette crise, Denis m'en fera même le reproche, quand, malgré tous les efforts déployés, la communauté journalistique – incluant mon émission – renoncera graduellement à suivre la filière. Un an après la disparition de Dalila, en voyage en Californie pour des raisons familiales – c'est, du moins, la façon dont les choses ont été présentées –, Messaoud Zeghar convoquera le journaliste vedette de Radio-Canada Pierre Nadeau à Los Angeles, où Dalila lui accordera une entrevue niant toute la thèse de l'enlèvement et racontant qu'elle a refait sa vie en Algérie, où elle s'est remariée. Deux ans plus tard, en 1981, Denis Maschino réussira, grâce à un courage et à une astuce exceptionnels, à revoir Dalila et à la ramener au Canada. Aujourd'hui, ils ont tous les deux refait leur vie séparément, mais leur histoire a marqué l'actualité, pourtant déjà très fébrile, du Québec de la fin des années 1970.

Le premier référendum sur la souveraineté

En septembre 1978, le Québec s'apprête en effet à entrer dans une période d'une rare intensité, alors que le Parti québécois commence à évoquer de façon de plus en plus explicite son projet de tenir un référendum sur l'avenir politique de la province. Au même moment, mon ami Réal Barnabé, devenu entre-temps chef des nouvelles à la télévision de Radio-Canada, me propose un poste de correspondant au Parlement de Québec où je serai responsable au premier chef de l'analyse de la stratégie péquiste en vue de cette échéance d'une importance sans précédent. C'est le début de ma vie de journaliste de télévision, et une nouvelle étape fabuleuse qui s'ouvre pour un politologue passionné par les jeux de pouvoir.

La radio a été une aventure magnifique, mais l'influence du petit écran n'a pas son pareil, dans la société québécoise d'alors, où Télé-Métropole – la station mère du futur réseau de télévision TVA –, notre unique concurrent privé, n'a pas encore pris l'envol qu'il connaîtra plus tard en information. La télévision de Radio-Canada mène largement le bal de la couverture politique au Canada français, et le rôle que nous allons jouer dans le traitement médiatique du référendum va être crucial et exiger une grande rigueur. Mon arrivée au Parlement de Québec comme correspondant est donc, pour moi, une source de bonheur extrême.

Après sept ans de journalisme au Québec – à l'exception de la période passée à Paris –, j'ai acquis une connaissance assez étroite du monde politique. La plupart des ministres du gouvernement Lévesque ont été des invités fidèles de l'émission *Présent* durant la traversée du désert du PQ dans l'opposition. Jacques Parizeau, Camille Laurin, Bernard Landry, Jacques-Yvan Morin, Pierre Marois et j'en passe. Ils ont tous été à tour de rôle des acteurs et des ténors de l'actualité du Québec avant d'entrer en politique et, malgré mon jeune âge, j'ai tissé des liens avec nombre d'entre eux. Claude Morin, mon ancien professeur à Laval, Lise Payette, une animatrice éminente à Radio-Canada, ainsi que tout le personnel politique, souvent du même âge que moi, font partie de notre réseau de connaissances. Mon ancien directeur de thèse en sciences politiques, Daniel Latouche, et son collègue Édouard Cloutier sont devenus entre-temps conseillers de René Lévesque pour la stratégie référendaire. Deux futurs organisateurs de la campagne du « oui » au référendum, Denis Blais et Raymond Bachand[5], sont aussi des amis. Il y a, en outre, à mon arrivée au Parlement, un climat de relations unique entre politiciens et journalistes qui se détériorera après l'échec du 20 mai 1980. Ministres et députés font preuve d'une transparence hors du commun, n'hésitant pas à recevoir les médias en dehors des heures normales de travail pour mettre en contexte les dossiers, fournir des explications additionnelles. La table des médias au Café du Parlement accueille régulièrement des membres du gouvernement ou des élus. En fin de soirée, souvent même après minuit, la tribune de la presse ouvre ses portes à un rituel

---

5. Raymond Bachand deviendra député et ministre libéral en 2005.

très particulier où ministres et journalistes – et souvent le premier ministre lui-même – se retrouvent pour une partie de poker amicale qui peut se terminer au petit matin. Jacques Parizeau et Claude Morin sont les habitués les plus réguliers.

C'est aussi à ce moment que je commence à travailler avec un autre personnage qui sera très important pour moi : Bernard Derome, notre chef d'antenne. Bernard a à peine cinq ans de plus que moi, mais son parcours est déjà exceptionnel. Devenu présentateur du *Téléjournal* de fin de soirée au moment de la crise d'octobre 1970, à l'âge de vingt-six ans, il a mûri rapidement, et l'avidité avec laquelle il cherche à tout savoir et tout connaître nous impressionne. Bernard est un passionné de son métier et il me pousse tous les jours à me dépasser, en exigeant que je sois souvent en direct au *Téléjournal* pour lui faire part des derniers développements de ces journées qui vont marquer l'histoire contemporaine du Québec.

Peu de temps après mon arrivée dans la Vieille Capitale, en février 1979, le gouvernement du Parti québécois entame, comme il l'avait promis, le processus qui va mener à la tenue d'un référendum sur l'indépendance en publiant un projet intitulé « D'égal à égal – La nouvelle entente Québec-Canada », où il jette les bases de l'argumentation qui sera d'abord soumise aux membres du parti en juin, pour être ensuite présentée à la population. Le texte est aussitôt attaqué par les fervents du fédéralisme. Pierre Elliott Trudeau, à Ottawa, parle de « document tactique tout à fait dans la lignée de l'étapisme », en reprenant à son compte les critiques qui émanent des propres rangs du PQ. Claude Ryan, devenu chef de l'opposition libérale, étale son argument qu'il répétera jusqu'à la fin de la campagne référendaire : comment peut-on parler d'indépendance tout en proposant une association ?

Pendant les mois qui vont suivre, jusqu'au référendum du 20 mai 1980, nous chercherons constamment à être les premiers à révéler au public les étapes de la difficile gestation des péquistes. Parce qu'il y aura toutes sortes de déchirements, quant à la stratégie à adopter et la façon de la présenter aux Québécois, entre les ténors du parti – ceux qu'on appellera les « étapistes », avec à leur tête Claude Morin – et les tenants d'une approche plus directe et radicale, comme Jacques Parizeau. Bernard Derome voudra, chaque soir, que je rende compte de tout cela à son émission. Pendant tous ces mois, comme durant la suite de mes années en journalisme, les heures ne compteront plus et nous serons mobilisés par cette passion de raconter qui fait partie de ce métier.

Le 1er novembre 1979, le gouvernement rend public le livre blanc qui servira de base à son argumentation référendaire et qui en détaille la proposition. Le document s'intitule « La nouvelle entente Québec-Canada. Proposition du gouvernement du Québec pour une entente d'égal à égal : la souveraineté-association[6] ». Il confirme, par son seul titre, la victoire de la démarche étapiste proposée par Claude Morin et déjà entérinée en congrès par le Parti québécois quelques mois auparavant. Le référendum portera donc sur une offre de négociation avec le reste du Canada, plutôt que sur la question de la souveraineté comme telle. Une tactique encore une fois dénoncée par les fédéralistes.

Dans les semaines qui suivent, le gouvernement s'emploie à rédiger la question qui soutiendra cette stratégie, et les divisions internes déchirent le cabinet. Le 19 décembre, alors que le Parlement est convoqué pour le lendemain afin de prendre connaissance de cette fameuse question, les ministres réunis en caucus secret découvrent une ultime version du texte qui, à la grande surprise de la majorité, n'est pas encore complétée. Les deux camps – étapistes et radicaux – s'affrontent une nouvelle fois. À la tête des radicaux, Jacques Parizeau – qui a déjà subi une défaite majeure quand on a rejeté sa proposition de « monnaie québécoise » au profit du maintien du dollar canadien – tente un dernier effort pour apporter des modifications. Durant la soirée, je reçois un coup de téléphone chez moi de mon ami Édouard Cloutier, alors conseiller stratégique au bureau du premier ministre, qui demande à me voir à mon domicile. Il veut absolument se confier à quelqu'un.

---

6. Conseil exécutif de la province de Québec, « La nouvelle entente Québec-Canada. Proposition du gouvernement du Québec pour une entente d'égal à égal : la souveraineté-association », Québec, Éditeur officiel, 1979, 118 p.

Arrivé chez moi, il me raconte comment, au grand dam des péquistes purs et durs dont il fait partie, le gouvernement va proposer le lendemain une question référendaire qui édulcore toute la perspective de l'indépendance. Cloutier est furieux, parce qu'il a en main des sondages qui montrent que le Parti québécois, même en adoptant une stratégie étapiste qui remet à plus tard l'accession à l'indépendance, est assuré de perdre son référendum. « Pourquoi, me dit-il, si l'on va perdre de toute façon, ne pose-t-on pas une vraie question qui marquera un progrès dans la démarche souverainiste ? » Le lendemain, Jacques Parizeau, comme d'autres ministres, découvre que le texte de la question a encore changé quand le premier ministre en fait la lecture à l'Assemblée nationale : « Le gouvernement du Québec a fait connaître sa proposition d'en arriver, avec le reste du Canada, à une nouvelle entente fondée sur le principe de l'égalité des peuples ; cette entente permettrait au Québec d'acquérir le pouvoir exclusif de faire ses lois, de percevoir ses impôts et d'établir ses relations extérieures, ce qui est la souveraineté, et, en même temps, de maintenir avec le Canada une association économique comportant l'utilisation de la même monnaie ; aucun changement de statut politique résultant de ces négociations ne sera réalisé sans l'accord de la population lors d'un autre référendum ; en conséquence, accordez-vous au gouvernement du Québec le mandat de négocier l'entente proposée entre le Québec et le Canada ? » Chacun doit choisir entre « oui » et « non ».

Dans sa biographie de Jacques Parizeau, Pierre Duchesne raconte que, après avoir entendu la lecture du texte, Parizeau reste assis pendant un long moment, alors que la députation péquiste se lève pour applaudir le premier ministre. Poussé par son voisin de banquette, Claude Morin, il finit par se mettre debout pour applaudir sans conviction « du revers de la main ». « J'ai été le dindon de la farce là-dedans, constate Parizeau. Rien de ce que j'ai dit n'a été retenu[7]. »

---

7. Pierre Duchesne, *Jacques Parizeau*, t. II : Le baron, Montréal, Québec Amérique, 2002, 535 p.

Malgré les sondages qui donnent le « oui » clairement perdant en décembre, le gouvernement du Parti québécois est convaincu qu'il peut, avec une campagne habile, et en recrutant des appuis en dehors des lignes de parti, renverser la vapeur. Depuis juin 1979, Pierre Elliott Trudeau, l'adversaire le plus craint des péquistes, n'est plus au pouvoir à Ottawa. Joe Clark, un conservateur modéré, qui dirige un gouvernement fédéral minoritaire, n'apparaît pas comme une menace sérieuse. Mais quelques jours plus tard, son gouvernement est défait en Chambre ; Trudeau, qui entre-temps avait décidé de quitter la politique, se laissera convaincre, dans les circonstances, de reprendre du service pour vaincre le camp du « oui ».

Le printemps 1980 sera une période déchirante pour le Québec. La campagne référendaire divise les familles et donne naissance à des échanges acrimonieux. Après avoir remporté un premier marathon à l'Assemblée nationale, avec le débat sur la question, diffusé à la grandeur du Québec par la télévision parlementaire, le Parti québécois doit affronter une série de difficultés imprévues. La plus importante d'entre elles est provoquée par ce qu'on appellera la « bataille des Yvettes », déclenchée par le camp du « non », en réaction à une gaffe de la ministre de la Condition féminine, Lise Payette.

Dans les jours qui précèdent le vote, je diffuse au *Téléjournal* une série de reportages montrant comment le camp du « non » – les troupes fédérales en particulier – a outrepassé les limites de dépenses fixées par le directeur général des élections en utilisant toutes sortes de subterfuges. Ces informations, qui seront pourtant confirmées officiellement dans les années subséquentes, ne changent rien à la tendance lourde de l'opinion.

Le soir du vote, durant notre émission référendaire à Radio-Canada où je joue le rôle d'analyste principal auprès de Bernard Derome, alors qu'il annonce une victoire décisive du « non », je découvre, en me tournant vers la collègue qui m'assiste à l'ordinateur, que derrière les animateurs, dans le grand studio de la Cité du Havre, une partie importante du personnel pleure à chaudes larmes. C'est un moment pathétique. Malgré tous les signaux qui leur étaient pourtant donnés et les sondages qui l'annonçaient, même les journalistes, qui rêvaient probablement d'un miracle de dernière minute, n'en croient pas encore leurs yeux et leurs oreilles. La défaite du « oui » est flagrante : le « non » l'emporte par 59,5 % des voix exprimées et le taux de participation de plus de 85 % rend les choses encore plus nettes.

Passer à autre chose

Un an après sa défaite cuisante au référendum de 1980, le Parti québécois remporte, malgré tout, les élections législatives pour un deuxième mandat. On a le sentiment très net que l'électorat québécois a voulu s'excuser d'avoir brisé les rêves de René Lévesque en lui donnant une autre chance au pouvoir. Plusieurs semaines avant le vote, les sondages montraient pourtant une montée en popularité de Claude Ryan, le chef libéral ; j'avais même gagé 100 dollars avec Bernard Landry que les péquistes perdraient les élections tant les tendances semblaient claires. Je lui remettrai d'ailleurs le montant de ce pari quelques années plus tard sur la Muraille de Chine. Mais Claude Ryan a tellement multiplié les gaffes durant la campagne – comme il le reconnaîtra lui-même dans un documentaire que nous lui consacrerons peu avant sa mort – qu'il a fait fuir les électeurs.

René Lévesque est donc reporté au pouvoir, mais le chef n'a plus la fougue qu'on lui connaît. Une lassitude s'installe au sein de son équipe. La morosité atteindra son point culminant quand Pierre Elliott Trudeau, après des négociations difficiles avec les provinces et le Québec en particulier, décidera de rapatrier unilatéralement la Constitution qu'il modifiera sans l'accord du Québec. Dans les mois qui suivent, j'ai moi-même l'impression que le Parti québécois, devenu cynique, s'incruste dans une certitude paresseuse, et la vie au Parlement me semble de plus en plus étouffante. Lors de mon entrée en poste à Québec, un collègue plus âgé que j'aimais beaucoup, Rosaire Pelletier, m'avait averti : « Tu vas voir, c'est comme dans un collège ici. Tout le monde se connaît.

Tout le monde se surveille. » Je sens que j'en suis arrivé là et que j'ai besoin de changement. J'ai besoin d'air.

Après six années de journalisme au cœur de l'actualité politique québécoise, au cours desquelles j'ai certainement fait la démonstration de mes capacités d'analyse, la direction de Radio-Canada me propose un transfert dans ce qu'elle perçoit comme la ligue majeure : la colline parlementaire d'Ottawa. Mais je ne veux pas partir d'un parlement pour aller dans un autre. J'aurais l'impression, me semble-t-il, de m'enfermer dans un autre « collège », même si la politique fédérale est certainement plus variée et plus ouverte à d'autres horizons. Je sens plutôt le besoin de franchir une vraie barrière et de partir ailleurs dans le monde pour vraiment changer d'air.

Durant ces dernières années passées au Québec, j'ai continué, par mes lectures et surtout le travail de mes collègues correspondants à l'étranger, à vivre par procuration ma passion pour ce qui se passe à la grandeur de la planète. Et, après l'intensité de la couverture quotidienne d'une période extraordinaire de la politique canadienne et québécoise, je sens que le temps est venu, même si je suis encore très jeune dans le métier, de poser ma candidature pour un poste à l'étranger.

L'occasion se présente au début de 1982, quand le bureau de Londres devient vacant. Comme c'est le cas encore aujourd'hui, les journalistes dont la candidature est retenue doivent se présenter devant un comité de sélection. Or, avant même que ce comité rencontre les candidats, mon patron, Marcel Desjardins, un homme d'apparence rude dont je respecte depuis longtemps la compétence, me convoque pour me dire que je ne serai même pas considéré pour Londres, qui sera d'ailleurs attribué à un collègue très respecté, Paul-André Comeau. Marcel a un autre projet pour moi. Il souhaite que je sois candidat au poste de Pékin qui doit s'ouvrir quelques mois plus tard. Pékin est à l'époque le premier bureau de correspondant bilingue de CBC/Radio-Canada à l'étranger. Une formule unique au monde, où le journaliste doit pouvoir travailler dans les deux langues et alimenter quatre réseaux de radio et de télévision anglais et français. Don Murray, le correspondant sortant du réseau anglais, a été le premier à tenter l'expérience avec brio, et c'est cette fois au tour d'un candidat du réseau français de prendre le relais. Marcel Desjardins tient à tout prix à ce que le service de l'information de Radio-Canada soit à la hauteur de cette relève et il me demande d'en accepter le défi. C'est ainsi que, avant même la convocation du comité de sélection composé de représentants des deux réseaux, il m'a dit: « Tu vas postuler pour Pékin et tu vas l'avoir. » Je lui rends hommage encore aujourd'hui pour cette chance qu'il m'a donnée.

Dès le mois d'octobre 1982, alors que j'apprends le mandarin et que j'effectue un stage au réseau anglais, à Toronto, Marcel m'envoie une dizaine de jours en Chine afin que je rencontre Don Murray dans son milieu de travail. Il veut s'assurer que je vais accepter l'ampleur de la tâche et la difficulté des conditions matérielles qui m'attendent sur place. De retour chez moi après ce court séjour d'initiation à Pékin, alors qu'en dînant j'essaie de convaincre ma femme de l'époque, Claude Saint-Laurent, du bonheur que nous allons vivre, le téléphone sonne. J'entends la voix typique de Marcel qui me dit: « Pis? » Je lui réponds que c'est merveilleux; et, sans ajouter un seul mot, il raccroche.

Marcel savait ce qu'il voulait savoir: son « homme » allait relever le défi.

En Chine, avec des retraités chinois à Pingyao, en mai 2008.

Chapitre 2

En mission au pays de Mao

Le choc des cultures

Un jour de juin 1983, six mois après notre arrivée à Pékin, nous décidons, ma compagne, Claude Saint-Laurent, et moi, de prendre une journée de repos à Beidaihe, une station balnéaire fréquentée par l'élite du pays à quatre heures de train au nord-est de la capitale. C'est la première fois que nous quittons Pékin pour autre chose que du travail. Les journalistes étrangers connaissent bien Beidaihe. Une des rares destinations où nous pouvons aller à l'extérieur de la capitale sans avoir à demander de permission. La journée est radieuse, et aussitôt arrivés sur place nous engageons la conversation avec un jeune homme dans la vingtaine qui, comme cela se produit souvent en Chine à cette période, nous aborde en nous disant qu'il souhaite pratiquer son anglais. Wang est photographe amateur. Avec lui, nous allons passer la journée, nous baigner dans la mer, casser la croûte, et discuter de tout et de rien. Or, en fin d'après-midi, à l'heure de notre train de retour, en pleine place centrale de la station balnéaire, alors que notre ami d'un jour nous quitte, un groupe de fiers-à-bras l'interpelle et un d'entre eux commence à le battre devant nous. Immédiatement, je tente d'intervenir, mais des gens dans la foule de témoins de l'événement me poussent vers l'extérieur en me faisant comprendre qu'il est même dans son intérêt à lui que je ne proteste pas.

Nous avons repris le train vers Pékin, ce soir-là, bouleversés par la façon brutale dont cette journée magnifique venait de se terminer, mais surtout par ce que nous pensions comprendre de ce qui s'était vraiment produit. Se pouvait-il que ce jeune homme n'ait été sauvagement battu que parce qu'il avait osé passer la journée avec des étrangers ? Nous connaissions, pour en avoir parlé avec nos collègues correspondants et en avoir lu des récits troublants, la méfiance traditionnelle de l'étranger qui provoquait parfois chez les Chinois des comportements extrêmes, frisant souvent la paranoïa. Mao Zedong, le grand leader communiste, n'avait-il pas poussé au paroxysme la haine de l'étranger durant la Révolution culturelle, de 1965 à 1975, en persécutant les intellectuels soupçonnés de partager des idées pernicieuses venues d'ailleurs ? À peine sortis de la noirceur maoïste, et malgré les signaux d'ouverture lancés par son successeur, Deng Xiaoping, les Chinois portaient-ils encore les séquelles de cette xénophobie ? De retour à Pékin, je me suis empressé de raconter la scène à des collègues expérimentés dont je respectais le jugement. Un grand journaliste de l'Agence France-Presse, un aristocrate du métier, Charles-Antoine de Nerciat, expert de l'Asie, a tout de suite confirmé nos appréhensions en nous disant qu'il ne pouvait expliquer autrement cette scène révoltante.

Durant tout mon séjour en Chine, et même jusqu'à aujourd'hui, je me suis souvenu de cet événement comme d'un mauvais goût qui reste dans la bouche. Malgré l'ouverture dont ils ont fait preuve pour devenir la première puissance commerciale du monde, les Chinois conservent encore à ce jour cette double relation d'amour/fascination et de haine à l'endroit de l'étranger, et les nouveaux médias accentuent cette tendance nationaliste à outrance dans ce pays qui adopte pourtant à une vitesse fulgurante notre mode de vie.

Témoin de la révolution de Deng

Quand je suis arrivé en Chine, en janvier 1983, pour m'y établir de façon durable, les Chinois s'appelaient encore entre eux *tongzhi*, « camarade », même si Mao était mort et que Deng Xiaoping, son ancien compagnon de lutte, prônait ni plus ni moins qu'une révolution capitaliste dans le pays. On s'adressait poliment à nous en nous appelant *waiguo pengyou*, « notre ami de l'étranger », mais des expressions populaires plus crues décrivaient mieux le sentiment que le Chinois moyen entretenait à l'égard de l'étranger, un sentiment mêlé de peur et d'envie. En fait, on se méfiait des *da bizi*, les « grands nez » ; on nous traitait aussi dans notre dos de *yang guizi*, de « diable étranger », et les gens qui manifestaient trop de sympathie à notre endroit ou à l'endroit de nos idées se faisaient taxer de bananes : jaunes à l'extérieur, mais blancs à l'intérieur.

Je ne comprends toujours pas cette obsession ethnocentriste dont on pourrait parler longtemps, tellement elle est présente dans la culture chinoise. Un trait qui pour moi assombrit cet amour que je voue pourtant à ce peuple intelligent, travailleur et bon vivant que j'allais apprendre à connaître davantage dans les quelques années qui s'ouvraient devant moi au pays de l'empire du Milieu.

La vie de correspondant à l'étranger, c'est probablement ce qu'il y a de plus extraordinaire pour un journaliste. Parce que, comme diraient les Chinois, on est d'abord loin de l'empereur, du patron ou du rédacteur en chef. On est seul à gérer son bureau, ses projets ; seul à la tête d'une petite entreprise. C'est un défi, puisqu'on est aussi seul à en assumer les risques et les échecs possibles ; mais c'est certainement intéressant sur le plan de la liberté. Et en plus, la vie en poste à l'étranger, surtout quand le pays est exotique, c'est le bonheur de découvrir constamment quelque chose de nouveau, quelque chose qu'on n'a jamais vu, d'explorer de nouvelles frontières. C'est, littéralement, le mythe de Tintin dans son application la plus entière.

Au moment où je m'y installe, le bureau en Chine est certainement le plus particulier de tout notre réseau de correspondants. Pour ne pas dire aussi le plus primitif, en ce qui a trait aux conditions matérielles. En 1983, la Chine est encore très conservatrice et fermée ; les conditions de travail sont rudimentaires. À l'époque, il n'y a que neuf villes dans tout le pays – dont Pékin, Canton et Shanghai – où les étrangers sont admis, et encore faut-il avoir des permissions pour s'y rendre. Quand je quitterai le pays trois ans et demi plus tard, tout sera ouvert, et des régions qui n'avaient pas eu de contacts avec des Occidentaux depuis l'arrivée au pouvoir de Mao seront désormais accessibles.

C'est donc la perspective de découvrir un pays resté méconnu pendant des décennies qui s'ouvre à moi. Et l'enjeu est fascinant, même s'il va comporter son lot de difficultés. C'est aussi l'occasion de participer, en tant que témoin, à la naissance d'un monstre économique dont on est loin de deviner le potentiel, mais qui se révélera pourtant en moins de vingt ans.

À Pékin, en janvier 1983, la Chine est encore le pays de Mao, où le message de Deng Xiaoping, son successeur, est loin d'être partagé par tout le monde. C'est encore une Chine extrêmement pauvre qui joue au communisme, puisque le système qui a inspiré tant d'êtres humains dans le monde ne fonctionne plus, même s'il a conservé tous ses attributs. Tous ces gens qui s'appellent « camarade » sont encore vêtus en « habit Mao », vert, gris ou bleu ; les femmes comme les hommes portent le pantalon. Mon interprète Liu Fengben est une sorte d'espion, conscrit par le ministère des Affaires étrangères, et dont le rôle est de tout savoir sur moi et surtout de m'éloigner de tout renseignement pertinent qui pourrait m'aider à mieux faire mon travail. C'est le règne de l'obscurantisme.

Mais ce qu'il y a de fascinant dans cette situation, c'est qu'en l'espace de trois ans et demi je serai témoin de la transformation complète du pays ; à la fin, mon interprète, M. Liu, sera prêt à renier les directives de ses patrons communistes en échange d'un billet de 100 dollars ; les hommes et les femmes, en abandonnant leurs uniformes, commenceront à valoriser davantage la liberté et le bonheur que leur devoir mythique envers le peuple. La Chine au complet sera devenue le pays du gain, qui n'a qu'un désir, celui de rattraper le temps perdu et de se retrouver comme autrefois au centre du monde.

Je serai témoin de la fin, les uns après les autres, des mythes absurdes que Mao imposait au peuple comme autant de fausses vérités qui lui permettaient de masquer la réalité de son pouvoir incompétent. C'est ainsi que les Chinois, durant mon séjour, en viendront à se moquer de Yu Gong. En 1945, Mao, dans ses écrits, évoquait la légende de ce vieux paysan du nord de la Chine qui s'était mis en frais, avec ses fils, de déplacer deux immenses montagnes qui bloquaient l'entrée de sa maison. En réponse aux sarcasmes de son voisin Zhi Sou, qui lui disait qu'ils n'y arriveraient jamais à eux seuls, Yu Gong avait affirmé : « Quand je mourrai, il y aura mes fils ; quand ils mourront à leur tour, il y aura les petits-enfants ; ainsi les générations se succéderont sans fin. Si hautes que soient les montagnes, elles ne pourront plus grandir ; à chaque coup de pioche, elles diminueront d'autant ; pourquoi donc ne parviendrions-nous pas à les aplanir ? »

La légende dit que les cieux furent tellement impressionnés par les efforts de Yu Gong qu'ils firent disparaître les montagnes. Mao avait récupéré cette vieille légende pour faire l'éloge de la persévérance idéologique. Pour le peuple, les deux montagnes à déplacer, disait-il, c'était l'impérialisme et le féodalisme, et à force de persévérance et d'application de la pensée marxiste-léniniste le communisme finirait par triompher des deux obstacles.

C'était l'époque où les Chinois répétaient, comme on le leur avait imposé, que la pensée de Mao pouvait résoudre toutes les contradictions au sein du peuple. On mobilisait les foules à tout propos dans des campagnes plus absurdes les unes que les autres ; comme la campagne d'extermination des oiseaux à la fin des années 1950. Les autorités disaient que les oiseaux mangeaient les semences dans les champs. Des millions de gens furent donc mobilisés, vingt-quatre heures par jour pendant des semaines, pour faire peur aux oiseaux et les empêcher de se poser afin qu'ils meurent d'épuisement. Il y a des films d'archives hallucinants témoignant de cette folie.

La campagne, qui a failli causer l'extermination complète des oiseaux en Chine, a eu pour résultat de provoquer une prolifération catastrophique des insectes qui détruisirent les récoltes. Alors qu'on voulait, à l'origine, protéger les semences, la campagne contre les oiseaux a plutôt contribué à une des plus grandes famines de l'histoire de l'humanité qui a fait plus de 30 millions de morts. C'était le Grand Bond en avant (*Da yue jìn*), un délire de propagande dont l'objectif était de stimuler l'économie par la collectivisation intensive de l'agriculture, le développement de l'industrie lourde et les grands projets d'infrastructure. Pour contribuer à l'essor de la sidérurgie, par exemple, chaque famille devait faire fondre dans un four artisanal ses objets métalliques et en remettre le produit à l'État. Le Grand Bond a été un échec lamentable, mais le peuple était mobilisé par une cause, ce qui l'empêchait de songer à critiquer le gouvernement.

En arrivant au pouvoir en 1978, Deng Xiaoping a marqué un tournant dans ce cauchemar collectif en faisant, au contraire, l'éloge de la vérité soumise à l'épreuve des faits. Peu importe, disait-on dorénavant, qu'un chat soit blanc ou noir, pourvu qu'il chasse les souris. «Le temps, c'est de l'argent», «L'éducation doit faire face à la modernisation», clamaient ses slogans. Dès le début de son règne, Deng a lancé le mouvement des quatre modernisations (*si ge xian dai hua*) – de l'agriculture, de l'industrie, des sciences et technologies et de l'armée – pour transformer la vieille économie communiste paralysée par l'incompétence et il a mis sur pied le système de responsabilité, une forme de privatisation partielle de la production agricole qui allait bientôt s'étendre à l'ensemble du pays. Il fallait désormais que les individus prennent en main leur propre destin plutôt que de ne compter que sur une bureaucratie devenue désuète. C'est ainsi que les adeptes des réformes de Deng ont commencé à se moquer ouvertement du vieux Yu Gong et du mythe que Mao en avait fait; par dérision, on disait maintenant que Yu Gong et sa famille auraient bien mieux fait de déménager leur maison plutôt que de s'attaquer aux montagnes. Le pragmatisme venait de s'emparer de la Chine.

Dans les années suivantes, tous ces mythes vont ainsi tomber, un à un, graduellement, au point de détruire complètement, dans l'esprit des Chinois, l'héritage idéologique de Mao et du communisme. À l'issue de mon séjour en Chine, en juin 1986, dix ans après la fin de la Révolution culturelle, on commençait déjà à démanteler les statues de Mao un peu partout, ses petits livres rouges et les souvenirs de la Révolution étaient vendus à prix d'or aux touristes dans les marchés aux puces. Les autorités ont même songé un temps à enlever son portrait géant de la place Tian An Men. Mais la révolte populaire de 1989 les en a dissuadés.

Une scène mémorable illustre très bien ce bouleversement idéologique qui secouait le pays : un jour, avec mon interprète, Liu Fengben, et un collègue de Radio-Canada en visite en Chine, Richard Sanche, nous nous rendions dans une région qui n'avait jamais été ouverte aux étrangers sous le règne de Mao, au nord-ouest du pays, à la frontière entre le Turkestan chinois, qu'on appelle le Xinjiang, et le Pakistan. En route dans les collines désertiques, après avoir quitté Kashgar, le grand marché millénaire de la route de la soie, nous apercevons deux Ouïghours – l'ethnie musulmane majoritaire dans la région – faisant, en pleine nature, leurs prières en se prosternant en direction de La Mecque. M. Liu, à qui les communistes avaient appris à mépriser toute religion, considérée comme l'opium du peuple, me regarde alors avec un sourire cynique montrant son dédain à l'endroit des dévots. Je me souviens de lui avoir aussitôt dit, sans hésitation : « Lao Liu – "vieux Liu", comme on l'appelait respectueusement –, des gens qui pratiquent cette religion, il y en a autant dans le monde qu'il y a de Chinois, mais eux, au moins, ils croient beaucoup plus en leur religion que vous ne croyez en votre communisme ! » Liu en est resté bouche bée, parce qu'il savait très bien que j'avais raison.

La vie en Chine

Quand on arrivait en Chine comme journaliste au début des années 1980, il fallait avant tout contacter les services diplomatiques du ministère chinois des Affaires étrangères qui nous fournissaient le logement, dans des complexes d'habitation et des quartiers réservés aux étrangers, et le personnel local dont on avait besoin pour travailler. La première personne avec laquelle on entrait en contact, c'était l'interprète, ce surveillant qu'on nous imposait. Si, après l'avoir rencontré ou même plus tard, en cours de mandat, on décidait de refuser l'interprète désigné par le ministère, on risquait de s'en voir imposer un plus triste ou d'être mis au ban du ministère, c'est-à-dire de ne plus avoir de permis de reportage. À mon arrivée, mon prédécesseur, Don Murray, qui avait déjà passé plusieurs années avec M. Liu, m'a donc conseillé, pour ces raisons, de le garder à notre service, malgré toutes les réticences qu'il éprouvait à son endroit.

Pour le reste, c'était à nous de décider si l'on voulait un cuisinier, un chauffeur ou même des techniciens chinois. Le gouvernement filtrait tous nos employés locaux ; on ne pouvait recruter que parmi ceux qu'il nous offrait. Les correspondants et les diplomates étrangers vivaient dans des quartiers fermés par des guérites, gardés par des policiers du ministère de la Sécurité publique dont le rôle principal était de contrôler nos allées et venues, mais surtout d'empêcher toute rencontre privée dans nos appartements avec des Chinois, ou à tout le moins de les limiter. Si l'on voulait inviter des amis chinois chez nous, ils devaient s'identifier à l'entrée et à la sortie, et ils pouvaient être assurés de subir un interrogatoire de la Sécurité publique aussitôt rentrés chez eux. Une illustration très évidente de la paranoïa qui régnait encore dans le pays, même plusieurs années après la mort de Mao. Les étrangers étaient complètement encerclés et contrôlés.

On pouvait, par contre, à nos risques et périls, contourner les règles. C'est ainsi que, très tôt, on a appris que des collègues faisaient entrer clandestinement des Chinois chez eux en les camouflant devant la banquette arrière de leur voiture, le soir, à la noirceur. Et puis, graduellement, toutes ces règles se sont estompées. Aujourd'hui, les correspondants étrangers peuvent aller où ils souhaitent et engager qui ils veulent, et ils travaillent avec une nouvelle génération de jeunes journalistes chinois exceptionnels qui prennent des risques au nom de la liberté d'expression et d'opinion, et qui le font avec un courage remarquable. Les méthodes policières chinoises ont beaucoup évolué ; il y a une liberté apparente qui ressemble parfois à la nôtre, mais la Chine demeure un régime autoritaire qui ne tolère pas la dissidence.

À l'époque, tout était construit autour de nous pour nous couper de la vie normale du peuple et nous contrôler. On disait aussi que nos appartements étaient truffés de microphones pour nous épier, et entre nous, étrangers, les rumeurs allaient bon train. On avait tous entendu, chez nous, un bruit qui ressemblait à celui d'une bille tombant sur un plancher de marbre ; c'était, disait-on, le son caractéristique de la machine qui enregistrait nos conversations. Quelqu'un avait raconté avoir surpris, dans les escaliers de secours de l'Hôtel de Pékin, le plus gros hôtel de la capitale durant ces années, une cohorte de fonctionnaires chinois transportant des montagnes de rubans magnétiques. Un jour, une histoire personnelle m'a moi-même un peu ébranlé. Le lendemain d'une soirée à la maison avec une douzaine de collègues, où nous avions particulièrement critiqué, entre nous, les contraintes que nous imposaient les autorités, M. Liu, notre interprète, se présente tôt le matin – plus tôt qu'à l'accoutumée, en fait – dans mon bureau pour me demander si tout va bien. Voyant mon étonnement, puisqu'il ne me posait jamais cette question, il se met à insister en cherchant à savoir si je suis satisfait de ses services ou de ceux des autres fonctionnaires du Bureau de la presse étrangère. Me demandant si j'ai des désirs qu'il souhaitait au plus haut point réaliser. J'étais persuadé que les autorités lui avaient transmis les résultats de leur écoute électronique de la veille. On disait que les Chinois avaient appris ces techniques de surveillance des Soviétiques, qui eux-mêmes les utilisaient à grande échelle pour mieux contrôler leurs populations.

Durant notre séjour à Pékin, il était de mise d'inviter à l'occasion les fonctionnaires qui s'occupaient de nous au Bureau de la presse du ministère des Affaires étrangères et même leur sous-ministre, pour faciliter nos demandes de permis de tournage et entretenir de bonnes relations. On organisait des banquets dans les rares restaurants de qualité de la capitale. C'était une fête pour eux dont les conditions de vie étaient misérables. Et pour nous, c'était un exercice amusant. À la fin de mon séjour, M. Liu m'a même demandé d'organiser un dernier banquet où je devais, souhaitait-il, faire son éloge devant ses supérieurs. Il espérait ainsi tenter, une dernière fois peut-être, puisqu'il devenait âgé, de se faire nommer membre du Parti communiste, pour s'assurer une meilleure retraite. Lao Liu n'a malheureusement jamais eu la promotion qu'il désirait, mais le repas a été très bon.

Lors de ces banquets, on apprenait toujours des choses sur nous-mêmes qui nous étonnaient. Les fonctionnaires nous posaient des questions nous révélant leur connaissance la plus intime de nos activités. Des choses dont même nos employés chinois ne pouvaient pas avoir été témoins. Une façon peu subtile pour eux de nous montrer que rien n'échappait à leur système d'espionnage des étrangers.

La surveillance s'étendait bien sûr aussi au contenu de nos reportages. Mais même s'ils cherchaient à nous encadrer, à nous empêcher de voir ce qui se passait vraiment dans leur pays, les Chinois n'exerçaient pas de censure comme telle de nos textes ou de nos enregistrements. Nos transmissions téléphoniques en direct à la radio n'étaient jamais interrompues. Nous n'étions pas obligés, comme cela se pratiquait dans certains pays, de montrer le contenu de nos cassettes de tournage pour la télévision avant de les envoyer dans nos pays respectifs. La censure ou la réprimande se faisait après, quand, averti par l'ambassade de Chine au Canada, le ministère nous convoquait pour nous demander des comptes ou nous menacer d'expulsion. Et dans tout cela, nous avions la conviction que notre intégrité physique ou morale n'était aucunement menacée. Nous ne craignions pas les arrestations ou l'emprisonnement comme cela s'est souvent produit pour des gens d'affaires étrangers ou pour nos collègues chinois qui osaient défier les règles. Quand nous dépassions les bornes, on nous rappelait à l'ordre poliment, ou on nous expulsait du pays, comme c'est arrivé à certains de mes collègues.

Au fur et à mesure que le temps passait, notre audace s'affirmait davantage. Chaque année, par exemple, les inondations font déborder des fleuves et des rivières en Chine, comme ailleurs dans le monde. Mais les Chinois sont tellement nombreux à vivre le long des voies navigables que les conséquences y sont désastreuses. Un jour de printemps, après deux ans en Chine, j'ai convaincu M. Liu de nous accompagner dans une expédition qui représentait un défi audacieux aux autorités. Le Yangtsé, un des deux principaux fleuves du pays, qu'on appelle en chinois le *Chang Jiang*, le «grand fleuve», subissait chaque année des crues énormes qui balayaient des villages entiers ou des quartiers urbains sur leur passage. Des milliers de gens en mouraient ou devaient être évacués. Malgré tous les développements technologiques, la bureaucratie chinoise n'arrivait pas à régler le problème. En suivant la crue, on pouvait pourtant prévoir au moins une journée à l'avance la rapidité avec laquelle elle progressait. C'est ainsi que nous avons décidé de nous rendre en train à Nankin, sans obtenir l'accord préalable des responsables locaux, pour surprendre la crue du fleuve au moment où elle atteindrait la ville et être témoins de la réponse des autorités à ce genre d'urgence annuelle.

Arrivés à la gare de Nankin, nous prenons aussitôt un taxi en direction des quartiers vulnérables où l'eau commençait déjà à atteindre les résidents. Après avoir tourné des images de la crue, je m'aperçois que le chauffeur de taxi et M. Liu, notre interprète, discutent en chuchotant. Je décèle dans leur ton une angoisse qu'ils tentent d'abord de camoufler, mais qui finit par exploser quand le chauffeur découvre que nous sommes sur place sans permission officielle. M. Liu a beau le rassurer, lui dire que nous faisons tout simplement notre travail de journalistes, la pression est telle qu'à un moment donné il menace de nous dénoncer aux autorités et nous somme de remettre la caméra dans la voiture avant de nous conduire à l'hôtel où nous avons réservé.

Aussitôt après nous avoir laissés, il a dû prévenir la police, puisque à peine quelques minutes plus tard une escouade spéciale de fonctionnaires de la Sécurité publique nous emmenait à l'aéroport, pour nous forcer à prendre le premier avion de retour vers Pékin.

Les Chinois ne voulaient pas d'esclandre avec la presse étrangère ; les choses se faisaient toujours avec une fermeté discrète à laquelle nous nous soumettions ultimement, pour ne pas être expulsés du pays. Mais il fallait continuellement pousser les limites un peu plus loin, oser davantage, pour tester la tolérance qui grandissait chaque jour. Jusqu'à ce que la révolte de la place Tian An Men, en 1989, vienne à nouveau provoquer un resserrement des règles.

Il y avait aussi toujours une place pour la négociation avec les autorités. Un jour, je faisais un reportage sur l'ambassadeur du Canada à Pékin, Michel Gauvin, un homme que j'aimais beaucoup et un des membres les plus respectés du corps diplomatique canadien, qui, en quittant la Chine, avait décidé de prendre sa retraite. Gauvin était un ambassadeur de la vieille école ; il avait, entre autres, durant sa carrière, joué un rôle très important au nom du Canada en tant que président de la Commission internationale de contrôle et de supervision au Vietnam, au plus fort de la guerre entre les États-Unis et le Nord-Vietnam. Rompu aux usages diplomatiques et fin politique, partisan de la diplomatie ouverte, il entretenait des rapports étroits avec le pouvoir chinois même s'il ne cachait pas ses convictions anticommunistes. Grand joueur de bridge, il partageait à l'occasion sa passion de ce jeu de cartes subtil avec nul autre que Deng Xiaoping. Ce jour-là, l'ambassadeur accompagnait une délégation de parlementaires canadiens à l'Assemblée nationale du peuple, le Parlement chinois, où ils étaient reçus par des collègues de la Chine. Une belle occasion pour moi de tourner des images de Michel Gauvin en action, dans un lieu mythique où les caméras étrangères étaient encore peu admises. À la fin de la rencontre, le président de l'Assemblée, Peng Zhen, probablement en raison de la présence de l'ambassadeur Gauvin sur les lieux, se joint aux deux délégations pour faire une photo officielle. Peng Zhen, quatre-vingt-cinq ans, ancien maire de Pékin sous Mao, était une des éminences grises de la Chine, et la photo de famille constituait pour mon reportage sur

Gauvin une illustration de l'importance que les Chinois lui accordaient.

En visionnant les images du tournage, à notre retour au bureau, nous nous rendons compte d'un problème majeur. Tout le long de la séquence avec Peng Zhen, le vénérable président du Parlement chinois a la braguette ouverte, et la tache de ses sous-vêtements d'un blanc immaculé au milieu de sa tenue Mao foncée rend l'image pratiquement inutilisable. À moins de porter ombrage inutilement à un vieillard respecté. Or, au moment où nous faisons ce constat singulier, comme par hasard, le téléphone du bureau sonne. C'est Lei Yunxia au bout du fil, notre interlocutrice au Bureau de la presse étrangère, avec laquelle nous négocions tous les jours les permissions de tournage. Avec toute sa pudeur typiquement chinoise, elle me demande d'abord si je me porte bien et si mon tournage à l'Assemblée nationale du peuple s'est bien déroulé. Devinant le but de son appel, je décide de m'amuser à la faire languir un peu en lui disant que nous avons justement visionné les images et que tout est parfait. Mme Lei revient alors à la charge en me demandant si, dans les images, M. Peng Zhen était «convenable». Sans doute informée, par des photographes officiels qui étaient sur les lieux, de l'impair commis, malgré lui, par leur vieux président, elle veut en avoir le cœur net. Mais comme je ne coopère pas, elle décide, en mettant de côté difficilement sa pudeur de femme chinoise bien élevée, de me dire directement: «Écoutez, on pense qu'il avait la braguette ouverte.» Et là, j'ai répondu: «Ah oui, c'est vrai, j'ai oublié de vous dire ça!»

Soulagée de ma réponse, elle passe aussitôt à la seconde étape de ses préoccupations; elle me demande si je compte utiliser ces images. Je réalise alors que je détiens là un atout majeur qui peut éventuellement me servir de monnaie d'échange avec le Bureau de la presse étrangère. Si je lui fais la faveur de ne pas déshonorer à la télévision canadienne le président du Parlement chinois, elle sera certainement reconnaissante. Comme, de toute façon, je n'aurais pas pu utiliser ces images, sauf dans un concours de vidéos loufoques, je lui annonce donc que j'accepte de ne pas les diffuser. C'est ainsi que, jusqu'à la fin de mon séjour en Chine, les portes du Bureau de la presse étrangère me seront toutes grandes ouvertes.

Mon mentor « chinois »

Quand je suis arrivé à Pékin, Don Murray, mon prédécesseur, m'a présenté un personnage qui est devenu un autre de mes mentors. Il s'appelait Tiziano Terzani; c'était un grand journaliste italien qui écrivait pour le magazine allemand *Der Spiegel*. Un homme d'une grande culture, qui est mort d'un cancer foudroyant, il y a quelques années, après avoir publié un livre très inspirant, intitulé *La fin est mon commencement,* où il raconte les grands moments de sa vie tumultueuse à son fils en faisant parfois de difficiles bilans[8].

Tiziano profitait de chaque occasion qui lui était offerte pour sortir de la capitale et aller à la découverte de la Chine, plutôt que d'attendre « la » nouvelle, à Pékin, comme le faisaient la plupart des correspondants étrangers. Sa connaissance presque parfaite de la langue, le mandarin, lui conférait aussi un avantage énorme. C'est ainsi, en se mêlant le plus souvent possible à la foule chinoise, en sillonnant les campagnes moins surveillées que la ville par la Sécurité publique, qu'il rapportait des histoires uniques que ses collègues assis dans leurs bureaux de Pékin ne voyaient pas passer.

C'était d'autant plus important de sortir de la ville que les vrais changements initiés par Deng Xiaoping se produisaient d'abord à la campagne, où il avait lancé sa première grande réforme visant à privatiser en partie l'agriculture. Tiziano m'a en quelque sorte appris le métier de correspondant et, comme lui, et comme Don avant moi, j'utiliserais toutes les occasions qui me seraient données pour sortir de la capitale et explorer le pays.

J'admirais Tiziano pour sa capacité de s'intégrer dans la population chinoise, malgré sa grosse moustache à la Sta-

---

8. Tiziano Terzani, *La fin est mon commencement. Un père raconte à son fils le grand voyage de la vie*, Paris, Éditions Les Arènes, 2008.

line et son air vraiment étranger. Il s'habillait à la chinoise, comme il s'habillera à l'indienne plus tard en Inde, et se plaisait à découvrir la cuisine populaire dans les endroits les plus typiques. Avec lui, j'ai appris à pousser encore plus loin la curiosité auprès des gens qui nous entouraient. À l'occasion, le ministère des Affaires étrangères nous emmenait par groupes de trente à quarante en tournée dans une région nouvellement ouverte ; c'était souvent la seule occasion qui nous était offerte d'aller voir ces coins du pays fermés aux étrangers. Lors de ces voyages organisés, très encadrés, Tiziano Terzani nous incitait à profiter de la noirceur, le soir, pour déjouer la surveillance de nos « gardiens », fuir les résidences feutrées où ils nous installaient toujours, à l'écart de tout, en direction du village ou du quartier le plus proche et y faire ce qu'il aimait le mieux : boire un coup avec les habitants et les faire parler.

Il partageait avec certains collègues cette idée que pour connaître vraiment un peuple, pour comprendre sa culture, il fallait absolument apprendre sa langue. Quand j'avais décidé de partir pour Pékin, pour des raisons de curiosité personnelle, j'avais moi-même suivi des cours de mandarin avec Jenny Chang, une excellente professeure de chinois de l'Université McGill. Arrivé en Chine, j'ai poursuivi l'apprentissage en recevant, chaque matin, chez moi, autour d'un thé matinal, un vieil intellectuel charmant, Lao Lin, que les services diplomatiques m'avaient envoyé comme professeur de mandarin. Ensemble, nous écoutions et nous commentions tous les jours les informations à la radio. Lin était un homme brisé comme beaucoup d'intellectuels de sa génération qui avaient subi les affres de la Révolution culturelle de Mao ; mais entre les murs de mon appartement il se laissait aller à un cynisme de bon aloi à l'endroit des autorités qui me ravissait. Ces courtes séances du matin suffisaient à me faire aimer cette langue magnifique que j'ai pu manier au point où, à la fin de mon séjour, je réussissais à mener presque sans aide mes entrevues. La langue des peuples nous apprend beaucoup sur leur mentalité, leur appréhension de la vie. C'était aussi la conviction profonde de Tiziano. J'ai ainsi pu, je crois, comprendre un peu mieux l'âme chinoise en me familiarisant avec cette langue. Les Chinois sont en général des gens très chaleureux, quand on brise l'enveloppe de porcelaine qu'ils construisent autour d'eux ; cette méfiance que des décennies d'ostracisme ont installée, chez les plus âgés en particulier.

Les premières personnes avec lesquelles j'ai mis à l'épreuve mes leçons de chinois en arrivant à Pékin furent le cuisinier, M. Li, et la femme de ménage, Mme Kong. Tous les deux espions, au même titre que l'interprète M. Liu, le cuisinier et la femme de ménage étaient beaucoup moins inquisiteurs. D'abord parce qu'ils ne parlaient pas notre langue, mais aussi parce que leur relation avec nous était beaucoup plus humaine. Ils s'occupaient de notre bien-être matériel. Du moins en principe. Et j'ai eu beaucoup de plaisir avec eux. Mme Kong était originaire de la province du Shandong, de la région de Qufu en particulier, la ville natale de Confucius – Kong Fuzi, comme on l'appelle en chinois –, et elle n'était pas peu fière de répéter que les origines de son nom de famille, Kong, remontaient directement au grand penseur chinois. Mme Kong était aussi à sa façon une femme curieuse et cultivée. Un jour, arrivant à l'improviste dans l'appartement, je la vois avec un livre dans les mains et je lui demande ce qu'elle lit. Elle me répond que justement il s'agit d'un auteur français dont elle prononce le nom en disant « Fu Lo Bei ». Elle lisait *Madame Bovary*, de Gustave Flaubert.

M. Li, le cuisinier, lui, m'apprenait chaque jour, à son niveau, l'évolution et l'impact des réformes de Deng Xiaoping auprès des gens ordinaires. Quand un marché privé ouvrait dans un coin ou un autre de Pékin, à la suite d'un nouveau décret permettant la privatisation d'un autre pan de l'économie locale, quand de nouveaux produits frais – signe des progrès de l'agriculture des environs – faisaient leur entrée dans les épiceries, quand des manifestations éclataient, j'étais souvent un des premiers étrangers informés.

Après les nouvelles officielles, avec le professeur Lin, chaque matin j'écoutais le bulletin d'information officieux de Lao Li, un vieil homme aussi charmant, qui adorait les oiseaux en cage qu'il collectionnait, et qui, le premier parmi nos employés, a voulu me montrer sa maisonnette, pourtant très pauvre – l'équivalent d'une petite pièce, dans le fond d'une cour commune –, dont il était si fier.

J'ai retrouvé des pages entières de notes que j'écrivais après chacune de mes conversations avec lui. Un véritable journal de l'impact des réformes qui bouleversaient la Chine et des signes précurseurs qui annonçaient les problèmes qui allaient en émaner. Lao Li me racontait comment les paysans souffraient d'un phénomène qu'ils n'avaient jamais connu avant, l'inflation. Si leurs revenus augmentaient en raison de la privatisation de l'économie, les prix également ne cessaient de croître. Leurs dépenses aussi montaient en flèche, puisqu'ils devaient désormais assumer seuls la construction de leur maison, l'achat de l'équipement et même l'éducation de leurs enfants. En somme, tout ce qui était pris en charge, sous Mao, par les fameuses communes populaires, que Deng avait démantelées. Résultat : les journaux étaient inondés de lettres de critiques que mon interprète, Liu Fengben, ne me traduisait jamais, mais que Li, lui, lisait avec avidité. On y critiquait en particulier les administrations locales, qui, laissées à elles-mêmes, abusaient des populations en imposant toutes sortes de taxes. « Ceux qui sont riches sont devenus plus riches, me disait-il, mais les pauvres sont plus pauvres. » Il racontait que, pour ouvrir un petit restaurant privé à Pékin, il fallait, déjà, acheter la protection d'un fils ou d'une fille de cadre. En somme, il me décrivait, il y a trente ans, les problèmes d'inégalité sociale et de corruption qui ont tellement pris de l'ampleur depuis qu'ils menacent aujourd'hui de perturber l'ordre social en Chine.

M. Li n'avait qu'un seul défaut. Formé comme cuisinier pour répondre aux goûts des étrangers – des Russes et des Européens de l'Est, en particulier – au début du régime de Mao, il avait la fâcheuse habitude de nous proposer des menus inspirés de traditions culinaires un peu douteuses. Rôtis de porc ou de veau farcis aux œufs durs et cornichons. Pommes de terre omniprésentes, légumes surcuits. Pendant des mois, j'ai dû me battre avec lui pour le convaincre de nous faire la cuisine chinoise dont il se nourrissait lui-même tous les midis. Des plats très simples, mais d'une fraîcheur et surtout d'une odeur extraordinaires, qui nous faisaient saliver. Graduellement, il a accepté de nous cuisiner des mets locaux, un peu fades au début, pour ne pas nous heurter avec des épices trop relevées, qu'il a petit à petit améliorés.

Puis, avec l'arrivée des marchés privés, il nous a obtenu de plus en plus de produits frais qui faisaient le bonheur de nos invités. Comme ce jour où il m'a dit un mot que je ne connaissais pas, me proposant d'en servir à un groupe que nous allions recevoir le lendemain. En consultant le dictionnaire, je me suis rendu compte qu'il parlait de faisans. Les paysans chinois, avec la privatisation qui leur permettait d'améliorer leurs revenus, rivalisaient d'audace pour offrir de nouveaux produits à leurs clients. Je fus donc, le lendemain, le premier diable étranger à servir des faisans à ses convives. Et le succès a été instantané. En somme, j'en apprenais cent fois plus sur la société qui m'entourait en Chine en fréquentant mon cuisinier et ma femme de ménage qu'en consultant le sphinx interprète qui partageait mon bureau et dont le devoir était plutôt de fermer toutes les fenêtres que je pouvais ouvrir sur la réalité chinoise.

Un autre personnage qui m'a aussi beaucoup aidé, c'était l'interprète de mes concurrents de CTV, la télévision privée canadienne-anglaise, qui avait aussi un bureau à Pékin. Zhao Fengyou était beaucoup plus jeune et dynamique que M. Liu, et au lieu d'avoir peur, comme beaucoup de ses compatriotes au début, du vent de réforme qui balayait son pays, il en était fasciné au point d'en décrypter tous les signes. Mais comme il ne trouvait pas auprès de son propre correspondant beaucoup d'intérêt pour tous ces changements qui se produisaient autour de lui, il m'en parlait à moi. C'est ainsi que Zhao m'a refilé certaines des meilleures histoires que j'ai racontées sur la société chinoise de l'époque : les premiers mariages collectifs, par exemple. Des fêtes énormes, organisées par le parti, où des centaines de couples se mariaient en même temps ; un rituel qui existait ailleurs en Asie et qui donnait une occasion aux autorités de transmettre des messages dans un contexte plus festif que des réunions formelles. La Chine, en se réformant, devenait aussi plus joyeuse.

Ou les cours de maintien donnés aux jeunes filles par l'aile féminine du Parti communiste chinois, leur apprenant l'art de porter une jupe. Avec la libéralisation économique, les jeunes femmes chinoises commençaient à quitter les habits Mao que le régime, dans son obsession d'uniformité, leur avait imposés et à s'acheter des robes. Mais comme elles étaient habituées depuis leur enfance à ne porter que des pantalons, on les voyait partout, sur leur vélo, sur les bancs de parc, dans les bus, les jambes complètement ouvertes sous leurs robes, exhibant leurs sous-vêtements à la ronde. Très tôt, leur candeur indécente s'est mise à troubler les hommes, peu accoutumés à cette légèreté vestimentaire, et surtout les matrones du parti qui en ont profité, en bonnes communistes, pour lancer une nouvelle campagne. J'ai filmé les jeunes filles en action, exprimant leur joie de retrouver une féminité qui avait été tellement réprimée, mais surtout – ô secret d'État ! – les séances d'éducation aux bonnes manières données par de vieilles militantes communistes affublées de robes des années 1950 ayant échappé au carnage de la Révolution culturelle, et qui transmettaient aux plus jeunes des règles de bon maintien qu'elles n'avaient pas eu à appliquer depuis des décennies.

En se réformant, la Chine vivait des découvertes extra-ordinaires qui allaient s'accélérer au centuple au cours des années subséquentes. Les histoires fournies par Zhao, l'interprète de CTV, ont fait la joie des téléspectateurs de CBC et de Radio-Canada.

La rue comme terrain de jeu

C'était aussi une période où tout ce qui se passait dans les rues nous fascinait et devenait un sujet de reportage, tellement ce pays avait été fermé aux caméras étrangères. Un jour, par exemple, durant mes premières semaines à Pékin, en circulant dans les rues de la ville avec M. Liu, nous voyons un attroupement de centaines de personnes devant un édifice que je ne peux identifier parce que je ne lis pas bien les caractères chinois.

Nous descendons aussitôt de la voiture avec la caméra, et M. Liu m'apprend que nous sommes devant le bureau de poste central et qu'aujourd'hui est émis un nouveau timbre. Les «manifestants» sont en fait des philatélistes qui se battent pour être les premiers à l'acheter. Les Chinois n'avaient tellement rien à consommer que la seule émission d'un timbre provoquait un attroupement; voilà qui était déjà une bonne histoire! Or je m'aperçois, en approchant de la scène, que les premiers à acheter les timbres les revendaient aussitôt avec profit à d'autres, plus loin dans la file, derrière eux; des gens qui, ayant peur que la quantité ne s'épuise rapidement, acceptaient de payer un peu plus cher pour être sûrs d'en avoir un exemplaire. Devant nous se déroulait un exemple de ce qui s'apprêtait à proliférer en Chine. Dorénavant autorisés à faire des profits, à utiliser leur talent inné pour les affaires, que Mao avait cherché à briser pendant tant d'années, les Chinois redécouvraient le plaisir du commerce, et la frénésie qui naîtrait de cette nouvelle révolution provoquerait, dans les années subséquentes, une des plus grandes renaissances économiques de l'histoire de l'humanité. Le tournage qui a duré une heure à peine, ce jour-là, a donné lieu à un petit reportage passionnant, et surtout très révélateur, quelques jours plus tard au *Téléjournal.*

En fait, dès qu'une nouvelle facette de la transformation de la société chinoise apparaissait devant nos yeux, nous étions là pour en témoigner. Tout bougeait en même temps, et notre travail de découvreurs était fascinant. Dès qu'une nouvelle région de la Chine s'ouvrait aux étrangers, on faisait tout pour y aller; c'était extraordinaire. Le Tibet est devenu accessible, puis le Xinjiang, le Turkestan chinois, dans le nord-ouest, la frontière avec la Russie, au nord, ou la frontière avec le Vietnam, dans le sud-ouest.

Quelques mois avant mon arrivée en Chine, Deng Xiaoping, devenu le nouvel homme fort du pays, s'était rendu dans un endroit peu connu, même du peuple chinois, qu'on appelait Shenzhen, au nord de Hong Kong, pour marquer l'ouverture d'un premier parc industriel libre d'impôt destiné aux entreprises étrangères ; la première de ces zones économiques spéciales (ZES) qui allaient se multiplier à la grandeur du territoire dans les années subséquentes, attirer des milliards de dollars d'investissements étrangers, mais surtout contribuer à la formation de millions de travailleurs chinois. Au cours de cette tournée dans la zone de Shenzhen, il avait prononcé une série de discours importants marquant publiquement le changement d'orientation du pouvoir. « Il est glorieux d'être riche ! » avait-il lancé, rompant brutalement avec tous les slogans communistes de la Révolution culturelle de Mao. Deng croyait que, en misant sur l'ouverture aux étrangers, le pays allait pouvoir réaliser les quatre modernisations essentielles à son relèvement économique : modernisation de l'agriculture, d'abord, puis de l'industrie, des sciences et technologies, et enfin de l'armée. Shenzhen allait être le fer de lance de l'explosion industrielle de la province du Guangdong, qu'on appellerait bientôt la « manufacture du monde ». Aujourd'hui, la ville de Shenzhen est devenue, à peine trente ans plus tard, une des plus grandes du pays, avec plus de 15 millions d'habitants.

Jour après jour, nous étions témoins de la renaissance de l'entrepreneuriat chinois que Mao avait voulu étouffer et que Deng, le visionnaire, voulait relancer. Des petites boutiques privées, des restaurants – dans un pays où une richesse culinaire exceptionnelle avait été tuée par les privations et réservée pendant des décennies à la seule élite communiste hypocrite –, des petites entreprises et des paysans innovateurs. L'initiative individuelle proliférait. Tout d'un coup, nous-mêmes, nous pouvions avoir accès à toutes sortes de nouveaux services à Pékin. On n'était plus obligés de passer par le service diplomatique du ministère des Affaires étrangères pour trouver des employés. On a vu apparaître toute une multitude de peintres, d'artistes et de créateurs qui allaient bientôt s'afficher à la grandeur de la planète.

Les moyens du bord

À l'époque, en Chine, nous n'avions pas de caméraman attitré, contrairement à nos concurrents de CTV. En ouvrant le bureau à Pékin en 1979, Radio-Canada avait fait une erreur qui nous a causé des problèmes pendant des années. Dans les négociations avec les autorités chinoises, nous nous présentions comme la Canadian Broadcasting Corporation, si bien que nous avions été considérés dès le début comme une radio d'État, à l'instar de la BBC, la British Broadcasting Corporation, qui avait le même statut que nous. Nous n'avions donc eu droit qu'à un seul visa de journaliste radio, ce qui nous forçait à faire nous-mêmes la caméra si nous voulions produire aussi pour la télévision. Nous étions, avant la lettre, l'équivalent des vidéastes qui parcourent le monde aujourd'hui, mais avec un équipement beaucoup plus lourd et moins sophistiqué. CTV, qui avait présenté sa demande en tant que « Canadian Television », avait été la première télévision occidentale à obtenir un visa pour un caméraman qui faisait aussi, sur place, le montage des reportages. La concurrence était donc très inégale entre CBC et CTV en ce qui avait trait à la production télévisuelle, d'autant plus que, pendant plusieurs années, le caméraman de CTV, Louis Deguise, un Québécois génial, très curieux, et surtout un grand artiste de l'image, a largement contribué à améliorer la performance de ses correspondants.

En théorie, donc, nous jouions à armes inégales, mais nous nous en sortions. Nos épouses devaient nous servir d'assistantes techniques, et on leur versait un salaire symbolique pour ce travail. Et très tôt, Claude, ma femme, bien meilleure photographe que moi, a assumé avec brio le rôle de « camérawoman ». Professeure de philosophie dans un cégep, au Québec, Claude avait obtenu un congé sans solde pour pouvoir m'accompagner en Chine. Elle y restera près de deux ans avant de devoir rentrer au pays pour ne pas perdre son poste d'enseignante.

Quelques mois à peine après notre arrivée en Chine, nous nous sommes retrouvés tous les deux techniciens amateurs de télévision dotés d'un équipement rudimentaire, devant notre premier vrai défi de compétition avec CTV. Durant l'été 1983, le ministère des Affaires étrangères de Pékin nous invite à participer à un de ces voyages en groupe qu'on nous offrait à l'occasion, mais cette fois dans une région mythique interdite jusqu'alors à la presse étrangère : le Tibet. L'occasion est unique. Nous savions, par les comptes rendus de rares étrangers qui avaient pu s'y rendre, que les Tibétains avaient beaucoup souffert du fanatisme de la Révolution culturelle. Des hordes de gardes rouges avaient été envoyées par Mao pour détruire les temples et fermer les monastères bouddhistes, et le régime de Deng Xiaoping, déterminé à discréditer l'héritage maoïste, avait intérêt à nous montrer les séquelles de ces horreurs.

C'était une occasion qu'il ne fallait pas rater : un accès à des images inédites pour un public canadien. Et, malgré la faiblesse de nos moyens techniques, nous ne devions surtout pas nous laisser damer le pion par nos concurrents de CTV.

À peine atterris à Lhassa, la capitale du Tibet, malgré les mises en garde de nos hôtes chinois, qui nous suggéraient de nous reposer pour permettre à notre système de s'habituer à la vie à 4 000 mètres d'altitude, nous partons tous, chacun de notre côté, à la recherche d'images exotiques. Une quarantaine de diables étrangers se dispersent ainsi dans la ville au grand dam de nos guides qui perdent le contrôle. Le soir, après le repas, tout ce beau monde se retrouve avec des maux de tête insupportables, et nous passons une nuit blanche à vomir nos tripes.

Le lendemain, je m'aperçois que notre équipement technique rudimentaire ne fonctionne plus. Comme nous ne sommes pas techniciens, c'est la catastrophe. Impossible pour nous de trouver sur place un réparateur. Nous sommes donc réduits à faire des photos, au mieux, de tout ce que nous allons voir durant ce séjour exceptionnel. J'imagine la déception de mes collègues au Canada si nous revenons bredouilles ; ceux de Toronto, en particulier, alors que je sais que l'équipe de CTV salive déjà à l'idée de nous mettre en échec. Heureusement, un jeune pigiste américain avec qui nous avons des liens d'amitié nous offre une porte de sortie. Participant à ses frais à ce voyage de groupe, dans l'espoir d'offrir les images à CBS, la grande chaîne de télévision américaine qui n'a pas encore de correspondant à Pékin, il accepte de tourner avec nous à condition que je lui garantisse, bien sûr, qu'il sera payé pour les images que j'utiliserai. Nous concluons donc une entente sur place sans savoir si Radio-Canada l'entérinera ; car nous n'avons pas le choix, nous avons tous les deux intérêt à travailler ensemble. Notre jeune collègue, qui angoissait à la seule idée d'avoir à tourner seul au Tibet, avait besoin de quelqu'un pour l'aider à structurer son tournage ; moi, j'avais besoin des images.

Ensemble, nous avons ainsi réussi à régler nos problèmes respectifs et l'expérience a été fabuleuse ; pour la première fois, nous avons pu montrer au public canadien les monastères sacrés comme celui de Drepung, dans les environs de Lhassa, et ceux de Xigazê, réduits en poussière par la frénésie destructrice des gardes rouges. Les moines nous racontaient comment, jour et nuit, les jeunes maoïstes fanatiques s'acharnaient à ne laisser aucune trace des immenses bouddhas qu'ils fracassaient à coups de masse. Nous avons montré aussi les milliers de pèlerins que le régime – répondant à des ordres de Hu Yaobang, le secrétaire général du parti, un réformiste qui avait promis de redonner leur honneur aux Tibétains – autorisait dorénavant à revenir sur leurs lieux de culte et qui commençaient déjà à reconstruire. Un témoignage extraordinaire de la vitalité d'un peuple qui se bat encore aujourd'hui quotidiennement pour la survie de sa culture et l'autonomie de son territoire. Pour la première fois, nous pouvions entrer dans le fameux Potala, le palais où – on l'imaginait marchant dans les couloirs – le jeune dalaï-lama avait passé son enfance avant de fuir son pays pour échapper à l'humiliation et peut-être à la mort, en 1959. Dans les rues de Lhassa, nous avons observé avec émotion le flot quotidien de centaines de pèlerins en haillons, rampant sur leurs mains et leurs genoux, comme le veut le rituel, certains venant de très loin en dehors de la ville, pour atteindre le temple de Jokhang, le lieu saint par excellence du bouddhisme tibétain.

Durant tout notre séjour là-bas, nous n'avions eu aucun contact avec nos concurrents de CTV, chacun menant de son côté une course secrète contre la montre pour rapporter le matériel le plus exclusif. Revenu à Pékin, heureux du résultat de l'expédition, j'ai découvert, quand nous avons partagé avec eux nos découvertes mutuelles, à quel point l'avantage technique de disposer d'un caméraman et d'un équipement professionnels pouvait faire la différence. Si nos reportages, bien racontés, avaient émerveillé nos collègues à Toronto et Montréal, ainsi que les téléspectateurs de partout au pays, mon ami Louis Deguise, lui, avait rapporté des images sans pareilles d'un rituel tibétain rarement vu sur la planète.

Pendant plusieurs heures à Lhassa, il s'était installé à un endroit stratégique d'où il pouvait voir, grâce à une lentille puissante, un homme transporter un cadavre sur ses épaules jusqu'au sommet d'une des collines de la ville, où le corps du défunt était déchiqueté et livré aux vautours pour qu'il puisse ainsi – comme le voulait la croyance – monter au ciel pour y trouver une vie éternelle. Un reportage exceptionnel qui ferait le tour du monde. Ce jour-là, je me suis juré que plus jamais je ne ferais de la télévision avec des moyens de fortune.

Pour savoir ce qui se passait en Chine, il fallait lire les journaux chinois ou écouter la radio ou la télévision nationale, mais la propagande officielle et la censure du régime nous cachaient beaucoup de choses. Afin d'être vraiment informés, nous avions des réseaux de contacts dans le pays mais aussi à Hong Kong. On se parlait surtout par téléphone, et c'était, néanmoins, très efficace. Si le réseau fonctionnait bien, on arrivait à savoir le jour même ou peut-être le lendemain que tel ou tel événement d'importance s'était produit dans le pays. Les religieux catholiques, en particulier, avaient des antennes clandestines partout en Chine qui acheminaient de l'information à Hong Kong, où des prêtres, dont un Québécois, étaient très actifs pour la relayer à tous les intéressés. Si, par exemple, je voulais savoir ce qui se passait à Canton, il fallait que je trouve à Pékin des journaux de Canton, mais ils arrivaient sur place avec au moins une journée de retard. Je pouvais aussi m'informer grâce à mon réseau de contacts téléphoniques. Il y avait en plus, à Hong Kong, beaucoup de publications spécialisées, comme le *China News Analysis*, fondé en 1953 par un jésuite hongrois, Laszlo

Ladany, dont Simon Leys, un grand sinologue belge, disait qu'il était une lecture essentielle pour tous ceux qui voulaient vraiment savoir ce qui se passait en Chine. Le *CNA* était un bulletin bihebdomadaire qui, chaque fois qu'il arrivait par la poste au bureau, à Pékin, nous apprenait des choses que nous ne savions pas sur la Chine. Dans l'ensemble, les journaux chinois étaient constamment en retard sur la nouvelle, comme on disait, tellement la censure qu'on leur imposait était terrible. On n'apprenait d'eux de vraies informations que lorsque tout le monde en avait parlé. Nous ne les lisions que pour décrypter les éditoriaux et comprendre les orientations du régime.

Nos ambassades étaient, à l'époque, beaucoup plus ouvertes à la presse qu'elles ne le sont aujourd'hui. Nous collaborions étroitement pour tenter de percer la réalité du monde chinois. Les diplomates étaient aussi beaucoup plus animés, comme nous, par le désir de savoir, et moins contraints qu'aujourd'hui de maintenir une chape de silence autour de leurs activités. Dans mes notes, j'ai retrouvé les traces d'une conversation avec l'ambassadeur Richard Gorham, qui avait remplacé Michel Gauvin à Pékin en 1985, et qui me racontait en détail sa rencontre avec Li Xiannian, alors président de la République populaire de Chine, un poste devenu symbolique après la mort de Mao. Le haut dignitaire chinois lui avait dit, en acceptant ses lettres de créance : « Vous savez, toute cette affaire d'égalité [entre les citoyens], c'est de la foutaise. Ça ne peut pas fonctionner. » J'apprenais, par cette confidence de notre ambassadeur nouvellement arrivé à Pékin, que le président de la République populaire, un héros de la Longue Marche, le mythe fondateur du maoïsme, reconnaissait ouvertement que le communisme était une utopie impossible. Un aveu extraordinaire au moment où un autre héros de la Révolution maoïste, Deng Xiaoping, remettait lui-même en question tout l'héritage du communisme.

Par tous ces réseaux informels, y compris celui de nos propres diplomates, nous réussissions, malgré la puissance de la propagande chinoise, à avoir un tableau de la situation presque aussi précis que celui qu'on peut avoir aujourd'hui grâce à la multiplication des sources et à Internet.

Les autorités chinoises rencontraient elles-mêmes très peu les médias, contrairement à ce qui se passe aujourd'hui. À mon arrivée en 1983, nous avions droit à la conférence de presse hebdomadaire du ministre des Affaires étrangères ou de son remplaçant, le vendredi, où nous pouvions poser des questions qui restaient, la plupart du temps, sans réponses.

Les contacts privés avec les officiels chinois étaient pour ainsi dire presque nuls – en particulier pour les membres de la presse occidentale, dont le régime se méfiait davantage –, à moins d'organiser des banquets auxquels nous pouvions inviter nos interlocuteurs immédiats au sein du gouvernement. Mais il était possible de profiter des rapports privilégiés que d'autres collègues avaient avec le pouvoir chinois, comme c'était le cas en particulier pour la presse de l'Europe de l'Est. Durant les années 1980, les pays du pacte de Varsovie, les alliés européens de l'Union soviétique, commençaient à prendre leurs distances face à Moscou. La Yougoslavie et la Pologne, par exemple, qui comptaient à Pékin, comme partout dans le monde, d'excellents journalistes, beaucoup plus ouverts que leurs collègues soviétiques, et avec lesquels nous entretenions des relations professionnelles amicales. Parce qu'ils avaient de bonnes relations idéologiques avec les Chinois, et qu'ils pouvaient assister aux événements limités à la presse communiste, ils avaient un accès au pouvoir que nous n'avions pas. C'est donc aussi par eux qu'on réussissait à échanger des renseignements et à comprendre encore mieux la situation qui nous entourait.

Les Canadiens en Chine

Les visites de personnalités canadiennes nous aidaient aussi beaucoup à avoir accès à des dirigeants ou à des informations privilégiées. C'est ainsi, par exemple, qu'en couvrant une visite de Gilles Lamontagne, alors ministre de la Défense sous le gouvernement Trudeau, j'avais pu tourner des images dans une base militaire importante près de Pékin. Une occasion qui n'était jamais offerte aux journalistes étrangers. La base abritait un régiment qui avait fait la vie dure aux militaires canadiens durant la guerre de Corée, et le commandant chinois s'était fait un plaisir de le rappeler au ministre Lamontagne.

Avec Pierre Elliott Trudeau, en visite privée en Chine, en avril 1986, j'avais eu le privilège unique de serrer la main de Deng Xiaoping et d'échanger quelques mots avec lui, à l'Assemblée nationale du peuple, où il avait tenu à recevoir l'ancien premier ministre canadien, même s'il n'exerçait plus de fonction officielle. En nous accueillant, Deng s'était adressé à nous en nous disant «bonjour» en français, un reliquat des années qu'il avait passées comme ouvrier dans les usines Renault en France dans sa jeunesse. J'avais pu voir Deng Xiaoping en personne pour la première fois, le 3 juin 1983, quand les autorités chinoises nous avaient permis d'être présents à l'ouverture de la session annuelle du Parlement chinois. Je me souviendrai toujours de l'entrée de ce petit homme discret devant un parterre de milliers de dignitaires du régime qui après l'avoir accueilli d'abord dans un silence religieux, comme s'ils retenaient leur souffle devant un personnage aussi puissant, l'avaient copieusement applaudi. Deng, qui ne détenait aucune fonction officielle dans le gouvernement, inspirait un mélange de crainte et de respect, par le seul pouvoir qu'il détenait en réalité.

Nous avions aussi pu rencontrer Zhao Ziyang, le premier ministre chinois, en mai 1986, lors d'une visite officielle en Chine de Brian Mulroney. J'avais déjà eu l'occasion de m'entretenir avec le premier ministre Zhao deux ans plus tôt, alors qu'il recevait les journalistes canadiens à Pékin avant de se rendre au Canada où il avait été le premier dirigeant chinois à s'adresser à la Chambre des communes.

En octobre 1984, j'avais réussi à convaincre les autorités chinoises de nous laisser assister à toutes les rencontres officielles du premier ministre René Lévesque durant une courte tournée qu'il effectuait en Chine, pour promouvoir les entreprises du Québec. C'est ainsi que nous avions assisté à une scène étonnante lors d'une réunion de travail avec la ministre chinoise de l'Énergie portant sur l'immense projet hydroélectrique du barrage des Trois-Gorges, auquel les firmes québécoises rêvaient d'être associées. Lévesque avait interrompu très sèchement la ministre, en pleine envolée, alors qu'elle expliquait qu'il fallait que les firmes québécoises s'associent à d'autres entreprises canadiennes, pour que leur candidature soit considérée; une perspective qui déplaisait profondément au premier ministre du Québec. L'interprète, Jean Marchand, un ami de collège et un homme de grande culture chinoise, avait dû faire preuve de beaucoup de talent pour atténuer ce qui constituait un impair diplomatique important en Chine. La ministre avait répondu en disant à Lévesque que si ses entreprises étaient aussi bonnes qu'il le disait, elles n'avaient qu'à prendre le contrôle du consortium canadien. Lévesque, il faut le dire, traversait une période difficile, un an avant de quitter la politique définitivement.

Quelques mois plus tard, en mai 1985, j'avais connu une tout autre expérience avec Jean Drapeau, le maire de Montréal, lui-même en fin de parcours politique. En visite à Shanghai pour sceller une entente de jumelage avec la grande capitale économique de la Chine et pour préparer une exposition de bronzes chinois anciens qu'il souhaitait faire venir à Montréal, il m'avait plutôt impressionné par sa stature et son sens de la diplomatie que lui avaient conférés ses années à la tête d'une métropole d'envergure internationale. Je me souviens particulièrement d'une scène au jardin botanique de Shanghai où Drapeau, en compagnie de son homologue chinois du même âge, le maire Wang Daohan, s'était arrêté au moment de planter un érable offert par la Ville de Montréal et s'était exclamé : « Un arbre doit toujours survivre à la génération qui le plante. » Les membres de la délégation chinoise, habitués à être eux-mêmes les premiers à lancer le proverbe de circonstance, étaient restés interloqués. Le soir, au banquet de clôture de sa visite, dans une salle surchauffée, devant des dizaines de convives, Drapeau avait convaincu le maire de Shanghai de laisser tomber la veste, pour être plus à l'aise, ce qui était presque un sacrilège dans la Chine conservatrice de l'époque. En bras de chemise, il avait prononcé un discours qui avait ravi l'assistance. Chacune de ces visites non seulement nous donnait accès à des personnages qu'on n'aurait jamais pu rencontrer autrement, mais nous permettait d'établir des contacts solides avec leurs entourages pour des mois et des années.

Les rares Canadiens qui habitaient en Chine au milieu des années 1980 constituaient aussi une mine d'or pour leurs compatriotes journalistes ; parce qu'ils étaient beaucoup plus libres que nous, moins surveillés par la police, et qu'ils avaient eux aussi accès à des gens qu'on ne pouvait pas rencontrer facilement.

Après un peu plus d'un an et demi à Pékin, ma compagne, Claude Saint-Laurent, a dû rentrer au Canada pour ne pas perdre son emploi d'enseignante au cégep. Il m'a donc fallu trouver quelqu'un pour la remplacer à la caméra. C'est ainsi que j'en suis arrivé à engager des étudiants canadiens qui avaient une expérience de la photographie. Le premier d'entre eux, Jean-Pierre Belisle, était plus vieux que moi. Syndicaliste en congé sans solde, il était venu en Chine pour réaliser un rêve ; il était étudiant de chinois à l'École des langues étrangères de Pékin (*Yuyuan xueyuan*), où il allait rencontrer plus tard sa future femme, Zhao Li. Ces étudiants canadiens, en plus de leur expérience pratique de la photographie, avaient surtout cette connaissance très intime de la société chinoise à force d'avoir fréquenté pendant des mois une institution d'enseignement locale importante et d'avoir vécu quotidiennement avec des collègues chinois. Le plus étonnant d'entre eux s'appelait Fritz Von Klein. Canadien d'origine suisse-allemande, Fritz venait de la Nouvelle-Écosse, et il avait une allure qui ne pouvait pas passer inaperçue dans une Chine où les étrangers étaient encore peu nombreux.

Mesurant plus de 1,90 mètre, rouquin au visage rempli de taches de rousseur, il tranchait dans la foule homogène chinoise, et lorsqu'il ouvrait la bouche, l'effet de surprise qu'il causait était instantané. Fritz parlait un mandarin parfait qu'il truffait d'expressions populaires, et souvent vulgaires, qu'il avait apprises à l'École des langues de Pékin avec des jeunes Chinois délurés et qu'il utilisait avec un malin plaisir. Il gagnait un peu d'argent en Chine en incarnant de méchants étrangers dans des films de propagande. Comme ces terribles Anglais qui avaient humilié l'empereur au moment des guerres de l'opium. Il amusait les gens autour de lui, et j'ai beaucoup appris de son expérience du pays et de sa population. Dès ma première rencontre avec Fritz, alors qu'il venait m'offrir ses services, après le départ de Jean-Pierre, il m'a raconté une histoire extraordinaire que j'allais tenter de revivre avec lui plus tard.

Chaque fois qu'une nouvelle région s'ouvrait en Chine, les étudiants étaient les premiers, bien avant les journalistes, à avoir le droit d'y aller. C'est ainsi qu'il s'était rendu sans prévenir le long de la frontière délimitée par le fleuve Amour, ou Heilongjiang, entre la Chine et l'Union soviétique. Une frontière qui avait été fermée même aux Chinois depuis la rupture des relations avec Moscou au milieu des années 1950. Avec un ami étudiant sénégalais d'aussi grande taille que lui, et à la peau noir d'ébène, ils avaient créé un émoi sans précédent en arrivant dans la petite ville frontalière de Heihe ; à tel point que les autorités locales avaient dû les enfermer dans un hôtel pour les soustraire à la vue de la population le temps que les esprits se calment. Deux étrangers démesurés – un rouquin et un noir –, descendant de l'autobus dans une petite ville qui n'avait pas vu de gens de l'extérieur depuis trois décennies, et qui s'adressaient aux habitants dans un mandarin populaire châtié. La commotion avait été totale, et après l'intervention des autorités du parti visant à rassurer la population, les deux intrus aux allures bizarres étaient devenus instantanément les vedettes de l'heure à Heihe.

Je constaterai moi-même les traces laissées par leur visite quelques mois plus tard, quand, avec Fritz, mon collègue du quotidien *Le Monde* Patrice de Beer et sa femme chinoise, Brigitte, nous déciderons de refaire le périple à Heihe. Je n'oublierai jamais le visage du chef local du Parti communiste venu nous accueillir à la gare en pleine nuit lorsqu'il a revu Fritz après plusieurs mois. Pour ce fonctionnaire, le Canadien rouquin qui avait provoqué un tel chaos dans sa petite ville exerçait beaucoup plus de fascination que les deux journalistes étrangers qui cette fois l'accompagnaient.

En nous rendant en voiture de la gare jusqu'à Heihe, cette nuit-là, nous avons vécu un événement révélateur des pouvoirs du Parti communiste en Chine. En cours de route, nous apercevons au loin une immense locomotive à vapeur, comme la Chine en fabriquait encore à ce moment. L'engin est complètement immobilisé, tous feux éteints, en plein milieu d'un passage à niveau, bloquant ainsi la route sur laquelle nous circulons. Le chauffeur de la locomotive l'a probablement abandonnée pour aller dormir, sans se préoccuper du fait qu'elle empêche le passage des voitures. Cet incident tout simple était pour nous une illustration de plus de l'incompétence du système laissé par Mao, et que Deng Xiaoping voulait tant réformer. Le chat qui ne chasse pas les souris. Un système où personne n'assume ses responsabilités individuelles parce que l'État omniprésent a tué l'initiative. Le chef local du parti qui nous accompagne, insulté d'avoir à perdre la face devant des étrangers et surtout de nous offrir un tel spectacle d'incompétence, disparaît aussitôt dans la nuit à la recherche du chauffeur coupable. Il faudra au moins trois heures pour qu'il le ramène sur place, que l'homme réactive les flammes du charbon afin de relancer la vapeur et que, dans un grincement de métal digne de la révolution industrielle, l'immense locomotive libère finalement notre route.

Cette scène se passait à la fin de mon séjour en Chine, après plusieurs années durant lesquelles j'avais été témoin des efforts de réforme entrepris par Deng Xiaoping pour remettre le pays en route et contrer la paralysie de la bureaucratie communiste. L'incident de la locomotive témoignait d'une époque que le régime souhaitait révolue, mais surtout de l'ampleur de la tâche à accomplir pour réaliser une véritable modernisation.

Les reportages que nous avons produits pendant près de quatre ans en Chine, sont, de toute ma vie de journaliste, ceux qui ont le plus attiré l'attention des téléspectateurs canadiens, et pour cause. D'abord, parce que nous découvrions tous les jours un pays qui avait été fermé pendant des décennies à la presse internationale et aux étrangers, mais aussi parce qu'en s'ouvrant au monde les autorités acceptaient de révéler les erreurs d'un régime désuet qui nous avait tant fascinés, mais qui avait pourtant frôlé la catastrophe. C'est ainsi, par exemple, qu'on a découvert pendant mon séjour à Pékin l'histoire de la grande famine du début des années 1960, qui aurait fait plus de 30 millions de morts et que Mao et son fidèle serviteur, le premier ministre Zhou Enlai, avaient cachée au monde et à leur propre population. Même les diplomates en poste à Pékin n'en avaient rien su, tellement le régime était capable de camoufler la réalité. M. Liu, qui était lui-même en rééducation à la campagne durant la famine, me racontait comment les paysans, épuisés par la faim, ne cultivaient les champs que le long des routes empruntées par les voitures des dirigeants, pour leur donner l'illusion que tout allait bien.

Nos reportages fascinaient aussi les téléspectateurs parce qu'il se déroulait en Chine une révolution majeure qui – nous ne pouvions pas imaginer à quel point – allait propulser le pays vers la prospérité et changer la face du monde. C'est ainsi que j'ai raconté l'avènement des premiers paysans riches qui profitaient de la privatisation des terres décrétée par Deng Xiaoping et de la création de marchés libres dans les campagnes. Nous avons décrit l'arrivée des premières usines gérées par des Japonais, des Taïwanais ou des Coréens du Sud dans les zones économiques spéciales comme celle de Shenzhen. Deng, contrairement à Mao, croyait qu'il fallait d'abord apprendre des étrangers. Et Dieu sait si les Chinois ont appris vite. Nous avons aussi montré la renaissance des vieilles familles d'entrepreneurs chinois longtemps persécutées, à qui l'on disait dorénavant que, pour aider leur pays, il leur fallait retourner en affaires et devenir riches. La Chine changeait chaque jour, et cette mutation, qui se déroulait devant nos yeux, nous fascinait.

Mais, pendant que la Chine se transformait, toute l'Asie connaissait elle aussi une métamorphose majeure. Au milieu des années 1980, l'URSS entame déjà la chute vertigineuse qui mettra fin à sa puissance et à son existence même. Dix ans après la fin de la guerre du Vietnam, la guerre froide, qui avait influencé aussi la géopolitique de l'Asie, est sur le point de se terminer, et de nouvelles alliances s'apprêtent à émerger. L'Indochine en ruine tente de se relever ; l'Inde de la dynastie des Gandhi va commencer à s'éloigner de Moscou pour s'ouvrir sur le monde ; des dictatures, comme celle de Ferdinand Marcos, aux Philippines, vont tomber sous la pression populaire. C'est ainsi que, peu de temps après mon arrivée à Pékin, l'actualité me pousse à sortir de la Chine.

Chapitre 3

La passion de l'Asie

Phum Thmey, Cambodge, février 1985

La scène avait quelque chose de surréaliste, en ce jour de février, en pleine jungle à la frontière de la Thaïlande où je m'étais rendu à l'invitation du prince Norodom Sihanouk, le chef d'État controversé du Cambodge, qu'on appelait à l'époque le Kampuchéa démocratique. Depuis mon arrivée en Asie, je m'étais intéressé à la situation en Indochine, et au Cambodge en particulier, un pays qui, après avoir subi les pires horreurs sous le régime des Khmers rouges, de 1975 à 1979, avait ensuite été envahi par le Vietnam. J'avais rencontré Sihanouk à plusieurs reprises à Pékin, où les Chinois lui avaient offert l'hospitalité quand, après qu'il eut appuyé les Khmers rouges, sa propre vie s'était trouvée menacée.

Dans le petit village de Phum Thmey, en territoire cambodgien, le prince recevait, par une chaleur torride, quelques ambassadeurs étrangers venus de Bangkok pour lui présenter leurs lettres de créance. La cérémonie discrète, où j'étais le seul journaliste occidental présent, se déroulait sur la place du village, une sorte de champ en friche entouré de cases en bois, avec au centre un mât auquel on avait hissé le drapeau du FUNCINPEC, le Front uni national pour un Cambodge indépendant, neutre, pacifique et coopératif, un nom complexe à l'image de son leader et de la coalition qu'il avait mise sur pied pour lutter contre l'occupation de son pays par le Vietnam.

Les dignitaires, arrivés dans ce village perdu à bord de leurs limousines rutilantes, après un long périple sur une piste boueuse, donnaient l'impression d'accomplir sans grande conviction ce genre de fonctions protocolaires un peu ridicules que les diplomates se voient souvent forcés d'exercer. Le chef d'État auquel ils venaient remettre leurs lettres de créance ne régnait plus que sur cette petite parcelle de terre insignifiante, le village de Phum Thmey, seule partie du territoire cambodgien qu'il pouvait officiellement revendiquer, le reste du pays étant occupé par l'armée vietnamienne.

L'ancien monarque, autrefois courtisé par les grands de ce monde – comme de Gaulle, qu'il avait reçu en grande pompe à Phnom Penh, en 1966, alors que le Cambodge constituait un allié stratégique en pleine guerre du Vietnam –, n'était plus aujourd'hui qu'un homme déchu, cherchant à tout prix un peu d'attention. Sihanouk avait lui-même contribué à sa perte en s'alliant au régime de Pol Pot, alors que les Khmers rouges exterminaient plus de 1,5 million de leurs concitoyens, soit l'équivalent de près de 20 % de la population cambodgienne.

La veille, nous l'avions suivi alors qu'il rencontrait à Bangkok Pérez de Cuellar, le secrétaire général des Nations unies, en mission dans cette région du monde pour tenter de négocier un accord devant mettre fin à six ans d'occupation du Cambodge par le Vietnam. De Cuellar lui avait transmis la condition posée par Hanoï pour quitter le Cambodge : le prince Sihanouk devait abandonner son alliance avec les Khmers rouges.

En entrevue, après sa rencontre avec le secrétaire général de l'ONU, Sihanouk m'avait dit presque en pleurant, comme il le faisait souvent pour attirer l'attention : « Comment penser à une solution qui amènerait la paix au Cambodge sans trouver une place pour les Khmers rouges ? »

Pour cette cérémonie dans le village de Phum Thmey, il leur avait d'ailleurs donné beaucoup d'importance. À ses côtés, entouré de soldats khmers rouges, se trouvait Khieu Samphan, chef de l'État durant le régime de Pol Pot, devenu ministre des Affaires étrangères de la coalition de Sihanouk. Le chef du protocole désigné pour l'événement, Long Norin, qui accueillait les ambassadeurs, avait exercé le même rôle durant les années de Pol Pot à Phnom Penh, où il était l'interprète chargé des relations avec les étrangers. Celui qui devait leur cacher l'ampleur du massacre qui se déroulait dans le pays.

Peu de temps après la remise des lettres de créance, alors que les dignitaires sirotaient un mousseux tiède, en pleine chaleur, des coups de canon et de mortier se sont soudain fait entendre à quelques centaines de mètres de là et des obus ont commencé à tomber autour du village. En l'espace de quelques secondes, les diplomates se sont rués vers leurs limousines pour rentrer à Bangkok, et le prince et ses amis du FUNCINPEC ont disparu dans la jungle. Le lendemain, nous retrouvions les villageois de Phum Thmey dans un camp de réfugiés, du côté thaïlandais de la frontière ; leur village, seule possession de la résistance cambodgienne, avait été repris durant la nuit par les Vietnamiens, et leurs leaders, Sihanouk au premier chef, les avaient une fois de plus abandonnés. Hanoï avait mis fin brutalement au baroud d'honneur du prince. Quant à moi, je venais de vivre en accéléré une initiation à la géopolitique complexe de la région.

Mes premières aventures hors de Chine

J'ai pu mesurer l'impact des ambitions militaires du Vietnam pour la première fois en juillet 1983, quelques mois après mon arrivée en Chine, quand le ministère chinois des Affaires étrangères, après nous avoir emmenés en groupe au Tibet, a proposé aux journalistes étrangers basés à Pékin une autre tournée, cette fois le long de la frontière sino-vietnamienne, dans la province du Guangxi. Depuis quelque temps, la Chine se plaignait d'incursions de l'armée vietnamienne sur son territoire. La presse chinoise décrivait la situation comme une guerre de frontière faisant beaucoup de victimes civiles. La télévision nous montrait des villages bombardés et appelait à des représailles. Les relations entre les deux pays s'étaient détériorées depuis la mort de Mao en 1976 et l'appui qu'avait donné la Chine à la venue au pouvoir de Pol Pot au Cambodge. En janvier 1979, le Vietnam avait lancé une offensive en territoire cambodgien pour se débarrasser de lui, et la Chine, par vengeance, avait envahi le nord du Vietnam avec plus de cent vingt mille hommes.

L'opération s'était soldée par un échec pour Pékin, à cause de la vigueur de la riposte de l'armée vietnamienne aguerrie par deux décennies de guerre contre les États-Unis. Les tensions le long de la frontière s'étaient poursuivies depuis lors, et cette fois, quatre ans plus tard, le gouvernement de Deng Xiaoping entendait bien donner une leçon au Vietnam. Durant cet été 1983, je découvrais en fait pour la première fois, par les médias chinois, cette situation de tension extrême dont on parlait très peu dans la presse occidentale, mais qui menaçait pourtant de relancer les hostilités entre les deux voisins. J'ai donc décidé de profiter de ce voyage organisé pour aller mesurer sur place l'état réel de la situation.

Quelques jours plus tard, nous étions dans le pays des Zhuang, une des nombreuses minorités ethniques très colorées de Chine, une région de collines verdoyantes, couvertes de rizières en paliers. C'était la première fois que je me retrouvais dans un environnement aussi luxuriant et exotique. Le comté de Nabu, où nous allions résider, avait une frontière commune de plus de 680 kilomètres de longueur avec le Vietnam. Les Chinois voulaient nous émouvoir en nous faisant voir les dommages causés par les soi-disant attaques vietnamiennes.

Quelques mois auparavant, à la mi-avril, l'agence de presse officielle chinoise, Xinhua, avait décrit en détail la destruction du petit village de Pingmeng par des obus vietnamiens. L'école, l'hôpital et l'hôtel avaient été rasés, disait-on. Or, quand nous arrivons sur place, nous découvrons un village abandonné, certes, mais aucune trace de bombardements.

L'école, l'hôpital et l'hôtel sont intacts. La démonstration souhaitée par les autorités fait chou blanc. Un fonctionnaire local, que nous interrogeons à l'insu de nos « guides » de Pékin, nous raconte que les villages construits près de la frontière ont été abandonnés et les populations déplacées à au moins 3 kilomètres à l'intérieur du territoire chinois pour éviter qu'elles ne soient victimes des bombardements vietnamiens. On nous dit que seule l'armée est autorisée à se déplacer le long de la frontière. De Pingmeng, on peut voir, à quelques centaines de mètres au Vietnam, un drapeau du pays qui flotte au vent. On imagine facilement la tension qui doit régner dans cette région, mais les dommages causés par la guerre de frontière décrite par les autorités chinoises ne sont pas visibles. Un journaliste local qui s'est glissé dans notre groupe nous révèle que cette offensive du 17 avril qu'avait dépeinte Xinhua n'était en fait qu'une riposte vietnamienne à des tirs déclenchés la veille par l'armée chinoise.

Devant notre scepticisme, et constatant l'échec de leur opération de propagande auprès de nous, les organisateurs de la visite décident de changer de tactique en nous rappelant plutôt les liens qui unissaient pourtant pendant des années les deux pays ; on nous emmène cette fois à la Porte de l'amitié. Une arche magnifique, que les Chinois avaient construite en pleine jungle durant la guerre du Vietnam, sur le tracé de la frontière entre les deux pays, au milieu de ce qu'on appelait le « Col de l'amitié », à l'époque où l'aide militaire soviétique qui transitait par le territoire chinois entrait au Vietnam pour aider Hanoï à combattre les États-Unis.

À la gare de Pingxiang, le chef-lieu du comté, le matériel militaire soviétique était déchargé des trains chinois pour être rechargé ensuite dans des trains vietnamiens de l'autre côté de la frontière, parce que l'écartement des rails n'était pas le même d'un pays à l'autre. On pouvait imaginer le travail colossal qui avait dû être abattu, jour et nuit, d'un côté et de l'autre de la frontière, pour soutenir l'effort de guerre des communistes vietnamiens contre l'armée la plus puissante du monde. C'était une période où les relations entre Mao et Hô Chi Minh, le leader communiste vietnamien, étaient chaleureuses et où la propagande maoïste disait que les deux pays étaient unis comme les « lèvres et les dents ».

La visite de ces lieux témoins de cette période incroyable de l'histoire des deux pays me fascinait bien plus dans ce voyage que la pseudo-guerre de frontière à laquelle les autorités voulaient nous faire croire. J'avais l'impression de revivre, des années plus tard, l'atmosphère d'un épisode important de la guerre froide.

Le dernier soir de notre tournée de la frontière, comme le veut la tradition en Chine, une vingtaine de cadres locaux du Parti communiste nous convoquent à un banquet, pour nous remercier de notre présence. C'est le premier repas du genre auquel j'assiste en dehors de Pékin, et comme je le constaterai à de multiples reprises par la suite, c'est une rare occasion pour les fonctionnaires dans les régions très pauvres de bien manger et même de s'empiffrer, puisque ces banquets sont en fait payés à même les frais qu'on nous facture pour le voyage. C'est aussi l'occasion pour eux de nous inviter, sous prétexte de détendre l'atmosphère, à trinquer au *baijiu*, comme on dit en mandarin, cet alcool blanc fait à partir de sorgho fermenté, dont le plus célèbre est le Maotai, et qu'ils nous défient de boire d'un coup plusieurs fois durant la soirée. Un exercice très délicat, auquel il est difficile d'échapper sans vexer nos hôtes, mais où la puissance de l'alcool est telle qu'on peut facilement y perdre la tête. On disait à l'époque que les Chinois utilisaient cette tactique quand ils recevaient des étrangers dans leurs ambassades, pour soutirer des informations confidentielles à leurs invités en leur brouillant l'esprit.

Dès les premières rasades, le soir de ce banquet mémorable à Pingxiang, on a vu tomber d'un coup toute une table de collègues japonais, trop empressés de tenir tête à leurs interlocuteurs chinois. Puis, quand nos hôtes, incapables eux-mêmes de soutenir notre persévérance, ont quitté la salle, les plus résistants d'entre nous sont partis poursuivre la fête en ville. La soirée s'est terminée par un concert rock donné par deux collègues, Christopher Wren, du *New York Times*, au banjo et Graham Earnshaw, du *London*

Daily Telegraph, à la guitare – un fantastique musicien encore aujourd'hui –, qui ont créé ce soir-là, dans les rues du chef-lieu du comté de Nabu, le « Nabu county blues », devant une foule de villageois éberlués.

Quand je suis revenu à Pékin, le lendemain, j'ai décidé que je me rendrais le plus tôt possible de l'autre côté de la frontière, au Vietnam, pour obtenir des Vietnamiens leur version des faits.

La désolation au pays de l'oncle Hô

Pour ma première expédition en dehors de la Chine, je choisis donc ce pays qui me fascine depuis mes années d'étudiant, par la résilience et le courage avec lesquels son peuple a su venir à bout de la première puissance militaire de la planète. Presque dix ans après la chute de Saigon et la victoire impressionnante du Vietcong et de l'armée populaire vietnamienne contre les Américains, le Vietnam traverse alors une crise importante. Négligé par son principal allié, l'Union soviétique, qui est entièrement monopolisée par la guerre qu'elle mène en Afghanistan depuis 1978, le gouvernement de Hanoï doit subir les conséquences de ses propres ambitions territoriales. En janvier 1979, les Vietnamiens ont envahi leur voisin, le Cambodge, pour mettre fin à la dictature de Pol Pot, de plus en plus perçue comme une menace pour la stabilité de la région. Hanoï a mis en place à Phnom Penh, la capitale cambodgienne, un gouvernement formé d'anciens Khmers rouges, le Front d'union nationale pour le salut du Kampuchéa (FUNSK). Le régime de la République populaire du Kampuchéa dorénavant aligné sur Hanoï et Moscou remplace donc celui du Kampuchéa démocratique de Pol Pot qui était soutenu par Pékin. Mais cette nouvelle donne géopolitique dans la région est fragile. Pol Pot, chassé de Phnom Penh, poursuit une guérilla à la grandeur du territoire du Cambodge qui force le gouvernement vietnamien à y maintenir une présence militaire impressionnante.

Quand j'arrive à Hanoï, au début de février 1984, je découvre un pays en ruine, épuisé physiquement et économiquement par une longue guerre héroïque – contre la France d'abord, et ensuite contre les États-Unis –, puis par cette occupation militaire coûteuse de son voisin encombrant et le boycottage international qui a suivi. Après avoir laissé derrière moi l'atmosphère terne et spartiate de Pékin, sa population triste, habillée de gris, de vert ou de bleu, en habit Mao, ses marchés et ses magasins vides, je trouve Hanoï encore plus sinistre, et la température froide et humide de la ville en cette saison ne fait qu'accentuer la tristesse des lieux.

Malgré le froid, presque tout le monde est pieds nus dans des sandales ; les hommes portent des uniformes kaki et le chapeau colonial, vestiges des années glorieuses du Vietcong ; les femmes, quoique plus féminines que les Chinoises, sont habillées de robes usées et démodées. Les Vietnamiens sont tous d'une maigreur qui laisse deviner leur degré de malnutrition et l'ampleur des privations qu'ils doivent subir ; mais, dans leur tristesse relative, dans leur misère apparente, ils me semblent fiers et sûrs d'eux-mêmes. Il y a, partout, des signes de la guerre, de nombreux amputés en particulier, qui vivent mieux que la moyenne des gens, parce qu'ils bénéficient de pensions de vétérans et de petits emplois que l'État leur procure pour arrondir leurs fins de mois. Le matin, on voit les habitants de Hanoï sortir par dizaines des anciennes maisons coloniales qui bordent les grandes rues de la capitale ; les conditions de logement au Vietnam sont encore pires qu'en Chine, qui me semble maintenant tellement plus riche, en comparaison. Les infrastructures n'ont pas été entretenues depuis des décennies ; le vieux pont en acier qui traverse le fleuve Rouge, les vieux trams, les équipements hérités de la colonisation française résistent à peine au poids des années.

Au marché, première destination facile pour un journaliste qui veut prendre le pouls d'un pays, les gens nous racontent les difficultés de leur vie quotidienne. Une institutrice nous dit qu'un repas de fête, avec de la viande de porc, un peu de bière et des sucreries, coûte l'équivalent de trois mois de salaire. Pour survivre, elle donne des leçons au noir. Tout le monde a deux ou trois emplois, comme cette francophone que nous rencontrons dans une petite galerie d'art, dans la rue qui longe le parc Lénine, le plus grand parc de la ville. Dans la cinquantaine avancée, elle fait partie de l'élite communiste ; son père, retraité, était le directeur de l'imprimerie du journal *Nhan Dan*, l'organe du parti. Elle-même a pris sa retraite d'une société d'import-export dont elle touche 75 % de son salaire. En plus, elle tire un revenu de la galerie d'art, un pourcentage sur les ventes de tableaux, et elle donne des cours de français. Quand on lui demande de décrire, à la caméra, tout ce système de survie, elle refuse, comme la plupart de ceux que nous abordons. Tout le monde se surveille à Hanoï, encore plus que ce que j'ai connu à Pékin, et les espions du pouvoir ne sont jamais très loin.

Au centre de la capitale, je découvre le mausolée de Hô Chi Minh, le grand héros du pays, et l'esplanade des défilés militaires ; une pâle imitation de la place Rouge de Moscou que j'ai visitée une décennie plus tôt. L'ombre de l'Union soviétique plane en fait partout, dans ces limousines russes qui sillonnent les rues, les chars d'assaut rouillés qui décorent les parcs publics, les techniciens et les diplomates russes qui ont remplacé les coopérants français dans les hôtels décrépits de la ville, les drapeaux qui honorent la coopération indéfectible entre les deux pays. Mais l'aide de Moscou n'est plus ce qu'elle était ; on dit même que le Vietnam subit des pressions de la part de l'URSS pour rembourser le plus tôt possible ses dettes de guerre ; un fardeau de plus pour l'économie vietnamienne. Parce que, même s'il continue à verser 1 milliard de dollars par an environ en aide militaire et civile au Vietnam – une goutte d'eau dans l'océan des besoins du pays –, le grand frère soviétique est lui-même embourbé dans ses problèmes. Deux ans plus tôt, Iouri Andropov, le patron du KGB, a succédé à Leonid Brejnev en tant que secrétaire général du Parti communiste de l'Union soviétique. L'homme fort de Moscou connaît bien l'impatience des Russes qui, eux-mêmes victimes de la détérioration de leur économie à cause de la guerre en Afghanistan, commencent à réclamer de plus en plus de réformes. Pour calmer la population, Andropov lance l'esprit de la glasnost et de la pérestroïka que Gorbatchev reprendra plus tard. La transparence et la restructuration de la gouvernance qui sont devenues de plus en plus nécessaires. Mais les résultats se font attendre.

À Hanoï, on n'en est pas encore là. Le ministre des Affaires étrangères, Nguyen Ko Thach, le grand porte-parole du régime, qui m'a été recommandé par mon ami Tiziano Terzani, est un orthodoxe austère de la pensée communiste, encore imbibé de l'esprit de la guerre froide. Parfait francophone, comme beaucoup des notables de sa génération, il me reçoit longuement dans ses bureaux dont la modestie et même la pauvreté me frappent. Dix ans après leur victoire contre les Américains, les dirigeants vietnamiens sont encore imbus de l'attitude spartiate et de la mentalité guerrière qui leur ont permis de tenir pendant tant d'années dans l'adversité. Ils n'ont pas encore sombré dans la corruption et l'obsession de la richesse qui caractériseront les générations qui les suivront à la tête du pays et qui sont typiques des dérives des régimes autoritaires. Nguyen Ko Thach commence par louer, comme il se doit, la coopération avec l'Union soviétique. Il rejette l'idée que la dépendance extrême de son pays et le poids de la dette à rembourser au grand frère russe limitent la marge de manœuvre du Vietnam.

Au contraire, les Vietnamiens, c'est visible, sont fiers de leur indépendance, et ils vont d'ailleurs, au cours des années subséquentes, se sortir seuls de leur marasme, en introduisant les mêmes réformes capitalistes qu'en Chine, pour finalement devenir aujourd'hui une nouvelle puissance émergente de la planète. Comme il sait que j'arrive de Chine, Nguyen Ko Thach se lance devant moi dans une critique virulente de l'impérialisme chinois dans la région, et en particulier de l'appui donné par Pékin au régime des Khmers rouges. Puis il se met à décrire les horreurs que les troupes vietnamiennes ont découvertes quand elles ont envahi le Cambodge après quatre ans de règne de Pol Pot. Les charniers à ciel ouvert, les centres de torture à Phnom Penh, la population décimée par la famine et la maladie. Comme les Chinois décrivent eux-mêmes, encore aujourd'hui, les horreurs commises par le régime des dalaï-lamas au Tibet pour justifier leur invasion de cette région en 1959, les Vietnamiens se servent du même prétexte pour expliquer leur présence militaire au Cambodge. Ils voulaient arrêter le carnage.

Mais, en 1984, cinq ans après leur invasion du territoire cambodgien, la communauté internationale ne leur a pas encore pardonné. Le Vietnam est considéré comme un paria. Même l'Association des nations de l'Asie du Sud-Est, qui regroupe l'Indonésie, la Malaisie, les Philippines, Singapour, la Thaïlande et Brunei – des pays pourtant très au fait de la situation en Indochine –, fait pression sur la communauté internationale pour isoler le Vietnam jusqu'à ce qu'il se retire du Cambodge. Mais Nguyen Ko Thach nous dit que, malgré cet isolement, le Vietnam entretient avec la Thaïlande, où vivent des dizaines de milliers de réfugiés cambodgiens qui ont fui les horreurs de Pol Pot, des liens officieux et une stratégie commune visant à stabiliser la région. « Si on ne peut pas établir des ponts de béton avec nos voisins, me dit-il, nous réussissons à construire des ponts de bambou. »

À Hanoï, je rencontre aussi l'ambassadeur de France, Yvan Bastouil, le diplomate étranger le plus puissant après l'ambassadeur soviétique. Familier de la région, Bastouil a été entre autres en poste au Laos, au début des années 1970, où il a été décoré de l'Ordre royal du million d'éléphants et du parasol blanc, un ordre exotique au nom hallucinant datant de la monarchie laotienne et qui s'est éteint avec elle en 1975.

La France, malgré sa défaite catastrophique contre le Vietminh en 1954 et son passé colonial, a encore de bonnes relations avec le Vietnam et y joue un rôle très actif.

Bastouil me raconte les voyages qu'il a faits dans des régions du Vietnam qui ne sont pas accessibles aux journalistes et à la plupart des diplomates ; la côte du pays, par exemple, le long de la mer de Chine, où, contrairement à Hanoï ou Hô Chi Minh-Ville, les progrès économiques se font sentir. Les habitants des villages côtiers, selon ce qu'il a vu, sont beaucoup plus prospères que ceux des villes. Il parle d'un potentiel touristique incroyable et de paysages magnifiques. Les autorités, nous dit-il, ont entrepris des réformes économiques à la campagne qui permettent aux paysans de vendre leur production sur les marchés privés. Il voit donc déjà, en 1984, le potentiel que le Vietnam développera finalement dix, quinze ans plus tard. Puis il me décrit comment un nouvel axe – États-Unis, Chine, Thaïlande et Japon – s'emploie à régler la crise indochinoise et à ramener la prospérité dans la région en faisant pression sur le Vietnam. Contrairement à ce que les autorités vietnamiennes clament, la Chine jouerait dans cet échiquier un rôle stabilisateur. Avec l'arrivée de Deng Xiaoping au pouvoir, le gouvernement chinois aurait réalisé que l'aventure avec les Khmers rouges au Cambodge avait assez duré et que Pol Pot devait partir. Il confirme aussi, comme me l'avait dit Nguyen Ko Thach, que le Vietnam et la Thaïlande, pour des raisons économiques, partagent une volonté de régler la question du Cambodge de façon diplomatique. Mais cela va prendre du temps.

Ainsi, loin de Pékin, je découvre une autre facette de la réalité que celle que le gouvernement chinois voulait lui-même nous montrer. La situation est beaucoup plus complexe. En sortant de la Chine et en visitant ses voisins, on saisit encore mieux son influence dans la région. Ce n'est que le prélude de ce que je vais découvrir par la suite, et qui me permet encore aujourd'hui de mieux comprendre cette région fascinante de la planète.

Avant de quitter Hanoï pour Phnom Penh, la prochaine étape de ma tournée indochinoise, je me rends dans les montagnes, au nord de la capitale, du côté vietnamien de la frontière avec la Chine, pour mesurer l'état réel des tensions entre les deux pays, mais cette fois du point de vue du Vietnam. Avec un jeune interprète désigné par le gouvernement, nous nous retrouvons dans la province de Lang Son, qui longe la province chinoise du Guangxi que j'ai visitée quelques mois plus tôt. Avant d'arriver à la frontière, nous sommes reçus dans un centre administratif complètement désert par le responsable local de l'information qui insiste pour nous présenter l'état de la situation. La température dans cette région montagneuse frise le point de congélation à ce temps-là de l'année, et nous n'avons pas apporté de vêtements chauds au Vietnam. À l'intérieur de l'édifice, qui n'est pas chauffé, l'humidité captive rend les choses encore plus pénibles.

Après une dizaine de minutes de ce briefing officiel, et alors que notre interlocuteur n'est rendu, dans son exposé, qu'en 1950, j'interromps l'entrevue pour demander à l'interprète s'il n'y a pas une pièce chauffée dans l'immense édifice, la cuisine, par exemple, où nous pourrions nous installer plus confortablement et apprécier davantage le long récit de notre hôte. L'équipe technique – des amis chinois venus de Hong Kong –, peu habituée à ce genre de température, est complètement transie. À l'époque, si les Chinois ne me donnent pas les autorisations nécessaires pour avoir un vrai caméraman à Pékin, je peux au moins engager des techniciens professionnels quand je voyage ailleurs en Asie. Dans ce cas-ci, l'équipe a été embauchée par l'intermédiaire de Visnews, une agence de nouvelles pour la télévision avec laquelle Radio-Canada a des ententes. L'interprète, interloqué par ma demande, se retire aussitôt de la pièce avec notre hôte pour délibérer ; puis, quelques minutes plus tard, les Vietnamiens nous rejoignent avec, dans leurs mains, deux bouteilles de vodka. Ils nous avouent, un peu penauds, qu'il n'y a aucune pièce chauffée dans les bureaux de l'administration et qu'ils espèrent que la vodka russe fera office de fournaise.

C'est ainsi qu'on pourra poursuivre cet entretien pendant plus d'une heure et en apprendre un peu plus sur la situation entre les deux pays. Comme les Chinois nous l'ont raconté, un affrontement majeur a bel et bien eu lieu cinq ans plus tôt, en février 1979, quand l'armée chinoise a attaqué le Vietnam en représailles contre l'invasion vietnamienne du Cambodge. Les troupes chinoises se sont rendues jusqu'à 17 kilomètres de Hanoï, la capitale, avant de se faire encercler et de devoir se replier en panique. En voulant ainsi donner une leçon au Vietnam – *a teach-a-lesson war*, comme le dit bien l'expression anglaise –, la Chine a subi une défaite honteuse. L'opération s'est terminée avec un bilan terrible de huit mille morts et plus de quinze mille blessés, et tout cela en moins d'un mois de combats. Depuis, chacun s'est retiré de son côté de la frontière et les tensions se limitent à quelques tirs occasionnels de part et d'autre.

Après l'entretien, le responsable vietnamien nous emmène en tournée le long de la frontière où, comme nous l'avons aussi constaté quelques mois plus tôt du côté chinois, il n'y a aucune trace de destruction récente. J'ai l'impression d'être témoin d'un conflit qui s'éteint graduellement. Les Vietnamiens, de toute façon, sont déjà passés à autre chose, comme le responsable de l'information ne tarde pas à nous le faire voir, en nous emmenant visiter une usine de pâtes et papiers construite en partenariat avec la Suède, et une centrale hydroélectrique réalisée grâce à l'aide soviétique qui permettra de satisfaire les besoins du pays en énergie, mais aussi ceux du Laos et du Cambodge, contribuant ainsi à raffermir l'influence du Vietnam auprès de ses voisins.

Le Cambodge après Pol Pot

Le 7 février 1984, après une semaine dans le nord du Vietnam, je me rends à Phnom Penh, la capitale du Cambodge, où je découvre une ville colonisée par les occupants vietnamiens. C'est la première fois aussi que je mets les pieds dans ce pays dont les malheurs ont tellement frappé notre imagination. Et c'est d'ailleurs le devoir de mémoire que nous imposent les autorités dès notre accréditation sur place : la visite de la prison où les bourreaux sous les ordres de Pol Pot torturaient les opposants. La fameuse prison S-21, un ancien lycée où ils auraient exécuté plus de vingt mille personnes après les avoir photographiées minutieusement, comme le font aujourd'hui les Syriens de Bachar al-Assad avec leurs victimes. Pour avoir la permission officielle de travailler au Cambodge, nous devons obligatoirement tourner des images des montagnes de crânes conservés dans cette prison-musée, des salles de torture encore intactes, et entendre le récit de la jeune guide francophone rescapée du génocide dont la tristesse, bien qu'en partie composée, ne peut que nous émouvoir.

Il y a très peu d'Occidentaux à Phnom Penh, en cet hiver 1984. Le pays, isolé du reste du monde, qui ne s'est pas encore remis des horreurs qu'il a subies, vit sous la férule d'un occupant lui aussi mis au ban de la communauté internationale.

La ville, qui s'est rapidement repeuplée après le départ des Khmers rouges, conserve encore, malgré toutes ces années de terreur, ses accents charmants de cité coloniale française, comme à l'époque du règne de Sihanouk. Un collègue caméraman de NBC, Neil Davis, qui habitait Phnom Penh jusqu'à la prise de la ville par les Khmers rouges, en 1975, m'a raconté comment, lorsqu'il était revenu chez lui après l'invasion vietnamienne, quatre ans plus tard, il avait retrouvé son appartement intact, comme si le temps s'était arrêté, avec, dans la boîte postale, ses comptes et ses factures datant de 1975. En prenant le contrôle de la capitale, Pol Pot avait décidé de la vider de ses habitants et de mettre ainsi fin à l'influence néfaste de la vie urbaine moderne ; pendant toutes les années de la guerre au Vietnam, les bombardements massifs des Américains avaient fait fuir les paysans des campagnes vers les villes, et Phnom Penh était devenue surpeuplée, incapable de faire vivre autant de gens. Sous les ordres de l'Angkar, le Parti communiste du Kampuchéa, on avait dynamité l'édifice de la banque centrale et la cathédrale, éliminé complètement la monnaie, détruit toutes les voitures, saccagé les commerces et forcé un retour massif de la population à la vie primitive à la campagne ; les Khmers rouges avaient abandonné une grande partie de la ville, sans vie, pendant tout leur règne.

Mais, cinq ans après leur éviction du pays par les Vietnamiens et le retour de la vie normale dans la ville, les étrangers, eux, ne sont pas encore revenus, et la population, traumatisée par des années de souffrances incroyables et par la présence d'une nouvelle armée étrangère dans ses rues, n'a pas le cœur à la fête.

Le lendemain de notre arrivée au Cambodge, à 6 heures du matin, nous sommes convoqués d'office à une cérémonie aux morts – une autre routine imposée à la population par l'occupant vietnamien – pour souligner l'ouverture d'une nouvelle session de l'Assemblée nationale. Sous l'œil complaisant des deux personnages les plus puissants de ce petit pays occupé, l'ambassadeur de l'Union soviétique et l'ambassadeur plénipotentiaire du Vietnam, le président du Front d'union nationale pour le salut du Kampuchéa, le gouvernement mis en place par les Vietnamiens, procède à l'inauguration de la session parlementaire. Il s'appelle Heng Samrin, un homme inconnu à l'extérieur du Cambodge que je rencontre pour la première fois ; il a été placé à la tête du gouvernement fantoche par Hanoï. Ancien chef de division dans l'armée khmère rouge, il avait fui au Vietnam pour échapper aux purges de Pol Pot. À côté de lui, son ministre des Affaires étrangères, Hun Sen, un autre transfuge khmer rouge, à trente-deux ans, a l'air d'un enfant. Mais, malgré son jeune âge et son air insignifiant, Hun Sen est un stratège redoutable ; un an plus tard, il réussira à pousser Heng Samrin vers la sortie et à devenir l'homme fort du Cambodge. Une position qu'il occupe encore aujourd'hui, trente ans plus tard.

Après la cérémonie, je rencontre l'ambassadeur vietnamien, Ngo Dien, le vrai patron du Cambodge, à qui Hanoï a confié tous les pouvoirs. J'avais déjà fraternisé avec lui dans l'avion de Hanoï à Phnom Penh. Parfait francophone, lui aussi, il m'accorde tout le temps que je souhaite, pour me remercier, dit-il, d'avoir pris la peine de visiter ce pays que la planète entière boycotte. Et sa franchise m'étonne. Il me confirme d'entrée de jeu que l'armée vietnamienne a beaucoup de difficultés à contrôler le territoire du Cambodge. Durant l'année précédente, huit conseillers soviétiques sont morts dans des embuscades menées par les Khmers rouges. Aucun étranger ni aucun responsable du gouvernement n'osent maintenant s'aventurer en dehors de la capitale. Les rares touristes qui veulent prendre le risque de se rendre à Angkor Wat, le magnifique site archéologique hindou et bouddhiste à 300 kilomètres de Phnom Penh, que les Vietnamiens ont rouvert au public, y vont en avion seulement, et en reviennent dans la même journée. Puisque les fonctionnaires de l'État ne peuvent sortir de la capitale, c'est l'armée vietnamienne qui assure l'administration du reste du pays.

Ngo Dien me confie que tous les gouverneurs des provinces au Cambodge sont des Vietnamiens et qu'il y a plus de deux mille conseillers civils vietnamiens au sein des ministères qui répondent directement aux ordres de Hanoï; sans compter les conseillers en uniforme et les cadres de l'armée vietnamienne qui effectuent des tâches civiles. La seule route vraiment sécuritaire dans tout le pays est celle qui relie Phnom Penh à Saigon, la grande ville du sud du Vietnam, qui est devenue le seul port d'entrée des marchandises à destination du Cambodge. Tous les ports cambodgiens, ainsi que plusieurs régions du pays le long de la frontière thaïlandaise, sont encore infiltrés par la guérilla khmère rouge. Un collègue caméraman japonais me racontera plus tard avoir suivi les guerriers de Pol Pot jusque dans la banlieue de Siem Reap, à deux pas du site d'Angkor Wat.

Cinq ans après avoir envahi le pays, en plus de subir des attaques incessantes de la part de la guérilla, l'armée vietnamienne commence aussi, de l'aveu même de l'ambassadeur Ngo Dien, à souffrir du syndrome dont avaient été victimes les Américains au Vietnam: manque de motivation, indiscipline, découragement. Les Cambodgiens dénoncent de plus en plus les exactions commises par les soldats vietnamiens: le pillage, les viols et le vandalisme. Les relations entre la population du pays et l'armée d'occupation se détériorent; dans les provinces, où les paysans sont forcés de remettre une partie de leurs récoltes aux « occupants », l'agressivité devient de plus en plus évidente. On nous dit que les routes ne sont pas praticables à cause des inondations provoquées par la mousson; mais, en fait, tout le monde ici craint comme la peste un retour en force des Khmers rouges qui semblent en mesure de frapper partout sur le territoire.

Le Cambodge que je découvre en 1984 paraît vivre une sorte de sursis avant l'avènement de quelque chose qu'on n'arrive pas à deviner. La population, au moins heureuse de pouvoir enfin se nourrir, semble accepter avec résignation l'autorité d'un pouvoir étranger peu convaincant. Le soir, les rives du Tonlé Sap, le grand lac qui borde la capitale, autrefois animées par des dizaines de petits restaurants de poissons, commencent à peine à renaître. Les Cambodgiens sont en attente, comme cet ancien universitaire devenu pêcheur sur le lac, qui ne veut plus afficher ses origines intellectuelles pour ne pas avoir à subir de nouvelles persécutions. C'est d'ailleurs le plus grave problème du pays : les Cambodgiens instruits, les gens compétents refusent de collaborer avec le nouveau gouvernement de peur que, advenant un retour au pouvoir des Khmers rouges, on ne les punisse encore une fois pour avoir travaillé avec l'ennemi.

Un jour, je décide tout de même de sortir de la capitale pour tenter de me rendre jusqu'à Kompong Som, maintenant surnommé Sihanoukville, la plus grosse ville portuaire du sud du pays. Tout le long du trajet, de chaque côté de la route, une bande de forêt large de plus de 500 mètres a été rasée pour mieux contrer les attaques de la guérilla. Nous roulons à grande vitesse, précédés et suivis par des jeeps de gardes en civil armés jusqu'aux dents.

Arrivés au port de Kompong Som, nous apercevons trois immenses cargos soviétiques d'où l'on débarque de l'équipement militaire. C'est le résultat de l'alliance encore solide entre Moscou et Hanoï qui se reflète même dans la colonisation du Cambodge. Un petit pays exsangue, dirigé par des jeunes sans expérience, sous la domination de deux puissances extérieures redoutables, le Vietnam et l'URSS.

De retour à Phnom Penh, le 10 février, après une journée sans communication avec l'étranger, nous apprenons une nouvelle qui va marquer le début d'un des plus grands bouleversements géopolitiques du XXe siècle. Iouri Andropov, le secrétaire général du Parti communiste de l'URSS, l'ancien chef du KGB qu'on qualifie de dictateur-réformateur, est décédé des suites d'une grave pneumonie, à peine deux ans après avoir pris le pouvoir, et sans avoir eu le temps d'accomplir ce qu'il souhaitait. Quelques jours plus tard, un ministre soviétique arrive à Phnom Penh pour inaugurer un nouvel institut technique construit grâce à l'aide de Moscou. Les autorités organisent une cérémonie funéraire à la mémoire d'Andropov qui se déroule sur le terrain de l'ambassade soviétique, qui est, en fait, l'ancien édifice de l'ambassade américaine. Le nouveau pouvoir régional s'est installé dans les appartements de l'ancien… Le ministre est accompagné d'une douzaine de journalistes russes qui sont avides de partager avec moi les dernières nouvelles de Moscou ; Mikhaïl Gorbatchev, selon eux, est le dauphin désigné d'Andropov et ils sont convaincus qu'il poursuivra les réformes. Même si la succession n'est pas encore confirmée, je n'ai jamais vu des journalistes russes aussi heureux. Après des années de noirceur, d'espoirs déçus et de détérioration de leurs conditions de vie, ils rêvent soudain de voir un dirigeant plus jeune – Gorbatchev a cinquante-deux ans – prendre enfin la relève d'une nomenklatura dépassée et sénile ; ils rêvent de l'avenir qu'ils voient soudain se dessiner pour leur pays, souhaitant le voir vivre au rythme de la planète, et ils sont fiers d'avoir enfin de bonnes nouvelles à communiquer à des collègues. Mais ils devront attendre encore. Le Parti communiste soviétique, hésitant, nommera plutôt, pour remplacer Andropov, un vieillard malade, Konstantin Tchernenko, qui lui-même ne vivra qu'un an. Gorbatchev prendra finalement le pouvoir en mars 1985 et il mènera, malgré lui, l'URSS à sa fin. Ainsi, au cœur de l'Indochine pauvre et isolée du reste du monde, en 1984, cinq ans avant que se produise cette rupture majeure de l'équilibre mondial qui a jusque-là guidé nos vies, on peut déjà en percevoir les prémices.

À la recherche des Khmers rouges

Cinq mois plus tard, de retour dans cette région du monde, je vais rencontrer à Bangkok, dans les locaux des Nations unies, Pech Bun Reth, un diplomate cambodgien francophone très affable, qui est en fait l'ambassadeur en Thaïlande du Kampuchéa démocratique, le gouvernement en exil des Khmers rouges et de leur allié le prince Sihanouk. Parce que, même s'il a été renversé en 1979 par l'armée vietnamienne, même si la planète entière connaît l'ampleur des massacres qui se sont passés sous son règne, le gouvernement de Pol Pot est encore considéré par la communauté internationale comme le seul véritable représentant du Cambodge. En d'autres mots – et cela illustre bien le cynisme que la politique peut parfois engendrer dans le monde –, comme l'ONU s'oppose à toute invasion d'un pays par un autre, la diplomatie internationale préfère reconnaître un tortionnaire honni par son peuple plutôt qu'un gouvernement installé au pouvoir par l'envahisseur vietnamien.

Ma rencontre avec Pech Bun Reth est le résultat d'une longue saga. Après mon passage au Vietnam et au Cambodge, en février 1984, la diffusion de mes reportages au Canada a suscité beaucoup d'intérêt, en particulier auprès des Cambodgiens réfugiés chez nous. À ce moment, peu de journalistes occidentaux s'intéressent à cette région du monde. Pol Pot mis hors d'état de nuire, les puissances occidentales, et les États-Unis au premier chef, se sont opposées pour la forme à l'invasion vietnamienne du Cambodge; mais même si elle marque le passage de l'Indochine sous l'influence du bloc soviétique, la région ne présente plus d'intérêt immédiat. L'attention du monde, au milieu des années 1980, se tourne plutôt vers l'Europe où les tensions avec l'URSS causent beaucoup d'inquiétude. L'Europe de l'Est, en particulier, où les pays frères du pacte de Varsovie commencent à connaître une contestation interne, avec des campagnes comme celle du syndicat Solidarnosc de Lech Walesa en Pologne, qui va mener à la chute du mur de Berlin et à la fin de l'empire.

La diffusion de mes reportages sur l'Indochine a donc contribué à ramener l'attention sur cette région un peu oubliée par l'actualité, et c'est ainsi que des représentants de l'opposition cambodgienne au Canada me contactent par l'intermédiaire d'un professeur de sciences politiques nommé Steve Orlov, qui est aussi le mari de ma professeure de mandarin à Montréal.

Steve, qui s'intéresse au Cambodge, a eu des contacts avec la délégation du Kampuchéa démocratique à New York, qui nous propose de rencontrer les dirigeants de l'opposition en exil à la frontière du Cambodge et de la Thaïlande. Ils souhaitent en fait sortir de l'ombre et faire connaître plus largement leur cause. Le gouvernement en exil du Kampuchéa démocratique est une coalition de plusieurs groupes, dont les Khmers rouges, les royalistes réunis autour du prince

Norodom Sihanouk et les partisans de Son Sann, un ancien premier ministre du Cambodge. Mais tout le monde sait que l'homme le plus puissant de cette coalition n'est nul autre que Pol Pot, parce qu'il dispose encore d'une force de frappe impressionnante sur le terrain capable d'ébranler l'armée vietnamienne.

Je profite donc de l'ouverture qui m'est offerte pour partir en Thaïlande dans l'espoir de retrouver cet homme insaisissable, parmi les plus recherchés par une grande partie de la planète journalistique. Mais, avant le départ, il faut une autre confirmation de la part des Khmers rouges, et c'est à Pékin seulement que nous pouvons l'obtenir. Venu nous rejoindre dans la capitale chinoise, Steve Orlov nous arrange une rencontre avec la personne qui nous donnera le oui final pour pouvoir partir, l'ambassadeur du Kampuchéa démocratique en Chine. Étant donné les liens étroits entre Pol Pot et les Chinois, c'est son ambassadeur à Pékin qui est, en fait, l'homme le plus puissant de l'organisation des Khmers rouges en dehors du Cambodge. L'ambassade est d'ailleurs un reflet fidèle de leur image : un univers clos digne d'une autre époque, où des fonctionnaires à la mine patibulaire, habillés de l'uniforme Mao de couleur noire que Pol Pot avait imposé à toute la population cambodgienne, nous ramènent dix ans en arrière. L'ambassade dispose d'un réseau de communication secret rapide et efficace, fourni par l'armée chinoise, permettant de contacter directement la guérilla sur le terrain. Après quelques jours d'attente, nous obtenons le feu vert pour partir à Bangkok.

Arrivés sur place, avec l'aide de Pech Bun Reth, nous faisons des arrangements pour nous rendre dans le village de Phum Thmey, la base du Kampuchéa démocratique en territoire cambodgien, près de la frontière thaïlandaise. Pour réaliser ce reportage, Radio-Canada m'a envoyé un caméraman de notre bureau de Londres, Michel Dumond, qui deviendra un très grand ami. Un ancien photographe de presse qui connaît bien la région pour y avoir travaillé durant la guerre du Vietnam. S'ajoutent à l'équipe deux autres personnes : Steve Orlov, qui va mener sur le terrain ses recherches universitaires, et Claude Saint-Laurent, ma compagne, qui agira comme technicienne du son.

Quand j'arrive pour la première fois à Phum Thmey, j'ai l'impression d'être victime d'une arnaque. Ce que nous découvrons, c'est un petit village bucolique, avec ses paysans khmers qui vaquent à leurs occupations quotidiennes sans même noter notre présence. Jardinage, traite des vaches, épandage des graines pour les poules. Comment imaginer que nous allons retrouver la cellule dirigeante d'un des mouvements de guérilla les plus féroces du monde dans un contexte aussi calme et anodin ? Dès notre arrivée, nous sommes abordés par un homme qui se nomme Long Norin et qui nous annonce, en français, qu'il sera notre accompagnateur-interprète pendant toute la durée de notre séjour. Un personnage d'une affabilité étonnante que je ne peux imaginer travaillant pour un être aussi sordide que Pol Pot. Mais, lorsque nous essayons d'en savoir plus sur ce qui nous attend, lorsque nous commençons à lui formuler des demandes précises, il nous dit de patienter, et il se tait, comme ils le feront tous jusqu'à notre retour à Bangkok. C'est la manière de faire héritée de la paranoïa de la clandestinité. Le secret. Puis on nous indique la case en bois qui va nous servir de résidence jusqu'à nouvel ordre.

Dans l'après-midi, on nous emmène dans une sorte de pavillon recouvert d'un toit où, devant une table sur laquelle sont déployées des cartes, trône un homme que je reconnais tout de suite, puisqu'il était pendant toute la durée de son règne la figure publique de l'Angkar : l'ancien ministre des Affaires étrangères Ieng Sary, celui qu'on appelait le frère numéro 3 au sein de la direction du parti qu'il partageait avec Pol Pot et Khieu Samphan. Accompagné de sa femme, Ieng Thirith, qui est aussi la belle-sœur de Pol Pot, Ieng Sary passera le reste de la journée à nous expliquer, cartes à l'appui, comment la direction du parti ne savait rien des massacres qui étaient commis dix ans plus tôt. C'est le discours qu'ils répètent devant tous les journalistes qu'ils rencontrent dans leur exil de Phum Thmey. Quelques mois plus tôt, il a tenu les mêmes propos devant ma collègue Madeleine Poulin qui était en reportage dans la région. Alors que des centaines de milliers de ses concitoyens trouvaient la mort au Cambodge en 1977, il s'était présenté à la tribune de l'Assemblée générale de l'ONU, à New York, pour tenter de banaliser les témoignages de milliers de réfugiés qui réussissaient à fuir le pays. Même s'ils ont été condamnés par contumace deux ans plus tard, après leur éviction du pouvoir par les Vietnamiens, et malgré tous les récits de ceux qui ont échappé aux horreurs, les dirigeants khmers rouges prétendent qu'ils ne contrôlaient pas le pays durant les années où ils étaient au pouvoir et que les atrocités qu'on leur attribue ont été en fait commises par des seigneurs de guerre qui régnaient sur les provinces à l'extérieur de Phnom Penh. Des chefs locaux sur lesquels eux-mêmes n'avaient semble-t-il aucune emprise. Ils racontent comment les membres du gouvernement ne pouvaient sortir de la capitale de peur d'être victimes eux aussi des purges. Et Mme Ieng de renchérir, avec une émotion feinte : « Quand nous voulions faire des tournées contre la malaria dans les campagnes, c'était impossible ! » En résumé : « Nous ne savions rien, nous ne pouvions rien faire. » C'est le mensonge qu'ils martèleront jusqu'à ce que, des années plus tard, ils soient jugés par un tribunal international pour leurs crimes, et que des milliers de télégrammes et de rapports qu'ils recevaient chaque jour des tortionnaires qui étaient sous leurs ordres soient déposés comme preuves contre eux. Tout au plus acceptent-ils de reconnaître devant nous, au cours de cette rencontre, certaines « erreurs », comme celle d'avoir vidé la capitale, Phnom Penh, de ses habitants, quelque temps après leur arrivée au pouvoir, provoquant un exode de centaines de milliers de gens vers les campagnes où beaucoup allaient mourir de faim et de maladie. La ville était surpeuplée, nous dit Ieng Sary, à cause de la guerre, et elle ne pouvait plus nourrir sa population. Les conditions de salubrité publique étaient insupportables.

Le discours officiel de Ieng Sary terminé, nous passons au but de notre mission. Nous voulons savoir où se trouve Pol Pot, le vrai maître de leurs destinées, et nous voulons surtout suivre ces guérilleros qui, de l'aveu même des Vietnamiens, mènent des attaques contre les troupes d'occupation vietnamiennes partout sur le territoire du Cambodge. Nous savons, au moment de notre visite, que Pol Pot est lui aussi dans le village. L'ambassadeur Pech Bun Reth nous l'a confirmé à Bangkok. Il aurait quitté temporairement le château fort que les Khmers rouges détiennent à Pailin, dans les montagnes, un peu plus au sud, où ils exploitent des gisements de pierres précieuses pour financer une partie de leurs activités. Pour éviter de répondre carrément à notre demande, Ieng Sary essaie de minimiser le rôle de Pol Pot. L'homme de cinquante-six ans ne dirigerait plus les opérations militaires, selon lui, et se contenterait d'un rôle politique et moral auprès des troupes. Jamais, en fait, nous ne réussirons à croiser même de loin ce personnage au cours du voyage. Pol Pot fuira d'ailleurs la presse jusqu'à sa mort en 1998, dans des circonstances qui demeurent nébuleuses encore aujourd'hui. Quant à notre demande de suivre la guérilla dans ses opérations à l'intérieur du Cambodge, on sent qu'ils reculent. Ieng Sary nous répond que la saison de la mousson rend les choses difficiles, et que cela ne sera probablement pas possible. Aurais-je fait tout ce trajet, emmené autant de monde et convaincu Radio-Canada d'investir autant d'argent pour que notre reportage se limite à une opération de relations publiques dans un village folklorique comme tant de journalistes l'ont fait avant nous ? Je me lance alors dans une offensive désespérée, mêlée de chantage et de diplomatie, pour obtenir ce que nous souhaitons. « Comment voulez-vous, lui dis-je, que la communauté internationale vous appuie dans votre campagne contre l'invasion vietnamienne de votre pays si nous ne pouvons pas montrer les efforts que vous faites pour le reconquérir ? Tous ces soldats qui se battent dans l'ombre contre l'armée vietnamienne, il faut les voir, démontrer leur courage ! »

Ieng Sary réagit d'abord en tentant de me prouver, en se servant des cartes déployées sur la table, les avancées des guérilleros sur le territoire. Leurs forces, selon lui, arrivent à frapper l'ennemi jusque dans les faubourgs de Phnom Penh ; elles auraient même pris le contrôle, pendant plus de vingt-quatre heures, de Siem Reap, une ville de province importante, voisine du célèbre site archéologique d'Angkor Wat. Ce que m'avait confirmé un ami caméraman qui les avait suivies. Il nous dit que Pol Pot aurait installé son quartier général beaucoup plus loin que nous le pensions, à l'intérieur du pays, dans la chaîne de montagnes des Éléphants, au sud-ouest de Phnom Penh. « Nous ne privilégions pas la prise de terrain », prétend Ieng Sary, qui ajoute tenir plus aux hommes qu'aux kilomètres carrés. Ta Mok, le chef militaire de la guérilla, aurait, lui, établi une tête de pont dans le nord du pays, pour contrôler la route de transport des armes en provenance de Chine. Selon la situation militaire qu'il nous décrit, les Khmers rouges circuleraient ainsi un peu partout dans le pays, attaquant par surprise les positions vietnamiennes. « Ils ne laissent jamais rien derrière, lorsqu'ils quittent un endroit, explique-t-il. Quand ils prennent une base ennemie, ils n'emportent jamais de grosses quantités d'armes avec eux. » À chaque soldat, les autorités fourniraient le riz, le poisson séché, le sel et les vêtements. Tout ce qui est pris à l'ennemi serait redonné aux familles que la guérilla laisse derrière elle en quittant les lieux.

La description de Ieng Sary provoque notre curiosité ; il faut absolument aller sur le terrain pour vérifier toutes ces affirmations sur la puissance de la guérilla, que personne dans le monde, à l'époque, ne soupçonne.

À l'issue d'un après-midi de discussions serrées avec Ieng Sary, il est convenu que nous partirons avec un bataillon pendant quinze jours et que nous nous rendrons jusqu'aux abords de Sisophon, dans la province voisine de Banteay Mean Chey, où les Vietnamiens ont établi une base importante. Le soir, nous mangeons à la belle étoile, au cœur du village, comme si c'était une rencontre sociale ordinaire, avec une partie des responsables d'un des plus grands génocides de l'histoire contemporaine : Ieng Sary, notre hôte, l'ancien propagandiste du régime de Pol Pot, sa femme, Ieng Thirith, Long Norin, l'interprète officiel, et un nouveau venu pour nous, le Dr Thiounn Thioeun, ancien ministre de la Santé de l'Angkar. Après ce repas, nous ne reverrons plus Ieng Sary. Il disparaîtra comme par enchantement pour apparaître à nouveau dix ans plus tard lorsque les derniers Khmers rouges rendront leurs armes.

Quant à nous, notre départ en expédition sera reporté, non pas seulement à cause de l'attitude ambiguë de nos hôtes, mais aussi en raison de notre propre indécision.

Au cœur de la jungle cambodgienne

À la fin du repas, ce jour-là, quand nous rentrons dans nos quartiers, une discussion s'engage entre nous. L'expédition qu'on nous propose à l'intérieur du Cambodge comporte des risques sérieux. Les Vietnamiens, qui occupent le terrain, sont des guerriers farouches. Michel Dumond, le caméraman, en sait quelque chose. Au début des années 1970, durant la guerre du Vietnam, il a été fait prisonnier par le Vietcong et détenu pendant plusieurs mois en compagnie de soldats américains qu'il suivait en tant que photographe de guerre. À l'époque, il a réussi à s'échapper de sa prison au cœur de la jungle vietnamienne, mais il garde un souvenir horrible des conditions atroces dans lesquelles il a vécu. Ce qu'on nous propose, c'est une équipée de plusieurs dizaines de kilomètres avec la guérilla, pendant quinze jours, à pied, dans la jungle, dans une région infestée de soldats vietnamiens. Durant deux semaines, nous n'aurons aucun contrôle de la situation puisque, sans connaissance du terrain, et surtout sans possibilité de communiquer avec l'extérieur, nous serons totalement dépendants des Khmers rouges. En outre, nous avons aussi un problème technique majeur : comment, pendant la durée de l'expédition en pleine jungle, allons-nous pouvoir recharger les batteries de l'équipement de télévision ? Nous avons suffisamment d'autonomie pour un tournage de deux ou trois jours – la durée que nous avions prévu consacrer à ce reportage –, mais pas pour deux semaines sans accès à une alimentation électrique. Enfin, dernier problème, et non le moindre, nous avons convenu avec nos familles et nos patrons qu'avant de nous aventurer dans une opération risquée nous prendrions contact avec eux. Or, à Phum Thmey, et encore davantage plus tard dans la jungle, il n'y a pas de possibilité de les contacter. Nous décidons donc de soumettre notre décision collective au vote pour savoir qui, de Michel, le caméraman, de Claude, ma compagne, de Steve, l'universitaire qui nous a permis d'organiser cette expédition, ou de moi, est prêt à prendre ce genre de risque. Mes trois compagnons choisissent d'abandonner. Entreprendre une telle aventure est, selon eux, trop risqué; d'autant plus que nous n'avons aucune garantie d'obtenir des images vraiment révélatrices de l'état de la situation sur le terrain. Je dois dire qu'après ce vote je passe une nuit horrible. Je n'accepte pas que, après tant d'efforts pour en arriver là, pour obtenir un tel accès à un monde gardé secret jusqu'alors, l'échec de notre projet puisse être dû à notre propre abandon.

Le lendemain matin, à ma grande surprise, toute l'équipe a changé d'avis. Si nous réussissons à parler à nos familles et à nos patrons; si nous réussissons aussi à résoudre nos problèmes de batteries, à nous équiper pour la marche dans la jungle et à avoir un pouvoir de décision sur l'expédition que nous allons entreprendre, tout le monde est maintenant prêt à se lancer. Et nos hôtes eux-mêmes vont nous donner le temps de régler toutes ces questions.

Quelques minutes après notre réveil, Long Norin nous annonce que, la situation n'étant pas favorable, le départ doit être reporté. Pendant deux jours, nous allons pouvoir consacrer nos énergies à la préparation de ce tournage inusité. C'est ainsi, par exemple, que nous parvenons à acheter une génératrice portative et de l'essence pour recharger nos batteries durant le voyage. Il faut aussi trouver des vêtements et des chaussures de marche pour accomplir le périple qui nous attend dans la jungle.

Après une étude minutieuse des cartes, nous planifions notre route; nos hôtes nous garantissent, moyennant une contribution financière de notre part, le coucher – c'est-à-dire un hamac et une moustiquaire – et la nourriture pour subsister pendant la durée de l'expédition. On nous assure aussi – élément très important pour nous, étant donné la chaleur et l'humidité régnante – que les soldats que nous allons suivre vont nous aider à transporter notre équipement, en particulier la génératrice, et les provisions de base.

Pendant que nous attendons le feu vert pour le départ, Long Norin, notre seul contact avec la réalité bizarre qui nous entoure, nous propose de nous occuper. C'est ainsi que nous retrouvons le Dr Thiounn Thioeun dans une salle d'opération de fortune, sous la tente, en train d'enlever un ulcère au duodénum à un jeune patient de Phum Thmey.

À soixante-quatre ans, le Dr Thiounn, que l'on surnomme « le boucher » à cause des nombreuses amputations qu'il a faites sur des victimes de mines antipersonnel, est devenu, après la chute de Pol Pot, le ministre de la Santé du gouvernement de coalition en exil. Un titre bien symbolique pour un homme qui ne dirige plus qu'un petit hôpital de brousse dans ce village perdu de la frontière cambodgienne, où il se contente de traiter du mieux qu'il peut les paysans locaux et les soldats rentrés du front avec des blessures de guerre. Durant le règne de Pol Pot, le Dr Thiounn gérait la seule institution de santé tolérée par le régime, un hôpital de quatre cents lits qui ne servait en fait qu'aux plus hauts dirigeants. Terré dans son petit hôpital feutré au milieu de l'horreur qui se passait autour de lui, il a assisté sans protester à l'exécution ou à l'exil forcé de centaines de ses collègues médecins cambodgiens, formés comme lui en France, qui étaient persécutés à cause de leurs origines bourgeoises. Pour les remplacer, il a formé des centaines de médecins aux pieds nus, comme c'était la mode en Chine, des femmes, pour la plupart, dont il se vantait qu'elles pouvaient, après seulement six mois de formation, faire des amputations et des interventions chirurgicales mineures. Ministre de la Santé de Pol Pot, il a ainsi contribué directement, par sa complicité, au génocide et à l'obscurantisme qui a permis à cette dictature absurde de survivre. En attendant notre départ en expédition, nous tournons donc un reportage sur le Dr Thiounn, un des rares jamais réalisés sur lui, où il nous raconte comment il vient encore de former une douzaine de nouveaux assistants qui seront envoyés dans les hôpitaux de campagne que la guérilla entretient dans le pays. Des histoires que nous relatons au conditionnel, parce qu'il nous est impossible de les vérifier. Nous pouvons, par contre, tourner des images des conditions pénibles dans lesquelles il fait lui-même ses opérations. C'est ainsi que j'assiste, pour la première fois de ma vie, à une intervention chirurgicale, en pleine jungle, sous une tente mal isolée de la chaleur et de la poussière ambiantes ; une salle d'opération sous-équipée, alimentée par une petite génératrice, où le Dr Thiounn, devant la caméra, nous fait, tout en opérant, une leçon d'anatomie, n'hésitant pas à sortir les organes du patient à l'extérieur de son ventre pour nous expliquer comment il procède. Le lendemain, on nous interdira de rendre visite à ce malade ; il sera sans doute décédé des suites des manipulations excentriques du bon docteur.

Le 4 juillet 1984, nous avons enfin le signal du départ. Première étape, la base de Malaymakhoeun, qui protège le village de Phum Thmey, où nous rencontrons le commandant So Hong, quarante ans, le commissaire politique de la base, au moment où il harangue la troupe, avant le début de l'opération. Une scène un peu fausse, organisée pour nous. So Hong nous dit qu'il était garde du corps des dirigeants de l'Angkar durant leur période au pouvoir à Phnom Penh. Il nous présente Sok Pheap, un officier de trente-deux ans, qui nous accompagnera en tant que commandant de l'expédition.

Mais, avant de nous enfoncer avec eux dans la jungle, il nous reste un dernier détail important à régler. Nous devons prévenir Toronto et Montréal de notre départ en zone de guerre, pour qu'ils puissent au moins, faute d'avoir approuvé l'ensemble de l'opération, contracter des assurances pour couvrir nos risques. On nous certifie qu'un message sera envoyé au Canada par les services de Pech Bun Reth et de l'ambassade du Kampuchéa démocratique à Bangkok, et nous décidons finalement de partir sans en avoir la confirmation.

Pendant neuf jours, nous allons nous enfoncer dans la jungle, sans communication avec le reste du monde, en marchant en moyenne huit heures par jour, dans l'humidité et la chaleur extrêmes, pour suivre une opération de la guérilla khmère à l'intérieur du Cambodge occupé. Chacun d'entre nous est accompagné de deux soldats, dont l'un sert de porteur, l'autre, nous dit-on, de garde du corps. Long Norin, qui transporte, au départ de l'expédition, des cartons remplis d'œufs – la seule nourriture fraîche que nous emportons avec nous au début –, sera notre chaînon essentiel pour comprendre et influencer les décisions du commandant Sok Pheap.

Les premiers jours sont essentiellement consacrés à couvrir de la distance. Le soir, les soldats montent le campement en forêt et chassent le gibier qui composera notre repas : des lézards géants, principalement, parfois du poisson, le tout accompagné de riz et de citronnelle sauvage. Nous dormons à la belle étoile dans des hamacs recouverts d'un filet antimoustique, souvent à proximité d'un marais ou d'un ruisseau où nous pouvons nous laver. Après deux jours de marche, durant la nuit, la majeure partie des soldats nous quittent pour une raison inconnue. Une heure plus tard, nous entendons des échanges de feu nourris à une distance assez lointaine du campement, pendant de longues minutes. Au petit matin, les soldats reviennent, l'air ahuri, visiblement épuisés. On nous explique qu'ils ont mené une attaque contre une position ennemie, sans subir de pertes, et qu'ils en sont très fiers. Impossible de vérifier si tout cela est vrai.

Le 8 juillet, quatre jours après notre départ, nous faisons le relais avec une autre base de la guérilla, dirigée par un personnage qu'on nous présente comme étant le colonel Ni ; un petit homme au visage enjoué, qui doit nous accompagner le lendemain dans un village de trois mille habitants, Thmengtrey, qui serait sympathique à la guérilla. Sok Pheap et ses hommes se réunissent avec le colonel Ni pour discuter devant des cartes des environs déployées par terre. Ils nous offrent de lancer une autre attaque, cette fois pour nous, pour que nous puissions être témoins de ce qu'ils sont capables de faire. Nous refusons. Pas question, leur dit-on, de risquer des vies pour le seul bénéfice de la télévision, d'autant plus qu'encore une fois ils refusent qu'on les accompagne pour assister à l'opération. Impossible de vérifier la véracité de l'attaque éventuelle et surtout d'en tourner des images.

À notre arrivée, le lendemain, dans le village de Thmengtrey, les habitants se ruent vers nous. Le colonel Ni leur distribue des vivres, remet à chacun un comprimé d'un médicament dont on ne nous précise pas la nature, et surtout donne des accolades, tout en recueillant leurs témoignages. Nous tournons cette scène de retrouvailles qui nous semble malgré tout authentique lorsque, soudain, j'aperçois Long Norin en larmes.

Il me raconte que les récits des villageois le révoltent. Ils disent, selon lui, que, à cause de leur sympathie à l'endroit des Khmers rouges, les Vietnamiens les privent de soins de santé de base et d'instituteurs pour leurs enfants. Il nous confie qu'il est triste pour son peuple. Je me demande si tout cela n'est pas que du spectacle pour nous émouvoir, mais encore une fois je ne peux pas le vérifier. Nous sommes en fait complètement à la merci de ce qui se déroule autour de nous, et comme tout se passe rapidement et que le temps nous manque, à chaque occasion nous ne pouvons pousser très loin nos investigations. Le colonel Ni distribue ensuite aux soldats de la monnaie cambodgienne pour qu'ils puissent faire des provisions, acheter des cigarettes ou des sucreries, et ainsi encourager le commerce local. Les billets de banque nous semblent tout neufs, comme s'ils les avaient eux-mêmes imprimés. Comment les ont-ils obtenus? Là aussi, impossible de savoir.

Le lendemain, nous avançons encore, cette fois dans des rizières, au vu et au su de quiconque nous surveillerait; les hommes de Sok Pheap ne semblent pourtant pas nerveux, même si, selon les cartes que nous avons vues, nous sommes en plein territoire sous contrôle vietnamien. On nous explique que, à cause de la saison des pluies, les chars d'assaut vietnamiens ne peuvent pas s'éloigner des routes principales et que, sans la protection des blindés, les soldats ne s'aventurent pas très loin de leurs bases. À un certain moment, alors que notre troupe traverse une rivière à gué et que nous sommes dans l'eau jusqu'à la taille, Michel, le caméraman, me demande de m'arrêter et de faire un plateau, de dire quelque chose à la caméra. Alors, un bandeau de paysan khmer au front, les vêtements souillés par la sueur et la boue, avec les gué-rilleros marchant autour de moi, je raconte comment, pro-fitant de la saison des pluies, ils peuvent se rendre jusque dans les faubourgs de Phnom Penh. L'image est exotique, et l'information qu'elle véhicule fera le tour du monde. À l'époque, CNN, qui ne dispose pas encore de bureaux à l'étranger, a une entente avec CBC en vertu de laquelle la chaîne américaine diffuse mes reportages sur son réseau international.

Arrivés à destination, dans les environs de Sisophon, où les Khmers rouges souhaitaient nous emmener pour nous démontrer qu'ils peuvent s'approcher des grandes villes, nous apercevons au loin un convoi de militaires vietnamiens. Avec une lentille puissante, la caméra nous permet de voir leurs mouvements et d'immortaliser ces images. Soudain, le convoi s'engage dans notre direction. Sok Pheap, le jeune commandant, commence à s'énerver et à nous presser de quitter les lieux. Je voudrais rester plus longtemps, observer encore plus les environs, mais même Michel Dumond, le caméraman, s'impatiente. Il ne veut à aucun prix, me dit-il, avoir affaire, encore une fois dans sa vie, à des mili-taires vietnamiens. Nous optons donc pour un retrait vers Phum Thmey, heureux d'avoir tout de même pu démon-trer la mobilité de la guérilla en territoire occupé par le Vietnam.

Sur le chemin du retour, le commandant, visiblement inquiété par la vue des troupes vietnamiennes, nous force à effectuer une marche rapide de plusieurs kilomètres jusqu'à ce que nous trouvions à nouveau refuge dans la jungle. En cours de route, nous croisons un couple de Vietnamiens qui nous demande de l'aider à se rendre jusqu'en Thaïlande. Au milieu des années 1980, des centaines de gens désespérés comme eux cherchent encore à fuir l'enfer de l'Indochine.

À chacune des pauses, le long de la route, Steve Orlov en profite pour interroger les soldats et documenter sa recherche sur les années de pouvoir de Pol Pot. C'est ainsi que Sok Pheap nous raconte comment, très jeune soldat dans l'armée khmère rouge, en 1977, deux ans après la prise de pouvoir, quand il est arrivé pour la première fois dans la province de Battambang, près de la frontière thaïlandaise, il a découvert l'ampleur de la famine qui régnait dans les campagnes. Les chefs locaux, selon lui, ne respectaient pas les directives de Phnom Penh et abusaient des populations locales. Comme Ieng Sary et sa femme l'ont fait devant nous, il reprend la propagande officielle voulant que le comité central du parti n'ait pas pu contrôler ce qui se passait dans les provinces. Puis il raconte comment sa division a été décimée quand les Vietnamiens ont envahi le pays en 1979. Dans la série de reportages que nous diffuserons sur ce périple, je déclarerai en conclusion : « Les Khmers rouges disent maintenant qu'ils ont changé, qu'ils ont abandonné leurs orientations politiques du passé. Ils demeurent des guerriers farouches, mais ils promettent maintenant à la population des élections libres et un régime capitaliste. C'est un changement radical pour un mouvement d'orientation marxiste, mais c'est le moyen qu'ils ont choisi pour faire oublier les horreurs du passé. »

De retour au village de Phum Thmey, après dix jours d'expédition dans la jungle, au moment où nous prenons notre premier repas chaud, nous réalisons l'ampleur de ce que nous venons d'accomplir. Steve Orlov et moi en conserverons d'ailleurs pendant plusieurs jours une multitude de blessures profondes aux pieds. En une dizaine de jours, nous avons parcouru un nombre incalculable de kilomètres dans la jungle, les marais et les rizières tout en prenant des risques, en tournant des images inoubliables et en réalisant d'innombrables entrevues. Claude, la seule femme de l'équipe, s'en est sortie presque en meilleure forme que nous tous, ne se plaignant jamais de la fatigue, et relevant même parfois le moral du groupe. Grâce à Long Norin, les relations avec les guérilleros se sont bien passées, même si nous étions souvent tenus à l'écart de leurs discussions. Et nous croyons avoir recueilli du matériel exceptionnel pour une série de reportages exclusifs à la télévision.

C'est le message, en tout cas, que nous communiquons à nos deux rédactions, à Toronto et à Montréal, quand, de retour à Bangkok, nous réussissons enfin à leur parler.

N'ayant pas reçu le message qui devait leur être acheminé par l'ambassade du Kampuchéa démocratique, ils apprennent ainsi, après deux semaines sans nouvelles de nous, la réussite de notre opération. Ils décident aussitôt de ne pas attendre avant de diffuser nos reportages. Nous restons donc pendant une semaine à Bangkok où, jour et nuit, nous faisons l'écriture et le montage de la série. Lors de sa diffusion au Canada et à la grandeur de la planète sur CNN, elle provoquera beaucoup de réactions, en montrant au monde, pour la première fois depuis leur éviction par le Vietnam en 1979, la force de frappe des Khmers rouges et surtout le nouveau visage qu'ils se donnent dans l'espoir de se réhabiliter auprès des Cambodgiens.

Une image de cette série marquera l'imagination et sera même reprise en photo dans plusieurs journaux et magazines canadiens qui traiteront du contenu des reportages. Cette image du reporter – moustachu, à l'époque – avec son foulard cambodgien sur la tête, parlant à la caméra, dans l'eau boueuse jusqu'à la taille, au milieu des soldats. Quand, cinq ans après sa diffusion, CBC présentera devant le CRTC son projet de chaîne d'information continue, Newsworld, ce sera la première image de la vidéo de promotion.

La fin des Khmers rouges

En février 1985, sept mois après notre expédition au Cambodge, je serai donc de retour à Phum Thmey pour cette cérémonie de remise de lettres de créance brutalement interrompue par une ultime offensive des troupes vietnamiennes.

La chute de Phum Thmey et l'élimination, par le Vietnam, des derniers refuges des Khmers rouges en territoire cambodgien marqueront le début de la fin de l'influence de Pol Pot dans cette région du monde, même s'il faudra encore une décennie pour éradiquer complètement sa capacité de nuire. En septembre 1989, les Vietnamiens, épuisés économiquement et militairement par dix ans d'occupation, et désireux de rétablir les ponts avec la communauté internationale, accepteront de rentrer chez eux. Les accords de Paris de 1991 restaureront la monarchie au Cambodge et permettront le retour sur le trône de Norodom Sihanouk[9]. Pol Pot mourra dans l'oubli en 1998. Ieng Sary, Ieng Thirith, Khieu Samphan et Nuon Chea, le frère numéro 2 du régime, celui qui s'occupait de la propagande durant le génocide, seront arrêtés en 2007 après avoir vécu des années dans l'impunité. Leur procès pour crimes contre l'humanité et génocide commencera le 27 juin 2011 devant un tribunal spécial formé sous l'égide de l'ONU à Phnom Penh.

Jusqu'à aujourd'hui, un seul responsable des crimes commis sous le régime de Pol Pot a reconnu ses torts officiellement devant les Chambres extraordinaires des cours du Cambodge, l'instance chargée par l'ONU de juger les accusés. Il s'agit de Kaing Guek Eav, alias Douch, le tortionnaire en chef de la prison S-21 de Phnom Penh qui a été condamné à perpétuité. Ieng Sary est décédé en mars 2013 sans connaître la fin de son procès; sa femme, Ieng Thirith, souffrant de problèmes mentaux, a vu le sien annulé. Khieu Samphan, l'ancien chef de l'État, et Nuon Chea attendent toujours un verdict.

S'ils sont reconnus coupables, le tribunal créé par l'ONU en collaboration avec le Cambodge n'aura réussi à condamner formellement que trois personnes en rapport avec le génocide, et cela, après des procédures élaborées qui auront coûté plus de 200 millions de dollars. Après les procès de Khieu Samphan et Nuon Chea, le gouvernement de Hun Sen, le premier ministre cambodgien, a demandé l'arrêt des travaux du tribunal alors que celui-ci s'apprêtait à ouvrir les dossiers de dizaines de cadres inférieurs du régime de Pol Pot ayant participé au génocide.

Hun Sen, lui-même un ancien officier khmer rouge, installé au pouvoir par les Vietnamiens en 1985, ne souhaitait pas que l'enquête sur le passé du pays soit poussée davantage. En place depuis trente ans, son gouvernement compte dans ses rangs plusieurs anciens officiers de Pol Pot comme lui.

En juin 2013, comme pour se déculpabiliser, le Parlement cambodgien a adopté une loi punissant de deux ans

---

9. Norodom Sihanouk est décédé le 15 octobre 2012 à Pékin, à l'âge de 89 ans.

de prison « tout individu qui ne reconnaît pas, qui minimise ou qui nie » les crimes des Khmers rouges.

Aujourd'hui, trente-cinq ans après la fin du génocide cambodgien, l'Asie du Sud-Est a bien changé. Le Vietnam a rétabli ses relations diplomatiques avec les États-Unis et est considéré comme un nouveau « dragon » de l'Asie, avec une croissance économique fabuleuse rendue possible grâce à des politiques d'inspiration capitaliste. Le Cambodge essaie lui aussi, tant bien que mal, de relancer son économie en misant en particulier sur l'attrait des ruines exceptionnelles d'Angkor Wat auprès des touristes. L'Union soviétique étant disparue, la région n'est plus l'enjeu d'une lutte de pouvoir entre les deux grands blocs de l'Ouest et de l'Est, mais elle doit maintenant composer avec une puissance régionale montante qui cause des maux de tête à l'Association des nations de l'Asie du Sud-Est, la Chine, qui, avec ses visées territoriales en mer, en particulier, adopte des comportements de plus en plus inquiétants.

Mes périples en Indochine, en 1984-1985 – mes premières sorties de Chine, à l'époque –, m'ont ouvert les yeux sur la complexité et surtout l'importance stratégique de cette région du monde qui allait occuper une place prépondérante, au cours des années subséquentes, dans l'équilibre économique et politique de la planète. Ma prochaine escapade hors de Chine, à la même période, allait être encore plus fascinante, puisqu'elle allait me mener dans le deuxième plus grand pays d'Asie, l'Inde.

Chapitre 4

L'Inde d'Indira

Pékin, 31 octobre 1984

Le matin du 31 octobre 1984, je suis devant le téléscripteur de l'Agence France-Presse que je partage à Pékin avec mon collègue Gunnar Hoydal, de la NRK, la télévision norvégienne.

Je lis une dépêche urgente disant qu'Indira Gandhi, la première ministre de l'Inde, aurait été blessée gravement par les tirs d'un de ses gardes du corps qui serait un sikh. Aussitôt, je monte à mon bureau à l'étage supérieur et, en arrivant, j'entends le téléphone sonner. C'est le réseau anglais de Radio-Canada, toujours plus rapide que le réseau français, qui me dit : « La nouvelle est grave, tu t'en vas en Inde ! » Dans les heures qui suivent, alors que les autorités confirment le décès de la première ministre, je prends le premier avion disponible vers Hong Kong. À l'époque, il n'y a pas de vols directs entre Pékin et Delhi. Les relations entre les deux pays voisins sont tendues. Pour entrer en Inde, je dois aussi obtenir un visa que l'ambassade indienne dans la capitale chinoise n'a pas le pouvoir d'émettre rapidement. Avant d'embarquer dans l'avion, je contacte à Hong Kong un ami diplomate canadien, Ernest Loignon, pour le prévenir de mon arrivée. Ernest est conseiller politique au haut-commissariat du Canada dans la colonie britannique, et avec lui je conviens d'un plan d'une efficacité redoutable pour régler la question du visa : dès mon atterrissage à Hong Kong, Ernest, grâce à son passeport diplomatique, viendra me rejoindre dans la zone de transit où je dois attendre pendant quelques heures la correspondance avec le vol suivant vers Bangkok et Delhi. Il prendra mon passeport pour le faire estampiller par un de ses collègues du haut-commissariat indien qui sera prévenu, lui aussi à l'avance ; puis Ernest me rapportera le passeport à temps pour que je décolle vers Bangkok.

En 1984, il n'y a pas encore de téléphone cellulaire, ou d'Internet, pour communiquer rapidement. Nous devons composer avec la lenteur des lignes téléphoniques terrestres souvent imprévisibles, ou le télex et les télégrammes. Mais cela ne nous empêche pas, pour suppléer au manque de souplesse de la technologie, de faire preuve de témérité et d'imagination. L'opération réussit tellement bien que je me retrouve, le 1er novembre, lendemain de l'assassinat, parmi les premiers journalistes étrangers à atterrir à Delhi, en début de soirée, au moment où le chaos s'installe dans le pays.

À ma sortie de l'aéroport, la capitale indienne est à feu et à sang. Pendant toute la nuit du 31 octobre au 1er novembre, des foules hostiles, en majorité composées d'hindous, ont commencé à s'en prendre à la minorité sikhe pour se venger de l'assassinat d'Indira Gandhi, par deux de ses gardes d'origine sikhe. Maisons ciblées, incendiées, passants tabassés ; la tombée du jour n'a fait qu'accentuer le carnage. Et le lendemain, à notre arrivée, l'atmosphère annonce une deuxième nuit d'horreur.

Une leçon de Prem

J'avais connu l'Inde pour la première fois quelques mois auparavant, en juillet 1984, quand, après avoir passé deux semaines avec des guérilleros khmers rouges dans la jungle du Cambodge, j'avais offert à mes deux patrons, à Toronto et à Montréal, de rester dans la région pour réaliser une série de reportages sur cet immense pays fascinant. L'Inde traversait alors une de ses nombreuses périodes critiques. Faisant preuve d'une arrogance extrême, Indira Gandhi avait ordonné un mois plus tôt à l'armée indienne d'attaquer le temple d'Or d'Amritsar, le haut lieu du sikhisme – une des religions très importantes du pays –, où des militants armés, revendiquant l'indépendance de l'État du Pendjab, s'étaient réfugiés. L'opération *Blue Star* avait provoqué la révolte de la minorité sikhe pourtant très respectée dans le pays ; le bruit courait que l'attaque du temple sikh avait provoqué un bain de sang où des milliers de fidèles, dont des femmes et des enfants, avaient péri. Mais le gouvernement niait bien sûr les rumeurs, et elles étaient impossibles à vérifier, puisque Mme Gandhi avait imposé la loi martiale dans tout l'État du Pendjab, l'isolant ainsi du reste du monde.

À mon arrivée en Inde, cet été-là, en compagnie de ma femme, Claude, j'avais découvert pour la première fois ce pays qui, malgré son importance démographique et militaire, était, un peu comme la Chine, une entité géante isolée du monde extérieur.

Pour des raisons jugées stratégiques, l'Inde était une économie pratiquement autarcique dont le principal partenaire commercial, l'Union soviétique, était lui-même en crise. Le marché indien était complètement fermé à tout produit étranger. Même Coca-Cola, la grande multinationale fétiche, n'y avait pas accès. Les automobilistes ne pouvaient se procurer que deux modèles de voitures produits localement : l'Ambassador, du Hindustan Motors of India, une copie d'une Morris Oxford II datant des années 1950, et la Padmini, fabriquée avec l'autorisation de Fiat à partir d'un modèle des années 1970. Une troisième automobile plus moderne, la Maruti 800, construite par un consortium formé du gouvernement indien et de la société japonaise Suzuki, venait à peine d'entrer sur le marché et faisait sensation.

À l'exception de son armée, toute puissante et équipée de technologies de pointe, l'Inde croupissait dans un passéisme et une incompétence crasses ; sous prétexte d'indépendance économique, elle restait totalement fermée aux influences de l'étranger, alors que sa population, encore tellement pauvre, ne demandait qu'à s'ouvrir sur le monde et à se dépasser, comme le prouvent aujourd'hui les grandes réussites de ce pays.

Avant que je descende de l'avion à Delhi, mes collègues de CBC avaient contacté en mon nom le bureau local de l'agence Visnews pour qu'il me fournisse une équipe de techniciens de télévision pour réaliser mes reportages. En arrivant à l'hôtel, à Delhi, je m'empresse donc de communiquer avec un certain Prem Prakash, le patron du bureau, qui offre aussitôt de venir me rencontrer. C'est ainsi que j'ai appris avec lui une leçon d'humanité, et surtout d'humilité.

L'idée d'engager une équipe de télévision en Inde m'inquiétait un peu. Comment allais-je pouvoir trouver dans ce pays en apparence si peu développé des techniciens capables de répondre à nos normes nord-américaines ? Je m'en voulais déjà de ne pas avoir exigé de mes patrons qu'une de nos propres équipes de CBC/Radio-Canada vienne me rejoindre à Delhi, comme je venais de le faire au Cambodge. Et ma courte conversation au téléphone avec Prem Prakash ne m'avait pas rassuré. Le chef local de Visnews, avec son fort accent indien, était parfois à peine compréhensible. Comment allais-je pouvoir communiquer efficacement avec une équipe locale, lui transmettre mes façons de faire ? Au lieu d'attendre mon visiteur dans le hall et de le recevoir dans le magnifique bar de l'hôtel fréquenté par l'élite de la capitale, je l'invite plutôt à venir me rejoindre dans ma chambre où, à mots à peine couverts, je le bombarde de questions sur la qualité de son personnel et de son expérience dans le métier, traduisant ainsi devant lui toutes les angoisses issues de mes préjugés. Patiemment, et avec un sourire en coin, Prem a répondu à toutes mes questions ; mais, dans les mois et les années qui ont suivi, il m'a souvent rappelé avec un humour caustique comment je l'avais reçu ce jour-là, de façon hautaine et méfiante, et surtout sans même lui offrir un verre de cette bouteille de scotch qu'il avait remarquée, trônant sur une table de ma chambre d'hôtel. « Tu ne me faisais pas confiance, me répéterait-il longtemps, mais on t'a montré ce qu'on savait faire ! » J'avais insulté, en le traitant de haut, un homme dont je n'avais pas pris la peine de m'informer des antécédents pourtant si prestigieux et qui, au cours des années suivantes, allait m'être si précieux. L'homme, dans sa grande noblesse, ne m'en a pas tenu rigueur ; au contraire, jamais par la suite il n'hésiterait à s'enquérir de mes besoins et à m'aider dans la mesure où il le pouvait.

Prem Prakash était une personnalité incontournable de la presse indienne, dont les racines familiales et profession-nelles remontaient à la lutte pour l'indépendance de l'Inde. Son père avait fait sa carrière d'abord comme photographe, puis comme caméraman pour les actualités cinématogra-phiques, où il s'était rendu célèbre en suivant partout les déplacements du mahatma Gandhi, le père de l'indépen-dance. Mais, malgré ses antécédents phénoménaux, Prem était un homme modeste qui accueillait dans les bureaux de son entreprise, ANI, Asian News International, à Delhi, une multitude de journalistes étrangers auxquels il offrait des services de caméra, de montage et de transmission par satellite.

L'agence de Prem Prakash, à elle seule, était pour moi et mes collègues étrangers, comme mes amis de la NRK, la télé-vision norvégienne, un microcosme de cette Inde que nous découvrions. Situé au 72, Janpath Road, au cœur du vieux centre d'affaires de Delhi, le bureau de Visnews et de ANI s'ouvrait d'abord sur une petite boutique de photographie, un vestige du métier d'origine de la dynastie des Prakash. Derrière la boutique, on entrait dans le monde de Prem où l'on découvrait, au rez-de-chaussée, un petit bureau où il tenait audience ; le seul endroit – noblesse oblige – dans tout l'édifice qui disposait d'un climatiseur. Le personnel de l'en-treprise était, lui, le reflet de ces castes qui régissent les rap-ports sociaux et économiques encore aujourd'hui dans le pays : des intouchables, qui faisaient l'entretien des salles de toilettes et le ménage, aux vaishya et aux shudra, qui s'oc-cupaient de la livraison des repas, de la messagerie et des courses, jusqu'aux brahmanes, photographes ou caméra-mans qui constituaient la caste supérieure avec à leur tête le grand patron lui-même. L'édifice de deux étages était composé d'une multitude de petites pièces au rez-de-chaussée – salles de montage, de repos, et cuisine – et d'une immense pièce au niveau supérieur où tous les journalistes étrangers s'entassaient dans un capharnaüm continuel. Suédois, Coréens, Britanniques, Français ou Canadiens s'y relayaient pour écouter leurs cassettes, monter leurs reportages ou faire des présentations en direct.

Durant les heures de grande activité, il arrivait souvent qu'on voie poindre au sommet du petit escalier de bois menant au deuxième le visage angoissé de Prem, suppliant quelques-uns d'entre nous de descendre au rez-de-chaussée pour éviter que l'étage surpeuplé ne s'écroule tout simplement sous le poids trop grand de ses occupants. Prem poussait à l'extrême son personnel et ses équipements parce qu'il n'osait refuser personne chez lui et qu'il se faisait une fierté d'offrir des services à tous ceux qui se présentaient à son bureau. La majorité de ses profits servaient à acheter, un peu en contrebande, parce que les lois du pays en interdisaient l'importation, l'équipement technique dont il avait besoin. Le reste de ses revenus, il le consacrait à l'éducation de ses enfants qu'il souhaitait envoyer dans les meilleures universités du monde. Prem était un homme de devoir qui me servirait de modèle.

La manière forte d'Indira

Dès le début de ce premier séjour en Inde, le 24 juillet 1984, j'ai pu prendre la mesure de la générosité et de l'intuition de Prem Prakash. Au moment où j'y mets les pieds, l'Inde connaît la deuxième meilleure récolte de toute son histoire, et l'économie, sous la férule du parti du Congrès d'Indira Gandhi, se porte relativement bien. Contrairement à la Chine de Mao, uniforme et triste, je découvre à Delhi un pays de couleurs et de diversité flamboyantes, avec ses côtés excentriques qui nous déstabilisent au premier abord, comme ces « saints » hindous à moitié nus qui quêtent partout dans les rues ou ces vaches sacrées qui bloquent la circulation au centre-ville, parce que personne n'ose les forcer à se déplacer. Les Indiens eux-mêmes – à l'opposé des Chinois écrasés par des années d'oppression – me semblent des êtres fiers, peu importe leur origine, et d'une débrouillardise étonnante quand il s'agit de gagner le moindre sou, au point d'en être agressifs. J'en suis d'ailleurs victime le lendemain de mon arrivée lorsqu'en traversant un immense parc devant l'hôtel pour me rendre au bureau de Visnews, au milieu de la foule qui se presse dans toutes les directions autour de moi, je me sens soudainement bousculé par quelqu'un qui ne prend même pas la peine de s'excuser. Quelques secondes après, je me retrouve devant un cireur de chaussures qui m'offre ses services en pointant du doigt mes souliers, qui, à ma grande surprise, sont couverts d'une motte de merde immonde. L'individu qui m'avait bousculé, de mèche avec le cireur, m'avait forcé à avoir recours à ses services. Un incident anodin dans ce pays aux contrastes fabuleux qui m'en réservait encore bien d'autres.

Si l'Inde, durant cet été 1984, me frappe par sa fébrilité et sa spontanéité, le climat politique y est par contre extrêmement tendu. Depuis l'agression de l'armée indienne, en juin, contre le temple d'Or d'Amritsar, le Pendjab, un des États les plus puissants du pays, est soumis à la loi martiale. La première ministre, qui a commis l'affront d'ordonner cet assaut sanglant contre le lieu saint des sikhs, est sur la défensive. Pendant les années précédentes, pour lutter contre le parti autonomiste Akali Dal, majoritaire au Pendjab, elle avait contribué elle-même à la montée en force d'un leader souverainiste concurrent, Jarnail Singh Bhindranwale, en lui accordant de l'importance. Mais Bhindranwale était devenu de plus en plus revendicateur, en ayant même recours à la violence, et ses partisans armés avaient trouvé refuge dans le temple d'Or.

Je voulais à tout prix raconter cette histoire et savoir ce qui se passait dans la ville d'Amritsar, qui était pratiquement fermée à la presse étrangère depuis l'opération *Blue Star*. Les médias locaux disaient que, pour masquer les dommages causés par l'offensive de l'armée indienne et la faire oublier, le gouvernement avait entrepris, malgré l'opposition des leaders religieux sikhs, de reconstruire le temple le plus rapidement possible. Faute de pouvoir moi-même me rendre sur place, Prem Prakash m'avait offert un accès illimité aux images exclusives tournées par Visnews lors de la première visite des lieux par des journalistes indiens triés sur le volet au lendemain de l'attaque. On pouvait y voir, entre autres, la destruction catastrophique de ce bijou d'architecture qui témoignait de la violence des combats. L'Akal Takht, la partie la plus sacrée du temple d'Or, où les militants indépendantistes s'étaient réfugiés, avait été complètement éventré par les bombardements. Le gouvernement disait que les «terroristes» eux-mêmes l'avaient détruit pour discréditer l'armée.

Pour en savoir plus, je décide d'engager un journaliste sikh très connu, B. S. Bawa, qui m'est recommandé aussi par Prem, pour qu'il se rende à Amritsar avec mon caméraman Surinder Kapoor et qu'il réalise pour moi un état des lieux. C'est ainsi qu'ils vont rencontrer Baba Santa Singh, un prêtre sikh excentrique qui dirigeait, avec l'appui du parti du Congrès, la reconstruction rapide du temple. L'équipe réussit aussi à tourner, sur place, des images de camions, aux couleurs du parti de la première ministre, assurant chaque matin et chaque soir le transport des ouvriers mobilisés pour la reconstruction. Bawa et Kapoor sont aussi témoins de manifestations quotidiennes qui se déroulent, encore un mois et demi après le drame, devant le temple d'Or et dans les rues d'Amritsar, où des foules en colère protestent en criant «Khalistan», le nom du pays revendiqué par les séparatistes sikhs. Dans une série d'entrevues que les deux hommes réalisent autour du lieu saint, des témoins racontent la charge de l'armée le 3 juin, et les violences des jours suivants. Certains, qui habitaient à proximité du temple, leur montrent leurs maisons détruites. Grâce aux contacts de Prem, je réussis par la suite à rencontrer à Delhi des sikhs influents qui m'expriment eux aussi leur désarroi et qui entrevoient déjà les événements tragiques qui vont se produire quelques mois plus tard. Comme le lieutenant-général Jagjit Singh Aurora, un héros de la guerre de 1971 contre le Pakistan dont je note minutieusement le propos à l'époque : «Nous [sikhs] ressentons une profonde aliénation par rapport à la majorité du pays. Et ce sentiment d'aliénation doit être éradiqué. Ce qui nous révolte le plus, c'est que notre *gurdwara* [temple] est actuellement sous le contrôle de l'armée, et le genre de reconstruction auquel nous assistons n'a rien pour guérir nos plaies. On ne veut pas que les traces de ce qui s'est passé disparaissent pour les générations à venir. Un poison s'est répandu. Et c'est le gouvernement, malgré le fait qu'on l'ait prévenu, qui a décidé d'utiliser des armes dans le temple. »

En rassemblant ces entrevues réalisées à Delhi et le matériel remarquable recueilli à Amritsar par Surinder Kapoor et B. S. Bawa, je réussis ainsi à réaliser une série exceptionnelle sur l'Inde pour les réseaux anglais et français de Radio-Canada. C'est la première fois, en fait, qu'un journaliste canadien décrit en détail à la télévision la montée en force des indépendantistes sikhs et la fermeté de la répression dirigée par le gouvernement indien. Et ces reportages auront une résonance particulière quelques mois plus tard quand la première ministre sera assassinée et que, moins d'un an après, un Boeing 747 d'Air India en provenance du Canada explosera en vol au-dessus de l'Irlande, avec deux cent soixante-huit Canadiens à son bord.

Coincé dans un coup d'État

En 1984, l'Inde était en fait devenue, après dix-huit ans de règne presque ininterrompu d'Indira Gandhi, un pays où la démocratie, quand elle ne s'imposait pas par la force, se faisait par la corruption des élites politiques. Quelques années plus tôt, Mme Gandhi avait été elle-même reconnue responsable de pratiques électorales frauduleuses. La colère du peuple contre son gouvernement avait été telle qu'elle avait dû imposer la loi martiale pendant deux ans, de 1975 à 1977, à la grandeur du pays. Durant cet été 1984, j'allais moi-même être témoin d'un autre exemple de la manière forte utilisée par la première ministre pour se maintenir au pouvoir.

De passage au haut-commissariat du Canada, l'ambassade canadienne de Delhi, pour signaler notre présence aux diplomates et partager avec eux des renseignements, j'apprends, par un conseiller politique, un ancien journaliste indien très branché, que la première ministre s'apprête à provoquer un coup d'État au Cachemire[10], une région semi-autonome de l'Inde qui manifeste elle aussi aux velléités séparatistes.

Depuis des semaines, Indira Gandhi cherchait à y renverser le gouvernement élu du premier ministre Farooq Abdullah, un médecin musulman très charismatique, qu'elle trouvait trop revendicateur et trop autonomiste.

Je me rends donc dès le lendemain à Srinagar, la capitale du Cachemire. Une ville splendide dont l'architecture en bois unique et son emplacement, dans les premiers contreforts de l'Himalaya, en faisaient, à l'époque de la colonisation britannique, une destination touristique de prédilection. Aussitôt descendu de l'avion, je découvre que les prédictions du conseiller de l'ambassade canadienne sont en train de se réaliser. Une douzaine de députés alliés au premier ministre Abdullah viennent d'annoncer leur décision de rejoindre les rangs de l'opposition, dirigée par un membre du parti du Congrès, Ghulam Mohammed Shah. La défection des députés, qui, selon la rumeur populaire, se seraient fait promettre des postes ministériels et de l'argent, permet à G. M. Shah de contrôler dorénavant une majorité au parlement et de renverser Farooq Abdullah. Le « coup d'État » déguisé, orchestré de toute évidence par Delhi, provoque aussitôt une flambée de protestation dans les rues de Srinagar.

Deux ans plus tôt, en 1982, le Dr Abdullah était devenu premier ministre de l'État du Jammu-et-Cachemire après le décès de son père, Cheikh Abdullah, un héros de l'indépendance de l'Inde et une personnalité politique hors du commun. Mais le jeune Farooq avait poussé l'audace, aux yeux de Delhi, au point de revendiquer, dès son arrivée au pouvoir, plus d'autonomie pour l'État. Le gouvernement central l'accusait d'être à la solde des indépendantistes musulmans, d'avoir fait alliance avec leur chef spirituel, le mirwaiz

---

10. L'État le plus septentrional de l'Inde s'appelle officiellement l'État du Jammu-et-Cachemire et possède deux capitales : Srinagar (été) et Jammu (hiver). Le territoire du Cachemire est occupé en partie par le Pakistan (POK) et par la Chine.

Maulvi Farooq[11], et de bénéficier de fonds spéciaux en provenance du Pakistan, l'ennemi juré de l'Inde.

Le lendemain de notre arrivée, l'Assemblée législative est convoquée pour confirmer la mise en minorité de Farooq Abdullah, mais le président de l'Assemblée, un partisan du premier ministre qui s'oppose à la machination, doit être expulsé de son poste par la force pour que le vote se tienne. Quand elle est révélée plus tard en conférence de presse, la manœuvre déclenche à nouveau des manifestations populaires encouragées par Farooq Abdullah lui-même. Poursuites en voitures dans la ville, affrontements violents, grève des commerçants. La situation devient à ce point critique que le nouveau gouvernement de G. M. Shah décide à son tour d'imposer la loi martiale. Pendant deux jours, les journalistes sont assignés à résidence. Seul étranger dans la ville, je me retrouve donc enfermé dans le magnifique hôtel colonial qui nous a été réservé au cœur de Srinagar ; une prison confortable, mais d'autant plus stricte que le patron de l'hôtel est un fidèle partisan de Mme Gandhi.

Au cours de la nuit suivante, un messager me contacte à l'hôtel pour me dire que, lorsque tout le monde sera endormi, une voiture viendra me chercher pour m'emmener avec mon équipe à un rendez-vous secret avec quelqu'un qui veut absolument nous voir. À l'heure dite, un convoi silencieux quitte ainsi l'hôtel pour un périple qui nous paraît très long, dans des routes de montagne, jusqu'à une immense résidence très sombre où il ne semble pas y avoir âme qui vive. Assis dans une des voitures, nous assistons alors à une discussion interminable entre nos accompagnateurs et les gardiens de la maison, visiblement furieux qu'on interrompe leur sommeil. Impossible pour nous de savoir ce qui se passe, puisque même mon équipe indienne ne comprend pas l'ourdou, la langue dominante du Cachemire. Après plusieurs minutes d'attente, on nous fait entrer dans la maison où l'on nous présente le mirwaiz Maulvi Farooq. En plus

---

11. Le mirwaiz, littéralement « chef prêcheur », est le leader spirituel des 10 millions de musulmans de la vallée du Cachemire.

d'être le chef spirituel des musulmans du Cachemire, Maulvi Farooq est un indépendantiste notoire qui dirige le Awami Action Committee, une importante coalition politique. Il est apparemment irrité lui aussi d'avoir été réveillé au milieu de la nuit; mais il s'excuse auprès de nous de cette erreur commise, de toute évidence, par ses adjoints, et il nous demande de revenir plutôt le lendemain, une fois le couvre-feu levé. Quand nous le revoyons quelques heures plus tard, il nous explique devant la caméra la raison qui motive ses convictions indépendantistes et surtout son appui au premier ministre déchu, Farooq Abdullah. Nous reverrons Maulvi Farooq une dernière fois à la prière du vendredi suivant, dans un des plus beaux lieux de Srinagar, la grande mosquée Jamia Masjid, sur les bords du lac Dal, où il dirigera la cérémonie, comme chaque semaine, devant plusieurs dizaines de milliers de fidèles.

L'homme dégageait un prestige et un pouvoir comme j'en avais rarement vu. Il restera un ennemi du gouvernement indien jusqu'à sa mort, en 1990, provoquée, selon les rapports officiels, par des islamistes radicaux.

Après cette rencontre, et la levée de la loi martiale, nous retrouvons Farooq Abdullah chez lui, où il nous accorde une longue entrevue. En plein enregistrement, il apprend que le gouverneur de l'État a décidé de contester son renversement devant les tribunaux. Il estime donc avoir retrouvé entretemps tous ses pouvoirs, et il décide d'aller sur-le-champ l'annoncer à la population. Nouvelle virée en voitures. Le premier ministre déchu nous emmène dans une tournée victorieuse de la capitale; à un moment donné, le convoi s'immobilise et Farooq Abdullah interpelle des policiers dans la rue en leur donnant l'ordre d'aller arrêter son remplaçant G. M. Shah. Les policiers songent un instant à obtempérer, puis se ravisent. Farooq se tourne alors vers la caméra et nous dit d'un ton dramatique en parlant d'Indira Gandhi: «Elle peut nous détruire, mais elle ne peut pas tuer tout le monde. L'Inde n'appartient pas à une seule personne ou à un seul parti. Si vous voulez un gouvernement militaire ici, ajoute-t-il, comme s'il parlait à la première ministre, faites-le vraiment. Nous n'avons pas d'armes. » Finalement, Ghulam Mohammed Shah restera en poste jusqu'aux élections suivantes qui ramèneront Farooq Abdullah au pouvoir. Celui-ci est encore aujourd'hui, à quatre-vingt-quatre ans, une figure dominante de la politique indienne.

En rentrant à Delhi, après cet épisode, nous avions l'impression d'avoir assisté, pendant quelques jours, à un psycho-drame révélateur de la « manière Gandhi », d'avoir observé une sorte de microcosme de l'Inde politique. Les reportages que nous enverrons au Canada sur le sujet seront parmi les plus difficiles que j'aie eu à réaliser de toute ma vie. Comment, après tout ce dont nous avions été témoins à Srinagar, pouvait-on résumer en deux minutes pour le *Téléjournal* une situation aussi complexe, pour un public vivant aux antipodes de cette réalité ? Grâce à des informations pertinentes et à la chance d'être sur place au bon moment, nous avions eu accès à des événements exceptionnels ; et ce n'était que le début de nos aventures dans ce pays complexe.

Le drame d'une dynastie

Quelques mois plus tard, le soir du 1er novembre 1984, je me retrouve donc à nouveau en Inde, où j'arrive en catastrophe de Pékin, mais cette fois c'est tout le pays qui est en plein chaos. La veille, la première ministre a été assassinée par deux de ses gardes du corps d'origine sikhe, et sa mort a déclenché une vendetta monstrueuse. À la sortie de l'avion, je découvre une foule frappée par la torpeur, qui reste confinée sur place pour profiter du minimum de sécurité que lui offre le périmètre de l'aéroport ; personne n'ose tenter une percée en ville. Les taxis eux-mêmes ne bougent pas. La rumeur raconte qu'en plein cœur de Delhi les chauffeurs de taxi sikhs sont brûlés vifs dans leur voiture. Il me faudra offrir un billet de 100 dollars américains, une fortune en Inde alors, à un des chauffeurs pour qu'il accepte de m'emmener à mon hôtel. Le long de la route entre l'aéroport et le centre-ville, je vois des incendies partout, des maisons qu'on fait exploser à la dynamite, des foules furieuses, mais, chose étrange, aucun véhicule de police, comme si l'on avait donné l'ordre aux forces de sécurité, pourtant nombreuses en Inde quand on a besoin d'elles, de ne pas intervenir. Après un long trajet angoissant, le taxi me laisse à mon hôtel, au centre de la capitale, à deux pas du bureau de Visnews.

L'hôtel Impérial est un superbe édifice art déco construit au début des années 1930 par un architecte britannique et qui conserve encore aujourd'hui tout le cachet de l'époque coloniale. Un endroit rempli d'histoire que les journalistes adorent. Mais, ce soir-là, l'hôtel ressemble davantage à une forteresse. Le propriétaire, un sikh, a décidé d'héberger dans les somptueux jardins de son établissement des centaines de ses coreligionnaires qui ont dû fuir la terreur dans leurs quartiers. Des miliciens sikhs, armés jusqu'aux dents, montent la garde partout autour de l'hôtel, que l'armée a aussi encerclé par précaution ; certains sikhs portent même le sabre du costume cérémonial traditionnel pour intimider davantage les foules hostiles qui nous entourent. À l'intérieur, tout le monde est inquiet. Je téléphone à mon caméraman, Surinder, pour savoir ce qu'il pense de la situation. S'il est sécuritaire de rester dans cet hôtel pour la nuit. Il me dit qu'il a passé, lui-même, la journée à filmer l'horreur qui se déroule dans les rues. Il est terré au bureau, dans une détresse paralysante, impuissant devant tout ce qu'il a vu.

Je ne me souviens plus aujourd'hui si j'ai dormi, cette nuit-là. J'ai dû appeler Montréal et Toronto pour raconter l'histoire au moins à la radio. Transmettre à notre auditoire canadien un premier aperçu du drame que je découvrais sur place.

Le lendemain matin, quand je retrouve Surinder, après quelques mois de séparation, c'est un autre homme qui apparaît devant moi, tellement ses traits sont changés. Avec le technicien du son, un sikh qui ne porte pas son turban pour ne pas s'attirer la colère des foules, et des sikhs de l'hôtel qui insistent pour nous accompagner, nous faisons une tournée des quartiers chauds de Delhi où les habitants vaquent à leurs occupations quotidiennes, comme si rien ne s'était passé, indifférents aux corps brûlés ou mutilés qui jonchent pourtant les rues, laissés sur place depuis la veille et devenus la proie des chiens errants. C'est la première fois de ma vie que je vois des cadavres d'humains assassinés. Et il y en a partout. Des corps déjà boursouflés par la putréfaction ; tellement nombreux qu'on n'arrive pas à les évacuer. Les sikhs, qui sortent au lever du jour et qui ne se déplacent qu'en bandes pour se protéger de la violence des hindous et des musulmans, nous assaillent pour nous raconter leurs histoires. Comment, depuis deux nuits consécutives, des notables locaux du parti du Congrès ont eux-mêmes dirigé les purges, dans les différents quartiers, en pointant du doigt les maisons habitées par des sikhs, que la foule survoltée s'empressait aussitôt d'attaquer. Il y a partout des maisons incendiées, ou tout simplement détruites.

Plus tard, je me rends chez le lieutenant-général Jagjit Singh Aurora, ce héros de la guerre indo-pakistanaise de 1971, que j'ai rencontré trois mois plus tôt après l'attaque du temple d'Or d'Amritsar. Sur la route, en direction de chez lui, nous nous demandons dans quel état nous allons le retrouver. Aura-t-il échappé au massacre ? Nous le découvrons en pleine action dans son quartier, où il s'est érigé en médiateur dans l'espoir de calmer la crise. Les émeutiers n'ont pas pu détruire sa maison ni s'attaquer à sa famille parce qu'il était heureusement protégé par l'armée. Mais, au lieu de fuir la violence comme tant d'autres, l'ancien militaire de soixante-huit ans est resté sur place où il a repris la situation en main en créant dans son quartier un comité œcuménique chargé de coordonner l'aide aux victimes, qui étendra son action dans les jours suivants à toute la ville de Delhi. Une organisation qui deviendra plus tard le Citizen's Justice Committee, quand il s'agira d'exiger des compensations pour les victimes des massacres. Le général Aurora confirme ce qu'on nous a déjà dit : la violence a été orchestrée par des élus locaux du parti du Congrès, souvent même en collaboration avec la police, dans le seul but de venger la mort de la première ministre. Menée pas des individus qui connaissaient tellement bien les différents quartiers qu'ils savaient exactement où habitaient les sikhs. Des foules de gens des quartiers populaires auraient été mobilisées, sans doute même payées, pour transporter des bidons d'essence qu'elles n'avaient même pas les moyens de se procurer elles-mêmes et pour allumer les incendies. Des familles entières de sikhs auraient ainsi été brûlées vives, les chefs de famille scalpés et castrés avant d'être exécutés. Le directeur de la police de Delhi et de nombreux policiers diront par la suite, pour expliquer la lenteur de leur réaction, qu'après avoir été surpris par la flambée de violence ils ont été complètement débordés. Mais la plupart des témoignages confirmeront que la police, en fait, aurait laissé passer la vague de violence jusqu'à l'intervention de l'armée, ordonnée quarante-huit heures après le début des massacres par le fils d'Indira Gandhi, Rajiv, apparemment indigné par ce qu'il apprenait.

Deux jours après l'assassinat, on commence à apprendre par les médias les circonstances dans lesquelles il se serait déroulé. La première ministre aurait été abattue, à 9 h 20, le matin du 31 octobre, de huit projectiles tirés par deux de ses gardes du corps sikhs. Le rapport d'autopsie remis plus tard à la presse précisera que, en fait, trente balles l'ont transpercée, tirées principalement par l'arme automatique de Satwant Singh, un jeune garde du corps de vingt et un ans qui n'était à son service que depuis quelques mois. Il avait été engagé dans l'équipe de sécurité de la résidence officielle par l'autre assaillant, Beant Singh, qui accompagnait la première ministre depuis plus de dix ans et en qui elle avait une confiance absolue.

Beant Singh a été abattu sur-le-champ par des commandos, mais son jeune compagnon survivra à ses blessures et racontera tout. Il sera pendu en 1989 avec un autre complice.

Au moment de l'attaque, elle se dirigeait vers son bureau où l'attendait le grand acteur britannique Peter Ustinov, qui travaillait à la réalisation d'une série documentaire sur l'Inde. On dit qu'une ambulance était de faction dans la cour, mais que le véhicule ne disposait pas de réserves de son groupe sanguin. En prenant connaissance de toutes ces révélations, je suis abasourdi. Comment un pays aussi puissant a-t-il pu laisser autant de failles sécuritaires se créer autour de cette femme dont on disait qu'elle était une des plus influentes du monde ? Tant de gens avaient-ils intérêt à ce qu'elle meure, pour que les assassins puissent agir aussi facilement ? Étrangement, la veille de sa mort, le 30 octobre, Indira Gandhi avait elle-même tenu des propos prémonitoires, dans un discours passé inaperçu, au cours d'une tournée dans l'État d'Orissa, où elle avait déclaré : « Je suis vivante aujourd'hui, mais je pourrais ne plus être là demain. Je continuerai à servir jusqu'à mon dernier souffle, et quand je mourrai, chaque goutte de mon sang contribuera à renforcer l'Inde et à maintenir en vie une Inde unie. »

Selon les bilans officiels, publiés dans la presse indienne dans les jours qui suivent, on apprend que plus d'un millier de gens ont été tués le jour même de sa mort, des milliers d'autres par la suite. Des dizaines de milliers de sikhs ont été obligés de quitter leurs quartiers et leurs maisons pour fuir la colère des hindous et des musulmans, dans la capitale en particulier ; plusieurs ont trouvé refuge dans des camps improvisés par le gouvernement, et protégés par l'armée. Du 1er au 3 novembre, jour des funérailles nationales, je suis témoin d'horreurs comme jamais je n'en ai vu ; une succession de scènes horribles, impossibles à supporter et même à montrer, où des gens s'entretuent littéralement sous nos yeux. À un moment donné, on apprend que les cadavres sont tellement nombreux dans la capitale que les employés de la morgue les remettent dans la rue. Pour vérifier, nous nous rendons sur place, mais à 500 mètres de l'endroit l'odeur est tellement insupportable que nous ne pouvons pas nous en approcher davantage. Même les familles des victimes restent à distance.

Le 2 novembre, Rajiv Gandhi, l'héritier de la dynastie, un pilote d'Air India, que sa mère a convaincu de s'impliquer avec elle en politique, mobilise l'armée pour ramener l'ordre. Indigné, semble-t-il, par l'ampleur de la crise, qu'il n'a peut-être pas mesurée assez tôt parce qu'il était trop pris par la succession et la préparation des obsèques. Citant la presse indienne, je rapporte dans un reportage que, « [a]u plus fort de la crise à Delhi, Rajiv Gandhi, qui a été désigné d'office premier ministre par le parti du Congrès, dès le jour de la mort de sa mère, a passé trois heures, la nuit, à visiter les zones les plus touchées de la capitale». Après trois jours d'horreur, le gouvernement reprend donc enfin le contrôle de la situation.

Rajiv devant le bûcher

Le matin du 3 novembre 1984, les Indiens font une pause dans l'hystérie collective qui les a emportés pour rendre hommage à celle qui a dirigé leur destinée pendant près de vingt ans. Le corps de la première ministre, revêtu d'une tenue traditionnelle et recouvert de pétales de fleurs, est transporté sur un véhicule blindé dans les rues de la ville jusqu'au Raj Ghat, une esplanade sur les bords de la Yamuna, un affluent du Gange, où aura lieu sa crémation. La cérémonie doit se dérouler à quelques pas du mémorial du mahatma Gandhi, où le grand héros de l'indépendance indienne a lui-même été incinéré. Le long du trajet qu'emprunte le cortège funéraire, des centaines de milliers de gens sont venus la saluer une dernière fois, malgré l'état d'urgence décrété par l'armée qui empêche, entre autres, les transports en commun de fonctionner.

Mais leur attitude me renverse. Au lieu de se recueillir dans le deuil, la foule donne l'impression d'être révoltée. Les jeunes, en particulier, qui brandissent des drapeaux du parti du Congrès en hurlant leur colère. «Elle aurait réussi à ramener l'ordre dans le pays si on l'avait laissée vivre!» nous dit une jeune femme. «Tout ça, c'était organisé par des étrangers!» nous déclare un autre. Une foule en détresse, en fait, après tout ce qui vient de se passer, et qui scande à l'unisson, comme si elle se sentait soudain dépossédée de ce qui représentait pour elle une forme d'assurance: «Ton nom restera aussi longtemps que le soleil et la lune. *Indira amar rahe!* Indira, tu es immortelle! *Indira Gandhi indabad!* Longue vie à Indira Gandhi!» Le lendemain, les observateurs indiens diront que la foule était moins nombreuse et moins chaleureuse qu'elle l'avait été quatre ans plus tôt, en 1980, lors des funérailles de son fils cadet, Sanjay Gandhi, mort dans un accident d'avion. Sanjay, que les Indiens souhaitaient voir succéder à sa mère ; un jeune héritier de la dynastie qui représentait à leurs yeux l'espoir et la modernité dont ils rêvaient. Indira, elle, attirait moins la sympathie que le respect. Et son départ soudain suscitait plutôt l'inquiétude que la tristesse de la perte d'un être cher.

En fin d'après-midi, nous nous retrouvons dans ce lieu qu'on appelle aujourd'hui le Shakti Sthal, la place du Pouvoir et de la Force – un nom qui convient tellement à la vie de cette femme –, où nous sommes cette fois témoins d'un moment exceptionnel d'émotion, par sa solennité, mais aussi par son intimité, en dépit des foules présentes et des caméras de télévision qui diffusent les images en direct à toute la planète.

Installé avec mon équipe au centre de la place, où un bûcher a été dressé, comme le veut la tradition funéraire hindoue, un bûcher immense, pour que ses flammes consument le corps complètement, je vois s'avancer, sous les yeux attendris de sa femme italienne, Sonia, Rajiv Gandhi, le bon vivant que rien ne destinait à la politique. Au moment où il s'approche du bûcher pour l'allumer, on a l'impression de découvrir devant nous l'incarnation de la solitude extrême qui doit l'habiter à cet instant précis. Le dernier survivant d'une dynastie toute-puissante depuis le décès de son jeune frère Sanjay, il vient, en enflammant ce bûcher, d'hériter d'une destinée maudite qui l'emportera plus tard dans la mort. À travers les nuages de fumée qui l'entourent, comme pour le protéger, on dirait un homme qui se raidit sous la chape de plomb qui vient de lui tomber sur les épaules.

Et c'est avec ces mots, d'ailleurs, ce jour-là, que je termine mon reportage, un des plus émouvants de ma vie, probablement en raison de ce que nous ressentons tous devant cette famille tellement seule, malgré la foule. Un petit noyau d'une grande dynastie, accomplissant un rituel ancestral qui marque devant le monde entier une autre page d'histoire qui se tourne. J'imagine le sentiment qu'ont dû éprouver mes collègues plus âgés lors des funérailles de John F. Kennedy vingt ans plus tôt. Deux familles, parmi les plus puissantes du monde, qui se connaissaient et qui s'appréciaient. Deux familles au destin tragique.

Autour de Rajiv, il y a, en plus des dignitaires étrangers, toute la classe politique indienne, qui semble, elle aussi, désemparée et sans voix à cause de ce qu'elle vient de vivre et du vide immense que le départ de la « reine Indira » va laisser. Tous ces politiciens serviles qui l'ont soutenue avec tant de zèle, en échange des privilèges qu'elle leur offrait, et qui se demandent sûrement comment les choses ont pu tourner aussi mal, aussi rapidement. L'assassinat, puis les massacres, et cette folie des divisions ethniques et religieuses qui menacent une fois de plus d'embraser le pays. Indira n'a-t-elle pas, après son père Nehru, réussi pendant des années avec brio à maintenir l'unité des Indiens ? Comment a-t-elle pu, en une seule décision fatidique, celle d'envoyer l'armée à la conquête du temple d'Or d'Amritsar, se mettre à dos une communauté aussi importante dans la création de l'Inde moderne que la minorité sikhe, qui a fourni à l'État ses meilleurs soldats et ses meilleurs policiers ? Ils semblent tous abattus à la seule pensée du travail qui les attend pour tenter de ramener le pays à la raison.

À la tombée de la nuit, leurs craintes se matérialisent une fois de plus quand, alors que les cendres du bûcher commencent à peine à se refroidir, la rue s'enflamme à nouveau au son des foules en colère.

La succession des Gandhi

Le lendemain des obsèques, la télévision indienne montre des images de Rajiv Gandhi dans un avion militaire, saupoudrant du haut des airs les cendres de sa mère au-dessus de l'Himalaya, comme elle l'avait souhaité. Auparavant, comme le veut la tradition, des urnes contenant ses cendres ont été envoyées dans chaque État du pays. Mais, tandis que le rituel des funérailles tire à sa fin, la pause marquée de solennité et de compassion s'achève elle aussi. La réalité reprend ses droits.

La nuit précédente, la violence a recommencé, à Delhi en particulier, où la courte trêve a pourtant permis aux forces de l'ordre de reprendre un peu le contrôle et de mesurer l'ampleur des dégâts. Après trois jours de troubles, plus de vingt-cinq mille sikhs vivent maintenant dans des camps de réfugiés urbains protégés par l'armée, mais où les conditions sanitaires se détériorent à vue d'œil. Des femmes et des enfants surtout, qui resteront toute leur vie hantés par des images d'une horreur insupportable et qui ont besoin de soins urgents.

Le 8 novembre, cinq jours après les funérailles, c'est la fête du gourou Nanak, le saint patron des sikhs. Première occasion pour cette communauté dévastée de se retrouver dans ses temples, les *gurdwaras*. Je décide de faire la tournée de certains lieux de culte avec un caméraman canadien, Gary Burns, parce que Surinder, mon collègue indien, ne veut pas entrer dans un temple sikh de peur d'être pris à partie par des foules en colère. Ensemble, nous assistons, dans le plus gros *gurdwara* de Delhi, au rituel chaleureux de leur liturgie tellement joyeuse et fraternelle, où les fidèles, hommes, femmes et enfants, partagent le *prashad*, un mélange de farine, de beurre, d'huile et de sucre, au son d'une musique magnifique. Nous rencontrons un personnage dont le rôle prendra de l'importance dans les mois à venir en Inde, le maharajah de Patiala, Amarinder Singh, qui, depuis l'assassinat de la première ministre, prône la réconciliation, même s'il a lui-même démissionné du Parlement et du parti du Congrès quelques mois auparavant pour protester contre l'attaque du temple d'Or par l'armée indienne.

Quatre jours plus tard, le 12 novembre, l'Agence United Press annonce qu'un jeune journaliste canadien, Jonathan Mann, un ami travaillant à la pige pour *The Gazette* et CBC, a été arrêté à Amritsar, la ville sainte du Pendjab encore fermée aux étrangers, après avoir passé la nuit dans le temple d'Or en compagnie d'une journaliste radio de Radio-Canada, Carole Graveline.

Un geste un peu naïf de la part de ces jeunes Canadiens reconnaissables facilement dans une foule indienne. Graveline a pu revenir sans encombre à Delhi par le train. Rentrée à Montréal quelques jours plus tard, elle sera accueillie en héroïne par la communauté sikhe canadienne qui ne rate aucune occasion de s'en prendre au gouvernement indien. Jonathan Mann, lui, est gardé en détention et le réseau anglais de Radio-Canada me demande de tenter quelque chose pour obtenir sa libération.

Je prends donc rendez-vous auprès de Salman Haider, le secrétaire adjoint de l'External Publicity Division, l'agence gouvernementale qui s'occupe de la presse étrangère. L'homme est un aristocrate indien qui me reçoit avec une attitude volontairement hautaine et me fait comprendre, alors que je lui réclame, au nom de Radio-Canada, des explications sur les motifs de l'arrestation et sur les conditions de détention de Jonathan Mann, que même si je représente CBC il ne me doit rien et que je ne suis pas en position de demander quoi que ce soit. Une leçon de droit et de diplomatie à l'indienne que j'apprécie dans toute sa saveur culturelle, malgré tout. «M. Mann s'est rendu coupable d'un geste illégal, me dit-il, que nous ne pouvons pas laisser passer. Il peut être contre les règles, mais elles existent pour lui comme pour les autres étrangers.» Puis, avec un sourire en coin, il ajoute, dans son anglais châtié: «*He may have to sweat before things settle down!*»

Jonathan Mann sera libéré quelques jours après; il a fait carrière plus tard à la chaîne CNN.

Au moment même où la loi indienne sévit contre Jonathan Mann, le premier ministre désigné, lui, prépare son entrée officielle au pouvoir. Dans un discours très médiatisé à la télévision, Rajiv Gandhi décide d'assumer avec éclat ses fonctions à la tête du gouvernement. Il se présente en sauveur moderne d'une nation qui panse encore ses plaies. Après avoir promis solennellement de poursuivre l'œuvre de sa mère, affirmé son adhésion au socialisme et à la planification, le dogme officiel du parti du Congrès, et lancé un appel à l'unité du pays, Rajiv Gandhi surprend un peu tout le monde en disant qu'il s'engage à lutter pour la modernisation de l'Inde. Il veut augmenter la productivité de l'économie, amender le système de justice et favoriser le progrès social, trois domaines importants où la situation s'est détériorée sous le règne de sa mère. Il promet aussi d'améliorer les conditions de vie des castes et des tribus défavorisées, des travailleurs agricoles et des pauvres des villes. « Nous ne ferons pas de quartier aux corrompus, aux paresseux et aux inefficaces », ajoute-t-il, sur un ton rarement entendu jusque-là dans la bouche d'un politicien indien.

La réaction au discours est largement favorable, en particulier dans les milieux d'affaires, qui rêvent d'une plus grande ouverture de l'Inde sur le monde et surtout d'une diminution importante de la présence de l'État dans l'économie. En dévoilant ses grandes orientations, le premier ministre désigné donne officieusement le coup d'envoi de la campagne électorale qu'il s'apprête à déclencher. Les stratèges du parti du Congrès ont décidé de profiter des circonstances tragiques que traverse le pays pour frapper un grand coup. La rumeur veut que l'entourage du jeune premier ministre ait déjà engagé une firme de relations publiques américaine pour peaufiner ses plans de campagne. Le pilote de ligne, pur produit de l'aristocratie indienne, se prépare à se jeter dans la mêlée pour défendre un héritage politique lourd à porter. Après consultation des astrologues – l'Inde étant avant tout un pays de traditions –, les élections sont officiellement annoncées le 20 novembre 1984, à peine une vingtaine de jours après la mort d'Indira Gandhi.

Ma rencontre avec le fils

Quand je reviens en Inde un mois plus tard, pour couvrir la fin de la campagne électorale, le pays se remet à peine d'une autre tragédie. Dans la nuit du 2 au 3 décembre 1984, une explosion s'est produite dans une usine de pesticides de la société américaine Union Carbide à Bhopal, la capitale de l'État du Madhya Pradesh. La déflagration qui a laissé s'échapper dans l'atmosphère de la ville plus de 40 tonnes d'isocyanate de méthyle, un gaz mortel, constitue une des plus importantes catastrophes industrielles de l'ère moderne ; elle fera plus de vingt mille morts selon les populations locales, sept mille selon les rapports officiels.

La tragédie, qui émeut la planète entière, est en partie attribuable au mauvais état de l'usine et surtout à la négligence des autorités locales ; elle révèle les mêmes problèmes que Rajiv Gandhi avait identifiés quelques semaines plus tôt : l'ampleur de la corruption et du laisser-aller et la nécessité de fonder le développement du pays sur une modernisation des infrastructures et des mentalités.

Dès mon retour en Inde, je me rends à Bhopal avec un collègue de Pékin, Jeff Sommer, le correspondant du quotidien *Newsday*. Nous sommes les premiers étrangers à revenir sur les lieux de la tragédie et nous arrivons au moment où la compagnie tente de relancer l'usine sous la haute surveillance des autorités. Près de trois semaines après l'explosion, l'air est encore difficilement respirable. Des cadavres d'animaux jonchent encore les champs environnants. Mais, dans la ville, la résilience des Indiens me surprend ; l'activité a progressivement repris. Une partie des deux cent cinquante mille habitants des quartiers limitrophes de l'usine, qui avaient fui au lendemain de la catastrophe, ont commencé à retourner chez eux et, phénomène étonnant, tout le monde est souriant. Je rentre tout de même de Bhopal avec des images bouleversantes dignes de l'apocalypse.

Entre-temps, la campagne électorale, elle, s'est engagée de façon effrénée et Rajiv Gandhi profite de toutes les circonstances pour marteler son message en faveur d'une ouverture de l'Inde à la modernité. Quand il arrive à chacune de ces grandes assemblées que nous couvrons un peu partout dans le pays, les foules regardent vers le ciel, comme je le note à l'époque dans mes reportages. L'homme se déplace en hélicoptère pour éviter d'être coincé dans les grands défilés politiques interminables qui marquent habituellement les élections indiennes. Une campagne nouveau genre qui se fait surtout à distance des foules, qui l'adulent pourtant, mais aussi de la presse.

Depuis le début de sa campagne électorale, Rajiv Gandhi, peu familier des médias, et manquant encore d'assurance en politique, refuse toute entrevue d'envergure, en particulier avec les journalistes étrangers qui ont pourtant mobilisé des effectifs impressionnants pour couvrir l'événement. L'Inde et la planète entière ne connaissent pratiquement rien de cet homme qui a pris la relève d'une si grande dynastie.

Je fais donc appel une fois de plus à l'influence de mon mentor indien, Prem Prakash, pour qu'il m'aide à obtenir, grâce à ses contacts auprès de la famille, une entrevue avec le fils Gandhi. Même si je ne le connais que depuis quelques mois, j'ai une relation particulière avec Prem. Chaque fois que j'atterris à Delhi, je lui apporte une pièce d'équipement dont il a besoin ou une bouteille de bon malt écossais, dont il raffole ; mais je crois surtout qu'il apprécie la curiosité que je manifeste pour son pays et sa culture d'une richesse inouïe.

Pendant des mois, avant la mort d'Indira Gandhi, j'avais fait le même genre de pression auprès de Prem pour qu'il m'obtienne une rencontre avec elle, mais ses efforts n'avaient rien donné. Sidéré par ma nouvelle demande et découragé d'avoir encore une fois à perdre la face devant moi, Prem Prakash me dit : « Tu sais bien que personne, ni en Inde ni parmi les grands médias étrangers, ne l'a obtenu. La BBC me demande la même chose. Mais il n'y a rien à faire. » Quelle n'est pas ma surprise, quelques jours plus tard, lorsqu'en entrant, comme toujours en catastrophe, dans les bureaux de Visnews pour aller monter un reportage Prem m'interpelle et me convoque dans la pièce minuscule qu'il occupe au rez-de-chaussée pour me dire : « Rajiv va t'accorder une entrevue, mais personne ne doit le savoir. »

En présence de mon caméraman, Surinder Kapoor, un de ses plus fidèles employés, Prem me dit que je dois partir au plus tôt pour Lucknow, la capitale de l'Uttar Pradesh, l'État le plus populeux de l'Inde, et me rendre dans la circonscription de Rajiv Gandhi, Amethi, à 120 kilomètres de Lucknow, où le premier ministre fait campagne. Si, à 6 heures du matin, le lendemain, je suis devant une maison précise dans un petit village du district d'Amethi, Rajiv va en sortir et m'accorder une entrevue. Mais personne d'autre ne doit être prévenu de sa présence là-bas. Le lendemain matin, à l'heure dite, nous sommes en position devant la maison. Seule mauvaise surprise, il y a aussi avec nous un journaliste de BBC-Radio. Je me console en me disant que je conserve au moins l'exclusivité de l'entrevue pour la télévision, si bien sûr elle se concrétise.

Quelques minutes après notre arrivée, comme dans un scénario de film, Rajiv Gandhi sort de la résidence, qui est en fait celle d'un ami où il a passé la nuit, et se dirige vers la limousine qui l'attend dans la rue. Au moment où il s'approche de la voiture, je l'interpelle en lui demandant: « *Mister Gandhi, how is the campaign going?* » Au lieu de s'engouffrer dans le véhicule, le premier ministre le contourne pour se diriger plutôt vers moi, et le voilà soudain, disponible, prêt à répondre à mes questions. La scène est tellement surprenante que j'en reste bouche bée, et Surinder, le caméraman, doit pratiquement me donner un coup de pied pour que je poursuive l'entrevue. « Que promettez-vous aux paysans que vous rencontrez ici? » lui dis-je. « Je suis d'abord venu pour les écouter », répond-il. L'entrevue se passe bien, mais rien d'extraordinaire n'en ressort. Le jeune premier ministre, suivant les directives de la firme de relations publiques qui le conseille, s'en tient depuis le début de la campagne à un discours minimaliste. Mais l'exclusivité de la rencontre est exceptionnelle. À mon retour à Delhi, tous les grands réseaux de télévision me demandent des extraits de l'entrevue en échange de promesses de collaborations futures. Dans ce grand pays aux traditions millénaires, l'expérience et les relations de Prem Prakash ont fait encore une fois des miracles dont je récolterai longtemps les bienfaits.

Dans les derniers jours de la campagne, les stratégies du parti du Congrès, qui mise sur la jeunesse de Rajiv et l'exotisme de sa femme italienne, Sonia, pour faire oublier l'image encore négative de sa mère, commencent à donner des résultats. À chaque intervention publique, il évite lui-même toute controverse et se contente de demander aux gens de voter. Même en tournée dans l'État d'Andhra Pradesh – où nous le suivons –, dans le sud du pays, une région habituellement très hostile au parti du Congrès, le premier ministre rallie les foules. Sa seule personnalité, ingénue et rassurante, semble avoir un effet pacificateur après le traumatisme que viennent de vivre les Indiens : « La campagne électorale, ainsi que je le souligne dans un reportage, c'est comme le calme après la tempête. »

Rajiv Gandhi remportera la plus grande victoire électorale de toute l'histoire du parti : quatre cent onze sièges sur cinq cent quarante-deux au Lok Sabha, la chambre basse du Parlement indien. Mais ce score impressionnant ne lui garantira pas un avenir serein à la tête du gouvernement ; au contraire, il aura à faire face à de nombreuses tensions et, au premier chef, à la question urgente de l'avenir de la communauté sikhe. Dans les mois qui suivront, l'actualité le rattrapera rapidement. Il devra régler le sort des milliers de réfugiés sikhs dans les camps de fortune de Delhi, réagir à l'attentat contre le vol 182 d'Air India, qui explosera en vol au-dessus de l'Irlande le 23 juin 1985, avec trois cent vingt-neuf personnes à son bord, et dont on attribuera la responsabilité à des militants sikhs hébergés par le Canada.

Rajiv Gandhi, l'héritier de la grande dynastie, subira le même sort que sa mère, six ans plus tard, le 21 mai 1991, à l'âge de quarante-sept ans. Après avoir appuyé le gouvernement du Sri Lanka dans la répression du mouvement indépendantiste tamoul, il sera assassiné par un commando suicide qui se fera exploser devant lui lors d'une assemblée électorale dans l'État indien du Tamil Nadu. Le pays vivra à nouveau une période de turbulence, mais grâce aux réformes que le premier ministre avait initiées durant son court règne, l'Inde misera pendant les années subséquentes sur l'ouverture de ses frontières, la libéralisation des échanges et le développement de ses institutions de haut savoir, pour devenir aujourd'hui la deuxième puissance émergente de la planète.

Quant à moi, après le choc de l'Inde, mon séjour en Asie allait se terminer dans un autre pays, les Philippines, où j'allais être témoin d'un soulèvement populaire, pacifique celui-là, qui serait annonciateur d'autres changements majeurs à venir dans le monde.

En reportage à Calcutta, en Inde, à l'occasion des funérailles de mère Teresa, en septembre 1997, avec le caméraman Patrice Massenet.

Chapitre 5

Une première révolte populaire

Hong Kong, février 1986
Au début de 1986, après plusieurs semaines de travail à couvrir, jour et nuit, une révolte contre le dictateur Ferdinand Marcos, aux Philippines, j'avais profité d'une certaine accalmie sur le terrain pour quitter Manille, la capitale, et prendre quelques jours de repos bien mérité à une heure d'avion de là, dans la colonie britannique de Hong Kong. Depuis mon arrivée en poste à Pékin, Hong Kong était un havre de paix et surtout de confort, où nous allions régulièrement pour nous ressourcer, acheter des livres et des magazines que la censure boycottait à Pékin, ou faire des provisions. Mais, surtout, pour profiter du bon temps, des hôtels, des restaurants variés et du plaisir d'une société ouverte et développée. Au milieu des années 1980, Hong Kong était déjà un centre financier important qui allait prendre encore plus d'expansion comme plaque tournante de l'ouverture de l'économie chinoise sur le monde. Une ville bouillonnante d'énergie en comparaison du reste de la Chine, qui ne faisait que commencer à sortir de sa torpeur maoïste.

Comme chaque fois que j'y revenais, j'avais, en arrivant de Manille, donné rendez-vous à des amis au bar de l'hôtel Mandarin, près du Ferry au cœur du Central District, où beaucoup d'Occidentaux se retrouvaient en fin d'après-midi pour le thé anglais servi avec des petits sandwichs au concombre ou pour l'apéro. Il y avait presque toujours Bernard Pouliot, un copain d'enfance, qui était alors le patron du bureau local de la Banque Nationale et qui y est aujourd'hui un des étrangers les plus influents du monde des affaires de Hong Kong ; Lionel Desjardins, un ancien journaliste du quotidien *La Presse* devenu à l'époque expert analyste des institutions financières ; et Ernest Loignon, le conseiller politique du haut-commissariat canadien.

Ce soir-là, nous avons probablement dîné ensemble dans un des nombreux restaurants chinois de la ville, ou loué une jonque, comme on le faisait souvent, pour aller passer la soirée sur une des petites îles de l'archipel et y manger des fruits de mer et du poisson frais dans un boui-boui sympathique. C'était une époque magnifique où nous étions jeunes, nous avions de l'argent et beaucoup de liberté ; les femmes étaient belles et nous exercions tous des métiers passionnants, dans une région du monde où tous les espoirs étaient permis.

Cette fois, c'était à mon tour d'être le centre d'intérêt. Depuis quelques semaines, j'avais été au cœur d'un des événements les plus médiatisés de la planète : une campagne populaire pour renverser Ferdinand Marcos. Et mes amis étaient impatients d'avoir des informations de première main.

Honni par une grande partie de son peuple, après vingt ans d'abus de pouvoir et de détournements de fonds qui avaient ruiné l'économie du pays, Marcos avait déclenché une élection présidentielle anticipée qu'il comptait remporter facilement avec sa manière forte habituelle, pensant ainsi calmer la colère contre lui. Mais, après une campagne marquée par l'intimidation et la fraude, la victoire contestée de Marcos à l'élection du 7 février avait provoqué un mouvement de protestation sans précédent. Même l'Église catholique, très influente auprès des Philippins, demandait sa démission au profit de la candidate de l'opposition, Corazon Aquino. Pour la région, et pour la planète entière, la situation aux Philippines devenait soudainement un objet d'attention. Si ce soulèvement populaire devait réussir, quel serait son impact ailleurs dans le monde ? La Chine, en particulier, s'en inquiétait, elle qui allait connaître trois ans plus tard l'occupation de la place Tian An Men.

J'étais donc à Hong Kong pour y passer quelques jours avant de retourner dans la tourmente de Manille, quand, un après-midi, à l'hôtel, je reçois un appel de mon ami diplomate Ernest Loignon. Marié à une Philippine d'une famille influente du pays, Ernest venait d'apprendre que Marcos s'apprêtait à proclamer la loi martiale et à fermer l'aéroport de Manille. Sans attendre une seconde de plus, je décide de prendre le premier vol de retour vers les Philippines. Une décision judicieuse, puisque j'étais à peine rentré que l'armée, qui avait déjà pris position dans les rues de la capitale, bouclait l'aéroport. Un retard de quelques heures m'aurait fait rater un des événements les plus importants de ces années cruciales en Asie.

La découverte des Philippines

J'avais fait mes premiers reportages aux Philippines un peu plus d'un an et demi plus tôt, en mai 1984, quand Marcos avait soulevé une fois de plus la colère de l'opposition en remportant tout aussi frauduleusement les élections parlementaires. Après la Chine ordonnée et homogène, l'Indochine ruinée par la guerre du Vietnam, l'Inde colorée, mais encore conservatrice, les Philippines m'apparaissaient comme un pays désordonné et frivole, incapable de profiter de son potentiel pourtant immense.

La première fois que j'avais visité le pays, en vacances, avec ma compagne Claude, j'avais été frappé par une description qu'en faisait un guide de voyage, qui comparaît les Philippines à une personne qui aurait vécu cinq cents ans dans un couvent catholique et qui se serait retrouvée soudainement dans la folie de la vie d'Hollywood. C'était une façon imagée de décrire l'histoire de ce pays qui, après avoir passé plus de cinq siècles sous domination espagnole, était devenu en 1898 une colonie des États-Unis, à la suite de la guerre hispano-américaine qui avait forcé l'Espagne à céder ce territoire au vainqueur. Devenus indépendants en 1946, les Philippins avaient encaissé le choc de ces deux influences en développant une personnalité particulière. Dominés par le catholicisme, hérité de l'Espagne, mais exubérants, amoureux des voitures, des concours de beauté et de la richesse, comme les Américains.

La ville de Manille, la capitale, reflétait bien cette double personnalité, avec ses églises et ses institutions d'enseignement catholique omniprésentes avoisinant les quartiers de bordels et de cabarets. Ferdinand Marcos avait lui-même bâti sa popularité en jouant sur ces deux tableaux. Fils de bourgeois de province, d'origine métissée, pilipino, chinoise et japonaise, brillant diplômé en droit, il s'était hissé au sommet du pouvoir politique en se présentant comme le héros des petites gens contre les grandes familles de l'aristocratie foncière, issues de la colonisation espagnole, qui contrôlaient l'économie des Philippines. Durant toute sa carrière politique, il s'était ainsi employé à déposséder ces grandes familles pour redistribuer leurs richesses et leurs privilèges au profit de ses propres amis. À la tête d'un régime autoritaire populiste copié sur celui de Suharto en Indonésie, il avait fait progresser l'économie à un rythme enviable dans le monde. Mais, au milieu des années 1980, le miracle ne fonctionnait plus.

En arrivant à Manille, j'avais été révolté par le contraste brutal entre l'extrême richesse des villas modernes de la banlieue cossue de Makati, ou des palais d'architecture hispanique des vieux quartiers, et la misère des bidonvilles s'étalant à perte de vue sans aucune infrastructure sanitaire. Un des spectacles les plus révoltants de cette pauvreté criante, une des premières images que nous allions tourner en arrivant dans la ville pour illustrer l'échec économique du régime de Marcos, c'était cette immense montagne de déchets de plusieurs kilomètres de diamètre, le dépotoir de Manille, autour de laquelle s'était bâti un des bidonvilles où, jour et nuit, des marées de fourmis humaines s'affairaient à en retirer leur source de subsistance. Jamais de ma vie je n'avais vu des êtres humains vivre dans une puanteur aussi insoutenable et une telle humiliation ; la Chine et l'Inde, malgré tous leurs défauts, ne toléraient pas une telle déchéance, et les riches n'affichaient pas encore aussi ouvertement leur opulence. Le contraste était encore plus révoltant à cause du cynisme dont faisait preuve le pouvoir philippin. C'est ainsi que la première dame du pays, Imelda Marcos, connue pour ses collections de chaussures et ses frasques ostentatoires, avait soulevé la colère des pauvres en faisant ériger des murailles de béton autour des bidonvilles, afin de les soustraire à la vue des visiteurs étrangers. Dans un de mes premiers reportages sur l'économie des Philippines, je constatais à quel point ce pays, qui avait une des économies les plus prometteuses de l'Asie du Sud-Est au milieu des années 1960, était devenu un des moins industrialisés et des plus démunis où plus de 20 millions de gens, plus du quart de la population, dans les régions rurales en particulier, vivaient sous le seuil de la pauvreté. Le seul pays en récession de toute la région, et où le revenu moyen avait diminué au cours des dernières années. Manille, le siège de la Banque asiatique de développement, autrefois plaque tournante de l'économie régionale, était devenue une ville salle et pauvre que les banquiers fuyaient.

C'est dans ce contexte que le dictateur, vieillissant et en mauvaise santé, avait décidé, en avril 1984, de déclencher des élections parlementaires pour assurer son pouvoir. Un pari risqué, étant donné le climat politique. Huit mois plus tôt, le leader charismatique de l'opposition, Benigno Aquino Jr, avait été assassiné sur le tarmac de l'aéroport de Manille alors qu'il effectuait un retour attendu. Une commission d'enquête chargée de faire la lumière sur les circonstances de l'assassinat, la commission Agrava, se traînait alors que tout le monde pointait le doigt vers le général Fabian Ver, le chef d'état-major de l'armée des Philippines, le meilleur allié de Marcos. Les Philippins disaient à la blague que seule la commissaire Corazon Agrava, une juge de la Cour d'appel, ne connaissait pas le responsable du meurtre. La campagne des législatives s'était donc engagée dans ce contexte trouble, et elle avait rapidement dégénéré en violences et en manœuvres d'intimidation. L'atmosphère que je découvrais sur place était digne de la commedia dell'arte, mettant en scène des personnages colorés. Un président honni, enfermé dans son palais de Malacañang et miné par la maladie, ayant confié à sa femme, ancienne reine de beauté corrompue, le soin de mener la bataille électorale en son nom. En face d'elle, Salvador «Doy» Laurel, le bouillant leader de l'opposition au Sénat, fils du deuxième président des Philippines, dont le parti UNIDO (United Nationalist Democratic Organization) mobilisait lui aussi des reines de beauté, comme cela se passait souvent dans les campagnes électorales du pays.

Les sondages montraient que Ferdinand Marcos, malgré l'état de son régime, était encore populaire dans les campagnes, à l'extérieur de Manille, qui, elle, arborait plutôt le jaune, la couleur fétiche de Benigno Aquino Jr, le leader assassiné dont l'ombre planait sur les élections.

Alors que s'amorçait cette campagne électorale, l'actualité aux Philippines commençait à attirer l'attention de l'opinion mondiale. Pendant son exil aux États-Unis, avant d'être assassiné, Benigno Aquino avait soulevé l'indignation des Américains en racontant, dans de multiples conférences très suivies, les horreurs de la dictature de Marcos et ses propres souffrances subies durant ses années de détention aux mains des tortionnaires du régime. L'administration Reagan, longtemps favorable au dictateur, en était arrivée à prendre ses distances. Washington avait les yeux davantage tournés vers la Chine, dont l'économie s'ouvrait au monde. Quelques semaines avant d'arriver aux Philippines, j'avais moi-même couvert la visite très chaleureuse de Ronald Reagan à Pékin. Les États-Unis, qui avaient reçu en grande pompe le nouvel homme fort de la Chine populaire, Deng Xiaoping, en 1979, voyaient en lui une source d'optimisme pour la région. Les Américains rêvaient d'une Asie émergente et prospère, un marché précieux pour leurs entreprises ; ils avaient même commencé à rétablir les ponts avec l'ennemi vietnamien. Dans ce contexte, l'échec économique de la dictature corrompue de Marcos les incitait à envisager de le laisser tomber.

À quelques jours du vote, j'assiste à une conférence de l'archevêque de Manille, Jaime Sin ; le prélat de l'Église catholique des Philippines s'apprête à partir pour le Vatican, où l'on dit que le pape Jean-Paul II l'a convoqué pour lui reprocher sa trop grande implication dans la politique de son pays. L'homme, que je verrai plusieurs fois en entrevue au cours des mois subséquents, s'en prend ouvertement à la campagne menée par le gouvernement. « *I am appaled* », nous dit-il en dénonçant la violence, l'intimidation et surtout le fait que l'opposition n'ait aucun accès à la télévision et aux grands journaux contrôlés par le pouvoir. Mais le cardinal Sin, qui n'hésite pas à appeler au rejet de Marcos, n'est pas appuyé par la conférence des évêques qui, elle, encore intimidée par le dictateur, recommande plutôt aux électeurs de voter selon leur conscience. Je rencontre ensuite Jose Concepcion, un homme politique qui prendra une importance cruciale au cours des prochaines années. Concepcion vient alors de créer le National Citizens' Movement for Free Elections (NAMFREL), une sorte de chien de garde indépendant de la démocratie et de la transparence du vote qui s'oppose à la Commission électorale nationale (COMELEC), entièrement inféodée à la dictature.

Avant le vote, je suis invité, un soir, grâce aux contacts fournis par mon ami Ernest Loignon, à un dîner en compagnie de Butz Aquino, le frère du leader assassiné, et de sa mère, Aurora Aquino, la doyenne de la famille qui, par son malheur, fait figure d'autorité morale dans le pays. Pour la première fois, je découvre le pouvoir tranquille de ces grandes familles aristocratiques qui ont longtemps dominé les Philippines. Les Aquino sont des descendants des *hacenderos*, les grands propriétaires terriens issus de la colonisation espagnole. En les entendant parler, ce soir-là, j'ai l'impression très nette qu'ils sentent eux-mêmes, pour la première fois depuis longtemps, la possibilité de mettre fin au règne de celui qui a cherché pendant tant d'années à les déposséder de leurs biens et privilèges. Ils ont dans leurs cartes un atout qui va bientôt leur être utile. Elle s'appelle Corazon Aquino, la veuve du leader disparu. Marcos va remporter une fois de plus, cette année-là, les élections parlementaires, s'assurant une majorité à la Chambre des représentants et au Sénat. Mais sa victoire sera, en fait, de courte durée. Et je serai aux premières loges de la suite dramatique des événements.

La naissance du People Power

Un an et demi plus tard, alors que la crise économique s'est amplifiée aux Philippines et que le taux de chômage dépasse les 25 %, Marcos surprend tout le monde encore une fois en déclenchant une élection anticipée à la présidence, et il choisit pour faire campagne avec lui un colistier modéré, populaire au sein de la population, l'ancien ministre des Affaires étrangères Arturo Tolentino. Comme il l'avait fait l'année précédente, le dictateur espère calmer la hargne populaire contre son régime en organisant un scrutin dont il est persuadé de pouvoir imposer l'issue. Mais c'est sans compter l'exaspération du peuple et, surtout, l'entrée en scène de Corazon Aquino. Quelques jours après l'annonce faite par le palais présidentiel, la veuve de l'ennemi juré de Marcos, Benigno Aquino Jr, confirme officiellement ce que tout le monde sait déjà dans la capitale : elle se présentera contre Marcos à l'élection. Longtemps hésitante à se lancer dans la course, elle a décidé d'y aller lorsqu'on lui a remis une pétition de plus d'un million de signatures la pressant d'accepter le défi. La nouvelle est tellement importante que nous retournons aussitôt aux Philippines. L'audace de Cory Aquino provoque en effet une onde de choc dans son pays et dans le monde entier, et nous ne pouvons pas rater cela. Comment une femme, mère de famille, sans antécédents politiques autres que celui d'être l'épouse d'un martyr de la nation, a-t-elle une chance de défaire l'homme le plus puissant du pays ? La première étape de sa campagne se règle au moment même de notre arrivée à Manille lorsque, après de difficiles négociations et l'intervention très pressante du cardinal Jaime Sin, le politicien vedette de l'opposition, Salvador Laurel, accepte d'être son colistier. Laurel décide de surseoir à son propre rêve de renverser Marcos, parce qu'il sait que, dans les circonstances, Corazon Aquino est la seule personnalité susceptible de rallier une majorité populaire grâce à son image d'intégrité et de simplicité. En échange de cet appui inestimable, elle accepte, elle, de se présenter sous la bannière d'UNIDO, le parti politique de Laurel.

À notre retour à Manille, le 25 novembre 1985, nous retrouvons un pays en pleine tourmente politique. La rumeur veut que Marcos soit sur le point de demander à la Cour suprême une annulation de l'élection tellement il craint de la perdre au profit du couple Aquino-Laurel. Malgré la crise économique sévère dans laquelle le pays s'est enfoncé, on a l'impression de sentir une nouvelle effervescence, comme si la population entrevoyait pour la première fois un espoir.

Une des premières personnes que je rencontre en revenant aux Philippines me confirme ce sentiment. Jaime Ongpin, un membre important du monde des affaires qui fait fortune dans l'industrie minière, vient tout juste d'annoncer son appui à la candidature de Corazon Aquino. Philippin d'origine chinoise, formé à la Harvard Business School, Ongpin incarne le fossé qui divise à cette époque la société philippine. Son propre frère, Roberto Ongpin, est ministre du Commerce et de l'Industrie au sein du gouvernement de Ferdinand Marcos. Comme l'ensemble de la population, beaucoup de grandes familles sont déchirées par la crise politique. Au contact de Jaime Ongpin[12], je découvre en plus une autre facette de la crise de ce pays complexe. Dans son bureau magnifique au centre-ville, il me parle de ses inquiétudes devant l'avenir de ce pays qu'il connaît parfaitement, puisqu'il gère des exploitations minières à la grandeur du

---

12. Jaime Ongpin a été ministre des Finances de Corazon Aquino en 1986-1987. Il s'est enlevé la vie le 7 décembre 1987, peu de temps après avoir été démis de ses fonctions dans une tentative de coup d'État contre la présidente.

territoire. S'il a décidé de rallier l'opposition à Marcos, c'est qu'il craint que l'instabilité politique n'entraîne une scission pure et simple du pays. Depuis le début de la crise du leadership de Marcos et son incapacité à diriger les Philippines, un mouvement d'insurrection communiste a repris de la vigueur dans le sud et en particulier sur l'île de Mindanao, la deuxième plus grosse île des Philippines, un territoire plus étendu que l'Autriche, le Portugal ou l'Irlande, dont une grande partie de la population a des origines musulmanes qui remontent au xve siècle. La Nouvelle armée du peuple (NAP), d'inspiration maoïste, s'attaque principalement aux militaires et aux forces de l'ordre, et son action s'apparente à celle d'un autre mouvement de guérilla sur l'île, le Front Moro islamique de libération (FMIL), qui prône l'établissement d'une République musulmane à Mindanao. Malgré l'envoi massif sur place d'unités spéciales des Forces armées des Philippines, ces deux mouvements de guérilla menacent de prendre le contrôle de l'île.

Avec un ami du réseau anglais de Radio-Canada, le réalisateur David Burt, qui est venu me retrouver à Manille accompagné d'un caméraman et d'un technicien du son de Toronto, nous décidons de prendre l'avion pour Davao, la capitale de Mindanao, où l'on dit que près d'une centaine de personnes meurent chaque mois, victimes innocentes, pour la plupart, de la guerre larvée entre les Forces armées et les guérilleros de la NAP et du FMIL. Un conflit d'une violence extrême, pratiquement inconnu du reste du monde ; on est encore loin à l'époque des enlèvements spectaculaires de touristes ou de responsables gouvernementaux qui feront plus tard connaître la cause des indépendantistes de Mindanao à la grandeur de la planète.

À notre arrivée sur place, le climat de violence est immédiatement perceptible ; la présence des troupes, les rues désertes au coucher du soleil, les magasins vides. Avant de venir, j'ai pris contact avec des prêtres de la Société des Missions étrangères du Québec qui dirigent une paroisse à Davao. Dès notre première rencontre, nous vivons le choc de la réalité dans l'entrée du presbytère où, la veille, un homme a été assassiné. Comme ils savaient que nous arrivions, les pères ont laissé les traces de sang sur le plancher. L'homme a été tué en plein jour par un assaillant inconnu qui l'a poursuivi jusque dans le presbytère où il croyait pouvoir trouver refuge. Pendant l'entrevue, les prêtres nous expliquent comment l'Église catholique à Mindanao est otage de cette guerre entre le gouvernement et les extrémistes musulmans. Après le tournage, le technicien du son est soudain paralysé par une étrange torpeur ; c'est la première fois que je suis témoin d'une scène du genre, que je revivrai pourtant à quelques reprises dans ma vie. À la vue du sang, et devant le récit des horreurs racontées par nos interlocuteurs, il perd littéralement le contrôle et s'effondre de peur. De retour à l'hôtel, il nous annonce qu'il veut rentrer à Manille à la première heure le lendemain ; il passera le reste de son séjour aux Philippines terré dans sa chambre, à visionner des cassettes et à faire du montage.

En revenant de Mindanao, quelques jours plus tard, après avoir réussi à tourner des images exclusives avec des guérilleros de la Nouvelle armée du peuple, nous constatons qu'en peu de temps la tension a monté dans la capitale. C'est ce que nous confirme un personnage coloré qui va bientôt jouer un rôle stratégique dans la crise qui s'accentue : le capitaine Rex Robles. Membre de la Marine, Robles est le porte-parole d'un mouvement de réforme créé clandestinement par de jeunes officiers des Forces armées, le Reform the Armed Forces Movement (RAM), qui s'est affiché publiquement quelques mois auparavant en demandant une audience auprès du président Marcos et du chef d'état-major par intérim Fidel Ramos. Les jeunes officiers dénoncent l'inefficacité de la gestion de l'armée et en particulier l'image négative que projette sur elle le piétinement de la stratégie militaire à Mindanao. Comme Jaime Ongpin l'a fait devant nous avant notre voyage là-bas, Rex Robles évoque la crainte de voir naître un nouvel Iran au cœur même de cette île du sud des Philippines. Les jeunes officiers voient dans la montée en force du mouvement d'appui à Corazon Aquino et dans le jeu politique qui s'amorce l'occasion de promouvoir leur cause.

Et, le 2 décembre 1985, les événements leur donnent de nouveaux arguments; après un procès très long, la justice philippine décide d'acquitter le général Fabian Ver et une vingtaine d'autres militaires accusés de complot dans l'assassinat de Benigno Aquino Jr. Au lieu de profiter de ce verdict pour apporter les changements souhaités par les jeunes officiers et par la population à la tête des Forces armées, Marcos, qui a sans nul doute dicté le jugement au tribunal, décide plutôt de mettre encore plus d'huile sur le feu en réinstallant le général Ver, un homme discrédité, à son poste de chef d'état-major. La nouvelle relève aussitôt d'un cran la colère du peuple. En entrevue avec nous, l'héroïne du jour, Corazon Aquino, nous exprime son désarroi devant les conditions de vie que doivent endurer ses concitoyens. « Je vois une nation de plus en plus désespérée », nous dit-elle, dans cet anglais parfait qu'elle a hérité de ses années d'étudiante aux États-Unis, et de ce séjour de trois ans à Boston, en exil avec son mari et ses cinq enfants, de 1980 à 1983, dont elle dira qu'il a constitué la période la plus heureuse de sa vie.

La personne qu'on a devant nous est loin d'être la « femme au foyer » que Marcos va tenter de ridiculiser tout le long de la campagne électorale féroce qui se prépare. Cory Aquino dégage plutôt une assurance qui nous surprend et qui va s'intensifier au contact des foules. Une assurance qui s'est sans doute construite lentement, durant toutes ces années où elle a été le premier pilier de l'homme qui a osé affronter ouvertement, au péril de sa vie, un des dictateurs les plus puissants de la planète et pour lequel elle a sacrifié non seulement sa vie, mais une grande partie de la fortune qu'elle a héritée de sa famille. Ce soir-là, elle nous dit que seul le peuple des Philippines pourra décider de son avenir. Et elle ne se doute probablement pas à quel point les événements vont lui donner raison.

Témoin de la « prise de la Bastille »
Je reviens à Manille le 2 février 1986, quelques jours à peine avant le vote pour l'élection présidentielle. Cette fois, Radio-

Canada et CBC ont envoyé pour m'assister aux Philippines une équipe de notre bureau de la colline parlementaire à Ottawa, avec laquelle j'ai travaillé lors de la couverture des nombreuses conférences constitutionnelles mettant en vedette Pierre Elliott Trudeau et René Lévesque : la réalisatrice Danielle Cloutier, le caméraman Gaston Robitaille et le technicien du son et monteur Paul Lachapelle. Le pays que je retrouve un mois et demi après l'avoir laissé s'est détérioré davantage ; mais si les rues sont sales et délabrées, elles sont surtout le théâtre d'une agitation sans précédent. La campagne présidentielle est à son zénith ; les sondages donnent une avance serrée à la candidature de Marcos, ce qui laisse croire que les jeux ne sont pas faits. La tension monte au fur et à mesure qu'on avance vers la date fatidique, et les partisans du dictateur deviennent de plus en plus violents. Nous en sommes même la cible, au lendemain de notre arrivée, alors que nous rendons visite à un collaborateur de Corazon Aquino en ville et que la maison dans laquelle nous sommes est soudainement entourée de manifestants pro-Marcos. Au moment où nous sortons pour aller tourner des images de cette manifestation, Gaston Robitaille reçoit un choc sur le viseur de sa caméra. C'est en fait une bille d'acier qui, lancée dans sa direction, aurait pu lui arracher un œil si elle n'avait pas été arrêtée par la caméra. Nous avons à peine le temps de constater ce qui vient de nous arriver qu'une pluie d'autres billes s'abat sur nous. Je n'avais jusqu'alors jamais été victime d'une attaque aussi dangereuse. Les billes de 5 à 10 centimètres de diamètre, lancées par des frondes, peuvent défoncer des crânes, détruire des mâchoires ou arracher des yeux. Nous devons nous replier aussitôt dans la maison, à l'abri des murs, où nous attendons jusqu'à la nuit que les manifestants finissent par abandonner leur siège. Ce n'est qu'un échantillon de ce qui va se passer dans les semaines à venir.

Le 4 février, je réussis à voir pour la première fois en chair et en os Ferdinand Marcos. Le président a décidé de sortir de son palais pour donner une conférence de presse dans la grande salle de bal de l'hôtel Manille. À son arrivée, l'homme vieilli, qui n'a pas été vu en public depuis longtemps, trébuche en montant les escaliers pour se rendre sur la scène, mais il reprend rapidement sa contenance. Le dictateur en a vu d'autres. « *I am the only Marcos* », nous lance-t-il, d'entrée de jeu ; en d'autres mots : ne vous faites pas d'illusions, je ne suis pas remplaçable. Il s'érige déjà en gagnant. Il commence par dénoncer la violence de la campagne en l'attribuant, évidemment, aux forces de l'opposition. Puis il se lance dans une revue de toutes les activités de son gouvernement et dévoile une série interminable de promesses destinées en particulier aux paysans pauvres qui constituent, malgré la négligence dont ils ont été l'objet, son plus fidèle électorat.

Durant toute la campagne, il a organisé, à même les fonds publics, des opérations massives de distribution de riz dans les régions rurales, pour les séduire encore plus. Marcos semble sûr de lui, comme un vieux général qui n'est heureux que lorsqu'il sent l'odeur des canons ; et il a l'avantage du pouvoir. Dans mon reportage, ce soir-là, je raconte que les deux camps tentent tout ce qu'ils peuvent pour gagner, mais que les troupes de Corazon Aquino pourraient bien manquer de temps et d'argent. C'est, je dois le dire, ce que ses propres partisans craignent. La campagne de l'opposition a pourtant bien fonctionné ; partout, dans la capitale en particulier, la couleur jaune du People Power, le mouvement populaire derrière Cory Aquino, est à l'honneur. Jamais dans le passé Marcos n'a eu à faire face à une opposition aussi bien organisée ; au plus fort de la campagne, sa santé menacée, son intégrité personnelle et même sa crédibilité en tant que héros militaire battues en brèche, le président paraissait vulnérable. Pourtant, à l'approche du vote, il est encore loin d'avoir abandonné la partie.

L'opposition, inquiète, craint le coup fourré. En conférence de presse, le cardinal Sin, qui a lui-même engagé son clergé dans la bataille en faveur d'Aquino, lance un défi au dictateur. « J'en appelle au président Marcos, dit-il solennellement, car c'est lui qui tient les rênes du pouvoir, lui qui peut déterminer si cette élection sera l'aube d'une nouvelle journée, ou si la nation va continuer à vivre dans la noirceur d'une longue nuit. L'élection sera propre, monsieur le président, si vous voulez qu'elle le soit! » À la veille du vote, je montre aux téléspectateurs canadiens, qui s'intéressent de plus en plus à cette histoire excitante, comment des armées de bénévoles se préparent à partir à la grandeur du pays pour surveiller le déroulement du scrutin du 7 février. À lui seul, le National Citizens' Movement for Free Elections de Jose Concepcion, qui en est à sa deuxième expérience, dit pouvoir compter sur plus de cinq cent mille personnes; deux fois plus qu'aux élections parlementaires de 1984. Nous allons visiter, au centre de Manille, les locaux qu'il occupera pour compter les votes; un système parallèle à celui de la COMELEC, l'organisme officiel chargé d'organiser les élections, auquel l'opposition ne fait pas confiance.

Ainsi, à l'aube du scrutin, tous les personnages du drame qui va se jouer bientôt sont en place: le dictateur et ses fidèles, l'opposition populaire et sa figure devenue emblématique, Corazon Aquino, le sorcier aux pouvoirs surnaturels, le cardinal Sin, et les défenseurs de la démocratie autour du NAMFREL. Il ne manque plus que les militaires, qui ne vont pas tarder à entrer en action.

Le matin du vote, dès le lever du jour, nous sommes à pied d'œuvre; la journée est trop importante pour que nous en rations une seconde. À l'époque, nous formons sur le terrain, en particulier lors de grands événements, une sorte de consortium de collecte d'informations avec d'autres réseaux de télévision avec lesquels nous avons des ententes de partage d'images. Principalement la BBC et le réseau américain NBC. Depuis mon arrivée en Asie, j'ai même noué des liens d'amitié avec Bud Pratt, le patron de NBC Asia, normalement basé à Hong Kong, mais qui a déplacé toutes ses équipes aux Philippines depuis des mois. Chaque matin, dans la salle du petit-déjeuner du magnifique hôtel Manille, qui est devenu le QG des journalistes, nous nous informons mutuellement de nos plans de couverture pour la journée. Le réseau NBC a tellement de personnel qu'il peut se passer de nous, mais si nous réussissons à ramener, le soir, une seule image que ses concurrents américains n'ont pas, il nous le rend au centuple.

Nous bénéficions aussi, à Manille, d'une collaboration exceptionnelle de la part du personnel de l'ambassade du Canada. Contrairement à aujourd'hui où les diplomates sortent de moins en moins de leurs bureaux, principalement à cause des contraintes de sécurité, les diplomates étaient auparavant souvent très impliqués dans les pays où ils étaient postés. C'était le cas à Manille, où ils menaient ouvertement une campagne en faveur d'élections transparentes et démocratiques. Depuis son arrivée au pouvoir en septembre 1984, Brian Mulroney voulait lui-même imprimer sa marque en politique étrangère, et on savait qu'il s'intéressait en particulier à la situation aux Philippines comme il s'engagera par la suite contre l'apartheid en Afrique du Sud. En prévision du jour du vote, l'ambassade canadienne a constitué ses propres équipes de surveillance des bureaux de scrutin, qui entretiennent avec les journalistes canadiens une complicité très étroite. Pierre Ducharme, un diplomate brillant, marié à une Asiatique, est mon antenne fidèle chaque fois que je reviens dans le pays.

Le 7 février 1986 restera longtemps dans ma mémoire comme une des journées d'élection les plus violentes de ma vie. Pendant toute la durée du vote, nous sommes témoins de bagarres autour des bureaux de scrutin, d'attaques d'hommes armés à la solde de Marcos contre des travailleurs électoraux ou des militants de l'opposition sans défense. Le soir, à la fin du vote, nous assistons à une émeute autour d'un bureau de scrutin où des partisans de Corazon Aquino viennent de découvrir des centaines de bulletins jetés au fond d'un égout. Nos images très évocatrices des méthodes traditionnelles du dictateur Marcos, reprises par la BBC et NBC, feront le tour du monde, ce jour-là, et lanceront une campagne de pression internationale contre lui. Les réactions fuseront du Canada, en particulier, où mes reportages suscitent des débats jusqu'au Parlement, qui enverra plus tard une délégation pour évaluer la situation aux Philippines. Soixante-six personnes sont assassinées dans l'ensemble du pays le jour du vote. Mais, malgré l'intimidation, un nombre record d'électeurs se sont présentés aux urnes.

À la fin de la journée, la Commission électorale nationale déclare Marcos en avance, mais le NAMFREL, l'organisme de surveillance de Jose Concepcion, donne plutôt une marge confortable à Corazon Aquino. L'impasse se dessine. S'engage alors une succession d'événements qui vont amener le pays au bord du gouffre. Le 9 février, alors que la compilation des votes s'enlise dans une lenteur suspecte, une trentaine de fonctionnaires de la COMELEC quittent leur travail en accusant les autorités de chercher à tronquer les résultats. Le 11 février, le gouverneur de la province d'Antique, Evelio Javier, un fidèle collaborateur d'Aquino et une figure marquante de l'opposition, est tué devant les bureaux régionaux de San Jose, la capitale, où les votes sont compilés. Des gardes du corps d'un leader local du KBL, le parti de Marcos, sont accusés du meurtre. Le 13 février, six jours après le vote, alors que le dépouillement du scrutin s'éternise, le cardinal Sin dénonce la fraude massive de la part du camp du président. Il laisse entendre qu'il ne s'opposerait pas à une campagne de désobéissance civile à condition qu'elle se déroule sans violence. À Washington, le Sénat américain adopte une motion condamnant aussi la fraude électorale aux Philippines, et même le président Reagan, un allié fidèle de Marcos, avoue finalement être inquiet des rapports qui lui sont transmis.

Dans une ultime tentative pour reprendre le contrôle, et afin de trancher les désaccords entre la COMELEC et le NAMFREL, Marcos décide de confier le recomptage des votes aux parlementaires dont il contrôle la majorité. Le 15 février, le Parlement des Philippines, en accord avec la COMELEC, proclame officiellement le dictateur élu à la présidence.

Les partisans de Corazon Aquino réagissent aussitôt en tenant une manifestation monstre au centre de Manille, le People's Victory Rally, où des centaines de milliers de gens vont couronner la candidate à la présidentielle, qui appelle sur-le-champ au lancement d'un grand mouvement de désobéissance civile et de boycottage des entreprises liées à Marcos ; c'est le début de la révolution du People Power, qu'on nommera aussi la Révolution jaune, la couleur fétiche des Aquino. Pendant les jours suivants, qui se succèdent à un rythme effarant, jour et nuit, des milliers, puis bientôt des centaines de milliers de sympathisants vont maintenir le siège dans les rues du centre-ville de Manille. La Bourse chute, les commerces ferment, le chaos s'installe partout dans le pays. Nous passons nous-mêmes ces journées sans dormir, à suivre les manifestations le jour et les tractations politiques la nuit. À cause du décalage de douze heures entre le Canada et les Philippines, nous devons, après avoir envoyé en fin de soirée nos reportages sur les activités de la journée, passer la nuit à répondre aux quatre réseaux, anglais, français, radio et télé, qui, dès leur réveil au Canada, nous assaillent de nouvelles demandes.

Mais c'est l'entrée en scène d'une partie de l'armée qui va tout faire basculer ; dans la nuit du 21 au 22 février, les officiers mutins du mouvement de réforme des Forces armées tiennent une rencontre secrète à la résidence du ministre de la Défense, Juan Ponce Enrile, qui s'apprête à abandonner Marcos. Les participants à la rencontre confient au colonel Gregorio Honasan la direction d'une attaque contre le palais de Malacañang. Mais le projet est éventé, et le chef d'état-major, le général Ver, appelle un contingent de marines pour protéger le président. Une journée cruciale s'engage au cours de laquelle le pouvoir de Marcos va basculer. Les mutins, installés dans des baraques militaires à Camp Aguinaldo, au cœur de Manille, prennent contact avec l'adjoint au chef d'état-major, le général Fidel Ramos. L'armée est déchirée.

Au milieu de la matinée, le capitaine Rex Robles, avec qui nous avons tissé des liens étroits, est nommé responsable des communications entre les mutins et l'opposition. Grâce à lui, et à notre proximité avec l'ambassadeur du Canada à Manille et tout son personnel, nous suivons les événements à la minute près en échangeant beaucoup d'informations.

Tandis que Corazon Aquino est en tournée dans l'île de Cebu pour faire la promotion de la Révolution jaune, on apprend que Juan Ponce Enrile a pris contact avec le cardinal Sin afin d'obtenir son appui. On apprend aussi que Philip Habib, un envoyé spécial du président Reagan, est arrivé à Manille pour rencontrer Marcos au palais présidentiel. Habib racontera plus tard qu'il est alors témoin d'une scène d'hystérie au cours de laquelle le général Ver, entrant en trombe dans le bureau où se tient la rencontre, dit au président que des officiers mutins ont envahi le palais et se sont emparés d'une partie de l'arsenal, ce qui n'est pas le cas. On sait aujourd'hui qu'en sortant du palais présidentiel, ce jour-là, Habib avait acquis la conviction que le règne du dictateur était terminé et qu'il fallait lui offrir l'asile aux États-Unis pour faciliter son départ.

En début de soirée, nous assistons à Camp Aguinaldo, le repaire des mutins, à une conférence de presse historique des deux personnes qui tiennent entre leurs mains l'issue de la révolution. Juan Ponce Enrile, le ministre de la Défense de Marcos, et Fidel Ramos, le chef d'état-major adjoint, annoncent alors leur changement de camp et déclenchent officiellement les hostilités. «Nous sommes prêts à mourir au combat», déclare Enrile avec ce ton dramatique digne du sang chaud des Philippins. «Je ne peux plus, en mon âme et conscience, enchaîne le général Ramos, reconnaître le président comme commandant en chef des Forces armées. Le président de 1986 n'est pas le président à qui nous avions dédié notre engagement.» Les deux hommes font savoir qu'ils quittent leurs fonctions pour se joindre à l'opposition.

À 21 heures, après une conférence de presse de Marcos demandant aux mutins de se rendre et d'arrêter leur «stupidité», le cardinal Jaime Sin prend la parole sur les ondes de Radio Veritas, la radio de l'Église catholique à Manille, qui, depuis le début des événements, sert de relais entre les différentes forces de l'opposition. Le prélat lance un appel à ses concitoyens pour qu'ils sortent dans les rues manifester leur appui aux rebelles, qu'ils leur apportent des vivres et surtout leur protection. La rumeur veut que le président s'apprête à contre-attaquer avec les forces qui lui sont encore fidèles. En quelques heures, des centaines de milliers de gens se rendent sur une immense esplanade qu'on appelle EDSA, qui s'étend le long de l'avenue Epifanio de los Santos, au cœur de Manille, et qui relie deux bases militaires occupées par les rebelles, Camp Aguinaldo et Camp Crame.

Le lendemain matin, dimanche 23 février, ils sont plus de 3 millions sur la place, une grande partie d'entre eux formant des boucliers humains autour des baraques occupées par les rebelles. Des gens ordinaires venus de partout, mais aussi beaucoup de membres du clergé – des religieuses en particulier –, mobilisés depuis des semaines par leur archevêque, le cardinal Sin, et qui vont faire preuve dans les heures suivantes d'un courage étonnant. Malgré notre propre épuisement, après des journées complètes sans sommeil, nous sommes toujours au cœur de la tourmente, persuadés de vivre des moments exceptionnels qui vont changer la face du monde. En milieu d'après-midi, ce jour-là, Radio Veritas annonce que des marines s'approchent des camps des rebelles et que des chars d'assaut s'apprêtent à envahir EDSA. Mais, arrivée à moins de 2 kilomètres de la place, la colonne de chars et de blindés est arrêtée par une marée humaine avec, aux premiers rangs, des religieuses, assises par terre, récitant leur chapelet en ne lâchant pas des yeux les militaires figés devant leur résistance. Avec une nouvelle équipe venue cette fois de Londres et de Toronto, le caméraman Philippe Billard, le technicien du son Pascal Leblond et la réalisatrice Kelly Creighton, nous sommes témoins de ce face-à-face qui se produit juste devant nous, et nous avons la conviction, comme les milliers de gens présents, qu'à cet instant même tout peut basculer. Les marines vont-ils oser provoquer un carnage ? Comment imaginer qu'ils puissent accepter de reculer ? Le sang-froid des religieuses nous sidère. Si les choses dégénèrent, elles y passeront toutes, et nous aussi probablement. C'est le sommet de l'affrontement.

Puis le miracle se produit ; le convoi reste immobile, les soldats abdiquent, impuissants.

Le lundi 24 février, à l'aube, des hostilités sporadiques ont lieu entre des marines fidèles à Marcos et des rebelles autour des camps Aguinaldo et Crame. Dans l'après-midi, Corazon

Aquino, rentrée de l'île de Cebu, rencontre Enrile, Ramos et les officiers mutins à Camp Aguinaldo. Les deux composantes de l'opposition – les militaires rebelles et les politiciens – ont encore des choses à régler avant de finaliser leur union. Dans la foule, autour des deux bases, la rumeur court que Marcos aurait déjà quitté son palais de Malacañang. Mais ce n'est pas vrai. Pas encore, en tout cas. En fin d'après-midi, Channel 4, une des stations de télévision de la capitale, diffuse une conférence en direct du palais qui passera à l'histoire. On y voit le président Marcos dialoguer avec son chef d'état-major, le général Ver, complètement dépassé par les événements, au sujet des mesures à prendre contre la rébellion.

Le général dit au président : « Vous devez vous-même aller les neutraliser. Immédiatement, monsieur le président ! » Et Marcos de répondre : « Attendez, venez ici ! Mon ordre est de ne pas attaquer. Non, non ! » Puis Ver de renchérir : « Ils massent des civils autour de nos troupes, on ne peut pas continuer à reculer. » Marcos le coupe : « Oui, mais mon ordre est de se disperser sans tirer sur la foule ! »

Soudain, la diffusion de la conférence de presse digne d'une opérette est interrompue brutalement ; les rebelles viennent de prendre le contrôle de la station. Dans la soirée, des hélicoptères détruisent le système de défense du palais présidentiel. Plus de la moitié des effectifs de l'armée sont passés du côté de l'opposition.

Ce soir-là, au réseau anglais de Radio-Canada, le scénario du *National* de Peter Mansbridge – dont j'ai conservé une copie qu'on m'avait envoyée par télex à l'hôtel – annonce mon reportage sur la chute de Marcos sous le titre : « *Latest developments in the Philippines, as Marcos tries to cling to power.* » Mon collègue Joe Schlesinger rapporte de son côté que les États-Unis demandent à Marcos d'abandonner le pouvoir. Pendant ce temps, on apprend que le personnel de plusieurs consulats des Philippines au Canada se rallie à l'opposition, et que Joe Clark, le ministre des Affaires étrangères, exige à son tour le départ du président.

Le lendemain, mardi 25 février, alors que des affrontements mineurs continuent à se produire entre les rebelles et les militaires fidèles à Marcos, la population des Philippines est témoin d'un autre grand moment de surréalisme : l'intronisation presque simultanée de deux présidents de la République, à deux endroits différents de la capitale. Pendant que Corazon Aquino prête serment devant un juge dans un club huppé et qu'elle annonce déjà la formation de son cabinet, dont Salvador Laurel sera le premier ministre, au palais présidentiel, des fidèles de Marcos assistent à la prestation de serment du dictateur aux cris de : « *Marcos, Marcos, Marcos pa rin !* », « Marcos, Marcos, toujours Marcos ! »

Ce qu'on apprendra par la suite, c'est que vers 15 heures le dictateur assiégé s'est entretenu longuement, par téléphone, avec le sénateur américain Paul Laxalt, un ami intime de Ronald Reagan, et qu'il a accepté de quitter le pays. En retour, les Américains lui ont promis l'immunité, pour lui et pour tout son entourage, ainsi qu'une retraite dorée à Hawaï.

Quand la rumeur se répand d'un départ imminent du président, en fin d'après-midi, la population de la capitale commence à se diriger vers les abords du palais présidentiel, qui sont toujours défendus par des marines. Pendant toute la soirée, on assiste à des affrontements entre Philippins pro et anti-Marcos autour de Malacañang. À un moment donné, au cœur de la bataille, je reçois une pierre à la tête qui me fait perdre l'équilibre l'espace d'un instant ; mais l'action est tellement intense autour de nous qu'il se passe des heures avant que mon équipe ne découvre le dos de ma chemise couvert de sang. Après un arrêt dans une des nombreuses cliniques de fortune qu'on peut trouver dans la ville durant toutes ces journées de « révolution populaire », la plaie est nettoyée, pansée, puis nous continuons à suivre les événements.

On sait aujourd'hui que vers minuit, après avoir reçu des garanties d'immunité appropriées de la part de son ancien ministre de la Défense Enrile, le président Marcos, sa femme Imelda, le général Ver et une foule de leurs proches ont été conduits dans un lieu secret en dehors du palais, d'où des hélicoptères les ont transportés à la base américaine de Clark, à quelques dizaines de kilomètres de la capitale. De là, deux appareils militaires américains, un DC-9 Medivac, un avion médical pour Marcos, et un transporteur de troupes C-141B, ont emmené toute la suite du dictateur jusqu'à l'île de Guam, d'abord, puis à la base aérienne de Hickam à Hawaï.

Mais cela, nous n'en sommes pas témoins. L'opération s'est déroulée dans le plus grand secret, pour protéger la fuite du dictateur. Nous le saurons plus tard. Ce que nous observons plutôt aux abords du palais, c'est qu'à un moment donné, apprenant par les rumeurs le départ du président, la foule décide de foncer en direction des grilles de l'entrée. Quelques minutes auparavant, avec mon caméraman Philippe Billard, j'ai découvert une ouverture dans l'immense clôture qui entoure Malacañang. Un barreau tordu qui nous laisse suffisamment d'espace pour nous glisser dans les jardins du palais. Si bien que lorsque la foule en colère réussit, après de longues minutes d'efforts, à briser le loquet du portail central et que les grilles s'ouvrent finalement pour laisser entrer le flot humain, nous sommes la seule équipe à tourner des images de cette scène de l'intérieur de la cour. Le spectacle est impressionnant. On dirait la prise de la Bastille, à l'aube de la Révolution française, tellement la scène revêt une allure de drame rappelant celui de 1789. Et, pendant que devant nous des hordes de manifestants envahissent le périmètre du palais, Philippe me dit de me tourner vers la caméra et de dire n'importe quoi, n'importe quelle parole pour immortaliser, en français et en anglais, pour les téléspectateurs canadiens, ce moment historique.

Dans les heures qui ont suivi, il y a eu un peu de pillage au palais de Malacañang, mais, phénomène étonnant, la plupart des milliers de gens qui sont entrés, cette nuit-là, dans la résidence de celui qu'ils avaient tant honni se sont contentés de voir, de découvrir ce à quoi ils n'avaient jamais eu accès, avant de rentrer, satisfaits, chez eux, dans l'ordre.

Après cette scène unique pour une équipe de télévision, nous sommes retournés à l'hôtel pour partager ces images de la « prise de la Bastille » de Manille avec nos collègues de NBC qui, comme nous, en ont fait les premières séquences de leurs reportages, cette nuit-là. Et, à partir de ce jour, NBC Asia m'a offert tous les soirs, pour me remercier de cette exclusivité exceptionnelle, l'équipe de motards louée à grand prix à la police de Manille, qui nous ouvraient la route, dans les bouchons impossibles de la capitale, chaque fois que nous avions besoin de nous rendre rapidement à la poste centrale, pour envoyer nos reportages par satellite.

Ainsi prenait fin une grande aventure humaine à laquelle nous avions le sentiment d'avoir contribué de façon très active. Nous en sommes tous encore convaincus aujourd'hui : sans la diffusion de nos images et de nos reportages à la grandeur de la planète durant la crise, les États-Unis de Ronald Reagan n'auraient jamais senti la pression qui les a amenés à abandonner leur protégé, les militaires philippins auraient peut-être attaqué les foules, comme cela se produira à Pékin lors de la révolte de Tian An Men, en 1989, et Marcos aurait sans doute obtenu un nouveau sursis au pouvoir, une fois de plus. Mais la pression des médias du monde entier, alliée à celle des diplomates avec lesquels nous étions en relation constante, et les millions de partisans courageux de ce mouvement pacifiste imposant ont donné naissance, en ce mois de février 1986, à une vague d'espoir qui allait se répandre ailleurs sur le globe dans les années subséquentes.

La victoire de Corazon Aquino était la preuve que dans un nouveau monde plus ouvert, en particulier grâce au développement des communications qui allait prendre une ampleur sans précédent, tous les changements devenaient possibles. En conclusion de son dernier reportage après le départ de Marcos de Manille, le grand journaliste américain Bob Simon résumait humblement la situation en disant : « Nous, les Américains, nous aimons penser que nous avons apporté la démocratie aux Philippins. Eh bien, ce soir, ce sont eux qui donnent une leçon au monde ! »

Dans les années suivantes, les membres du syndicat Solidarnosc de Lech Walesa reprendront le flambeau des Philippins pour défier une dictature encore plus puissante, celle de l'Union soviétique, et leur lutte servira d'exemple à la jeunesse de toute l'Europe de l'Est qui finira par détruire le mur de Berlin. Certes, d'autres mouvements de masse avaient dans le passé récent tenté de changer le cours de l'histoire, en Hongrie en 1956, à Prague en 1968, mais ils avaient été réprimés violemment parce qu'ils étaient isolés dans un univers coupé du reste du monde. Désormais, avec la prolifération des chaînes satellitaires d'information continue, puis, plus tard, avec l'apparition d'Internet et des nouveaux médias, l'exercice de la démocratie directe allait prendre des tournures de plus en plus surprenantes, et les pouvoirs les plus immuables en seraient affectés. Bientôt, ce sera au tour du régime de l'apartheid en Afrique du Sud de céder aux pressions, puis à celui des dictatures du monde arabe.

En quittant les Philippines, au milieu de mars 1986, j'ai reçu un message de la part de mes patrons à Montréal que j'ai conservé jusqu'à aujourd'hui et qui se lisait comme suit : « L'équipe des nouvelles de télévision à Montréal a grandement apprécié tes nombreuses prestations courageuses lors de la campagne électorale aux Philippines et des événements qui ont suivi. Du courage pour répondre à nos demandes à n'importe quelle heure de la nuit ou du jour, tu en as eu. Pour te garrocher (*sic*) dans les foules houleuses, entre les jets de pierre et les canons des fusils et des chars, tu as eu le nerf. Et pour tout expliquer de ces événements révolutionnaires, du duel Aquino-Marcos, tu as su montrer les images parlantes, les personnages-clés, les moments charnières. Tu as su dire clairement et simplement. »

C'était, en peu de mots, une façon merveilleuse de résumer cette équipée épuisante, mais tellement passionnante qui se terminait et surtout, peut-être, ce sentiment que nous avions tous – moi comme mes collègues qui avaient participé à cette grande aventure médiatique – d'avoir contribué nous aussi à changer le monde.

Départ de l'Asie

Après l'aventure de la démocratie en action aux Philippines, le retour à la vie terne et contrôlée de Pékin a été difficile. Et, ironiquement, malgré toute la passion que je nourrissais pour ce pays qui tranquillement se transformait sous mes yeux, malgré l'amour que j'éprouvais et que j'éprouve toujours pour ce peuple fascinant, il est arrivé un moment, en

1986, après presque quatre ans en Chine, où j'ai senti le besoin de m'en éloigner, pour un temps du moins. Malgré tout ce que j'avais raconté d'enthousiasmant sur cette nouvelle révolution qui s'amorçait, je ne voyais que les défauts des Chinois. Je trouvais que les réformes promises n'avançaient pas, que les vieux communistes avaient encore beaucoup trop de pouvoir. Qu'on nous cachait trop de choses!

En 1984, mon mentor, Tiziano Terzani, avait été expulsé du pays, après avoir été détenu pendant plus d'un mois. On l'accusait de vol d'antiquités – une sombre affaire qui n'a jamais eu de suites –, mais en fait on lui reprochait surtout sa trop grande curiosité et son acharnement à critiquer un système qui n'évoluait pas assez vite à son goût. Dans les mois suivant son expulsion de Chine, Tiziano avait publié à Hong Kong un brûlot intitulé *The Forbidden Door*, dans lequel il racontait des histoires d'horreur illustrant l'autoritarisme et l'étroitesse d'esprit des autorités chinoises[13]. Dont cette histoire d'un paysan qui, un jour, avait assassiné le secrétaire du Parti communiste de son village, parce que celui-ci avait forcé son épouse à se faire avorter sous prétexte qu'elle n'avait pas respecté la politique de l'enfant unique. La femme, influencée par les pressions familiales, en était à sa troisième grossesse, parce qu'elle n'avait donné naissance jusqu'alors qu'à des filles. Après l'avortement, le mari avait découvert que l'embryon était cette fois celui d'un garçon… !

L'année de mon départ, un autre journaliste, le Canadien John Burns, correspondant du *New York Times*, serait lui aussi expulsé du pays après avoir circulé à moto, sans permission, dans la campagne chinoise, où on l'accusait d'avoir traversé une des nombreuses zones militaires secrètes comme on en trouve partout en dehors de Pékin. Nous avions de plus en plus de difficulté à supporter l'intolérance du régime, alors que toute la société civile, elle, semblait emportée par un vent de changement spectaculaire.

En quittant la Chine, j'ai réalisé un rêve en effectuant, avec le réalisateur Daniel Gourd et le caméraman Patrice

---

13. Tiziano Terzani, *The Forbidden Door*, Asia 2000, 1985.

Massenet, un voyage magnifique de près d'un mois, en voiture, au cœur du pays, une première pour des journalistes occidentaux ; de Qufu, la ville natale de Confucius, dans le nord, jusqu'au petit village Shaoshan, au sud, où Mao avait vécu son enfance, dans la province du Hunan. Tout le long de la route, nous avons tourné un documentaire sur cette transformation, vue de l'intérieur, que vivait le pays ; ce laboratoire économique de la planète, comme je le qualifiais déjà à l'époque. Un pays en pleine renaissance, où le gouvernement promettait de réaliser un socialisme qui permettrait à certains de devenir riches avant les autres, et où la propriété privée et le profit ne seraient plus sacrilèges[14].

C'est ainsi, en témoignant par ce documentaire des défis énormes qui attendaient les Chinois et des problèmes qu'on voyait déjà poindre à l'horizon, que j'ai tiré un trait sur cette première aventure de correspondant à l'étranger. La prochaine étape allait me transporter au cœur de l'Europe – un continent qui s'apprêtait à vivre lui aussi une immense transformation dont je serais, là encore, le témoin privilégié –, dans la plus belle ville du monde, Paris, où j'allais rencontrer la femme de ma vie.

---

14. Diffusé à l'émission *Le Point* à Radio-Canada et à *The Journal* à CBC, le documentaire intitulé *De Confucius à Mao : la Chine, dix ans après la mort de Mao* a été récompensé par la Communauté des télévisions de langue française en 1986.

Paris, couvrant des manifestations étudiantes, hiver 1986-1987, avec le
caméraman Jean Reitberger et l'ingénieur du son Jacques Van der Meeren.

Chapitre 6

Paris enflammé

Journalisme 101

Ma première journée comme correspondant au bureau de Radio-Canada à Paris, le 15 septembre 1986, a été très particulière. La veille, une bombe avait explosé dans les mains de deux policiers qui l'avaient découverte au Pub Renault, avenue des Champs-Élysées, et qui avaient péri sur le coup. Quelques jours plus tôt, une autre bombe avait sauté dans les locaux de la poste de l'Hôtel de ville de Paris, faisant un mort et vingt et un blessés. La France traversait alors une période de tension extrême marquée par de nombreux attentats revendiqués autant par des groupes radicaux français que par de présumés terroristes arabes. Aussitôt après mon arrivée à Radio-Canada, ce lundi matin, nous sommes happés par l'annonce d'un nouvel attentat à la bombe, cette fois à la préfecture de Paris, où l'on parle encore d'au moins un mort et de plusieurs dizaines de blessés. La déflagration s'était produite dans la salle du service des permis de conduire, un endroit très fréquenté en plein jour, et dont l'accès était pourtant contrôlé par une fouille systématique. L'attentat, comme les deux précédents, a été rapidement revendiqué par un groupe qui se présente comme le Comité de solidarité avec les prisonniers politiques arabes.

Je décide de partir aussitôt pour la préfecture avec le caméraman Jean Forgues et l'ingénieur du son Jacques Van der Meeren, deux employés très expérimentés. Mais dès l'annonce de ma décision, je sens une résistance, voire une certaine inquiétude, de la part de l'équipe. « Pourquoi se rendre là-bas ? me dit-on. De toute façon, on a accès aux images de la télévision française. » Malgré leur réticence, je les entraîne avec moi et, à notre arrivée à la préfecture, nous avons la surprise de constater que nous sommes la première équipe de télévision sur place. La façade et le rez-de-chaussée de l'édifice sont lourdement endommagés. Les équipes d'urgence s'affairent à évacuer les premiers blessés vers un hôpital voisin lorsqu'une limousine sombre s'arrête devant l'entrée principale, avec le premier ministre Jacques Chirac à son bord. Alors qu'il s'apprête à entrer dans l'édifice en ruine, je m'approche pour lui poser quelques questions.

Or, au moment où je fais les premiers pas dans sa direction, avec Jean Forgues à mes côtés, sa caméra est brusquement retenue par quelque chose. En me retournant, je m'aperçois que c'est l'ingénieur du son, Van der Meeren, qui l'empêche d'avancer en tirant sur le câble électronique qui relie la caméra à son enregistreuse. Pendant cette étrange scène, qui nous empêche de nous approcher de lui, le premier ministre nous échappe et entre dans la préfecture. Furieux de l'avoir raté, je m'adresse alors à l'ingénieur du son pour savoir pourquoi il a posé un tel geste. « Ici, me répond-il avec un ton de maître d'école, on ne fait pas ce genre de chose. » Depuis que j'ai commencé dans ce métier, quatorze ans plus tôt, j'ai pourtant toujours eu l'habitude de ne jamais demander de permission avant de m'adresser à quiconque.

Au Canada, j'ai été entraîné à la dure, sur la colline parlementaire d'Ottawa en particulier – un endroit que j'ai beaucoup fréquenté lors des nombreuses conférences constitutionnelles –, par les fameux *scrums*, comme on les appelle en anglais ; ces courses en meute pour aller attraper la « réaction à la nouvelle du jour », qui peuvent donner lieu parfois à des affrontements assez rudes entre journalistes. Je préviens donc sur-le-champ mon équipe parisienne que, dorénavant, les règles de couverture des événements en France seront dictées par moi et que ceux qui ne sont pas contents devront faire autre chose. Mais, entre-temps, nous ne sommes déjà plus seuls devant la préfecture.

Pendant que nous terminons cette discussion professionnelle, les médias français sont arrivés en masse sur les lieux de l'attentat. Et, comble d'ironie, alors que Jacques Chirac s'apprête à regagner sa limousine et que je reste un peu en retrait, encore sonné par l'attitude de mon ingénieur du son, toutes les équipes de télévision se précipitent en *scrum* sur le premier ministre pour l'assaillir de questions. Ce qui ne se faisait apparemment pas en France, selon Van der Meeren, se déroulait pourtant à quelques mètres de moi, sans que je puisse y participer. J'ai tiré une leçon majeure de cette histoire : ne se fier qu'à ses propres instincts. Et la suite des événements allait me donner raison.

Témoin de la série noire

Avant d'arriver à Paris, j'avais passé l'été à Montréal pour réaliser le montage du documentaire sur cette tournée exceptionnelle que nous avions faite en Chine pour marquer le dixième anniversaire de la mort de Mao. Mais, après cette transition plutôt sereine, je retrouvais dès mes premières heures de travail en France la fureur de l'actualité. Depuis le début de 1986, la ville de Paris, en particulier, avait vécu au rythme des sirènes de police et des courses d'ambulances. Avant les attentats meurtriers des jours précédents, il y en avait eu une première série en février et mars 1986, qui avait fait des morts et des dizaines de blessés ; des attentats revendiqués eux aussi par ce Comité de solidarité avec les prisonniers politiques arabes, dont on disait qu'il était lié au Hezbollah libanais. Une autre explosion en juillet avait tué un policier au quatrième étage de la Brigade de répression du banditisme, cette fois revendiquée par le groupe d'extrême gauche Action directe.

La France vivait les conséquences de son implication dans la guerre civile libanaise, où elle jouait de son influence pour tenter d'atténuer ce conflit pourri déjà vieux d'une décennie, et de son appui à l'Irak dans sa guerre atroce contre l'Iran. Comme il le faisait chaque soir, Bernard Rapp, le présentateur du *Journal de 20 heures* d'Antenne 2, la grand-messe du journalisme télévisuel français, avait ouvert son bulletin le soir de l'attentat à la préfecture en rappelant, comme une sorte de mantra, la liste macabre des jours passés en détention par les sept otages français détenus au Liban : cinq cent quarante-deux jours pour les diplomates Marcel Carton et Marcel Fontaine, quatre cent quatre-vingt-un jours pour le journaliste Jean-Paul Kauffmann et le sociologue Michel Seurat, qui mourra en captivité, cent quatre-vingt-onze jours pour Aurel Cornéa et Jean-Louis Normandin, deux journalistes d'Antenne 2, et cent trente et un jours pour Camille Sontag. Un exercice que la chaîne répétera quotidiennement jusqu'à la libération des derniers otages, Kauffmann, Carton et Fontaine, deux ans plus tard.

Après notre cafouillage de l'attentat à la préfecture, j'ai décidé de mettre sur pied une procédure pour mieux répondre au climat de tension qui régnait à Paris. En comparaison des moyens rudimentaires dont je disposais à Pékin, où je n'avais même pas de caméraman professionnel, le bureau de Radio-Canada à Paris, avec sa vingtaine d'employés et de cadres, ses équipes techniques, ses studios et ses salles de montage, avait l'allure d'une PME. Pourtant, malgré les outils dont ils disposaient, mes prédécesseurs avaient pris l'habitude, pour des raisons étranges, d'utiliser les images de la télévision française auxquelles on avait accès quand il s'agissait de couvrir l'actualité, quelle qu'elle soit, en France. Comme je l'avais fait avec si peu en Chine, j'avais décidé de changer ces habitudes et d'inciter mes collègues du bureau à ne plus compter que sur nos propres ressources. J'ai aussi donné à tout le monde la consigne d'écouter le plus possible les chaînes de radio, et à Pascal, le chauffeur de taxi qui nous accompagnait partout en ville, de suivre attentivement les échanges de ses collègues entre eux, pour que nous soyons constamment branchés sur les événements.

C'est ainsi que, deux jours après l'attentat à la préfecture de Paris, nous avons été les premiers journalistes à arriver sur les lieux d'une catastrophe encore plus terrible, quand, le mercredi 17 septembre, en plein après-midi de congé d'école pour les enfants, une bombe a été lancée d'une voiture dans le grand magasin Tati, rue de Rennes, au cœur du quartier populeux de Montparnasse. À notre arrivée sur place, des employés du magasin et des passants commençaient à peine à se remettre du choc et à sortir des décombres les corps sanguinolents et calcinés des victimes. La police et les ambulanciers découvraient les lieux de la tragédie en même temps que nous. Nous avons ainsi pu tourner des images uniques des premières interventions des sauveteurs, dans ce climat frisant presque la panique où les secouristes doivent retenir leurs émotions devant l'ampleur du carnage et passer à l'action au plus tôt.

Sept personnes ont perdu la vie, ce jour-là, dans le seul attentat du magasin Tati, et plus d'une cinquantaine ont été blessées, dont plusieurs brûlées atrocement. Quand les autres équipes de télévision, arrivant sur les lieux, se sont heurtées aux rubans de police leur interdisant l'accès au périmètre de sécurité, nous avions déjà terminé notre tournage en pleine action. J'avais même eu le temps de faire une présentation devant la caméra, avec les secouristes s'activant en arrière-plan.

Vers 17 heures, nous étions en route vers le bureau avec suffisamment de matériel pour monter un reportage sur la tragédie qui, par son caractère exclusif, allait sans nul doute faire le tour du monde. Or, alors que je m'installe pour écrire en catastrophe le texte du reportage, pour qu'il soit envoyé par satellite avant 18 heures, à temps pour le bulletin de nouvelles de midi, heure de Montréal, je vois arriver dans mon bureau le monteur, Olivier Hour, livide, qui me dit, complètement décontenancé: «Il n'y a pas une seule image utilisable.» Revoyant la cassette en accéléré, incrédule, je ne pouvais que constater moi-même l'ampleur de la catastrophe. Probablement peu habitué à tourner dans ce genre de circonstances dramatiques, le caméraman Jean Reitberger, un homme charmant, pourtant doté d'une riche expérience de plusieurs décennies de métier, n'avait pas pu réaliser un seul plan sans trembler, au point de rendre chaque image impossible à utiliser. Je me suis donc résigné, ce jour-là, pour la première fois de ma vie, à avoir recours aux images des autres pour raconter un événement dont j'avais pourtant été aux premières loges. Mais je me suis juré que ce serait la dernière fois.

Dans les jours suivant l'attentat chez Tati, après une deuxième mise au point avec mes collègues du bureau de Paris, nous avons pris d'autres mesures pour mieux couvrir les événements dramatiques qui bouleversaient la capitale. Avec l'aide du directeur technique, Yvon Corre, j'ai fait installer, dans la voiture de taxi de notre chauffeur, Pascal, un instrument précieux dont j'avais découvert l'efficacité redoutable à mon entrée à Radio-Canada, durant les mois que j'avais passés à la couverture des faits divers à Montréal : un « scanner ». Un appareil électronique très simple détectant les fréquences radio de la police et des pompiers et permettant d'obtenir les nouvelles de leurs urgences avant qu'elles ne soient publiques. Ainsi, deux mois plus tard, le 17 novembre 1986, après avoir capté une conversation de la police, nous serons parmi les premiers à découvrir l'attroupement de policiers et d'ambulanciers entourant le cadavre de Georges Besse, le PDG de la Régie Renault, assassiné quelques minutes plus tôt, devant sa porte, par des membres du groupe Action directe.

Quelques jours à peine après mon entrée en fonction à Paris, je suis, malgré moi, plongé encore une fois dans une nouvelle tourmente. À la fin de la série noire des attentats de ce seul mois de septembre 1986, le bilan des victimes à Paris est catastrophique ; dix morts et plus de six cents blessés. Des grands brûlés en partie, que les unités de soins spécialisés des hôpitaux de la capitale n'arrivent plus à traiter, tellement les cas sont nombreux. Après l'attentat chez Tati, le gouvernement français a déployé des gendarmes et des militaires dans les lieux les plus fréquentés et les différentes places de la Ville lumière. Les autorités ont aussi offert des sommes importantes à toute personne pouvant communiquer des informations permettant d'identifier les auteurs des attentats, et surtout ce fameux groupe qui se cache sous le nom de Comité de solidarité avec les prisonniers politiques arabes. Mais la présence des forces de sécurité ne rassure pas les Français pour autant. Craignant constamment une nouvelle frappe de la part d'un ennemi insaisissable, les gens ne sortent plus après les heures de travail. Les cinémas, les théâtres, les cafés et les restaurants se vident. La France retient son souffle et panse ses plaies. La tension est telle que, dans les banlieues des grandes villes, les populations d'origine arabe ont peur d'être victimes de représailles. Les rumeurs veulent aussi qu'un autre groupe terroriste inconnu jusqu'alors, l'Armée secrète arménienne de libération de l'Arménie, l'ASALA, veuille s'en prendre au pape Jean-Paul II lors de sa visite prévue à Annecy en octobre. La psychose terroriste et ses conséquences hantent les Français.

Dans cette tourmente névrotique, les médias mettent de l'huile sur le feu en dénonçant le manque de places dans les unités de grands brûlés des hôpitaux, suscitant ainsi une controverse qui sera pour nous l'occasion d'obtenir une autre primeur. Depuis plusieurs jours, après la série d'attentats, les médias parisiens cherchaient à rencontrer la médecin-chef du SAMU de Paris, le Service d'aide médicale urgente, qui coordonnait la réponse des hôpitaux aux besoins criants causés par les explosions en série. La rumeur voulait que la directrice du SAMU, la Pre Geneviève Barrier, soit en guerre avec les grands patrons des hôpitaux de Paris, qui refusaient de céder aux urgences des lits qu'ils réservaient à leur clientèle riche et privilégiée. Mais Mme Barrier, qui ne voulait pas régler la controverse sur la place publique, refusait toute entrevue. Je décide malgré tout de présenter moi aussi une demande à son bureau. Même si tous mes collègues français avaient subi un refus, je devais tenter ma chance. Quelle n'est pas ma surprise quand, peu de temps après, on me rappelle en disant qu'elle accepte de nous recevoir. Nous nous retrouvons donc quelques heures plus tard dans les locaux du SAMU où nous vivons une scène que je n'oublierai jamais. En entrant dans son bureau avec mon équipe, je découvre une femme d'une très belle allure, qui me tend la main en me disant : « Crisse de câlisse de tabarnak ! »

La Pre Barrier avait accepté de nous donner une entrevue d'abord parce que nous représentions une télévision étrangère, et donc que ses propos ne seraient pas diffusés en France ; mais, surtout, parce qu'elle nourrissait un amour débordant pour le Canada, et pour le Québec en particulier où elle possédait une maison de campagne. La persévérance, encore une fois, m'avait porté chance. Dans les jours qui ont suivi cette entrevue, les hôpitaux de Paris ont réglé la question des lits pour grands brûlés, et la série noire de la violence terroriste s'est atténuée graduellement après l'assassinat de Georges Besse.

Les Français en thérapie

La pause dans la vague d'attentats de l'automne 1986 m'a permis, après plusieurs semaines de course aux urgences, d'apprivoiser ce nouveau poste à partir duquel j'allais, pendant plusieurs années, continuer d'observer la planète. Après mon séjour de presque quatre ans dans l'austérité de Pékin, Paris représentait un contraste fabuleux. La vie culturelle, les restaurants, l'appartement magnifique que j'avais trouvé, rue du Bac, en plein cœur de la rive gauche, tout semblait tellement plus luxueux et confortable en comparaison. Le bureau lui-même, qui était situé avenue Matignon, à deux pas des Champs-Élysées, dans un des quartiers les plus riches de Paris, avait l'allure d'une ambassade avec son directeur général, Jean-Marie Dugas, un personnage coloré, ancien chef de la programmation à Montréal, dont une des fonctions principales consistait à représenter la Société Radio-Canada auprès du Tout-Paris. Dugas était assisté d'un directeur de l'information de qui, en principe, je relevais et d'une directrice des variétés. Des postes confortables et bien rémunérés, comparables à ceux de diplomates, mais qui seraient rapidement supprimés à la suite des compressions budgétaires peu de temps après mon départ.

En plus des cadres, le bureau comptait deux correspondants de la radio et de la télévision anglaise, plusieurs journalistes pigistes pour la radio française, mais surtout une majorité de techniciens, recherchistes, assistantes et comptables d'origine française qui constituaient nos effectifs locaux depuis des années ; le noyau dur du bureau, qui voyait passer tous ces Canadiens à tour de rôle avec un air de déjà-vu, et qui représentait pour moi un microcosme fantastique de ce pays unique qui allait être mon sujet d'observation au cours des années subséquentes. Au sein du personnel du bureau, on retrouvait toutes les tendances si colorées de la politique française, même si une nette majorité de socialistes dominaient le paysage, d'autant plus qu'on était sous la présidence de François Mitterrand. J'avais déjà connu la plupart d'entre eux onze ans plus tôt, lorsque, étudiant au doctorat à Paris, je faisais des reportages occasionnels pour Radio-Canada. Ils constituaient une grande famille qui m'accueillait une fois de plus chez elle, et je garderai toujours un souvenir de leur générosité exceptionnelle, et surtout de leur bagout et de leur franc-parler tellement typique de ces Français que j'aime tant. Avec leur aide, j'ai découvert la France et l'Europe de l'époque, sous toutes leurs coutures, et dès mes premiers mois à Paris les occasions ont été nombreuses et diverses.

Après les attentats en série, nous avons couvert la visite du pape à Annecy et à Lyon, des négociations à Genève entre George Shultz, le secrétaire d'État de Ronald Reagan, et son homologue soviétique, Edouard Chevardnadze, sur la réduction des armes nucléaires, les querelles linguistiques en Belgique, la libération des otages français du Liban. Et puis tous ces sujets tellement agréables de la vie quotidienne française qui fascinaient notre auditoire, comme la récolte du beaujolais nouveau, la vie culturelle parisienne ou les éternelles revendications syndicales.

En devenant correspondant à Paris, je prenais la succession de mon collègue Normand Lester. C'était en fait la troisième fois que je le remplaçais quelque part. Je lui avais d'abord succédé comme jeune professeur d'information radiophonique, à l'École de journalisme de l'Université Laval, au début des années 1970, puis j'avais obtenu, après lui, la bourse de l'Institut des relations internationales du Québec, en 1974, pour aller poursuivre des études de doctorat à Paris. Alors que je m'apprêtais à prendre à nouveau son relais dans la capitale, cette fois comme correspondant, Normand, qui a toujours été un observateur pertinent et un peu cynique, m'avait fait quelques recommandations à propos des Français. « Tu vas voir, m'avait-il dit, en France on fait des sondages sur tout sauf sur l'essentiel. » Les sondages sur les intentions de vote, à l'époque, étaient très peu développés en France, contrairement à ce qui avait cours depuis déjà longtemps en Amérique, par exemple. Comme si l'on ne voulait pas savoir. Il y avait par contre toutes les semaines, dans les grands médias, des sondages sur tous les sujets les plus superficiels : les Français et l'amour, les Français et la cuisine, etc. Je me souviens d'avoir été surpris de découvrir, lors de la publication d'une grande enquête annuelle du magazine *Le Point* et de l'institut de sondages Ipsos, que la couleur de voiture préférée en France était le blanc, et que la pièce où les Français faisaient le plus l'amour en dehors de leur chambre à coucher était la salle de bain.

Normand m'avait aussi dit : « Tu vas voir, pour les Français, la loi, c'est un idéal à atteindre. » En d'autres mots, les Français ne respectent les lois que lorsqu'ils y sont vraiment forcés. J'ai moi-même été étonné, par exemple, par le laxisme avec lequel mes collègues de la presse française pratiquaient l'indépendance et la rigueur nécessaires à l'exercice de notre métier. On ne voyait pas, sauf exception, de journalisme d'enquête en France. Les médias français étaient redoutables quand il s'agissait de dénoncer la corruption à l'étranger, mais le faisaient très peu chez eux. C'est ainsi qu'on apprendra plus tard que beaucoup de vedettes de l'information, à la télévision en particulier, acceptaient d'être rémunérées pour participer à des dîners privés organisés par les grandes familles ou les grandes fortunes du pays. Patrick Poivre d'Arvor, le présentateur vedette du journal de 20 heures de TF1, la grande chaîne privée, reconnaîtra, en 1991, avoir diffusé une fausse entrevue avec Fidel Castro. Je fus moi-même témoin d'un autre cas sidérant, un soir, au cours des élections législatives en 1988, alors que je couvrais une assemblée politique de Bernard Tapie, le riche homme d'affaires qui se présentait pour la gauche dans la région de Marseille. Quelle ne fut pas ma surprise de voir, au début de la soirée, deux grands journalistes pourtant reconnus pour leur indépendance et leur souci de la vérité, Jean-François Kahn, le rédacteur en chef de *L'Événement du jeudi*, et Anne Sinclair, la prestigieuse animatrice du magazine télévisé *Sept sur Sept*, monter sur scène pour présenter aux centaines de partisans réunis dans la salle leur « grand ami Bernard », dont ils venaient vanter les qualités exceptionnelles. Comme si Bernard Derome, au Canada, avait été animateur d'une assemblée électorale de Brian Mulroney ou de Jean Chrétien.

Après l'automne 1986 marqué par une vague d'attentats sans précédent, la France, au début de 1987, est mobilisée par un procès qui va lui servir un peu d'exutoire et au cours duquel je vais faire la connaissance d'un homme mystérieux, mais fascinant, qui s'amuse à tourmenter les Français avec leurs vieux démons : l'avocat Jacques Vergès.

C'est le procès de Georges Ibrahim Abdallah, le dirigeant présumé de la FARL, la Fraction armée révolutionnaire libanaise, un groupe qui a revendiqué les assassinats de deux diplomates étrangers à Paris en 1983, l'attaché militaire américain Charles R. Ray et le deuxième conseiller à l'ambassade d'Israël Yacov Barsimentov. Georges Ibrahim Abdallah est un maronite libanais, sympathisant de la cause palestinienne et membre du Front populaire de libération de la Palestine, le FPLP, qui a été arrêté le 25 octobre 1984, un an après les attentats contre les deux diplomates étrangers. Il est accusé de complicité de meurtre pour avoir commandité ces exécutions.

Le gouvernement français, qui subit de fortes pressions pour trouver les coupables des attentats de l'automne précédent, a décidé de se servir du procès d'Ibrahim Abdallah pour faire œuvre d'exemple. L'avocat chargé de la poursuite, Georges Kiejman, un ami du président Mitterrand, s'apprête ainsi à demander une sentence lourde. Et l'État a mis beaucoup de moyens à sa disposition. On fera témoigner, entre autres, le chef de la police de Beyrouth, qui viendra illustrer le lien entre l'accusé et certaines des prises d'otages français au Liban attribuées à la FARL. Les États-Unis également sont impliqués dans ce procès très important pour eux. Washington s'est constitué partie civile et compte citer de nombreux témoins pour s'assurer que l'assassinat de son diplomate, Charles R. Ray, soit sanctionné sévèrement. Les Américains, victimes eux-mêmes du terrorisme arabe au Liban et ailleurs dans le monde, cherchent eux aussi toutes les occasions de démontrer leur fermeté. Mais, malgré les appuis dont il bénéficie dans ce procès très médiatisé qui s'ouvre à Paris le 22 février 1987, l'avocat Georges Kiejman n'aura pas la tâche facile. Il doit affronter dans cette affaire un personnage redoutable de démagogie, capable de faire déraper le procès, l'avocat Jacques Vergès. Homme au passé trouble, Vergès est connu depuis longtemps comme étant un expert des causes désespérées. Au début de sa carrière, il avait été exclu du Barreau français pour avoir pris la défense de la célèbre terroriste algérienne Djamila Bouhired, une héroïne du FNL, qu'on accusait d'avoir orchestré des attentats meurtriers à Alger durant la guerre d'indépendance et dont il avait obtenu l'acquittement. En offrant ses services à Georges Ibrahim Abdallah, Vergès ne s'attend pas à changer le verdict déjà envisagé par la cour ; au contraire, il sait qu'il se met à dos une grande partie de la population de Paris, et même de l'ensemble des Français, encore traumatisés par les attentats qui ont frappé la capitale l'année précédente. Mais l'avocat vedette n'en est pas à sa première provocation, et il entend profiter de l'occasion qui lui est offerte pour régler ses comptes avec l'*establishment* politique français.

J'envisage donc, en ce mois de février 1987, de suivre ce procès de façon assidue ; une expérience que je n'ai jamais vécue jusqu'alors, même au Canada. C'est ainsi que je noue, à cette occasion, des liens étroits avec les deux avocats principaux qui sont agréablement surpris de l'intérêt qu'un

Canadien choisit de porter à leur travail. Et, dès l'ouverture du procès, dans cette magnifique salle de la cour d'assises de Paris, on peut déjà prévoir à quel point l'expérience en vaudra la peine. Alors que, devant les juges en toge rouge ornée de fourrure blanche, l'avocat général lui demande de décliner son identité, Georges Ibrahim Abdallah donne immanquablement la même réponse à chacune des questions : « Je suis un combattant arabe, c'est tout ce que j'ai à dire. » À aucun moment durant les quelques jours de ce procès Ibrahim Abdallah ne s'excusera ; il ne le fera jamais, d'ailleurs, jusqu'à aujourd'hui, alors qu'il purge toujours sa peine. Il décide même dès le lendemain de sa première comparution, après avoir dénoncé ceux qui le jugent – en particulier les États-Unis –, de ne plus se présenter en cour et de laisser à son avocat le soin de le défendre seul dans une enceinte où il ne compte que des ennemis.

Vergès sait à quel verdict il doit s'attendre. Mais, comme il l'a souvent fait dans les causes désespérées qu'il défend, il choisit tout de même d'attaquer en tentant de prouver la duplicité des gouvernements français et américain, qu'il accuse d'avoir toujours eu une attitude ambiguë vis-à-vis du radicalisme arabe, allant jusqu'à l'exploiter au besoin pour atteindre certains objectifs. Vergès veut démontrer aussi, et c'est un fait reconnu depuis, qu'Ibrahim Abdallah a aidé le gouvernement français, en échange d'une peine réduite, dans la négociation pour la libération de l'ex-otage Gilles Sidney Peyroles, quelques mois auparavant. Dans son plaidoyer, Me Kiejman doit lui-même se défendre en rejetant les allégations voulant qu'il soit à la solde des Américains. Puis il déplore un phénomène qui nous surprend tous dans ce procès qui s'amorce : la plupart des témoins clés se désistent les uns après les autres. L'ex-otage Gilles Sidney Peyroles est introuvable ; l'ex-ministre de l'Intérieur Pierre Joxe, qui a négocié la libération de Peyroles, et l'ex-premier ministre Laurent Fabius ont tous deux invoqué des raisons « importantes » pour ne pas être là. À tel point que l'avocat général se demande à haute voix s'il ne faudra pas demander à la police d'aller chercher les témoins. Vergès, à un moment donné, réussit presque ce qu'il veut : faire dérailler la procédure. Et, plus les jours passent, plus je deviens accroché à cette saga judiciaire comme à une bonne série de télévision, au point d'y consacrer des journées entières. Officieusement, la France, qui veut faire un exemple avec le cas de ce présumé terroriste, est embarrassée par la pression américaine. Le procès, en se compliquant, risque de forcer le gouvernement français à révéler au grand jour des pratiques douteuses dans ses tractations avec les radicaux arabes. Les liens entre la FARL et les groupes d'extrême gauche européens, comme Action directe en France et les Brigades rouges en Italie, font paniquer l'Occident qui n'hésite pas à faire toutes sortes de compromis pour en venir à bout.

Chaque jour, à l'issue des séances, les deux vedettes du procès viennent se confier à mon micro. Et le public au Canada suit l'affaire avec intérêt. Une première pour le bureau de Paris qui, comme me le font remarquer mes propres collègues français, a rarement couvert un dossier d'actualité française aussi assidûment. Pour moi, l'histoire en vaut la peine. Jour après jour, le procès met en lumière la complexité des relations entre l'Occident et le Moyen-Orient, une réalité qui subsiste encore aujourd'hui.

À l'issue du procès, dans sa plaidoirie de clôture, l'avocat général, Georges Kiejman, nous surprend tous en ne recommandant qu'une peine de dix ans d'emprisonnement pour l'accusé, malgré, reconnaît-il lui-même, l'ampleur du crime qui lui est reproché. La France, qui s'est servie d'Ibrahim Abdallah pour obtenir la libération d'un de ses otages du Liban, cherche peut-être, en optant pour une peine réduite, à se ménager des atouts pour les négociations à venir. Mais c'est sans compter les pressions des Américains. À la surprise générale, le 27 février, en l'absence de l'accusé qui continue à boycotter le procès, la cour le condamne à la perpétuité. Une peine jugée trop sévère par les Français eux-mêmes qui sont sondés par CSA dans les jours suivant le verdict. L'éditorialiste de *L'Humanité* résumera le sentiment de plusieurs en disant : « Le procès Abdallah a été de bout en bout piloté pour et par une puissance étrangère. »

Quand, plusieurs années plus tard, à partir de 1999, Georges Ibrahim Abdallah, ayant droit à une libération conditionnelle, cherchera à sortir de prison, les Américains s'y opposeront avec acharnement. L'homme est encore détenu aujourd'hui, malgré l'opposition de son pays d'origine, le Liban, et la pression constante d'un imposant lobby en France qui estime que la loi du talion, dans ce cas comme dans beaucoup d'autres, devrait avoir ses limites.

Le spectacle de Barbie

Quelques mois après l'affaire Ibrahim Abdallah, je retrouve Jacques Vergès dans un autre procès spectaculaire qui va une fois de plus bouleverser la France dans ses entrailles les plus profondes, puisqu'il ramène les Français à une des périodes les plus sombres de leur histoire, celle de leur collaboration avec les nazis. Le procès de Klaus Barbie, qu'on surnomme le « boucher de Lyon », doit s'ouvrir le 11 mai 1987, dans la ville même où il a semé la terreur durant l'occupation allemande, de 1942 à 1944.

Barbie a déjà été condamné à mort *in abstentia* par un tribunal militaire en 1952 pour des crimes commis alors qu'il était chef de la Gestapo à Lyon. Il s'était rendu célèbre, entre autres, par l'arrestation de Jean Moulin, le héros de la résistance française, qu'il a tellement torturé qu'il est mort entre ses mains. Mais le boucher de Lyon avait disparu dès la fin de la guerre. Retrouvé en Amérique latine par Beate et Serge Klarsfeld, un couple de chasseurs de nazis qui le suivaient depuis des années, il a été extradé par le gouvernement de la Bolivie vers la France en 1983 à la suite d'intenses pressions des Français.

Quatre ans plus tard, le procès qui va s'ouvrir à Lyon attire l'attention du monde entier, ne serait-ce qu'en raison de la présence de Barbie lui-même, et de cette occasion qui sera donnée à certaines de ses victimes encore vivantes de lui faire face. Mais comme les crimes dont il était accusé en 1952 sont prescrits par la loi, à cause du temps qui s'est écoulé depuis les faits, le bourreau de Lyon est cette fois cité à comparaître pour cinq nouveaux chefs d'accusation pour crimes contre l'humanité, dont deux importantes rafles de Juifs – en particulier celle d'Izieu, près de Lyon, en avril 1944, impliquant une quarantaine d'enfants – et l'exécution et la torture de centaines de personnes.

Pendant les semaines qui précèdent le procès, je rencontre tous les protagonistes à Paris. Serge Klarsfeld, un avocat brillant qui, avec sa femme, s'est donné pour mission, dans la vie, de poursuivre le plus grand nombre d'anciens nazis encore vivants, sera responsable de la poursuite au nom de toutes les victimes juives de Barbie. Un autre avocat très important de Paris, Charles Libman, qui est aussi l'avocat du bureau de Radio-Canada et un grand ami de certains de mes anciens collègues, comme Pierre Nadeau, représentera plus de quatre-vingts autres parties civiles, pour la plupart des descendants de victimes.

Libman est très nerveux, quand je le rencontre dans son magnifique bureau, rue de Rivoli, à quelques jours du début du procès. Les avocats de la poursuite vont citer des dizaines de témoins à charge contre Barbie. Ils savent que l'issue de la cause est assurée : Barbie sera condamné. Mais ils veulent faire de ce procès, qui doit s'étaler sur plus de deux mois, un exercice pédagogique sur les horreurs commises par les nazis et laisser aux Français plus jeunes, qui n'ont pas connu la Seconde Guerre mondiale, un témoignage de ces atrocités qu'ils n'oublieront pas. Leur crainte est que, encore une fois, Jacques Vergès réussisse à détourner cet exercice pédagogique. Vergès a déjà annoncé son intention de citer des témoins pour démontrer comment des collaborateurs des nazis au sein même de la population de Lyon et de la résistance française auraient participé aux crimes reprochés à Barbie, sans jamais avoir été poursuivis ou accusés. « Il n'est pas possible, me dit-il en entrevue à Paris, que dans un pays une loi s'applique aux vaincus, mais qu'elle épargne les vainqueurs. » La menace, qu'il lancera à nouveau à l'ouverture du procès, fait trembler tous ceux qui se préparent à s'acharner sur le boucher de Lyon.

Quand nous arrivons dans cette ville, quelques jours avant le début du procès, le décor et l'ambiance sont imposants.

L'édifice de la cour d'assises du Rhône, où le procès doit avoir lieu, est déjà complètement isolé par des barrages policiers qui bloquent tous les accès depuis les rues avoisinantes. Plus de trois cents policiers et gendarmes seront affectés à la surveillance des lieux où l'on a aménagé un espace pour loger les trente-cinq jurés et les dizaines d'avocats des cent vingt parties civiles qui participeront à la poursuite. Des centaines de journalistes de partout dans le monde sont attendus. Nous n'avons, nous-mêmes, pas eu de peine à convaincre nos patrons de nous envoyer sur place, tellement l'histoire est fascinante. Ma collègue Sheila MacVicar, une bonne amie basée à Londres, est venue me rejoindre à Lyon où nous allons partager caméraman et monteur. Un jour, enregistrant des images autour de la cour, où des dizaines de gens se sont massés avant même le début des audiences, Sheila se fait aborder par une femme qui a aperçu le drapeau canadien que nous collons toujours sur nos caméras. Ne comprenant pas le français, Sheila vient me retrouver plus loin pour me présenter la dame. Elle dit s'appeler Rosette Giroud et être la sœur d'une des victimes de Barbie. Elle veut absolument nous parler de l'histoire horrible de son frère, parce qu'elle dit qu'elle est liée à celle d'un Canadien, un jeune soldat nommé Beauregard.

Le soir même, autour d'une table accueillante, Rosette Giroud et son mari nous apprennent cette histoire digne d'un roman que je vais raconter aux téléspectateurs canadiens pour souligner encore davantage l'importance, même pour eux, du procès qui s'ouvre à Lyon.

André Alcide Beauregard, répondant au nom de code Cyrano, un jeune opérateur de radio québécois de vingt-sept ans, marié et père d'un garçon, a été parachuté le 9 février 1944 près d'Azay-sur-Cher, en France, dans le cadre d'une opération du réseau Ditcher visant à établir des communications régulières entre la résistance française et les forces alliées.

Formé à la dure en Angleterre, Beauregard, qui était accompagné d'un autre Québécois, Jules Lesage, alias Cosmo – qui, lui, s'en sortira –, savait qu'il avait une chance sur deux de ne jamais revenir vivant de cette mission. Quelques mois plus tard, le 8 juin, Beauregard a été arrêté par la Gestapo, alors qu'il était en train d'émettre à partir d'une grange apparemment sûre, en compagnie de son accompagnateur de la résistance française, le frère de Rosette Giroud. Tous les deux ont vécu des semaines de torture atroce, à la prison Montluc de Lyon, avant d'être entassés avec cent dix-huit autres détenus dans des autobus et conduits par la Gestapo jusqu'au fort désaffecté de Côte-Lorette, où ils ont été fusillés, aspergés d'essence et brûlés. Victimes d'un geste de désespoir cruel des Allemands avant que ceux-ci ne fuient en panique la région.

L'histoire de Beauregard et de son compagnon français nous fait pleurer autour de la table quand nous l'entendons. C'est un récit emblématique de cette génération de jeunes gens brillants et prometteurs qui ont risqué leur vie pour lutter contre l'Allemagne nazie. Ainsi, par un hasard étonnant, les horreurs de Barbie vont prendre une réalité tout autre pour nos téléspectateurs, parce qu'un Canadien en a été lui aussi victime. Le lendemain, nous allons tourner des images de ces lieux où le destin tragique d'André Beauregard s'est déroulé : la prison Montluc, les ruines du fort de Côte-Lorette, le musée exhibant les ossements des victimes, dont certains encore transpercés par les clous que les nazis leur enfonçaient dans les membres au cours d'innombrables séances de torture, et ailleurs en ville, les plaques commémoratives rappelant sa présence. Nous rencontrons même un vieil homme qui avait vu, ce 20 août 1944, les autobus aux vitres opaques transporter les prisonniers jusqu'à l'ancien fort et qui avait entendu les rafales de mitrailleuses alors qu'on les exécutait. Après avoir recueilli tout ce matériel, je demande à mes collègues à Montréal de retrouver la femme de Beauregard ou son fils, pour qu'ils nous racontent leur version, de leur point de vue tellement lointain, à l'époque, de l'histoire d'André. Le lendemain de l'ouverture du procès, je reçois avec bonheur ce télex me racontant le fruit de leurs recherches : « Nous avons retrouvé Mme Janine Rodrigue Beauregard, l'épouse remariée d'André Alcide Beauregard. Elle a soixante-dix ans, et son fils Conrad a maintenant quarante-sept ans […]. Un officier canadien lui a apporté un bon six mois plus tard, à la maison, sa bague et son linge. Son mari était instruit. Il lisait beaucoup. Il parlait "toutes les langues". Il lui a écrit de nombreuses lettres de France et elle avait une adresse pour le joindre à Lyon. Mais elle n'avait plus de nouvelles de lui quand elle a appris qu'il était disparu. » Et suit cette autre note : « Veux-tu que j'envoie tourner la photo de noces de M. Beauregard ? »

C'est avec, en tête, tout ce que j'imaginais de l'histoire de ce jeune héros canadien que j'ai assisté, dans la salle du tribunal, le 11 mai 1987, à l'ouverture du procès de Barbie. Un psychodrame unique dans la vie d'un journaliste, où, pour la première fois depuis quarante-trois ans, des victimes voyaient arriver devant leurs yeux, menottes aux poings, leur bourreau. Aux premiers rangs du groupe des anciennes victimes, derrière les avocats, se tenait une vieille dame voûtée que nous avions rencontrée la veille, et dont le témoignage allait être le grand moment de toutes ces audiences. Lise Lesèvre, un pilier de la résistance à Lyon en 1944, avait été torturée personnellement par Barbie pendant plusieurs semaines, au point qu'il en avait lui-même perdu la raison, tellement elle lui résistait. Elle avait fini la guerre déportée dans un camp de travail en Allemagne. Je n'oublierai jamais le visage de cette femme quand le boucher de Lyon est passé devant elle, arborant un sourire. Elle revoyait ce personnage au cynisme mortel, qui l'avait sans doute tellement hantée entre chacune des séances de torture dont elle conservait encore les traces. Après son entrée dans la cour en compagnie de son avocat, tous les deux dévisageant l'assistance en souriant, Barbie avait poussé l'audace, ce jour-là, en réponse aux questions du président du tribunal, en se présentant comme Klaus Altmann, le nom d'emprunt qui lui avait servi de couverture dans sa fuite.

Je n'ai assisté qu'au début de ces procédures qui allaient durer des semaines ; j'ai dû quitter Lyon très tôt, parce que l'actualité se bousculait ailleurs. Mais j'ai été témoin du dernier coup d'éclat de ce grand maître de la manipulation quand, à la fin de sa première journée d'audience, Klaus Barbie a fait lire en son nom cette déclaration liminaire laissant tout le monde sur sa faim : « Je suis détenu ici de façon illégale, j'ai été victime d'un enlèvement. L'affaire est actuellement examinée par la Cour suprême bolivienne. Je suis citoyen bolivien. Je n'ai donc plus l'intention de paraître devant ce tribunal et je vous demande de bien vouloir me faire reconduire à Saint-Joseph [la prison où il était détenu à Lyon]. Je m'en remets à mon avocat malgré le climat de vengeance et de lynchage entretenu par les médias français. Je lui confie le soin de me défendre pour l'honneur de la justice. » La déclaration avait provoqué instantanément des réactions de panique de la part des victimes, ainsi que de la poursuite qui souhaitait tellement faire de ce procès un exercice de pédagogie et d'histoire. Comment le bourreau pouvait-il si facilement se soustraire au face-à-face que voulaient lui faire subir ses victimes ? L'écrivain Marek Halter, présent dans la salle, s'en était lui aussi indigné : « Du coup, m'avait-il dit à la caméra, on ne pourra pas voir les anciennes victimes face à leur ancien bourreau. Cette confrontation n'existera pas. On se retrouvera devant quoi ? Devant une scène horrible où les anciennes victimes de Barbie seront obligées de se justifier devant un avocat malveillant. » Encore une fois, Vergès avait réussi son coup. Tout le procès qui, pendant deux mois, devait se dérouler devant le boucher de Lyon allait se faire entre victimes.

Vergès cherchera à démontrer que Barbie n'était qu'un homme répondant à des ordres et que sa responsabilité dans tous les crimes qu'on lui reprochait n'était pas aussi importante qu'on le croyait. Mais, le 4 juillet 1987, Klaus Barbie sera condamné à la prison à perpétuité, et il mourra d'un cancer pendant sa détention, quelques années plus tard. Le procès de Barbie, et surtout les menaces que faisait peser son avocat de rouvrir le débat sur la collaboration des Français avec les nazis, a ébranlé la France durant cette première moitié de 1987. Mais Jacques Vergès ne produira jamais le choc dont il menaçait le peuple, et on attendra jusqu'à la fin du procès les révélations qu'il avait promises.

J'ai toujours été fasciné par le mystère de cet homme, né en Thaïlande d'un père français et d'une mère vietnamienne, que je reverrai encore plusieurs fois par la suite, et dont la réputation était à mon avis surfaite. Je me souviens d'une entrevue très longue avec lui, dans son appartement feutré de Paris où planait l'influence de l'Asie dont il était issu. À la fin de la rencontre, profitant du climat fraternel de nos échanges, j'avais tenté par toutes sortes de moyens, comme tellement d'autres avant moi, de savoir ce qui lui était advenu quand, de 1970 à 1979, il avait disparu soudainement sans donner signe de vie. S'était-il, comme on le disait, enrôlé dans la résistance cambodgienne aux côtés de son ancien collègue d'université, Pol Pot, dont il était devenu le conseiller juridique ? Jacques Vergès est décédé en août 2013 sans qu'on ait réussi à percer ce mystère.

En tournée avec Mitterrand

Après le début du procès de Barbie, l'actualité française m'a rattrapé rapidement. La grande question de l'heure était celle de l'avenir de François Mitterrand. À un an de la fin de son septennat, le président, âgé de soixante-dix ans, laissait planer le doute sur son intention de solliciter un nouveau mandat, même si les sondages lui étaient très favorables. Après la victoire de la droite aux élections législatives un an plus tôt, en 1986, Mitterrand avait surpris tout le monde en offrant à son principal ennemi politique, Jacques Chirac, de « cohabiter » avec lui en devenant premier ministre. Chirac avait ainsi dû affronter, malgré lui, une vague de grèves très dures allant des étudiants aux employés de l'État, et son image en était restée ternie. Après la cohabitation, tout le monde se demandait quelle manigance allait de nouveau inventer ce président, que l'on comparait à un monarque distant, mais redoutable.

Peu de temps après mon retour de Lyon, je décide de profiter de circonstances assez uniques pour tenter de rencontrer le président Mitterrand. Depuis quelques mois, on avait annoncé son départ le 25 mai pour le Canada, où il allait effectuer une première visite officielle à l'invitation de Brian Mulroney. Un projet préparé de longue date grâce aux bons soins de l'ambassadeur du Canada à Paris et fidèle collaborateur de Mulroney, Lucien Bouchard. Habituellement, quand un chef d'État se rend en visite dans un pays étranger, il accepte, par courtoisie, de rencontrer les correspondants du pays en question avant de partir. Or, à quelques jours de son départ, le président français, qui garde ses distances face à la presse, refuse de se prêter à ce rituel. J'apprends, par ailleurs, qu'il doit entre-temps se rendre dans la région de Bordeaux pour effectuer une de ces tournées éclair des régions de France qu'il affectionne particulièrement. À force d'insister, j'obtiens de l'Élysée la permission de l'accompagner dans son hélicoptère tout le long de la tournée. À une condition, toutefois, qu'on m'impose de façon très stricte : je ne dois en aucune circonstance tenter d'interviewer Mitterrand à la caméra. On peut tout tourner, je peux lui parler autant que je le souhaite, mais impossible d'enregistrer nos échanges.

Le 23 mai, au petit matin, nous retrouvons donc la délégation du président dans la région de Bordeaux où, comme convenu, après les salutations d'usage, il nous invite, mon caméraman et moi, à monter à bord de son hélicoptère. Pendant toute la journée, nous avons suivi cet homme imposant en profitant de chaque moment d'intimité pour échanger avec lui. Durant les étapes en hélicoptère, il passait son temps à observer les paysages du haut des airs avec une curiosité soutenue, comme un souverain scrutant son royaume.

L'arrêt le plus long se déroule à Blaye, cette magnifique petite ville au cœur des vignobles de la Gironde, où il décide de grimper jusqu'à la citadelle construite par Vauban et aux ruines de l'église de Saint-Romain, où seraient enterrés les restes du chevalier de Roncevaux, le héros de *La Chanson de Roland*. Un bonheur pour ce président féru d'histoire et amoureux du terroir, qui s'en confie d'ailleurs devant nous aux élus locaux et aux notables qui l'accompagnent. « On s'interroge parfois, leur dit-il, sur la raison de ces voyages, que j'accomplis en France, assez souvent, dès que je dispose d'un moment. Ces voyages ne prétendent pas apporter, à chaque étape, des révélations ni fournir matière à sensations ou à discours. C'est la réponse sans doute à ma curiosité personnelle d'abord, d'approcher mieux encore ce qu'est la France et ce que sont les Français, mais aussi à l'idée que j'ai de ma fonction et de mon devoir. » À un moment donné, alors que nous le suivons en marchant durant cette visite de Blaye, je décide, après avoir convenu du stratagème avec mon caméraman, de m'approcher de Mitterrand et d'échanger avec lui quelques mots. J'ai installé sur moi, discrètement, un micro portable capable de capter notre échange, et pendant que le caméraman, volontairement éloigné de nous, fait mine de tourner un plan général du groupe, je lui pose quelques questions sur sa visite au Canada, mais surtout sur le climat politique en France. C'est ainsi que j'ai obtenu, ce jour-là, grâce à la complicité amusée du président, les quelques bribes d'entrevue que j'utiliserai dans mon reportage, malgré la mise en garde des services de presse de l'Élysée.

Pendant toute cette journée, qui ne devait pas selon lui « fournir matière à sensations », mais au cours de laquelle il s'était fait accompagner par Jacques Chaban-Delmas, l'homme politique le plus admiré de la région, j'avais eu la nette impression que François Mitterrand était déjà en campagne pour sa réélection.

L'Europe explose

Au moment où François Mitterrand laisse encore planer le doute sur son avenir politique, l'Europe est en plein bouleversement. Après avoir entériné l'entrée de la Grèce, du Portugal et de l'Espagne au sein du marché commun, les Douze commencent déjà à réfléchir à une alliance plus solide et contraignante, l'Union européenne, avec une monnaie unique et des politiques économiques plus centralisées. Les membres les plus optimistes envisagent même une nouvelle expansion qui pourrait attirer certains alliés de l'Union soviétique, comme la Pologne, où le mouvement Solidarnosc s'apprête à faire tomber le gouvernement communiste. L'Europe qui, depuis la Seconde Guerre mondiale, est le terrain de prédilection où s'expriment les tensions entre les deux blocs, de l'Est et de l'Ouest, communiste et capitaliste, est déchirée entre son obsession pour sa sécurité et l'attrait qu'exerce auprès de sa population le nouveau leader réformiste de l'Union soviétique, Mikhaïl Gorbatchev.

En juillet 1987, j'ai moi-même un accès privilégié aux grandes préoccupations stratégiques des leaders occidentaux en participant, au siège de l'OTAN, à Bruxelles, à des journées de *briefing* ultraconfidentielles destinées à la presse européenne. En trois jours, nous avons droit à des entretiens de plusieurs heures avec des ambassadeurs, comme Guy de Muyser, le représentant du Luxembourg, qui allait être accusé d'espionnage au profit de l'Union soviétique en 1990, l'Américain Simon Lunn, le chef de la planification et des politiques, et même le secrétaire général, le Britannique Lord Carrington. Je suis surpris d'apprendre tout ce qu'ils savent sur Mikhaïl Gorbatchev et sur l'impact de ses réformes visant à moderniser et rendre beaucoup plus transparent le fonctionnement de l'Empire soviétique : les fameuses pérestroïka et glasnost. On nous dit que Gorbatchev, pour régler les problèmes économiques de l'URSS, s'apprête à mettre fin à sa présence militaire ruineuse en Afghanistan et même à laisser certains pays comme la Pologne ou l'Allemagne de l'Est prendre leurs distances avec le pacte de Varsovie. Moscou, en fait, est tellement enfoncé dans la crise économique, nous dit-on, que les Russes seraient incapables de retenir dans leur giron les pays d'Europe de l'Est, qui voyaient dans l'ouverture de Gorbatchev à l'Occident un signal pour eux d'en faire autant.

Quelques semaines plus tôt, le président Ronald Reagan, qui avait déjà eu une rencontre au sommet chaleureuse avec Gorbatchev à Reykjavik, en novembre 1986, avait profité de son passage aux fêtes du sept cent cinquantième anniversaire de Berlin pour s'adresser solennellement au leader soviétique, devant la porte de Brandebourg, en lançant cette phrase devenue célèbre au sujet du mur de Berlin, symbole absurde de la guerre froide : « *Tear down this wall !* », « Détruisez ce mur ! » Il ne pouvait pas deviner que les choses se produiraient aussi vite. Depuis plusieurs années, Reagan soufflait le chaud et le froid pour faire plier l'Union soviétique ; il alternait la main tendue et le bruit des bottes, imposant par exemple, malgré l'opposition de certains alliés, le déploiement des missiles balistiques Pershing, des armes de courte portée redoutables, sur le sol européen.

Ce qui inquiétait l'OTAN, durant l'été 1987, comme nous l'apprenaient confidentiellement nos interlocuteurs de l'Alliance atlantique, c'était justement à quel point Gorbatchev avait profité de la main tendue de l'Occident pour pratiquer une politique d'ouverture qui séduisait le grand public. « *Gorbatchev has seized the initiative* », nous avouait l'ambassadeur du Canada à l'OTAN, Gordon Smith, faisant écho à la crainte de plusieurs dirigeants européens de voir leur opinion publique céder au charme de Gorbatchev et faire pression pour baisser la garde, alors que l'Union soviétique restait encore, selon eux, cette « force du mal » surarmée qu'on avait tellement redoutée durant toute la guerre froide. Depuis quelque temps, on voyait de plus en plus de gouvernements en Europe refuser d'assumer les coûts exorbitants de la défense européenne sous la pression de leur électorat, ce qui choquait les États-Unis. On assistait aussi à une prolifération des mouvements pacifistes d'un côté comme de l'autre du rideau de fer, dont certains carrément subventionnés par l'URSS, demandant le retrait des missiles américains déployés en Europe. Les bonzes de l'OTAN, constatant les effets sur l'opinion publique européenne et mondiale du charme exercé par Gorbatchev – le premier dirigeant soviétique, peut-être, depuis Khrouchtchev, à présenter un visage humain –, en arrivaient même à craindre que la détente éventuelle n'en vienne à menacer l'avenir de leur organisation. Le chef de la délégation canadienne, l'ambassadeur Gordon Smith, m'avait même confié sa crainte de voir son propre pays, le Canada, se désintéresser de l'OTAN.

Quelques mois après cette rencontre à huis clos à l'OTAN, à l'automne 1987, j'ai proposé à mes patrons d'aller vérifier sur le terrain la pertinence de ces appréhensions. En tournée de reportages en Europe, j'ai rencontré des membres des gouvernements de coalition fragiles en Belgique et aux Pays-Bas, qui m'ont exprimé leurs réticences à taxer davantage les contribuables pour financer leur implication de plus en plus coûteuse au sein de la défense atlantique. Une cause à laquelle leurs populations ne croyaient plus. À Bonn, les fonctionnaires du gouvernement allemand faisaient état de sondages montrant que les trois quarts des Allemands de l'Ouest avaient davantage confiance en Mikhaïl Gorbatchev qu'en Ronald Reagan. À tel point que de plus en plus de politiciens allemands ne cachaient plus leur sympathie à l'endroit des Soviétiques.

En visitant pour la première fois les bases militaires canadiennes à Baden-Baden et à Lahr, en Allemagne – deux bases imposantes, une pour l'aviation et l'autre pour l'infanterie, que nous occupions à l'époque dans le cadre de notre participation à l'OTAN –, j'ai eu droit aussi à un plaidoyer en faveur du maintien de nos propres soldats en Europe. Les officiers parlaient ouvertement de leur crainte de devoir bientôt rentrer au pays et d'assister à la fermeture des bases, dont le maintien coûtait une fortune au Canada. Pendant la majeure partie des années de la guerre froide, les soldats canadiens avaient bénéficié d'une expérience unique en raison de cette présence sur le continent européen, en côtoyant les meilleures armées du monde, les mieux équipées, et en disposant eux-mêmes des technologies les plus avancées, dont les F-18 qui venaient à peine d'y être déployés. L'Europe constituait un terrain de prédilection où ils voulaient tous aller. Se pouvait-il maintenant que tout cela ait une fin? Des situations que la guerre froide avait rendues immuables pouvaient-elles changer du tout au tout à ce point[15]?

Mais c'est en me rendant à Berlin, en découvrant pour la première fois le mur, durant cet automne 1987, que j'ai senti le plus l'imminence d'un changement profond. Déjà, depuis des mois, on commençait à voir le nombre de réfugiés, qui risquaient leur vie pour traverser le rideau de fer, augmenter à vue d'œil; on pouvait deviner dans les yeux des gardes est-allemands le manque de motivation qui allait mener à leur

---

15. Les bases canadiennes de Baden-Baden et de Lahr seront fermées en juillet 1993.

abdication deux ans plus tard. Depuis le début des années 1960, les Allemands avaient appris à vivre avec cette absurdité de l'histoire. Le mur et ses gardiens étaient même devenus de grandes attractions touristiques. Mais les miradors ne faisaient plus aussi peur qu'avant, et tout le monde attendait le jour où ils disparaîtraient. Après tout ce que j'avais entendu et vu, j'avais la conviction que tout cela n'était qu'une question de mois, et les événements allaient me donner raison.

Le séisme polonais

J'ai encore plus saisi l'importance du changement qui se préparait en me rendant en Pologne, quelques semaines plus tard, pour rencontrer le héros de toutes les victimes de l'Empire soviétique, Lech Walesa.

Depuis 1980, la Pologne – un des premiers pays intégrés par l'Union soviétique après la Seconde Guerre mondiale en vertu des accords de Yalta – était aux prises avec une crise interne qui s'aggravait au point de menacer le régime du président du pays, un allié fidèle de Moscou, le général Wojciech Jaruzelski. La révolte polonaise avait commencé par des grèves massives au chantier maritime de Gdansk, sur les bords de la mer Baltique, un symbole de l'industrie lourde soviétique. Un petit homme grassouillet, Lech Walesa, y avait fondé un syndicat, Solidarnosc, qui, après des années de répression, continuait à prendre de l'importance, au point de représenter plus de 10 millions de travailleurs dans tout le pays. En novembre 1987, Jaruzelski, dans l'espoir d'atténuer le ressentiment populaire contre lui, avait proposé des réformes inspirées de celles de Gorbatchev à Moscou: ouverture à une certaine démocratie et privatisation partielle de l'économie. Et il avait annoncé la tenue, le 29 novembre, d'un référendum pour faire approuver les réformes. Le gouvernement était tellement persuadé que cette consultation recevrait une réponse favorable qu'il avait ouvert les portes du pays à la presse étrangère.

Une occasion unique pour nous de poursuivre notre exploration des changements qui se dessinaient en Europe.

C'était aussi pour moi la première fois, en tant que journaliste, que j'avais l'occasion d'aller de l'autre côté du rideau de fer, comme on appelait cette frontière en Europe au-delà de laquelle nous entrions dans la zone de contrôle de l'Union soviétique. Radio-Canada et CBC n'avaient pas encore de correspondant pour la télévision à Moscou, et Don Murray, profitant de l'ouverture sous Gorbatchev, se préparait à solliciter un visa pour y établir un bureau. Chaque occasion de nous rendre dans l'univers soviétique, à l'époque, était unique. J'avais déjà effectué deux visites en tant que touriste, en Tchécoslovaquie en 1972, puis en Russie, en Arménie, en Géorgie et en Ouzbékistan en 1976, où j'avais été sidéré de découvrir dans les magasins, les épiceries en particulier, la pénurie de denrées qui illustrait l'échec du système soviétique.

À notre arrivée à Gdansk, en novembre 1987, nous avons été surpris, là aussi, par la misère ambiante. J'avais l'impression de me retrouver dans ce que devait être l'Angleterre de la révolution industrielle au XIXe siècle. Une ville triste, polluée par le charbon et l'industrie lourde, où les ouvriers, en bleu de travail, s'engouffraient à l'usine, le matin, pour en sortir, tard le soir, le visage et les mains couverts de suie. Avec, au cœur de cette cité lugubre, le chantier maritime mythique où était née la révolte contre le pouvoir de Moscou ; un chantier tellement vétuste et surpeuplé que les autorités, cherchant à moderniser l'économie, menaçaient alors de le fermer. Une ville dominée aussi par les clochers d'églises et les membres du clergé catholique omniprésent, habillés de noir de la tête aux pieds comme chez nous, trente ans auparavant, dans mon enfance, durant la période de la grande noirceur. À cette différence près qu'en 1987 l'Église catholique n'était pas, en Pologne, une force proche du pouvoir, comme elle l'avait été longtemps au Québec, mais au contraire la première organisation structurée à oser s'opposer aux Soviétiques. Depuis l'élection du pape Jean-Paul II en 1978, et son retour triomphal chez lui, en Pologne, l'année suivante, l'Église polonaise avait reçu un appui de taille dans la lutte qu'elle menait contre l'ostracisme dont elle était victime de la part des communistes. Les catholiques de Pologne avaient même leurs propres héros de la résistance contre l'oppression, comme le père Jerzy Popieluszko, un des premiers piliers du mouvement Solidarnosc, dont la mémoire était célébrée dans toutes les paroisses. Chaque dimanche, le père Popieluszko attirait les foules dans son église de Varsovie en dénonçant dans ses prêches le régime de Jaruzelski ; jusqu'au moment où les autorités en avaient eu assez. Il avait fini ses jours, en 1984, au fond de la Vistule, où ses tortionnaires l'avaient jeté après l'avoir cruellement torturé.

C'est donc dans les bureaux de l'archevêché de Gdansk – le seul endroit sécuritaire dans la ville où l'opposition pouvait se réunir – que j'ai rencontré pour la première fois, entouré d'une douzaine de curés en soutane noire à la mine patibulaire, un des êtres les plus redoutés par Moscou, à cause du symbole qu'il représentait, le leader de Solidarnosc, Lech Walesa. En le découvrant devant moi, j'ai été frappé par la modestie et la timidité de cet homme qui s'exprimait lentement et sans grande sophistication. Je me demandais comment un être aussi discret et effacé avait pu inspirer tout un peuple, et surtout faire frémir l'empire le plus menaçant de la planète. Dans l'entrevue qu'il nous a accordée, Walesa a dénoncé la décision du gouvernement de fermer son chantier naval sous prétexte de réformes économiques auxquelles personne ne croyait. Il nous a exprimé aussi sa détermination d'en finir avec le régime de Jaruzelski, avec une fermeté qui transcendait sa réserve apparente.

Une dernière rencontre, avant de quitter le pays, nous a convaincus de l'imminence du bouleversement qui se préparait en Pologne. Dans son modeste appartement, j'ai eu le privilège de m'entretenir avec le grand inspirateur de la révolte populaire et conseiller de Walesa, Bronislaw Geremek. Durant cet automne de bouillonnement politique intense, Geremek avait des rapports quotidiens avec François Mitterrand, par l'intermédiaire d'anciens collègues de ses années d'études en France, comme le Pr Georges Mink, alors directeur de l'Observatoire sociologique de l'Europe de l'Est et de l'Union soviétique, et le conseiller personnel du président, Jacques Attali. Geremek m'a raconté

comment la France, qui avait toujours eu des liens privilégiés avec la Pologne, utilisait alors tout son pouvoir pour
appuyer l'action de l'Église catholique et celle de Solidarnosc
dans l'espoir de précipiter la chute du régime communiste
polonais. Et en appui aux efforts de la France, toute la puissance stratégique de l'Occident allait s'unir pour accélérer
le changement.

La revanche de Tonton

Quelques mois plus tard, au printemps 1988, alors que l'Europe est en pleine effervescence, François Mitterrand, à
soixante et onze ans, confirme son intention de solliciter un
deuxième mandat de sept ans à la présidence de la République française. Au moment où il déclenche sa campagne,
Mitterrand est reconnu comme un leader européen de premier plan. Durant son premier septennat, il a joué un rôle
majeur dans la réconciliation franco-allemande, qu'il a
scellée quatre ans plus tôt à l'ossuaire de Douaumont par sa
poignée de main symbolique avec celui qui est devenu son
ami, le chancelier ouest-allemand Helmut Kohl. Le président
français a été aussi un acteur important dans l'orchestration
du grand jeu politique et stratégique qui ébranle le pouvoir
de l'Union soviétique. Depuis quelques années, il s'est rapproché du faucon républicain Ronald Reagan en apportant
son appui à la politique de fermeté de Washington à l'égard
de Moscou.

Mais sa réélection n'est pas assurée pour autant. Depuis
la victoire de la droite aux législatives de 1986 et la montée
en force du Front national, la situation politique en France
a beaucoup changé. Les Français évaluent son premier
mandat avec beaucoup d'amertume ; en sept ans, l'économie
du pays s'est transformée, et de grands secteurs de l'industrie traditionnelle – la sidérurgie ou la construction maritime, par exemple – ont été ruinés par la concurrence des
économies émergentes d'Asie. La société aussi a évolué. Avec
l'élargissement de l'Europe et l'ouverture des frontières,
l'immigration a connu une progression importante et des
régions entières en ont subi les secousses.

Je profite donc du déclenchement de la campagne présidentielle pour me faire plaisir, et faire plaisir aussi, j'en suis convaincu, aux téléspectateurs francophones canadiens, en proposant de réaliser une série de reportages dans quelques régions clés afin de mesurer l'état d'esprit des Français.

C'est ainsi qu'avec mon équipe je me rends d'abord dans la région la plus éprouvée de France à cette époque, le Nord-Pas-de-Calais, le pays des houillères, des anciennes mines de charbon et de la sidérurgie, qui est devenu une zone en friche, comme le disent les Français ; des kilomètres carrés de vieilles infrastructures industrielles abandonnées, parce que désuètes. Une région fermement attachée à ses traditions politiques, qui est demeurée malgré tout fidèle au Parti socialiste de Mitterrand. Je découvre sur place que, en dépit de leurs problèmes économiques majeurs, les habitants du nord du pays, loin d'abdiquer ou de se désoler, mettent au contraire tous leurs espoirs dans l'avenir et dans les grands projets qui s'annoncent, comme la construction du tunnel sous la Manche, qui va multiplier les échanges avec l'Angleterre, et surtout la création de l'Union européenne, prévue pour 1992, et l'avènement d'une monnaie et d'une citoyenneté communes qui, à leurs yeux, promet de dynamiser la vieille Europe. Je me rends ensuite à Strasbourg, la première capitale européenne qui, elle, vit dans la crainte de se voir supplantée par l'importance croissante de Bruxelles. L'Alsace pourtant prospère est, au contraire du Nord-Pas-de-Calais, devenue frileuse par rapport aux changements à cause de l'arrivée massive d'immigrants musulmans, et la région a plutôt le réflexe de se replier sur elle-même.

Un an auparavant, les élections législatives, en plus de donner une majorité à la droite, avaient provoqué une onde de choc au sein de la classe politique française en permettant au Front national de faire son entrée pour la première fois à l'Assemblée nationale, avec trente-cinq députés. La surprise avait fait naître toutes sortes d'interrogations. Pourquoi les Français avaient-ils, tout d'un coup, donné tant d'importance à l'extrême droite ? Comment des électeurs, autant de droite que de gauche, d'ailleurs, avaient-ils pu opter pour un parti aussi radical ? Un des endroits où le Front national avait eu le plus haut score se trouvait au cœur de l'Alsace, dans la petite ville bourgeoise de Barr, une municipalité de sept mille habitants, à très grande majorité chrétienne, située dans le Bas-Rhin, où nous avons fait une découverte étonnante.

Dès notre arrivée dans cette cité tranquille, où nous n'avons prévenu personne de notre venue, nous sommes frappés par ce que nous voyons. Partout dans les lieux publics, les terrains de sport, les cafés de quartier normalement peuplés d'Européens blancs, on n'aperçoit que des gens basanés aux allures étrangères. À notre premier arrêt à l'école primaire de Barr, les professeurs nous expliquent que, depuis quelques années, près de la moitié des élèves sont d'origine turque. Dans le passé, l'école avait dû absorber des vagues d'immigration – des Portugais, par exemple, au début des années 1950 –, mais jamais d'une telle ampleur, et surtout jamais de musulmans. La situation est telle à l'école, nous dit-on, que les parents originaires de Barr exigent des classes séparées pour leurs enfants. On apprend ainsi que depuis plusieurs mois des centaines de familles de travailleurs turcs, employés en Allemagne, sont venus s'installer à Barr, parce qu'on leur a dit que les services sociaux français étaient plus généreux que ceux des Allemands et que la vie était moins chère en France. Leur arrivée massive a provoqué un émoi que, chaque jour, le son du muezzin sortant d'un vieux garage transformé en mosquée ne fait qu'amplifier. Le vote pour le Front national avait donc servi d'exutoire à la population paniqué par son choc avec l'islam.

Et nul autre que le maire de Barr, Marcel Krieg, ne pouvait mieux nous expliquer le phénomène. Se sentant à l'aise devant nous – puisque lui aussi, en s'adressant à une télévision étrangère, a la conviction que ses propos ne seront pas entendus en France –, il nous raconte que chaque jour il supplie les leaders de la communauté turque de quitter sa municipalité, ou à tout le moins de se répartir plus également dans la région. Il leur dit que leur présence trop importante à Barr risque de soulever la haine des citoyens d'origine. « Eh bien là, ça ne colle pas, m'explique-t-il, je ne sais pas si la communauté alsacienne, chrétienne, pourra assimiler l'islam, alors c'est ça le risque [...]. La population, à un moment donné, trouvera qu'il y en a trop, et nous en sommes arrivés là ! »

Il me confie ensuite qu'une association informelle de maires français, aux prises comme lui avec l'immigration, a statué que, au-delà de 5 % de l'ensemble de la population, la présence des immigrants pose problème et qu'il faut éviter les concentrations comme celle qui se produisait à Barr. L'entrevue avec le maire, par sa franchise, était une illustration extraordinaire de cette réaction populaire sur laquelle Jean-Marie Le Pen avait misé, et dont les manifestations diverses allaient se répandre, dans les années subséquentes, dans toute l'Europe.

Mon reportage a attiré l'attention chez nous. Mais je ne soupçonnais pas qu'il allait entraîner des réactions aussi en Europe. Nous étions, à l'époque, au commencement de l'expérience de TV5 Monde, qui allait devenir le grand réseau mondial de télévision francophone que l'on connaît. Or, alors que j'avais promis au maire de Barr que ses propos n'allaient pas être diffusés en dehors du Canada, j'ai appris plus tard que, par une manœuvre que je n'avais pas prévue, tous ses concitoyens avaient pu en prendre connaissance, puisque la télévision allemande avait découvert le reportage et l'avait diffusé. J'avais mis, sans le savoir, le maire de Barr dans l'embarras. L'immigration en Europe n'en était alors qu'au début d'une vague qui allait s'amplifier au cours des années suivantes et menacer la politique d'ouverture des frontières qui était un de ses fondements. Mais ce n'était qu'un petit bouleversement parmi tous les autres que la vieille Europe s'apprêtait à vivre.

Après l'Alsace, nous avions terminé notre tournée de la France dans le Sud. Une région souvent présentée comme insouciante ou dilettante, mais où, à la fin des années 1980, régnait un dynamisme époustouflant, alors que des villes comme Montpellier ou Marseille investissaient des fortunes pour développer des cités de l'avenir, des technopoles aux noms souvent exotiques, comme Sophia Antipolis près de Nice, devançant dans ce mouvement les pays les plus innovants de la planète. La France que je découvrais dans cette tournée hors des sentiers battus m'impressionnait par sa diversité, mais surtout par l'imagination et l'audace qu'elle déployait pour faire face à ses défis qui, en comparaison, me semblaient beaucoup plus éprouvants que les nôtres : vieillissement de ses équipements industriels, bouleversement des structures de l'Europe, fin de la guerre froide et écroulement de l'URSS, avec toutes les conséquences prévisibles dans l'ensemble de la région.

Finalement, après avoir été tentés, deux ans plus tôt, par une réaction de repli en donnant un appui important au Front national et à une majorité de droite, les Français, à l'issue de la campagne présidentielle de 1988, ont décidé de faire confiance à l'avenir en confiant à l'homme de l'ouverture vers l'Europe, François Mitterrand, une seconde chance. Le 8 mai 1988, le président sortant a été réélu avec un score confortable de 54,02 % des voix contre son adversaire Jacques Chirac.

Le Canada à Paris

Pendant deux ans, au bureau de Radio-Canada à Paris, j'ai été au cœur de l'activité européenne qui allait donner lieu à une reconfiguration totale des forces politiques de cette région du monde, et dont les conséquences s'étendraient à l'ensemble de la planète. J'ai vécu une relation intime avec la société française, dont j'ai raconté les forces et les faiblesses. Mais j'ai aussi été témoin, durant cette période dans la capitale française, d'une nouvelle dynamique dans les rapports entre ce grand pays de la francophonie et le Québec.

Dès mon arrivée en poste, en septembre 1986, j'ai fait la connaissance de Lucien Bouchard, l'ambassadeur du Canada en France, dont j'avais observé les antécédents durant mes années de journalisme au Québec, mais que je ne connaissais pas personnellement. Fervent nationaliste québécois, il avait contribué, quelques années plus tôt, à l'élection de son ami Brian Mulroney en écrivant, entre autres, le fameux discours de Sept-Îles, dans lequel le chef conservateur s'engageait à favoriser l'adhésion du Québec à la Constitution canadienne dans l'honneur et l'enthousiasme. À Paris, cet homme flamboyant exerçait une influence considérable dans le triangle complexe des relations Québec-Canada-France, en raison de ses talents de diplomate et de négociateur, mais surtout grâce, justement, à ses liens privilégiés avec Mulroney; un avantage que Bouchard décrira plus tard dans un récit autobiographique: « […] le premier ministre avait fait savoir en haut lieu que traiter avec moi était bien près de traiter avec lui[16]. »

Quelques mois avant mon arrivée en poste à Paris, il avait contribué à la tenue du premier Sommet de la francophonie à Versailles en favorisant un rapprochement historique entre le premier ministre du Canada et le président français, qui cherchaient tous les deux à relancer la coopération entre les pays de langue française. Il avait aussi mis fin aux querelles légendaires entre Québec et Ottawa en négociant un statut de gouvernement à part entière pour le Québec dans le cadre de ces rencontres. Après le sommet de Versailles, Mulroney avait, à l'invitation du président Mitterrand, prolongé son séjour par une visite officielle en France au cours de laquelle il fut décidé que le prochain sommet se tiendrait à Québec, en septembre 1987, et que Mitterrand lui-même effectuerait sa première visite officielle au Canada quelques mois auparavant.

Durant l'automne 1986, j'ai eu un premier contact professionnel avec Lucien Bouchard en compagnie de mon collègue Don Murray, du réseau anglais de Radio-Canada, lors d'une rencontre organisée par le responsable des communications de l'ambassade, Yves Gagnon, un ancien camarade de sciences politiques. Nous avions sollicité un entretien avec lui pour discuter d'un contentieux très délicat qui menaçait de compromettre le rapprochement exceptionnel auquel on assistait entre Paris et Ottawa, et qu'on appellera « la guerre de la morue ». Le Canada contestait l'interprétation de la France

---

16. Lucien Bouchard, *À visage découvert*, Montréal, Boréal, 1992.

sur les droits de pêche de ses ressortissants de l'archipel de Saint-Pierre-et-Miquelon, au large de Terre-Neuve, et sur la délimitation des eaux territoriales autour de ce microscopique archipel français en terre d'Amérique. Dans une salle de l'ambassade, où on avait déroulé des cartes maritimes, nous avons eu droit à une envolée de l'ambassadeur sur les abus des chalutiers français profitant de la controverse pour venir piller les fonds marins au large de Terre-Neuve. Un problème complexe qui soulevait les passions d'un côté à l'autre de l'Atlantique, et dans lequel Bouchard, le juriste passionné, se complaisait. La guerre de la morue mènera à l'arraisonnement de navires français par le Canada, à des mesures de représailles de la France et à une grève de la faim de politiciens à Saint-Pierre-et-Miquelon. Le différend a même failli faire dérailler une visite d'État en France de la gouverneure générale du Canada, Jeanne Sauvé, en janvier 1988, quand, en plein dîner officiel, le premier ministre Jacques Chirac s'est livré à une sortie en règle contre le gouvernement canadien. « La France, a-t-il dit dans son discours que nous avons diffusé le soir du 26 janvier 1988, s'est efforcée de trouver une solution par la voie diplomatique. C'est un problème irrationnel. L'impossibilité d'aboutir, à mon grand regret, nous conduit à recourir à la procédure d'arbitrage prévue par le traité. Le refus du Canada nous mène à l'impasse. » Des gens d'affaires qui accompagnaient Jeanne Sauvé, comme Laurent Beaudoin, le PDG de Bombardier, se sont plaints à nous du fait que la guerre de la morue menaçait leurs échanges avec la France.

Lucien Bouchard, malgré tous ses talents de négociateur, n'arrivera pas à régler ce conflit durant son mandat à Paris. La crise ne sera résolue que plus tard cette année-là, quand, après l'arrivée au pouvoir en France du gouvernement de Michel Rocard, les deux pays accepteront de confier leur litige territorial à un médiateur international.

Bouchard avait par contre réglé une autre guerre à Paris : la guerre larvée qui existait de longue date entre l'ambassade du Canada et la délégation du Québec. L'homme, dont les convictions nationalistes étaient connues, avait rallié, dès son arrivée en poste, les Québécois longtemps méfiants à l'égard des visées de l'ambassade ; il avait aussi, par ses démarches pour assurer une présence significative du Québec au Sommet de la francophonie, acquis la confiance du délégué général du Québec, Jean-Louis Roy. En quelques mois, grâce aussi en partie à Denise Bombardier, qui a été sa compagne pendant quelque temps, Lucien Bouchard avait réussi à transformer sa magnifique résidence officielle de la rue du Faubourg-Saint-Honoré en un lieu de fêtes où se retrouvaient les Québécois de Paris et ceux qui étaient de passage. Pour moi, arrivant de l'Extrême-Orient où les visiteurs canadiens étaient beaucoup plus rares, Paris était une plaque tournante mouvementée, une sorte d'arrière-cour du Québec et du Canada où les langues se déliaient, où des alliances et des complots se faisaient, et où on devisait sur notre sort en observant, de loin, nos péripéties nationales. Je découvrais aussi l'importance que prenait le correspondant à Paris au cœur de tout ce brouhaha. Dans les soirées, les activités officielles de l'agenda franco-canadien ou franco-québécois, le correspondant de Radio-Canada à Paris était une sorte de confident à qui on rendait visite ou qu'on invitait pour tester son jugement, le mettre dans le coup.

C'est ainsi qu'un soir, en novembre 1987, au cours d'un dîner en tête à tête au restaurant avec Pierre Marc Johnson, à la veille d'une visite officielle qu'il entamait à Paris en tant que chef de l'opposition, il m'a raconté l'ampleur de la grogne dont il était victime au sein du Parti québécois de la part des indépendantistes purs et durs. Quelques heures après le départ de Montréal de son chef pour entreprendre sa tournée européenne, Gérald Godin, le bouillant député de Mercier, qui reprochait à Johnson sa politique d'« affirmation nationale », avait officiellement demandé sa démission de la tête du Parti québécois avec l'appui d'autres ténors indépendantistes, comme Jacques Parizeau.

Après l'avoir laissé, ce soir-là, j'apprends en pleine nuit par un coup de téléphone de Montréal que René Lévesque, le fondateur du PQ, vient de mourir d'un arrêt cardiaque. Je revois donc Pierre Marc vers 5 heures du matin, dans le hall de son hôtel, pour recueillir ses premières réactions à temps pour les nouvelles de midi au Canada. Quelle n'est pas ma surprise quand il m'annonce sa décision de ne pas rentrer au Québec d'urgence comme tout le monde s'y attendait, mais plutôt de compléter sa visite en France ! Il craignait comme la peste de se retrouver une fois de plus devant la fronde des radicaux du parti et préférait se donner un temps de réflexion avant de retourner au pays. Cédant aux pressions de ses proches, il finira par changer d'idée et prendra le dernier avion, ce jour-là, pour Montréal.

En rentrant au bureau après avoir recueilli une foule de témoignages sur René Lévesque, je reçois un appel d'un homme dont je reconnais la voix unique et qui me dit qu'il ne peut pas se présenter à Radio-Canada puisqu'il est retenu en Bretagne. Cette voix, c'est celle de Michel Rocard, ex-ministre socialiste devenu temporairement simple citoyen, qui veut à tout prix rendre hommage à l'ancien premier ministre du Québec. Dans l'entrevue qu'il me donne par téléphone, il me dit l'admiration qu'il éprouve pour Lévesque en raison des réformes des institutions démocratiques qu'il avait fait adopter par son gouvernement. Changements au mode de financement des partis, réaménagement de la carte électorale, création d'une direction générale des élections ; des réformes dont il rêvait lui-même pour son propre pays. Il fallait l'entendre de la part d'un politicien français pour se rappeler à quel point Lévesque avait été sur ce plan, entre autres, visionnaire.

Contrairement à ce que j'avais observé lors de mon premier séjour à Paris comme étudiant au doctorat, douze ans plus tôt, la France des années 1980 avait, à mon sens, acquis une connaissance et un respect très grand du Québec et de ce qu'il représentait. De plus en plus de Français commençaient à vouloir profiter des échanges franco-québécois pour venir se former chez nous et, éventuellement, y rester. La remarque de Rocard montrait, dans un domaine en particulier, celui des institutions démocratiques, comment nous pouvions servir d'exemple ailleurs dans le monde, et la qualité et la quantité des échanges entre le Québec et la France témoignaient de l'admiration mutuelle qui s'était établie. J'en ai eu un autre exemple, plus romantique celui-là, à la mort de Félix Leclerc, un an plus tard, quand, le 8 août 1988, en pleine période de vacances d'été, cherchant désespérément des amis français qui l'avaient bien connu, j'ai pu joindre Raymond Devos qui, par hasard, se trouvait chez lui, à Saint-Rémy-lès-Chevreuse. Arrivé sur place, dans ce petit château un peu sinistre de la banlieue parisienne, j'ai découvert un homme abattu, presque en larmes, qui m'a montré d'entrée de jeu une lettre qu'il avait reçue quelques jours plus tôt de Félix, lui disant que sa santé s'améliorait et lui demandant des nouvelles. Devos s'apprêtait à lui répondre, quand on l'avait appelé pour lui annoncer la mort de son ami. Je lui ai demandé, ce jour-là, de me dire ce qu'il aurait écrit à Félix en réponse à sa lettre, et tandis que mon caméraman et moi avions peine à retenir nos larmes, il nous a raconté à la caméra son affection pour cet homme qui avait fait la tournée des cabarets avec lui durant les années 1950 et dont il admirait tant la langue unique. Et puis, alors que la caméra continuait à tourner, il nous a fredonné la chanson de Félix dont il aimait le plus la poésie, *La Prière bohémienne*.

Départ pour le Moyen-Orient

Peu avant le déclenchement de l'élection présidentielle en France, au printemps 1988, Lucien Bouchard a quitté son poste d'ambassadeur à Paris pour entreprendre auprès de son ami Brian Mulroney une aventure en politique qui allait bouleverser sa vie. J'avais été témoin, quelque temps auparavant, des réticences qu'il avait à répondre favorablement à la demande du premier ministre de venir lui prêter main-forte à Ottawa. Après des années passionnantes comme envoyé spécial de Mulroney au cœur de la vie diplomatique et politique française et internationale, il hésitait à la perspective de se retrouver dans le terroir politique canadien, et il s'en était confié à moi lors d'un petit-déjeuner privé à la résidence, en compagnie de son homme de confiance, le diplomate Jean-Pierre Juneau. Il cherchait, j'imagine, à tester une dernière fois devant un observateur neutre le bien-fondé de sa décision.

Quant à moi, ma vie allait aussi changer de façon radicale au cours des mois suivants. Après deux années passées à observer la France et l'Europe dans leur tourmente, je commençais à penser une fois de plus à me tourner vers une autre destination. Quelques mois plus tôt, de passage au Canada pour la rencontre annuelle des correspondants à l'étranger, durant les fêtes de Noël et du Nouvel An, on m'avait proposé un nouveau défi que j'avais aussitôt accepté : celui d'ouvrir à Jérusalem un bureau bilingue pour CBC et Radio-Canada à partir duquel nous allions couvrir l'actualité de cette région du monde à nouveau en pleine ébullition.

Grâce en partie à Lucien Bouchard, ainsi qu'à un groupe d'amis très proches de l'ambassade du Canada, j'avais aussi rencontré au début de 1988 une femme qui m'avait séduit, Mireille Deyglun. Lors d'une réception exceptionnelle à la résidence de l'ambassadeur, à l'occasion de la visite officielle de la gouverneure générale Jeanne Sauvé, et à laquelle, pour la première fois dans l'histoire de cette résidence, le président de la France, François Mitterrand, avait décidé d'assister, mes amis m'avaient présenté à celle qui allait devenir l'amour de ma vie. Mireille était loin de savoir, ce soir-là, que j'avais déjà commencé à planifier mon départ vers Jérusalem et qu'elle allait se retrouver quelques mois plus tard dans cette cité mythique, qu'on appelle la ville trois fois sainte, au cœur du Moyen-Orient.

Chapitre 7

Mon initiation au Moyen-Orient

Le chef d'orchestre de Sabra et Chatila

Pendant mon séjour à Paris, alors que les bombes secouaient la capitale française, le Moyen-Orient traversait une autre de ses périodes d'instabilité préoccupante pour la planète. Au milieu des années 1980, la guerre civile qui faisait rage depuis plus de dix ans au Liban pourrissait le climat politique de toute la région, mettant aux prises Syriens, Palestiniens, Israéliens, Libanais chrétiens, sunnites et chiites. L'horreur de la guerre avait atteint son comble en septembre 1982, quand des milices chrétiennes libanaises, sous la direction d'Elie Hobeika, étaient entrées, avec la collaboration de l'armée israélienne qui occupait la région, dans les camps palestiniens de Sabra et Chatila, à Beyrouth-Ouest, et y avaient massacré plusieurs centaines de civils innocents.

Quelques années plus tard, lors d'une de mes premières équipées hors de France, en tant que correspondant à Paris, j'ai voulu rencontrer Hobeika, l'initiateur présumé du massacre, pour comprendre jusqu'où la haine et la vengeance peuvent pousser les êtres humains. Au cours d'une tournée de reportages à la mi-juin 1987 en Syrie et au Liban, durant laquelle je voulais tenter d'expliquer pourquoi autant d'otages étaient détenus dans cette région du monde, et surtout pourquoi les États-Unis et la France en étaient particulièrement affectés, j'ai cherché à retrouver l'ancien homme fort des milices libanaises. Depuis Sabra et Chatila, Hobeika avait trouvé refuge en Syrie, parce que, après une guerre interne contre son principal rival chrétien Samir Geagea, sa vie était menacée. En envahissant quelques années plus tard une partie du Liban, les Syriens lui avaient confié le contrôle d'une région cruciale entre Damas et Beyrouth.

Un jour, comme cela se passait souvent à cette époque, alors que nous cherchons à entrer en contact avec Hobeika par des intermédiaires, un homme se présente à notre hôtel à Damas en nous disant qu'il a pour mandat de nous emmener à lui. Chaque fois que ce genre de situation se produisait, les journalistes qui osaient s'aventurer dans cette région avaient toujours peur qu'il s'agisse d'un traquenard. Un prétexte pour un enlèvement. Avant d'accepter de suivre cet émissaire de Hobeika, je dois convaincre mon caméraman parisien, Jean Forgues, qui avait consenti à m'accompagner en Syrie et au Liban à condition qu'on n'y prenne aucun risque. Jean était, comme la plupart de ses concitoyens, hanté par l'idée de vivre le cauchemar des otages français, dont certains avaient été détenus pendant plusieurs années. Après une longue discussion, nous décidons, malgré nos réticences, de confier notre sort à ce messager, dans l'espoir qu'il nous mènera à celui que nous voulons rencontrer à tout prix.

Aussitôt entré dans la vieille BMW trouée de balles qui nous attend à la sortie de l'hôtel, je vois le chauffeur tirer une arme de la boîte à gants et la coincer entre ses deux jambes. Le périple commence mal. Visiblement survolté, sous l'effet du café, de la fatigue ou peut-être même des drogues, dont l'usage est très répandu chez les miliciens du Liban, le chauffeur démarre en trombe et se met à conduire la voiture à pleine vitesse, engueulant et klaxonnant tout le monde sur son passage. Je sens mon caméraman qui angoisse. Mais, après quelques heures de tension pendant lesquelles nous traversons péniblement, les uns après les autres, les nombreux *check-points* syriens puis libanais le long de la route, nous nous engageons dans la plaine de la Bekaa, en direction des montagnes, jusqu'à Zahlé, la capitale du gouvernorat, quatrième ville du Liban après Beyrouth, Tripoli et Jounieh, un havre de paix magnifique au cœur d'un pays déchiré par la guerre dont l'ambiance pacifique nous rassure enfin.

C'est là que nous rencontrons Elie Hobeika. D'une stature impressionnante, dans la mi-trentaine, il nous reçoit avec chaleur dans les bureaux très modernes de son quartier général digne d'un QG militaire américain : personnel discret et discipliné, ordinateurs, air climatisé. Dès les premiers contacts, il s'empresse de nous démontrer la qualité de son organisation en apparence bien huilée. Les chèques de paye des soldats, les bilans informatiques montrant l'état des réserves d'armes et de munitions de sa milice, dont on disait qu'elle était financée entièrement par les Syriens, qui cherchaient à tout prix, en appuyant Hobeika, à diviser les forces chrétiennes libanaises. Quand je vois cet homme, un modèle d'intelligence et de beauté moyen-orientales, j'imagine qu'il aurait pu, grâce à ses origines familiales aisées, se retrouver dans les meilleures universités, devenir riche en travaillant dans les plus grandes entreprises du monde. Mais le destin en a décidé autrement. En 1976, au début de la guerre civile, alors qu'il était à peine âgé de vingt ans, Hobeika a perdu une partie de sa famille et sa fiancée dans un attentat perpétré par des fédayins palestiniens au cœur de la capitale libanaise. Un drame effroyable qu'il n'a pu oublier qu'en déversant sa haine dans un combat absurde au nom de la cause libanaise. Après nous avoir présenté ses amis, venus du Liban et d'ailleurs dans le monde pour l'appuyer – des hommes tous éduqués, francophiles, sophistiqués comme lui –, il nous dit en entrevue qu'il veut maintenant mettre fin aux hostilités – lui, le chef d'une milice redoutable – et qu'il rêve d'un Liban libéré des influences extérieures, ouvert sur le monde et tolérant envers ses minorités. Comment ne pas voir, dans ce personnage se présentant dorénavant comme un grand réformiste pacifiste, celui dont les mains ont été souillées par les massacres qu'il a dirigés contre des civils innocents ?

J'ai l'impression, en vivant ces moments particuliers, de m'initier aux contradictions profondes du Moyen-Orient. Cette région du monde tellement particulière qu'elle en arrive à nous attirer et à nous révulser à la fois, par sa richesse humaine autant que par la violence de ses passions. Et comme pour confirmer ces sentiments contradictoires, ce jour-là, notre court passage à Zahlé s'est terminé par un dîner dans un restaurant magnifique situé sur les berges d'un torrent traversant la ville. Pendant des heures, arrosées de vin et d'arak, nous avons devisé sur l'avenir du Liban et de la planète, tandis que la guerre faisait rage, quelques dizaines de kilomètres plus bas, à Beyrouth.

Après l'accord de Taëf, qui a mis fin à quinze ans de conflit au Liban en octobre 1989, Elie Hobeika a été ministre dans trois gouvernements d'unité nationale avant de former son propre parti d'opposition en 2000. Il est mort assassiné en 2002, alors qu'il s'apprêtait, peut-être par repentir, à raconter devant un tribunal en Belgique comment des miliciens israéliens, déguisés en civils, membres de l'unité Sayeret Matkal, avaient participé aux massacres de Sabra et Chatila aux côtés des forces chrétiennes libanaises.

La guerre Iran-Irak

Quelques mois avant cette rencontre avec Elie Hobeika, j'avais eu ma première initiation au Moyen-Orient en plongeant au cœur d'un autre conflit, encore plus violent celui-là, qui sévissait alors entre deux grands pays de la région, l'Irak et l'Iran. Depuis septembre 1980, ces deux États producteurs de pétrole s'affrontaient dans une guerre horrible sur les rives de leur frontière naturelle commune, le Chatt al-Arab, la « rivière des Arabes », où le Tigre et l'Euphrate se rejoignent pour se jeter dans le golfe Persique. Au début de 1987, après des mois d'insistance auprès de l'ambassade d'Iran à Paris, nous avions enfin obtenu, mon ami Don Murray de CBC et moi, les visas que nous demandions depuis longtemps pour nous rendre à Téhéran, la capitale. Nous espérions d'abord découvrir ce pays pratiquement fermé à la presse occidentale depuis le début de la Révolution islamique lancée par l'ayatollah Ruhollah Khomeiny en 1979, mais surtout, si on nous le permettait, visiter le champ de bataille, du côté iranien du Chatt al-Arab. Après plus de six ans et demi de guerre, les troupes iraniennes avaient commencé à regagner le terrain perdu depuis le début des hostilités en lançant deux vastes offensives contre l'Irak. Deux victoires que l'Iran voulait souligner en ouvrant ses portes aux médias. La guerre du golfe Persique, comme on l'appelait à l'époque, était un conflit oublié de la planète, en partie parce que inaccessible aux journalistes. Pourtant, chaque jour, elle faisait des milliers de morts, en Iran en particulier, où l'on disait alors que le régime de l'ayatollah Khomeiny utilisait des cohortes d'adolescents comme chair à canon sur les champs de bataille. Nous voulions tenter de vérifier tout cela, même si nous savions, par les rares collègues qui avaient pu s'y rendre avant nous, que dès notre entrée dans le pays nous serions à la merci des services de propagande de la République islamique. Et c'est ce qui s'est passé quand, le 21 janvier 1987, la poigne de fer du régime des ayatollahs s'est abattue sur nous.

À peine arrivés à Téhéran, nous sommes confinés dans un hôtel sinistre, l'ancien Hilton, sur les hauteurs de la capitale, où, pour entrer dans le hall principal, il faut marcher sur un tapis représentant le drapeau des États-Unis, s'essuyer les pieds, en fait, sur le symbole de l'Amérique, le pays honni par les ayatollahs qui accusaient Washington d'appuyer l'effort de guerre de Saddam Hussein. Pendant cette attente, nous sommes sous la garde de surveillants du ministère de la Guidance islamique – comme les Iraniens appellent leur ministère des Communications –, qui nous interdisent toute sortie en ville et nous proposent des conférences de presse soporifiques à l'hôtel.

Après deux jours de ce régime frustrant, nos gardiens nous permettent enfin une première sortie très encadrée dans les rues de la capitale, où nous découvrons la misère d'un peuple abattu par plus de six ans de privations. La ville est triste et sale ; dans les marchés sous-approvisionnés, les rares produits disponibles sont inabordables, le pain est rationné. L'essence aussi – phénomène étonnant, dans un pays pourtant producteur de pétrole – et son prix est quatre fois plus élevé qu'en Europe. Quand nous réussissons à tromper la surveillance de nos accompagnateurs, les gens nous parlent à mots couverts de leurs souffrances ; comme cet homme qui nous dit que ceux qui s'opposent à la guerre risquent la mort. « Les gens osent en parler un peu entre eux, nous confie-t-il, mais tout le monde est terrorisé. » Quand ils voient réapparaître nos surveillants, ils changent aussitôt de propos en clamant devant la caméra que, si leur guide suprême souhaite que la guerre dure vingt ans, ils iront jusqu'au bout avec lui. L'Iran nous semble pathétique, embourbé dans une situation inextricable. La sortie en ville se termine par une routine obligatoire pour la presse étrangère : la visite du cimetière des martyrs de la Révolution, en banlieue de la capitale, où trône, au milieu des tombes, une immense fontaine d'eau de couleur rouge symbolisant le sang des victimes de la guerre.

Un autre jour, on nous emmène dans un hôpital submergé par l'afflux de blessés en provenance du front ; là aussi, la misère. Un personnel médical épuisé et débordé qui manque de tout. « Ils arrivent par milliers à Téhéran après chaque offensive », nous dit le médecin-chef de l'hôpital en parlant des blessés de guerre, qui occupent plus de 50 % de ses lits. Le régime les appelle cyniquement les « volontaires », mais la grande majorité des jeunes qu'on envoie au combat sont embrigadés de force, la plupart recrutés dans les villages pauvres où l'on promet aux familles une rétribution si leurs fils trouvent la mort sur le champ de bataille.

Les rares témoignages du front racontaient, à l'époque, que les volontaires étaient envoyés en immenses vagues humaines, soutenues par le feu de l'artillerie, pour détruire les lignes ennemies. De la chair à canon, disait-on, comme on le faisait durant la Première Guerre mondiale en Europe. Des méthodes de guerre coûteuses en vies humaines et dépassées, mais qui, en ce début de 1987, commençaient à porter leurs fruits. Les Iraniens prétendaient qu'ils avaient ainsi pu reconquérir des territoires occupés par l'Irak depuis l'invasion des troupes de Saddam Hussein, qui avait provoqué le déclenchement du conflit en 1980.

Le vendredi, on nous conduit à l'Université de Téhéran où se déroule, chaque semaine, l'événement le plus important de la capitale : la prière à la grande mosquée de l'université, dirigée par le président iranien, l'ayatollah Ali Khamenei, le principal allié de Khomeiny, que nous voyons pour la première fois en chair et en os. La scène est impressionnante. Devant plus d'un millier de fidèles, Khamenei vante les succès de l'opération *Kerbala 5*, du nom de la ville irakienne que les chiites considèrent comme le cinquième lieu saint de l'Islam et où, en 680, al-Hussein ibn Ali, le fondateur du chiisme, aurait été décapité. La dernière de ces vagues humaines lancées contre les lignes ennemies et dont les propagandistes iraniens disent qu'elles auraient permis de décimer près de 40 % de l'armée irakienne. La foule exulte à la seule évocation de cette nouvelle victoire. Aux premiers rangs des fidèles, une centaine d'hommes en uniforme, enchaînés les uns aux autres, se lèvent en criant des slogans à l'unisson. Ce sont des prisonniers de guerre irakiens qui, dans un scénario probablement réglé à l'avance, implorent le président iranien de les laisser rentrer chez eux pour qu'ils puissent se battre aux côtés des leurs. Pour motiver ses troupes au combat, quoi de mieux que d'illustrer ainsi la détermination de l'adversaire ?

Cinq jours après notre arrivée en Iran, le moment qu'on attendait se produit enfin. En début de soirée, on nous annonce un départ de nuit. Nous allons pouvoir constater l'état des lieux sur le front. Quelques heures plus tard, nous décollons de l'aéroport de Téhéran, en compagnie d'une vingtaine de journalistes de partout dans le monde et d'une centaine de militaires, à bord d'un avion-cargo de l'armée iranienne à destination de la région frontalière du Chatt al-Arab. Au cours du vol, je m'entretiens avec mon voisin sur les banquettes longeant le fuselage où nous sommes tous alignés ; il est officier de l'aviation iranienne et, dans un anglais approximatif, il m'explique, avec un large sourire, en me tapant sur les cuisses, que là où nous nous rendons nous allons voir beaucoup d'action. Ce sera ma première véritable expérience dans une zone de combat.

Vers 2 heures du matin, nous atterrissons sur une piste située en plein désert où nous attendent des autocars enduits de boue, pour mieux les camoufler. Aussitôt sortis de l'avion, nous entendons au loin le bruit constant d'échanges de coups de feu puissants; des tirs d'artillerie qui vont se poursuivre jusqu'à l'aube sans interruption. Dans le ciel, on peut apercevoir la lueur des flammes crachées par les canons, et au sol, en sentir les vibrations. Une fois nos bagages embarqués, les bus quittent la piste et s'engagent sur une plaine qui nous semble infinie tellement l'expédition s'éternise. Puis, à un moment donné, le convoi s'arrête, encore une fois au milieu de nulle part, et on nous ordonne de descendre. Nous découvrons sur le sol l'entrée de ce qui est en fait une immense base souterraine de l'armée iranienne où, dans un des nombreux dortoirs d'une propreté immaculée, nous allions passer les quelques heures qu'il nous reste à dormir avant le lever du jour.

Au petit matin, le 26 janvier 1987, nous sortons de la base où nous attend un convoi de ces *pick-up* qu'on voit maintenant partout dans les conflits de la planète. Au loin, des centaines de canons à longue portée grondent encore. Avant le départ, on nous explique que nous sommes à 15 kilomètres à vol d'oiseau de Bassora, la deuxième plus grande ville d'Irak. Nous allons nous rendre sur une bande de terre, sur la rive est du Chatt al-Arab, en face de Bassora, dans la région de Khorramshahr, que les Iraniens viennent de reprendre aux Irakiens. Une nouvelle conquête que nos hôtes sont très fiers de nous montrer. On nous avertit que l'opération sera brève et dangereuse, puisque les Irakiens, de l'autre côté du fleuve, nous verront arriver et tenteront certainement de nous intimider. Avec le caméraman Michel Dumond, que je retrouve trois ans après notre périple au Cambodge, et mon ami Don Murray de CBC, nous prenons place dans la benne découverte d'un des *pick-up*. Advenant un tir ennemi, nous ne bénéficierons d'aucune protection. Nous partons vers une zone très dangereuse où nous serons dépendants de nos chauffeurs iraniens dopés par l'adrénaline du front et exposés aux tireurs irakiens pour qui nous représentons des cibles idéales. Nous nous jetons littéralement dans la gueule du loup.

Le convoi s'engage donc dans une équipée un peu hystérique, puisque nos chauffeurs, craignant d'être la cible de tirs adverses, conduisent à des vitesses folles sur un terrain accidenté. Je me souviens de m'être préoccupé, durant le trajet, des nuages de poussière que soulevait notre colonne de véhicules, qui ne pouvaient pas faire autrement que d'indiquer à l'ennemi notre présence sur les lieux. Rendus au bord du fleuve, où les Iraniens avaient aménagé des murailles de sable pour se protéger des tirs en provenance de l'autre rive, nous avons eu droit à un *briefing* militaire pendant que les décharges d'artillerie continuaient à se faire entendre au loin. La zone, encore jonchée de cadavres de soldats irakiens, avait certes été conquise par les Iraniens, mais elle était encore très vulnérable. Les militaires nous présentent alors des prisonniers irakiens, visiblement encore sous le choc des affrontements des jours précédents. En entrevue, ils nous confirment la surprise qu'ils ont eue quand ils ont vu déferler sur eux des dizaines de milliers de ces jeunes guerriers iraniens. La force de frappe de ces vagues humaines les avait surpris au point de leur faire perdre tous leurs moyens. Puis, en chœur, ils nous disent que, de toute façon, ils avaient honte de faire ce qu'ils faisaient et ils dénoncent leur propre gouvernement en criant que Saddam Hussein est l'ennemi de Dieu. On imagine que les Iraniens leur avaient dit: «Vous faites ça, si vous voulez manger.» Ils le faisaient tout simplement pour survivre.

Après le *briefing* des militaires iraniens, je m'installe à l'abri d'une des immenses dunes, au bord du fleuve, pour faire avec Michel, le caméraman, une intervention à la caméra. Soudain, alors même que je commence à parler, j'entends des cris au loin qui semblent s'adresser à nous. Je découvre alors que, pendant que nous étions occupés à tourner ce plateau pour la télévision, une mitrailleuse lourde, du côté irakien, nous avait pris pour cibles et tirait dans notre direction sans que nous en ayons conscience. Pour nous, le son de la mitrailleuse faisait partie de la cacophonie ambiante, et nous étions loin d'imaginer que nous étions visés. Il a fallu cette réaction des collègues, témoins de la scène, et de nos guides iraniens pour que le signal du départ soit donné. Et, en quelques secondes, sous le tir nourri de mortiers irakiens, notre convoi a dû évacuer la zone en catastrophe pendant que les obus tombaient autour de nous. Michel, pourtant père de deux enfants à l'époque, au lieu de se terrer dans le fond du *pick-up* pour se protéger, a filmé toutes ces scènes avec un sang-froid incroyable. À un moment donné, il a même poussé l'audace jusqu'à demander à notre chauffeur de s'arrêter derrière une autre dune où il a sorti son trépied pour tourner des images du port irakien de Bassora, de l'autre côté du Chatt al-Arab ; les premières images prises par une caméra étrangère de la grande ville du sud de l'Irak depuis le territoire iranien.

En quittant l'Iran, après cette expédition mémorable, nous devions passer par un rituel que je découvrais pour la première fois : la censure. Pour pouvoir prendre l'avion et rentrer chez nous, il fallait que toutes nos cassettes de tournage soient visionnées et estampillées du sceau du ministère de la Guidance islamique.

Nous avons dû nous présenter dans un bureau glauque, où un fonctionnaire devait vérifier, en accéléré le contenu de toutes les cassettes, et surtout des entrevues que nous avions faites. Avant ce passage à la censure, nous avions réussi à camoufler habilement certains de ces entretiens en les copiant à la toute fin de rubans sur lesquels nous avions laissé un espace vierge entre le contenu officiel de la cassette, placé au début, et les extraits d'entrevues plus critiques du régime que le censeur n'aurait jamais laissé passer. Lors du visionnement, dès qu'un blanc apparaissait à l'écran, Michel éjectait la cassette, sans que le fonctionnaire ait pu voir ce qui se cachait plus loin sur le ruban. C'est ainsi que les Iraniens qui ont eu le courage, dans ce pays soumis à la terreur, de critiquer devant la caméra le régime des ayatollahs ont pu être entendus en dehors de chez eux. Les reportages que j'ai tirés de ce premier séjour en Iran ont tellement eu de répercussions qu'ils m'ont valu cette année-là mon premier prix Gémeaux, ainsi que le prix Judith-Jasmin de journalisme.

Quelques mois plus tard, je me suis rendu avec une autre équipe du côté irakien de la frontière, où nous avons pu constater le même genre de propagande en faveur de la guerre. Mais l'Irak de 1987 n'avait rien à voir avec son voisin iranien ; aussi riche en pétrole que l'Iran mais moins peuplé, l'Irak de Saddam Hussein était bien différent du pays qu'on connaît aujourd'hui. Encore très peu familier de cette région du globe, je découvrais, à l'opposé de l'Iran, un pays ouvert sur le monde où l'influence des trois religions dominantes, l'islam chiite, l'islam sunnite et le christianisme, se limitait pratiquement au périmètre des mosquées et des églises ; où l'instruction était obligatoire et offerte aux filles autant qu'aux garçons ; et où l'université, à Bagdad en particulier, était bien équipée et généreusement financée par les revenus du pétrole. La capitale irakienne nous avait paru empreinte de modernisme, mais nous avions pu constater la cruauté du régime dominé par la minorité sunnite envers la majorité chiite, qui était considérée comme sympathique à l'ennemi iranien, chiite lui aussi. Il y avait, au-delà de cette guerre territoriale à l'origine, cette volonté de la part de Saddam Hussein, appuyée par les Américains et les Occidentaux – du moins au début –, de mettre fin au pouvoir des ayatollahs en Iran.

La guerre Iran-Irak a pris fin en août 1988 par un cessez-le-feu imposé par l'ONU. Ce conflit négligé par les médias, que les Iraniens appelaient la « guerre imposée » et qui a été, en fait, la première guerre du Golfe, a fait, pendant presque une décennie de combats, plus d'un million de morts en Iran et en Irak. Huit ans après la première attaque irakienne en septembre 1980, les deux pays avaient perdu des sommes colossales – 500 milliards de dollars pour l'Iran et moins de 100 milliards pour l'Irak – dans une guerre qui les ramenait au point de départ. Des fortunes gaspillées pour les générations futures qui n'hériteraient que des séquelles physiques et psychologiques.

Le gâchis syro-libanais

Plusieurs mois après mon retour d'Iran, l'ambassade de Syrie à Paris m'a avisé à son tour qu'une demande de visa que j'avais soumise avait été acceptée. Au printemps 1987, la Syrie du président Hafez al-Assad jouait un rôle majeur au Moyen-Orient. Après avoir menacé Israël lors de l'offensive arabe du Yom Kippour, en 1973, la Syrie s'était graduellement érigée en puissance régionale. Grâce à son alliance étroite avec la Russie qui lui avait permis de bâtir une armée bien équipée, elle avait réussi à profiter de la guerre civile au Liban pour envahir une partie de ce territoire que les Syriens ont toujours considéré comme leur arrière-cour, au point de l'appeler familièrement la « Petite Syrie ». Hafez al-Assad était devenu avec le temps un interlocuteur incontournable non seulement pour l'URSS, mais aussi pour les États-Unis et leurs alliés, sans lequel aucune solution viable ne pouvait être trouvée pour ramener la paix dans la région. L'homme, issu d'une minorité apparentée aux chiites, les alaouites, avait aussi acquis dans l'ensemble du monde arabe une stature enviable, en raison de la façon dont il régnait avec une main de fer sur sa population.

En 1982, alors que la planète entière avait les yeux tournés vers la guerre civile au Liban, al-Assad avait réprimé de façon extrêmement violente une révolte menée au sein de sa propre population par des intégristes sunnites du mouvement des Frères musulmans, dont la base se situait dans la ville de Hama, au centre du pays. Pendant des semaines, en février et mars 1982, des soldats d'élite de l'armée syrienne assistés de colonnes de chars d'assaut et d'hélicoptères de combat avaient envahi puis bombardé des quartiers de la ville où s'étaient retranchés les insurgés fortement armés ; une sorte de préfiguration de ce que son fils Bachar ferait trente ans plus tard à l'échelle du pays. En quelques jours, l'attaque massive de l'armée avait détruit une partie de la ville, malgré la présence sur place, au milieu des insurgés, de familles entières. Puis, après avoir coupé l'eau, l'électricité, et même les vivres, en pilonnant le vieux marché central, un des trésors d'architecture du pays, des forces spéciales de l'armée, les redoutables Saraya ad Difa'a, commandées par Rifaat al-Assad, le frère du président, avaient assiégé les quartiers en les bombardant vingt-quatre heures sur vingt-quatre pour affamer les populations et éliminer toute résistance. À la fin, des bulldozers de l'armée avaient nivelé les quartiers en ruine, enterrant sur leur passage ce qui restait d'êtres encore vivants.

Fort de sa victoire de Hama, al-Assad est donc, en 1987, un autocrate respecté par la crainte qu'il inspire. Il est aussi un politicien qui fascine par le pouvoir dont il semble disposer. Vu de France, il est, en raison de ses liens étroits avec l'Iran et les milices chiites libanaises, celui qui détient la clé de l'avenir des otages français détenus au Liban, et dont les trois derniers, le journaliste Jean-Paul Kauffmann et les diplomates Marcel Carton et Marcel Fontaine, ne seront libérés qu'un an plus tard, le 4 mai 1988. En nous remettant nos visas, à Paris, le numéro deux de l'ambassade de Syrie ne manque pas de nous signaler que nous sommes une des rares télévisions occidentales à recevoir un tel privilège. Il nous annonce dans la foulée que le président nous accordera une entrevue, et que nous pourrons nous rendre jusqu'à Beyrouth avec l'armée syrienne pour constater sur place, nous dit-il, le rôle pacificateur joué par son pays au Liban. Visiblement, les Syriens veulent profiter de la situation qui leur est favorable pour soigner leur image.

Nous arrivons à la mi-août 1987 à Damas, la capitale de la Syrie, où nous sommes accueillis par Antoine Touma, un journaliste francophone qui est aussi le chef de bureau du réseau américain ABC en Syrie. Antoine est issu de ces grandes familles chrétiennes du Moyen-Orient dont les racines remontent à la naissance même de leur religion. Pendant les décennies qui suivront, je tisserai des liens profonds avec beaucoup de ces chrétiens d'Orient avec lesquels, en raison de nos origines religieuses communes et de leur ouverture à la culture occidentale, les relations seront d'emblée plus faciles. Dans beaucoup de pays du Moyen-Orient, à l'époque, les communautés chrétiennes sont puissantes et prospères. Pour la plupart associées à la bourgeoisie professionnelle ou à la bourgeoisie d'affaires, elles sont souvent, par intérêt ou par souci de protection, très proches des pouvoirs en place. C'est de ces communautés que sont issus des hommes influents dans leur pays comme Tarek Aziz, le numéro deux de Saddam Hussein, ou Boutros Boutros-Ghali, ministre de Moubarak et grand diplomate international.

Antoine Touma est un reflet de cette ambiguïté de la position des chrétiens dans les sociétés arabes. Membre d'une famille proche du régime, il possède un réseau de contacts précieux au sein de l'État qu'il utilise au profit de l'entreprise qui l'emploie, ABC News, ou de collègues comme moi. Mais, malgré l'indépendance d'esprit que requiert son métier de journaliste, il refuse de condamner ou de juger sévèrement le pouvoir pour ses exactions et sa cruauté évidentes. Combien de ces contacts locaux, des journalistes pour la plupart, qui m'aideront à faire mon travail partout dans le monde – des guides précieux, dont certains m'ont sauvé la vie –, auront cette façon ambivalente de notre point de vue, mais tellement naturelle pour eux, d'assurer leur survie en gardant une neutralité presque aveugle devant la réalité qui les entoure ? Avec Antoine, j'ai donc droit à une introduction exceptionnelle à la société damascène, à condition d'accepter ses réserves. C'est lui qui me décrit le mieux les rapports de force internes, et la culture du pays aussi, dont il est un fin connaisseur. Je découvre avec lui, la profondeur des racines historiques du Moyen-Orient ; les ruines de Palmyre, en dehors de Damas, parmi les plus beaux vestiges de la puissance de l'Empire romain en Orient, la mosquée des Omeyyades, entourée de son souk magnifique au cœur de la vieille ville de Damas. Un édifice unique au monde, bâti au VIIIe siècle sur les ruines d'une église catholique, elle-même érigée sur celles d'un temple romain dédié à Jupiter, dans lequel on apprécie la quiétude de ces lieux dépouillés et grandioses à la fois que sont les vieilles mosquées chargées d'histoire. Un contraste frappant avec la froideur de l'architecture à la soviétique d'une grande partie du centre-ville, toute de béton et de gris, typique de la culture militaire du régime en place.

Tous ces bâtiments officiels lourdement défendus par des gardes aux mines patibulaires qui nous interdisent, pour des raisons de sécurité relevant d'une paranoïa aiguë, de tourner quelque image que ce soit. En marchant dans Damas, nous sommes témoins d'une scène dont le souvenir me trouble encore aujourd'hui ; une des premières manifestations de la violence de la répression dans le monde arabe à laquelle j'assiste, quand un camion militaire s'arrête devant nous et que des soldats y embarquent de force des jeunes à peine sortis de l'adolescence après avoir sauvagement battu l'un d'entre eux. Quand je veux protester contre cette violence, Antoine me retient fermement, et jamais je ne pourrai obtenir d'explication rationnelle sur ce qui s'est vraiment passé.

Au cours des jours suivants, nous avons droit à un voyage guidé par l'armée syrienne. On nous emmène d'abord le long de la ligne de démarcation gardée par les casques bleus des Nations unies entre Israël et la Syrie, sur les hauteurs du Golan ; une visite imposée aux étrangers par les Syriens qui profitent de chaque occasion pour rappeler ce qu'ils considèrent encore maintenant comme une plaie de l'histoire. Établie par l'ONU au lendemain de la guerre du Kippour, la FNUOD, la Force des Nations unies chargée d'observer le dégagement, maintient encore aujourd'hui, quarante ans plus tard, une zone démilitarisée le long de la frontière conquise par Israël sur les hauteurs d'un plateau qui avait pourtant toujours fait partie du territoire syrien. La cicatrice d'une guerre que la Syrie avait déclenchée, mais qu'elle a perdue.

Après en avoir si longtemps parlé comme étudiant de sciences politiques, puis comme journaliste, je vois enfin, en action, sur le terrain, les casques bleus qui recevront d'ailleurs le prix Nobel de la paix l'année suivante, en 1988. Mais si, quatorze ans après la fin de la guerre du Kippour, au fur et à mesure qu'on s'approche des hauteurs du Golan du côté syrien, on peut sentir encore une tension palpable et une frustration évidente, les troupes de l'ONU, elles, me surprennent par leur calme étonnant ; depuis l'accord de cessez-le-feu, en 1974, les forces de maintien de la paix sur le plateau du Golan n'ont pratiquement jamais eu à faire face à un incident militaire. Mais leur présence à elle seule explique peut-être cette situation, et tant qu'il n'y aura pas de véritable traité de paix entre Israël et la Syrie, c'est le prix que la communauté internationale devra payer pour éviter une reprise des hostilités.

Après la visite du Golan, les Syriens acceptent, à la suite de longues négociations, de nous fournir une escorte militaire jusqu'à Beyrouth. C'est la seule façon vraiment sécuritaire à l'époque d'atteindre la capitale libanaise à partir de Damas, compte tenu des engagements que j'ai pris envers mon caméraman Jean Forgues pour qu'il consente à poursuivre le périple jusqu'au Liban. Jean craint au plus haut point cette route de Damas à Beyrouth qui traverse une zone contrôlée par le Hezbollah, le parti du leader religieux chiite Hassan Nasrallah, connu pour son implication dans les enlèvements de journalistes.

Avant de partir, j'ai pris contact par télex avec un jeune collègue français, Paul Marchand, qui est le correspondant pigiste de la radio de Radio-Canada au Liban. Doté d'un talent de conteur et d'une audace exceptionnels, il a accepté de me servir de guide dans cette ville complexe et dangereuse, déchirée par la haine. À condition, bien sûr, que je puisse le retrouver. Paul habite normalement du côté ouest de la capitale libanaise, où règnent l'armée syrienne et ses alliés musulmans et druzes. C'est la partie de la ville la plus fonctionnelle, parce qu'elle n'est pas fermée au reste du monde, contrairement à l'enclave chrétienne, du côté est. Mais quand j'arrive sur place, Paul est en reportage du côté chrétien, où je ne peux pas me rendre, parce que notre escorte militaire syrienne n'y a pas accès. Compte tenu de mon engagement auprès de Jean Forgues, je devrai donc me contenter de rester à l'ouest durant cette première visite et remettre à plus tard ma rencontre avec Paul[17].

---

17. Je ne rencontrerai Paul Marchand que des années plus tard, à Montréal. Après son séjour dans l'enfer de Beyrouth, où il a échappé plusieurs fois à la violence et à des tentatives d'enlèvement, il quittera le Liban pour Sarajevo au début des années 1990, où il sera sévèrement blessé à un bras. Homme sombre, aux talents d'écrivain indéniables, obsédé par la mort, il se suicidera en 2009.

Dépendants du bon vouloir des militaires syriens, nous pouvons malgré tout, dans le peu de temps qu'ils nous laissent pour le faire, avoir un aperçu de la capitale libanaise et de ses environs. C'est ainsi que je me rends, pour la première fois, à cette ligne verte qui divise les deux côtés de la ville, et qui a été le théâtre pendant plus d'une décennie de combats incessants entre des milices cantonnées l'une en face de l'autre. En 1987, la zone est devenue, à la faveur d'un certain retour au calme, une sorte de *no man's land* dont il ne reste de chaque côté que deux rangées d'édifices criblés par les balles et les obus, vides et abandonnés, comme des vestiges d'une guerre absurde. Nous découvrons aussi le passage du Musée, par où l'on pouvait traverser d'est en ouest, à ses risques et périls. Je veux voir aussi Sabra et Chatila où, cinq ans après les massacres, les populations palestiniennes résilientes ont repris leur vie normale. Les hôtels mythiques habités par les journalistes au plus fort de la crise, comme le Commodore, dont tous mes collègues qui ont couvert la guerre m'avaient tellement parlé, et où la chambre 345, occupée par mon ami Michel Dumond, avait reçu un obus israélien ; le Summerland, aussi, un hôtel lourdement bombardé durant l'opération *Paix en Galilée* déclenchée par l'armée israélienne au Liban en 1982. Dans le peu de temps que les Syriens m'allouent à Beyrouth-Ouest, je ne souhaite que voir de mes propres yeux les lieux témoignant des séquelles de la guerre, en sachant, d'instinct, que cet univers qui m'intrigue par le degré d'horreur dont il a été le théâtre va me voir revenir aussitôt que possible.

Car si, lors de ce passage au Liban en 1987, les Syriens peuvent nous montrer fièrement une situation presque revenue à la normale, qu'ils attribuent à leur présence sur place, les choses ne vont pas durer.

De retour à Damas, j'apprends que l'entrevue que m'avait promise l'ambassade de Syrie à Paris avec le président al-Assad n'aura pas lieu. On nous propose plutôt, comme à tous les journalistes de passage, à l'époque, de rencontrer le vice-président Abdel Halim Khaddam, un homme terne, au discours ennuyant, qui sert de courroie de transmission du régime. En entrevue, le vice-président nous dit que la Syrie, sous la pression des États-Unis et de l'Europe, est maintenant prête à se retirer du Liban, quand la situation et ses propres besoins de sécurité le permettront. La communauté internationale, se vante-t-il, compte sur la Syrie pour contrôler les milices et éviter un éclatement irrémédiable du Liban. Mais les ambitions réelles des Syriens n'échappent à personne : tout le monde sait que Damas souhaite profiter des déchirements engendrés par la guerre civile pour affirmer son emprise sur le Liban. Je rappelle dans un reportage qu'à plusieurs reprises, au cours de leur histoire, les Syriens ont été envoûtés par cette idée de réaliser l'unité de ce qu'on appelait la Grande Syrie. L'unité d'un peuple aux mêmes origines sur un territoire qui inclurait la Syrie, Israël, la Jordanie, la Palestine et le Liban. Le président al-Assad serait à son tour obsédé par ce vieux rêve.

Au moment de notre entrevue avec lui, Khaddam a justement réuni à Damas les dirigeants des milices libanaises qui sont fidèles à la Syrie : le druze Walid Joumblatt, le chef du mouvement chiite Amal Nabih Berri et le leader chrétien Elie Hobeika. Des personnages qui depuis des années ont marqué l'actualité mondiale tellement la presse internationale leur a accordé d'attention, mais qui ne représentent qu'une partie minime de la population libanaise.

Ce qui me frappe le plus à la fin de ce périple, c'est la ruine économique dans laquelle la guerre a laissé toutes ces populations. Au Liban, bien sûr, cet État détruit, disloqué et en banqueroute, mais aussi en Syrie. Hafez al-Assad, le vieux lion, qui a fait accepter sa dictature en promettant à son peuple une grande révolution socialiste, inspirée de son allié soviétique, connaît les mêmes échecs que Moscou. L'économie syrienne, épuisée par la guerre et la bureaucratie, est dans une impasse. Le régime, pour se donner une nouvelle vie, promet, durant notre séjour dans le pays, des réformes visant à favoriser le libre marché. Un homme, le dernier que je vois avant de partir, incarne pour moi la caricature de cette dictature : le ministre de la Défense, le général Moustapha Tlass, une sorte de clown que je rencontre, grâce à Antoine

Touma, dans le décor surréaliste de son immense bureau encombré de modèles réduits d'avions et de chars d'assaut. Tlass est un des plus fidèles compagnons du dictateur. Formé en Égypte avec Hafez al-Assad, il a fait la révolution avec lui et a été responsable de la modernisation de l'armée syrienne, au début des années 1970, et d'achats massifs d'armement à l'Union soviétique. Au moment de ma rencontre avec lui, le général Tlass est une des figures les plus accessibles de ce régime froid et rigide. Francophile, amateur d'art et de culture, c'est un homme agréable et ouvert d'esprit. Mais le rôle qu'il incarne ne trompe pas : il est le visage humain d'une dictature corrompue et sanguinaire qui, malgré ses difficultés, va durer encore très longtemps, au grand dam de son peuple[18].

Être son propre ennemi

Un peu moins de deux ans après cette première visite en Syrie et au Liban, en avril 1989, je suis retourné dans cette région dans des circonstances très particulières, alors que les combats reprenaient de plus belle. Durant l'automne précédent, une guerre de succession pour remplacer Amine Gemayel à la présidence du Liban avait éclaté entre les différentes milices qui n'arrivaient pas à s'entendre sur un candidat. Pour éviter que les choses ne s'enveniment au terme de son mandat, le président Gemayel avait désigné un militaire, le général Michel Aoun, pour assurer l'intérim, en lui adjoignant six autres officiers, trois chrétiens et trois musulmans. Mais Aoun avait tôt fait de se mettre à dos les musulmans à cause de ses positions ouvertement antisyriennes. Résultat : pour la première fois depuis le début de la guerre civile, où, malgré la violence des affrontements, on avait réussi à faire survivre

---

18. Moustapha Tlass engendrera, comme son frère d'armes Hafez al-Assad, sa propre succession. Son fils, Manaf Tlass, deviendra général de brigade de la Garde républicaine et principal confident de Bachar al-Assad, le fils de Hafez, avec qui il fréquentera l'Académie militaire. Assigné à résidence par Bachar après avoir été sympathique aux manifestants du Printemps arabe, Manaf quittera le pays clandestinement en juillet 2012, pour éviter d'être assassiné par son ami d'enfance.

des institutions politiques communes, le Liban était dorénavant dirigé par deux gouvernements, celui de Aoun, principalement chrétien, établi au palais présidentiel de Baabda, à Beyrouth-Est, et celui de Salim al-Hoss, musulman sunnite, installé à Beyrouth-Ouest.

Le général Aoun, pour assurer son pouvoir, avait en plus déclenché une offensive sans précédent contre les Forces libanaises de Samir Geagea, membres de son propre clan chrétien. Il cherchait à tout prix à reprendre, au nom de l'État, le contrôle des ports qui servaient de points d'entrée pour les importations d'armes, de denrées de toutes sortes et de drogues visant à financer les milices. En réaction aux prétentions du général Aoun, la Syrie avait décidé d'en finir avec cet «indépendantiste» qui menaçait ouvertement sa suprématie sur le Liban en pilonnant l'enclave chrétienne. En quelques semaines de bombardements constants et ciblés, les Syriens avaient réussi à fermer l'aéroport de la capitale et à rendre les ports inopérants. Pour la première fois en quinze ans de guerre civile, l'enclave chrétienne du Liban se trouvait complètement isolée par un blocus étanche ; et alors que la population commençait à en souffrir gravement, les chrétiens eux-mêmes, au lieu de s'unir, s'entredéchiraient dans une violence inégalée.

Malgré les risques que cela représentait, je voulais trouver à tout prix un moyen d'entrer dans l'enclave chrétienne. À partir d'Israël, où j'étais basé depuis quelques mois, j'avais contacté, par l'intermédiaire d'amis communs, Dany Chamoun, le fils de l'ancien président Camille Chamoun, une figure respectée du pays qui dirigeait depuis peu une coalition de partis chrétiens favorables au général Aoun, le Front libanais. Il nous avait offert – à moi et à mon collègue Richard Bronstein, réalisateur à Jérusalem – de le rejoindre à Chypre, d'où il nous ferait traverser au Liban. À l'heure dite, au petit matin, nous sommes donc arrivés au rendez-vous à Chypre, où Chamoun nous attendait à bord de son avion bimoteur. Pendant près d'une heure, nous avons volé avec lui, à quelques mètres à peine au-dessus de la mer pour éviter d'être repérés par les radars et la DCA syrienne, en direction d'un petit aéroport militaire dans l'enclave chrétienne. Durant tout le vol, qui s'est déroulé dans un silence profond, nous avons compté les secondes qui, en s'écoulant, diminuaient le risque énorme que nous avions pris. À tout moment, l'appareil risquait d'être abattu par les Syriens. Quand nous sommes finalement parvenus à destination, Dany Chamoun m'a expliqué, sur le tarmac de l'aéroport, pourquoi il avait décidé lui aussi, à ses risques et périls, de s'afficher ouvertement aux côtés du général Aoun contre la présence syrienne au Liban, respectant en cela la tradition des grands hommes politiques qui avaient marqué l'histoire de son pays. Puis, en nous quittant, il nous a promis de nous aider plus tard à mieux comprendre le monde complexe dans lequel nous avions décidé de nous engouffrer.

En arrivant à Beyrouth-Est, j'ai été surpris par la désolation causée par le blocus du territoire et la destruction semée par les semaines de bombardements intenses. Quelques jours auparavant, une partie du centre-ville avait été soufflée par l'explosion d'un immense réservoir de pétrole atteint par un obus syrien au milieu du port. Des quartiers entiers étaient jonchés de verre et de débris laissés par la gigantesque déflagration. En ville, tous les commerces étaient barricadés de briques de béton ou de sacs de sable. Les familles vivaient dans les sous-sols et ne sortaient que pour consolider leurs abris antibombes ou s'approvisionner à même les rares denrées vendues à prix d'or par les commerçants. Malgré tout cela, j'étais étonné, en les interrogeant pour mes premiers reportages, de la résilience des habitants coincés sur place, incapables de s'échapper de l'enfer, parce que les Syriens et leurs milices complices bloquaient les routes et les ports. Quand un navire marchand tentait une approche au port de Jounieh, où nous logions, l'artillerie syrienne tirait des coups de semonce pour qu'il rebrousse chemin. Le traversier en provenance de Chypre, la seule voie de sortie du pays encore disponible, n'avait pas pu accoster depuis des semaines. Les gens, pourtant habitués depuis 1975 à vivre avec l'arbitraire des échanges de coups de feu aveugles et l'irruption subite de combats à l'arme légère, à la mitrailleuse lourde ou même au mortier ou au canon de char d'assaut, nous disaient comment ils avaient été surpris par la violence et la soudaineté des premiers bombardements d'obus de 150 millimètres tirés par des canons syriens installés à des kilomètres de là, de l'autre côté des montagnes surplombant Beyrouth. Pour la première fois depuis le début de la guerre, des obus s'abattaient sur eux sans qu'ils entendent la détonation de départ qui leur aurait donné le signal de se cacher, de cesser toute activité. Coincés dans leur petite enclave, ils en étaient réduits à découvrir qu'on les attaquait quand les obus explosaient autour d'eux.

Une nuit, j'ai failli moi-même en être victime. Endormi dans ma chambre d'hôtel de Jounieh, alors que, dans mon sommeil, je rêvais qu'un orage s'abattait sur nous, j'ai été réveillé en sursaut par de violents coups à ma porte et par la voix de Richard, mon réalisateur, me criant, en panique : « *Are you crazy, we are all in the basement, they are bombing us !* » Le tonnerre de mon cauchemar, c'était en fait des obus qui tombaient autour de l'hôtel sans l'atteindre de front, heureusement, et qui embrasaient le quartier. Pour la deuxième fois de ma vie, je me retrouvais au cœur d'une vraie guerre dont je pouvais être une cible et une victime, et cela allait durer tout le temps de notre séjour à Beyrouth.

Mais personne, ni dans ma famille, ni dans mon milieu de travail, ne pouvait mesurer les risques que nous prenions pour raconter l'histoire de cette population otage de la guerre. C'est ainsi qu'un jour, après avoir envoyé à Montréal l'enregistrement d'une conversation à distance avec Bernard Derome que nous avions tournée sur un toit, en plein bombardement, j'ai reçu un télex surréaliste d'un réalisateur de la salle de rédaction me reprochant la piètre qualité du son de l'entrevue. L'incompétent, qui voyait pourtant sur les images, derrière moi, l'impact des obus, aurait souhaité que leur bruit ne vienne pas perturber le contenu de l'entretien. Peu de temps après ce télex, l'individu a quitté l'univers des nouvelles quotidiennes pour se retrouver derrière un bureau dans l'administration.

En cette fin d'avril 1989, à la veille des pâques chrétiennes, la Ligue arabe, basée à Tunis, appelait les belligérants au Liban, et la Syrie en particulier, à observer au moins un cessez-le-feu temporaire, le temps de donner un répit aux populations et de relancer une initiative de paix ; mais personne ne respectait vraiment la trêve. Dans un premier reportage, le 29 avril, je racontais comment la population, apprenant l'entrée en vigueur du cessez-le-feu décrété par la Ligue arabe, avait commencé à se risquer à l'extérieur pour acheter ce qu'il fallait pour préparer la fête, mais que personne n'osait s'aventurer aux points de passage entre l'est et l'ouest de la capitale de crainte d'être coincé, loin de chez soi, par une reprise des bombardements. La Ligue arabe promettait d'envoyer dans les jours suivants une force d'interposition pour remplacer les troupes syriennes qui occupaient la partie ouest de la ville ; le cessez-le-feu devait mener à la réouverture de l'aéroport et des ports, mais personne n'y croyait.

Un matin, avec Melhem Honein, un ami caméraman libanais qu'on appelait Milo, et son chauffeur, un colosse, ancien membre des Forces libanaises, qui passait son temps à me raconter ses exploits guerriers avec un plaisir à peine dissimulé, nous nous sommes rendus près de Souk al-Gharb, un village dans les hauteurs de Beyrouth, qui constituait depuis le début de la guerre civile un des points clés de la ligne de front. Souk al-Gharb était un lieu de passage stratégique entre les collines que les milices alliées à la Syrie tentaient de percer depuis des semaines pour attaquer le palais présidentiel et le ministère de la Défense à Beyrouth-Est. Et, chaque nuit, les troupes encore fidèles au général Aoun devaient repousser des offensives répétées. Ce matin-là, nous avons assisté au retour des soldats épuisés et hagards alors qu'on les relevait de leur poste après une nuit sous les bombardements de l'ennemi. Des êtres terrorisés par une routine effrayante, malgré leur habitude des combats, mais qui nous exprimaient tout de même à la caméra leur volonté de résister, de suivre leur chef du moment jusqu'au bout. En revenant vers la voiture, le chauffeur m'a écrasé brutalement sur le sol, de tout son poids, sans me prévenir, alors qu'on entendait le bruit sourd caractéristique de projectiles qui sifflaient au-dessus de nos têtes. Habitué comme un chat à être sans cesse sur ses gardes, il avait perçu les tirs d'un *sniper* embusqué très loin de nous.

Le 8 mai 1989, Aoun a décidé de lancer un appel à la communauté internationale pour qu'elle l'appuie dans sa croisade visant à expulser les Syriens du Liban. Prévenu par son entourage, je me suis présenté au palais de Baabda, où il souhaitait me rencontrer. Je suis arrivé devant un édifice en ruine dont il ne restait que le hall d'entrée délabré à partir duquel, par un escalier, on nous faisait descendre au sous-sol, pour aboutir, en fait, dans un bunker immense, où le général était terré avec sa famille et ses principaux adjoints. D'entrée de jeu, j'ai été surpris de l'assurance qu'il dégageait, compte tenu de la précarité de sa situation. Il m'a raconté comment, toutes les nuits, pour le détruire moralement, les Syriens pilonnaient ce qui restait du palais. Il aurait pu abandonner les lieux, se réfugier dans un endroit secret, plus sécuritaire, mais le général, obstiné, tenait à garder le fort malgré l'adversité. À se cramponner à ce lieu symbolique de l'indépendance libanaise. « La résistance va devenir plus grande contre la Syrie dans les régions occupées », m'a-t-il dit en évoquant l'espoir qu'il nourrissait que les populations à majorité musulmane, de l'autre côté de la ligne verte, à Beyrouth-Ouest, se révolteraient un jour elles aussi, comme les chrétiens, contre la présence de troupes syriennes sur leur territoire.

Aoun nous a montré un documentaire réalisé par ses partisans où il était décrit comme le sauveur d'un pays assiégé par un ennemi de l'extérieur. Le film nous faisait entendre des communications radio syriennes donnant des ordres aux artilleurs pour qu'ils détruisent des cibles civiles libanaises. Le narrateur du documentaire accusait la Syrie d'utiliser le Liban comme base d'action terroriste et de trafic de drogue. Le général prétendait que, en plus de l'appui d'une majorité de chrétiens, il avait aussi celui d'une portion importante de la population musulmane. Mais, en réalité, la croisade qu'il avait lancée contre la Syrie l'avait plutôt isolé des autres leaders libanais, comme son principal rival, le premier ministre sunnite Salim al-Hoss, que j'ai rencontré plus tard dans son bureau de Beyrouth-Ouest, d'où il dirigeait un gouvernement prosyrien. «Aoun se trompe en prônant une solution militaire», m'avait-il confié. Mais lui-même n'avait rien à proposer pour mettre fin à la guerre, parce qu'il était complètement soumis aux décisions syriennes.

Le 9 mai, après la messe, j'ai rencontré un des hommes les plus influents du Liban, le patriarche d'Antioche et de tout l'Orient pour l'Église maronite, Mgr Nasrallah Boutros Sfeir, dans sa résidence magnifique, dont les murs antiques avaient été témoins d'innombrables intrigues. L'homme, qui en imposait par sa prestance, était intervenu, quelques mois plus tôt, pour mettre fin au carnage entre la principale milice chrétienne, les Forces libanaises de Samir Geagea, et les troupes loyales au général Aoun. À mots couverts, il disait appuyer Aoun, mais il émettait en fait les mêmes réserves que tous ceux qui le combattaient: «Nous sommes tous avec lui pour la libération du pays, certainement, affirmait-il, mais moi, je dis que si le canon essaie de réaliser quelque succès il ne peut pas le faire jusqu'au bout.»

Michel Aoun poursuivra pendant toute l'année 1989 sa guerre désespérée contre la Syrie, au grand dam de la population libanaise. Il refusera même de baisser les armes quand toutes les autres factions libanaises accepteront, en octobre 1989, de signer en Arabie saoudite l'accord de Taëf, mettant fin à la guerre civile en apportant des changements importants à la Constitution du Liban pour permettre un meilleur partage du pouvoir. Il sera forcé de s'exiler quand, avec l'approbation de la plupart des milices libanaises, l'armée syrienne envahira Beyrouth-Est pour le déloger. Durant cette offensive, Dany Chamoun, son principal allié chrétien, sera assassiné avec sa femme et deux de leurs enfants. Les sacrifices de Dany Chamoun et de Michel Aoun ne porteront leurs fruits que quinze ans plus tard quand, après l'assassinat du premier ministre Rafiq Hariri, un mouvement populaire qu'on appellera la Révolution du cèdre forcera le départ des derniers soldats syriens du territoire libanais.

De mes deux séjours au Liban durant ces dernières années de la guerre civile, je garde le souvenir horrible des conséquences que peuvent engendrer la cruauté des êtres humains et l'hypocrisie des politiciens. Cent cinquante mille personnes sont mortes, et des dizaines de milliers d'autres ont été blessées ou ruinées par cette guerre interne de quinze ans dont nous n'avons pas encore tiré toutes les leçons. Si nous l'avions fait, nous aurions peut-être pu éviter que vingt ans plus tard une guerre encore plus atroce ne fauche à nouveau des dizaines de milliers de civils innocents, cette fois dans le pays qui était l'envahisseur de l'époque, la Syrie. Ce qui me désole le plus de ce que j'ai découvert durant cette période, ce sont ces guerres internes qui déciment des communautés, comme celle des chrétiens du Liban, quand tout devrait au contraire les pousser à être solidaires. Ces divisions inutiles et ce manque de solidarité, je les déplorerai une nouvelle fois au sein d'une autre communauté avec laquelle j'entretiendrai des rapports encore plus étroits, les Palestiniens de Cisjordanie et de Gaza.

Chapitre 8

Israël et la Palestine, les espoirs déçus

« *Welcome to Jerusalem !* »

17 septembre 1988. Vol Air France 136. Après avoir passé, la veille, une dernière soirée au cinéma et au restaurant dans la capitale française, nous nous apprêtons à entreprendre, Mireille et moi, en cette fin d'été 1988, dans ce vol de Paris à Tel-Aviv, une aventure excitante au cœur du Moyen-Orient. Quelques mois plus tôt, j'avais failli compromettre une cour assidue que je menais auprès d'elle en lui annonçant que j'avais accepté de quitter Paris pour aller ouvrir un bureau pour CBC et Radio-Canada, à Jérusalem. Elle avait éclaté de rire en me disant presque : « Pauvre toi ! » Elle était alors loin de se douter que plusieurs mois plus tard elle suspendrait toutes ses activités parisiennes pour m'accompagner en Israël.

À notre arrivée à l'aéroport de Lod, en début de soirée, nous apercevons le caméraman Chris Whitefield, un Britannique marié à une Israélienne, et le technicien du son Ezra Mizrachi, l'équipe du bureau formée par mon prédécesseur, Don Murray. Une fois nos nombreux bagages récupérés, ils nous emmènent à notre nouvel appartement de Jérusalem ; un superbe logement perché sur les falaises du quartier Talpiot et doté d'une vue imprenable sur les collines de la Cisjordanie. Sur place, en entrant dans l'immense portique en pierre où trône un piano à queue, nous retrouvons Kareen, l'assistante du bureau, une jeune femme brillante dans la vingtaine qui va devenir une amie. Après avoir ouvert une des bouteilles d'alcool rapportées de Paris, pour célébrer notre arrivée, nous nous dirigeons vers la grande terrasse qui surplombe la vieille ville de Jérusalem et le quartier arabe de Silwan, tout en bas. Soudain, alors que nous devisons sur l'avenir et sur la chance que nous avons de nous retrouver ensemble, des fusées éclairantes apparaissent dans le ciel au-dessus de Silwan, comme cela se passe toutes les nuits, à l'époque, et des coups de feu commencent à se faire entendre dans les petites allées de ce quartier bouillant de Jérusalem, marquant le début d'une nouvelle ronde des combats quotidiens entre l'armée israélienne et les *chebab*, les jeunes Palestiniens. Pendant que cet affrontement se déroule sous nos yeux, j'entends une voix familière, qui provient de la terrasse surplombant la nôtre, nous dire avec un cynisme évident : « *Welcome to Jerusalem !* » Je reconnais aussitôt celle d'un collègue du *Chicago Tribune*, que j'ai fréquenté quelques années plus tôt à Pékin, Jonathan Broder, devenu lui aussi, entre-temps, correspondant en Israël. Par ces trois mots, qui nous resteront en mémoire longtemps, il nous introduisait dans ce monde attachant, mais tellement frustrant, d'espoirs déçus.

La ville trois fois sainte

Quelques jours à peine après notre arrivée à Jérusalem, nous nous réveillons, au petit matin, dans une atmosphère tellement silencieuse qu'elle nous paraît inquiétante. La ville est plongée dans une sorte de coma étrange, comme jamais je ne l'ai expérimenté auparavant. Les rues complètement désertes, sans piétons ni voitures, les commerces et les bureaux fermés, dans les quartiers juifs en particulier. C'est le début du Yom Kippour, le « Jour du Grand Pardon », la fête la plus sacrée du calendrier juif. Une célébration marquée par l'arrêt de toute activité, le jeûne et les rituels de mortification. Un jour austère et solennel où, dans cette ville aux origines millénaires, seul le son des prières et des chants sortant des synagogues va venir percer ce silence opaque. Mais, alors que nous nous apprêtons à vivre cette expérience mystique exceptionnelle, nous assistons plutôt à une catastrophe. Au moment où les prières juives commencent à s'élever vers le ciel, leur son est aussitôt couvert par les haut-parleurs des mosquées projetant à tue-tête les supplications des muezzins, comme s'il fallait absolument que les musulmans, pour ne pas être en reste en ce jour particulier de culte juif, manifestent leur présence avec force. Plutôt que d'être témoins d'une fête sacrée émouvante, nous assistons à une manifestation cacophonique de la concurrence que se livrent, dans cette ville dont on dit qu'elle est trois fois sainte, les trois religions monothéistes qui la revendiquent comme leur berceau : le judaïsme, l'islam et le christianisme.

C'est la première image que je retiens de Jérusalem encore aujourd'hui. Une ville qui pourtant aurait tout pour illuminer l'humanité, avec ses trésors témoignant du croisement des grandes civilisations, mais qui est minée par les déchirements politiques, les vestiges des guerres anciennes et la mesquinerie des êtres humains. Dans les jours suivants, nous en découvrons rapidement d'autres manifestations. À l'intérieur des murs de la vieille ville de Jérusalem, l'endroit touristique par excellence, où de jeunes blancs-becs de l'armée israélienne patrouillent dans les ruelles comme des conquérants arrogants en arrêtant au hasard des vieillards arabes pacifiques, des femmes ou des enfants, pour exiger leurs papiers, affirmer leur présence en les humiliant. À l'entrée de l'esplanade des Mosquées, où la police israélienne a installé des portes de contrôle, là où, à peine deux décennies plus tôt, les pèlerins venaient librement de partout dans le monde arabe pour honorer ce troisième lieu saint de l'Islam. Dans les convois bruyants des jeeps de l'armée israélienne au cœur de Jérusalem-Est, la ville arabe. Nous découvrons une cité assiégée et tendue, où musulmans et juifs vivent côte à côte, sur leurs gardes, les séquelles du sang qu'ils ont versé dans les nombreuses guerres qui les ont opposés, et où les chrétiens, pourtant aussi enracinés dans l'histoire des lieux, cherchent à se faire oublier, de peur d'être pris en otages dans un conflit qu'ils ne contrôlent pas.

À notre arrivée en Israël, dix mois se sont écoulés depuis le déclenchement de ce qu'on appelle alors l'intifada, la guerre des pierres, un mouvement de révolte de la population arabe de Gaza et de Cisjordanie qui se manifeste tous les jours par des affrontements entre l'armée israélienne et de jeunes Palestiniens. Au bureau de Radio-Canada à Jérusalem, le rituel adopté par l'équipe me rappelle mes débuts à Paris, deux ans plus tôt, au milieu de la vague d'attentats à la bombe.

Chaque matin, à l'étage où se trouve notre bureau, au centre de Jérusalem, une consultation informelle se déroule entre la BBC, CNN et Radio-Canada pour déterminer notre horaire de la journée. Les trois réseaux de télévision coordonnent leurs activités pour couvrir le plus de territoire possible. L'objectif est de patrouiller en Cisjordanie, et occasionnellement dans la bande de Gaza, plus éloignée de Jérusalem, pour se trouver sur les lieux quand éclatent ces affrontements quotidiens entre les jeunes lanceurs de pierres et l'armée. Car, à l'époque, c'est tout ce qui intéresse nos différents réseaux : raconter la guerre des pierres et les victimes qu'elle fait tous les jours. En couvrant chacun notre territoire, et en écoutant les échanges radio de l'armée et de la police israéliennes, nous découvrons immanquablement, chaque jour, des manifestations de l'intifada.

C'est ainsi que je réalise un de mes premiers reportages le 29 septembre 1988, à Qalqilya, une petite ville de Cisjordanie, où pour la première fois depuis près de deux semaines le marché est ouvert, et où l'armée nous laisse entrer. Les habitants nous racontent, dès notre arrivée sur place, qu'ils ont perdu vingt-deux jours de travail durant le seul mois de septembre à cause des affrontements avec l'armée israélienne, des couvre-feux qu'elle impose automatiquement dès les premiers troubles, et des grèves et du boycottage des produits israéliens décrétés en représailles par les leaders palestiniens. À un moment donné, les militaires ont même fermé la ville au complet pendant dix journées consécutives pour fouiller les maisons une à une, à la recherche de suspects. Un jeune pharmacien nous dit, en nous montrant ses blessures subies au cours d'un affrontement avec l'armée, qu'il n'était pas très favorable au déclenchement de la révolte en décembre de l'année précédente, mais qu'il est maintenant prêt à tout perdre pour lutter contre les abus des militaires.

Presque un an après le début de l'intifada, alors que les militaires israéliens pariaient que le mouvement ne durerait pas, qu'il serait écrasé rapidement, la détermination des Palestiniens ne semblait pas faiblir, au contraire, à tel point que l'armée parlait plutôt devant nous de la nécessité de s'asseoir et de discuter.

Quelques jours après notre visite à Qalqilya, dans un reportage qui fait le bilan des dix premiers mois de l'intifada, je constate que cette violence inattendue a miné la fierté d'Israël. Plus des deux tiers des juifs israéliens, selon les sondages, seraient même prêts à négocier directement avec Yasser Arafat, le chef charismatique de l'OLP, l'Organisation de libération de la Palestine, exilé à Tunis, pour régler le problème. Malgré le triste rituel des morts et des blessés quotidiens de l'intifada, les Palestiniens ont le sentiment d'avoir accompli quelque chose ; leurs leaders locaux continuent donc à prôner la violence. Les Israéliens, en pleine campagne électorale, exigent de leurs politiciens plus de contrôle et attendent les résultats pour savoir qui sera mandaté pour trouver une solution.

Au pouvoir depuis deux ans, le vieux lion Yitzhak Shamir, le chef du Likoud, ancien terroriste du groupe Stern au moment du mandat britannique en Palestine, est contesté par des membres plus radicaux de son propre parti, comme Ariel Sharon, et par le leader le plus virulent de l'extrême droite, Meir Kahane, le chef du parti Kach, qui vient de se faire exclure du Parlement, la Knesset, et de la course électorale pour avoir tenu des propos racistes et violents à l'endroit des Palestiniens. Les travaillistes, qui partagent le pouvoir avec Shamir, sont eux aussi divisés entre Shimon Peres, le chef plus conciliant, et le ministre de la Défense Yitzhak Rabin, auteur d'une directive dénoncée partout dans le monde occidental permettant aux soldats dans les territoires occupés par Israël de casser les membres des activistes palestiniens les plus récalcitrants si nécessaire.

J'avais rencontré à Paris quelques jours avant notre arrivée en Israël le grand spécialiste français du Moyen-Orient Éric Rouleau qui m'avait confié qu'il entrevoyait déjà une solution à la crise. Il m'avait décrit ce qu'il identifiait comme des changements d'attitude profonds au sein du leadership palestinien, qui s'apprêtait, selon lui, à reconnaître pour la première fois l'existence d'Israël. Rouleau prétendait que l'intifada palestinienne, en raison de la portée symbolique qu'elle avait prise, avait contribué à bouleverser l'échiquier israélo-palestinien. «Les Israéliens, m'avait-il dit, pensaient que la cohabitation avec les Palestiniens était possible – sur un même territoire dominé par Israël –, mais maintenant l'illusion est impossible à entretenir.»

Mais, en octobre 1988, si la campagne électorale du côté israélien retarde toute forme de solution à la crise provoquée par la guerre des pierres, du côté palestinien, c'est la faiblesse de la direction locale qui empêche toute négociation. Les leaders palestiniens des territoires occupés ne peuvent prendre aucune décision sans l'approbation des vrais dirigeants du mouvement qui, eux, de Tunis où ils ont dû se réfugier, préparent une opération qui va changer le cours des choses d'une façon étonnante.

Vive la Palestine

Le 11 novembre 1988, quelques semaines à peine après notre arrivée à Jérusalem, je prends l'avion pour Paris puis Alger, avec Mireille, qui souhaite m'accompagner dans mes déplacements, pour assister à une grande réunion du Conseil national palestinien, le CNP, l'instance suprême de l'OLP. La réunion a été convoquée par le chef de l'OLP, Yasser Arafat, sous l'égide du président algérien Chadli Bendjedid, un grand partisan de la cause palestinienne, pour répondre à l'impatience de la population des territoires occupés.

Car l'intifada, si elle ébranle les Israéliens, envoie aussi des signaux très clairs au leadership palestinien. L'exaspération qui a poussé les jeunes à descendre dans les rues de la Cisjordanie et de Gaza menace aussi la direction de l'OLP, qui est de plus en plus perçue comme une oligarchie éloignée des préoccupations quotidiennes des populations vivant sous l'occupation israélienne et réfugiée dans le confort de son exil tunisien subventionné par les pétrodollars.

Pour rétablir sa crédibilité et freiner l'impatience de la population palestinienne, Arafat a décidé de frapper un grand coup en s'apprêtant à déclarer officiellement, devant l'instance suprême réunie à Alger, l'indépendance de la Palestine. C'est la première fois que je vois, en chair et en os, des personnages qui font partie de la mythologie de la résistance palestinienne depuis plus de deux décennies et qui, malgré le soutien dont ils bénéficient dans le monde arabe, sont considérés comme des terroristes par les grandes puissances occidentales : Georges Habache, le chef fondateur du Front populaire de libération de la Palestine, le FPLP, une branche marxiste et nationaliste de l'OLP à laquelle on attribue certains des détournements d'avion spectaculaires et des attentats violents qui ont marqué l'histoire de la résistance des Palestiniens ; Nayef Hawatmeh, le bouillant leader du Front démocratique pour la libération de la Palestine, d'inspiration maoïste.

Dès le début de la rencontre, on sent à quel point il sera difficile pour Arafat de convaincre le CNP d'adopter une attitude plus conciliante à l'égard d'Israël. En proposant aux délégués de proclamer solennellement l'indépendance de la Palestine, le chef de l'OLP veut aussi faire reconnaître par l'instance suprême des Palestiniens l'existence de l'État hébreu. Depuis des mois, Arafat négocie avec les grandes puissances, comme les États-Unis et l'Europe, une forme de reconnaissance officielle qui lui permettrait de mettre fin à son statut de paria international et qui ouvrirait la voie à de vraies négociations avec Israël. En échange, les États-Unis de George Bush père exigent de l'OLP qu'elle admette une fois pour toutes le droit d'Israël d'exister à côté d'un éventuel

État palestinien, ce que les radicaux de l'OLP refusent au nom de l'histoire.

L'atmosphère est plutôt à l'affrontement avec Israël qu'à la conciliation. Des leaders exilés de l'intifada sont acclamés par des chants patriotiques à leur entrée dans la grande salle. Puis toute l'assemblée se lève pour applaudir la veuve d'Abou Jihad, le chef de l'aile militaire de l'OLP, assassiné quelques mois plus tôt dans sa maison de Tunis, devant sa femme et ses enfants, par un commando israélien. Arafat, visiblement, n'aura pas la tâche facile. Pourtant, après deux jours de délibération, et malgré les menaces de scission évoquées par les radicaux, comme Hawatmeh et Habache, le CNP finit par trouver un terrain d'entente. C'est ainsi que nous assistons à Alger à une célébration historique qui, quand elle sera retransmise dans les foyers de Cisjordanie et de Gaza, contribuera à donner une nouvelle fierté aux Palestiniens ; la proclamation de l'indépendance de la Palestine, décrite ainsi dans le communiqué officiel : « Le Conseil national palestinien, au nom de Dieu et au nom du peuple arabe palestinien, proclame l'établissement de l'État de Palestine sur notre terre palestinienne avec pour capitale Jérusalem, *al-Quds al-Charif.* » Comme l'OLP s'y est engagée auprès des Américains, la proclamation s'accompagne d'une reconnaissance implicite de l'existence d'Israël, dont la formulation – suffisamment vague pour satisfaire les réticences des radicaux de l'OLP – sera toutefois jugée insuffisante par Israël et ses alliés. Le CNP annonce, en plus de l'indépendance de l'État palestinien, la décision de l'OLP de participer à une conférence internationale basée sur les résolutions 242 et 338 des Nations unies.

Les deux résolutions, qui ont toujours été rejetées par les Palestiniens autant que par les Israéliens, exigent la fin de l'occupation israélienne des territoires palestiniens et la négociation d'un accord de paix fondé sur la reconnaissance mutuelle des deux États. À l'issue de la réunion du CNP, pendant que Yasser Arafat inaugure à Alger les locaux de ce qui deviendra la première ambassade officielle de l'État de la Palestine, la communauté internationale se prépare déjà à marquer une autre étape importante vers la paix au Moyen-Orient.

Face à face avec Arafat

Un mois presque jour pour jour après cette assemblée du CNP à Alger, nous retrouvons Arafat à Genève où il doit faire une déclaration solennelle, lors d'une séance spéciale de l'Assemblée générale des Nations unies, qui devrait ouvrir la voie à un processus de paix impliquant pour la première fois des négociations directes avec l'OLP. Les puissances occidentales alliées avec Israël exigent qu'il s'engage officiellement à renoncer à la violence et à reconnaître l'État israélien. Pour la circonstance, l'Assemblée générale de l'ONU s'est déplacée de New York à Genève, parce que les Américains, tenant jusqu'au bout une position ferme vis-à-vis d'Arafat, refusent de lui accorder un visa d'entrée aux États-Unis. L'Assemblée, largement favorable à l'OLP, a accepté de se réunir en session extraordinaire en Suisse pour lui donner une chance de se faire entendre de l'ensemble de la planète.

Le 13 décembre, quand il fait son entrée solennelle devant le parterre réuni à Genève, Yasser Arafat est accueilli avec beaucoup d'espoir par les représentants de plus de cent cinquante pays, dont l'ambassadeur du Canada auprès des Nations unies, Yves Fortier, et par l'ensemble de la presse internationale qui est présente, comme nous, pour être témoin de cet événement unique. Mais, malgré les attentes, le chef de l'OLP se lance, comme il en a l'habitude, dans un long discours terne où il se contente de répéter essentiellement ce que les délégués à Alger ont approuvé un mois plus tôt : « *I hereby once more declare*, dit-il en anglais, pour que tout le monde comprenne, *that I condemn terrorism in all its forms.* » Puis il s'engage à appuyer des négociations de paix qui seraient fondées sur l'esprit des résolutions 242 et 338. Durant tout le discours, les membres de la presse et les délégués sont rivés aux lèvres du chef de l'OLP pour entendre les mots qu'ils attendent, mais qui ne viendront pas.

L'allocution déçoit tout le monde – partisans des Palestiniens comme ceux d'Israël –, et pendant que j'envoie un premier reportage par téléphone pour les bulletins de nouvelles de midi au Canada, mon caméraman Jean Forgues, du bureau de Paris, qui nous a rejoints à Genève pour la circonstance, se présente à l'hôtel où la délégation palestinienne s'est installée pour tenter d'obtenir des clarifications. Pourquoi Arafat s'est-il contenté de si peu? Comment peut-il penser que ce sera suffisant pour obtenir l'aval des États-Unis? Accompagné de Mireille, qui nous aide pour l'occasion, Jean Forgues arrive dans le hall de l'hôtel en même temps que des dizaines d'autres équipes de télévision, et alors que tous se font dire d'attendre dans le vestibule qu'un représentant leur présente un point de presse, les gardiens des ascenseurs acceptent d'y faire monter Mireille seule, sous les cris de protestation de tous les collègues journalistes présents.

Avant d'envoyer sur place Mireille et Jean, j'avais obtenu de Bassam Abu Sharif, le porte-parole de l'OLP, la promesse d'une entrevue exclusive. Quand j'arrive enfin, moi aussi, dans le hall de l'hôtel et que je découvre Jean seul au milieu de la foule, je commence à m'inquiéter; soudain, Mireille réapparaît avec un garde du corps et, sous les yeux des collègues stupéfaits, elle nous invite tous les deux à la suivre dans l'ascenseur. Parvenus à l'étage de la suite occupée par l'OLP, nous sommes conduits dans un bureau où Bassam Abu Sharif est au téléphone avec Jimmy Carter, l'ancien président américain, alors que CNN diffuse en direct à la télévision les propos de Benny Begin, le fils de l'ancien premier ministre Menahem Begin, qui a été chargé par le gouvernement Shamir de transmettre à la presse la réaction extrêmement négative d'Israël. Abu Sharif, un héros francophone de la résistance palestinienne que je connais depuis quelques années, est en fait un peu déçu de me voir arriver. Il croyait visiblement que je lui avais délégué une jeune journaliste que lui, le tombeur de femmes, avait appréciée au premier contact. Mireille, elle, s'en trouve extrêmement soulagée, après avoir vécu de longues minutes, seule, aux prises avec une dizaine de Palestiniens qu'elle a dû convaincre d'aller nous chercher pour faire l'entrevue. Après l'entretien avec

Abu Sharif, nous nous rendons à une fête donnée en l'honneur d'Arafat où le leader de l'OLP, convaincu d'avoir marqué des points malgré tout, se comporte en gagnant. Dans la foule, je réussis à l'interroger brièvement, pour la première fois, en lui demandant s'il pense que le discours sera suffisant pour changer les choses, et il me répond : « *It must !* », « Il le faut ! »

Le reportage, ce soir-là, fait sensation au Canada, où peu de journalistes ont eu l'occasion, dans le passé, de s'adresser au chef de l'OLP. Mais Arafat n'est pas au bout de ses peines. Durant la nuit, les pressions s'accentuent pour exiger qu'il aille plus loin, qu'il reconnaisse explicitement, une fois pour toutes, qu'Israël a le droit d'exister côte à côte avec un futur État palestinien. Le lendemain, alors que la fébrilité a atteint un sommet au siège des Nations unies à Genève, Arafat déclare officiellement, en conférence de presse, qu'il renonce à la violence et qu'il reconnaît le droit pour tous les pays du Moyen-Orient d'exister en paix et en sécurité, et il précise en anglais : « *Including the State of Palestine, Israël and other neighbours.* » Après avoir remercié la Suède, qui a servi de médiateur au cours des dernières heures entre Washington, Israël et l'OLP, il ajoute, de façon étonnante, avec un signe d'impatience : « *Enough is enough, all remaining matters should be discussed around the table.* » Le chef de l'OLP sait qu'il vient de marquer un pas historique ; il s'empresse de fermer la porte à toute nouvelle concession.

Nous avons l'impression d'assister à une forme de séisme politique qui, pour la première fois depuis des décennies, pourrait entraîner enfin un déblocage dans la région. Serais-je arrivé au Moyen-Orient à temps pour être témoin d'un tournant de l'histoire ? Les réactions des ambassadeurs étrangers présents à l'événement me le laissent croire. L'ambassadeur des États-Unis auprès de l'ONU, Vernon Walters, ex-directeur adjoint de la CIA, y va d'une déclaration surprenante en disant qu'Israël doit maintenant envisager la nécessité de se retirer des territoires occupés. Son homologue canadien, Yves Fortier, lui, se veut plus raisonnable. « Ça ne sera pas résolu d'un jour à l'autre, nous dit-il, mais quand il y a une lueur d'espoir, je crois que nous devons reconnaître que cette lueur existe. »

Le lendemain, 15 décembre 1988, pendant que l'Assemblée générale de l'ONU adopte une résolution prônant la reconnaissance d'un État palestinien et la convocation d'une conférence internationale de paix pour résoudre la question israélo-palestinienne, nous reprenons la route de Jérusalem, convaincus que nous allons assister au cours des mois subséquents à un déblocage historique au Moyen-Orient. Quand j'écris ces lignes aujourd'hui, vingt-six ans plus tard, alors que rien n'a changé depuis, je me rends compte à quel point nous étions naïfs. Et, dès notre retour à Jérusalem, la réalité sur le terrain s'apprêtait à nous rappeler à l'ordre.

La guerre des pierres

À notre arrivée en Israël, le 16 décembre, la violence a repris de plus belle dans les territoires occupés, alors qu'on assiste à un des affrontements les plus violents depuis le début de l'intifada. Tout a commencé le matin, dans la ville de Naplouse, entièrement fermée par l'armée israélienne, où la population a défié les ordres en participant aux funérailles d'un adolescent de quinze ans, mort la veille sous les tirs des militaires. Comme cela se produit habituellement dans ce genre de circonstances, dès que les soldats ont voulu réprimer la manifestation à Naplouse, faisant des dizaines de blessés, toute la Cisjordanie s'est embrasée, et l'armée, accusant les autorités palestiniennes d'avoir planifié les émeutes, s'est trouvée débordée. Comme je le constate ce jour-là, les Palestiniens semblent avoir retrouvé une nouvelle fierté depuis la proclamation de leur État à Alger et le succès de Yasser Arafat à Genève. « Les Israéliens avaient pris l'habitude de nous traiter comme des étrangers, me confie le Dr Samir Katsen, un médecin militant de Cisjordanie. Maintenant, le monde entier sait que je suis un Palestinien. » En cette fin d'année 1988, l'heure est au bilan, tant pour les Palestiniens que pour les Israéliens, un an après le déclenchement, le 9 décembre 1987, de cette guerre des pierres qui a transformé le rapport de force entre les deux peuples.

Après une campagne électorale qui ne lui a pas donné la majorité claire qu'il souhaitait, Yitzhak Shamir annonce le 22 décembre la formation d'un nouveau gouvernement de coalition avec les travaillistes de Shimon Peres, qui devient vice-premier ministre et ministre des Finances et qui obtient un droit de veto sur toutes les décisions de politique étrangère, y compris celles qui auront trait au processus de paix. Même s'il n'hésite pas à pactiser avec Shamir, Peres se méfie de son intransigeance et de celle de son parti, le Likoud, devant les revendications des Palestiniens, et le nouveau ministre des Affaires étrangères, Moshe Arens, confirme ses appréhensions en disant : « *We don't believe in encouraging a terrorist organization.* » La vieille garde conservatrice n'a pas pris acte des concessions faites par Arafat et se confine dans ses positions de repli qui n'ont jamais rien donné. Les Palestiniens et même une majorité d'Israéliens le savent ; ils n'attendent rien de bon d'un autre gouvernement de coalition, sachant que le précédent, de 1984 à 1988, n'a mené qu'au déclenchement de l'intifada. Alors qu'Arafat, du côté palestinien, a préparé le terrain au changement en convainquant les factions les plus radicales de l'OLP de tenter l'aventure des négociations de paix, le nouveau cabinet israélien s'enferme dans le refus.

Au début de l'intifada, les Israéliens ont cru que la révolte palestinienne ne durerait pas. Puis, très tôt, le gouvernement a dû utiliser des mesures répressives pour y mettre fin. Pour briser les grèves des commerçants, on a forcé l'ouverture des magasins. Les universités et les écoles ont été fermées. Des milliers de gens ont été arrêtés. Des centaines, blessés ou tués. Mais l'effet contraire s'est produit. La diffusion des images de cette violence a plutôt donné naissance à un mouvement mondial de sympathie à l'endroit des lanceurs de pierres. En cette fin d'année 1988, le monde entier a pu voir des scènes, tournées par la télévision américaine, de soldats israéliens brisant la jambe d'un jeune Palestinien, le résultat d'une campagne de répression autorisée par le ministre de la Défense Yitzhak Rabin.

Après un an de révolte palestinienne, les politiciens israéliens font face à un constat d'échec. Malgré plus de trois cents morts, des milliers de blessés, dix-sept mille personnes détenues, des centaines de maisons détruites en représailles, la population palestinienne redouble d'ardeur militante. L'armée israélienne, qu'on accuse d'avoir la gâchette trop facile, est elle-même aux prises avec une mutinerie de la part de nombreux jeunes soldats qui ont honte du rôle qu'on leur demande de jouer. « Ce que je fais maintenant, nous dit l'un d'eux dans une rare entrevue aux médias étrangers, ça va me suivre toute ma vie. Je suis un soldat. Je préfère me battre au Liban, défendre mon pays. Ici, c'est autre chose. » Le 16 janvier 1989, je décris dans un reportage comment, malgré les affirmations de l'armée israélienne, qui prétend que les soldats n'ont recours qu'à des balles de caoutchouc pour disperser les manifestants, l'hôpital Makassed de Jérusalem n'a pas pu sauver, quelques jours plus tôt, un jeune de dix-huit ans, qu'on avait amené à l'urgence avec six billes de métal logées dans sa boîte crânienne. Une salve de projectiles interdits, selon les règles d'engagement officielles de l'armée israélienne, qui ne pouvait avoir été tirée qu'à bout portant.

Avec toutes les critiques qui, de partout dans le monde, s'adressent à Israël, les Palestiniens, eux, ont l'impression que le cours des événements commence enfin à tourner en leur faveur, comme me le dit en entrevue Albert Aghazarian, un porte-parole officieux de l'OLP à Jérusalem et un ami arménien de grande culture, dont le dévouement à la cause palestinienne est sans faille. « Malgré toute la force israélienne, me dit-il, dans son français particulier, je pense qu'ils ne sont pas capables de nous détruire et, en même temps, nous souffrons, parce que leur main est sur notre gorge. Alors il faut trouver d'autres moyens. » Arafat, par son changement d'attitude, et l'intifada, par son rayonnement mondial, font en sorte de redéfinir pour la première fois depuis longtemps l'état des forces en présence dans le conflit israélo-palestinien. Tous les espoirs sont maintenant permis – du moins, beaucoup d'entre nous, observateurs, le croient –, à condition que les deux camps se voient forcés d'inventer de nouvelles solutions pour sortir de l'impasse. C'est ce que pense aussi Uri Avneri, un journaliste et polémiste israélien francophone, que nous connaissons depuis les premières entrevues qu'il a données à mes prédécesseurs, comme Pierre Nadeau, dans les années 1970. « Si on veut la paix, me dit-il, la première fois que je le rencontre dans son appartement de Tel-Aviv, on doit négocier avec l'ennemi. On doit négocier avec le leadership de l'ennemi, c'est-à-dire le leadership que l'ennemi veut, pas nous ! »

Faire du journalisme au cœur de ce conflit, à la fin des années 1980, est une expérience unique, en raison de l'impact qu'ont les médias sur cette question et de la grande liberté que nous avons malgré tout dans ce pays de contrastes qu'est Israël. Le sujet lui-même – cette guerre étrange qui oppose des enfants à une des armées les plus puissantes du monde – passionne nos rédactions et aussi le public qui nous suit dans cette aventure. On est encore loin de la lassitude et de l'indifférence que ce conflit provoquera plus tard, après des décennies d'impasse.

En Israël, les citoyens eux-mêmes sont très bien renseignés grâce au paysage médiatique très riche dans lequel ils baignent. Même l'armée israélienne informe le grand public de façon extraordinaire ; la radio de l'armée, qui diffuse partout dans le pays, donne souvent plus d'informations pertinentes et offre des débats plus solides que ses concurrentes publiques et privées. C'est la grande contradiction de ce pays unique. D'un côté, les Israéliens sont avides de démocratie et de transparence, ils pratiquent un journalisme d'enquête rigoureux ; de l'autre, ils adoptent des politiques totalement antidémocratiques et arbitraires, comme celle de maintenir des centaines de milliers de Palestiniens de Cisjordanie ou de Gaza sous une loi d'occupation militaire, appliquée par des tribunaux militaires, et de priver tous ces citoyens de la liberté de circulation. À l'époque, et c'est le cas encore aujourd'hui, les journalistes les mieux informés et les plus critiques de la situation dans les territoires occupés, et ceux qui ont les meilleurs contacts autant avec les militaires qu'avec les Palestiniens, ce sont souvent des Israéliens, comme mon ami et mentor Charles Enderlin, le correspondant de France 2, ou Gideon Levy, le correspondant du *Haaretz* dans les territoires.

Les Israéliens au sein de nos propres équipes, comme notre technicien du son, Ezra Mizrachi, qui deviendra plus tard le caméraman du bureau, font preuve d'une indépendance d'esprit courageuse par rapport à leurs dirigeants et même aux militaires avec lesquels ils ont souvent eux-mêmes fait leur service militaire. Ils n'hésitent pas à prendre autant de risques que nous pour couvrir une drôle de guerre où leur gouvernement commet des exactions quotidiennement. Cet engagement dans leur métier me fascine et me rappelle celui de journalistes américains durant la guerre du Vietnam, par exemple, qui risquaient leur vie pour décrire les conséquences des bombardements au napalm ou des campagnes anti-Vietcong menées par les États-Unis dans les villages reculés.

L'indépendance et le professionnalisme de la presse sont loin d'avoir atteint le même niveau du côté palestinien, où la dissidence est encore sévèrement réprimée et où la lutte de résistance commande à tout le moins une unanimité apparente. On y compte sur les doigts de la main les journalistes indépendants, comme Daoud Kuttab, un Palestinien de Jérusalem qui formera toute une génération de jeunes journalistes dans les années qui suivront, ou les frères Michel et Georges Khleifi, des chrétiens de Jérusalem qui ont fréquenté les écoles de cinéma en Belgique. Mais on est encore loin de la qualité de journalisme qu'apporteront, à compter du milieu des années 1990, la grande chaîne d'information continue al-Jazeera et ses émules dans l'ensemble du monde arabe. Il y a encore en Palestine, à la fin des années 1980, autant au sein des élites politiques que de la presse famélique, une sorte de paranoïa typique de beaucoup de pays arabes, où la démocratie comme elle est pratiquée en Israël ou en Occident est pratiquement inexistante et où toute dissidence est sanctionnée sévèrement par des dirigeants intolérants. Il faut aller dans les Universités de Birzeit ou de Jérusalem, ou chez les intellectuels, pour trouver des êtres assez courageux pour parler librement, prêts à assumer ces risques tellement ils rêvent de changement.

Le berceau du monde arabe

En février 1989, alors que l'intifada s'engage dans une deuxième année de violence et que l'impasse semble inévitable entre le gouvernement israélien et le leadership palestinien, je me rends au Caire où se déroule une initiative de paix exceptionnelle menée par l'Union soviétique. Au pouvoir depuis 1986, Mikhaïl Gorbatchev essaie de perpétuer le rôle de l'Empire soviétique en politique étrangère malgré les bouleversements que connaît son pays. C'est ainsi qu'en ce début d'année 1989 il a dépêché en Égypte son ministre des Affaires étrangères, Edouard Chevardnadze, pour tenter une médiation entre Israël et Yasser Arafat. Je me déplace donc pour la première fois dans ce grand pays du Moyen-Orient, dont l'histoire occupe une place importante dans la culture arabe et celle de l'humanité. Venant de Jérusalem, je suis surpris de l'accueil chaleureux que les Égyptiens réservent à mon équipe israélienne dès notre arrivée à l'aéroport du Caire. Alors que, dans son discours officiel, l'Égypte, qui a pourtant signé un accord de paix avec Israël, est encore critique envers l'État hébreu, le peuple égyptien, lui, éprouve un certain respect, voire une admiration, pour ce petit pays voisin qui a su lui résister.

Dès les premières heures dans la capitale, nous assistons à un ballet diplomatique très particulier, comme seul le Moyen-Orient peut en orchestrer. Alors que Yasser Arafat se trouve en ville et que tous les médias égyptiens en parlent ouvertement, le ministre israélien des Affaires étrangères Moshe Arens fait tout pour l'ignorer. Il se rend plutôt à l'ambassade de l'URSS pour rencontrer Chevardnadze. Depuis plus de vingt ans, les ponts avaient été rompus entre Israël et l'Union soviétique, mais l'arrivée de Gorbatchev au pouvoir a marqué un changement. Malgré les efforts du chef de la diplomatie soviétique, cette première rencontre au Caire n'est pas concluante. Les Israéliens refusent une des conditions posées par Moscou pour entamer une vraie négociation, soit la reconnaissance de l'OLP comme interlocuteur ; et Yasser Arafat, à son arrivée au Caire, n'a pas facilité les choses en prétendant qu'Israël allait devoir céder là-dessus comme il avait dû céder le Sinaï à l'Égypte en échange de la paix en 1979. On sait aujourd'hui qu'au moment même où Arens rejetait au Caire l'idée de reconnaître l'OLP, considérée par Israël comme une organisation terroriste, des approches directes étaient déjà amorcées dans le plus grand secret, et qu'elles allaient éventuellement mener aux discussions plus formelles qui se tiendraient quelques années plus tard à Oslo, sous l'égide de la Norvège. Mais, pour l'heure, le processus lancé par Moscou, sans l'aval de Washington, a bien peu de chance d'aller très loin.

Le soir, après notre journée de travail, nous faisons le montage de notre reportage dans une petite maison de production qu'on m'a recommandée. Depuis quelques années, les frères Mohammed et Nader Gohar ont fondé Video Cairo, une des premières entreprises de production de nouvelles pour la télévision du monde arabe qui connaîtra une progression fulgurante au cours des années subséquentes. Mohammed Gohar, un journaliste visionnaire et courageux, aujourd'hui président de Video Cairo Sat, propriétaire de plusieurs canaux de télévision, sera pour moi un conseiller exceptionnel qui me sauvera de plusieurs situations difficiles en Égypte.

Grâce aux frères Gohar, je fais la connaissance, durant ce séjour dans la capitale égyptienne, de Naguib Mahfouz, un grand écrivain égyptien qui s'est vu attribuer, quelques mois auparavant, le prix Nobel de littérature, entre autres pour son célèbre livre intitulé *Les Fils de la médina*, racontant la vie d'un quartier du Caire. La rencontre avec cet homme tellement modeste, compte tenu de l'immensité de son œuvre et de l'importance de l'honneur qu'il a reçu, me renverse par la générosité avec laquelle il nous accueille et le temps qu'il nous consacre. Pendant une journée, nous tournons avec lui, à pied, de son appartement vieillot du centre-ville jusqu'à un magnifique café où, chaque jour, depuis des décennies, il se rend pour griffonner les images de ses romans qui ont fasciné tout le monde arabe en relatant la vie quotidienne des Cairotes.

Mahfouz, un modèle de courage dans son pays, a été un des rares écrivains égyptiens à appuyer, au péril de sa vie, le traité de paix israélo-égyptien de 1979, qui a mis fin à des décennies de guerre entre les deux États. Un des rares aussi à avoir eu le cran de critiquer dans ses écrits les dictatures qui ont dominé les Égyptiens depuis celle de Nasser. Au moment de notre rencontre, alors que ses talents sont louangés partout dans le monde, le récipiendaire du prix Nobel de littérature est la cible d'une campagne de dénonciation dans son propre pays de la part des milieux islamistes. Son célèbre roman *Les Fils de la médina*, qu'il n'a même jamais pu publier en Égypte à cause de la censure, est trop osé à leurs yeux. Quelques jours avant notre passage au Caire, l'ayatollah Khomeiny, en Iran, a émis une fatwa condamnant à mort l'écrivain indo-britannique Salman Rushdie, pour son livre *Les Versets sataniques*, mais les élites religieuses du Caire se gardent bien d'aller jusque-là. Mahfouz sera tout de même victime d'un attentat perpétré par un jeune islamiste, en 1994, qui lui enlèvera l'usage de la main droite ; cette main grâce à laquelle il avait pu vivre de sa plume.

Avant de quitter Le Caire, nous décidons de prendre une journée de congé pour aller visiter les pyramides. Dans notre métier, on ne sait jamais si on reverra un endroit qu'on découvre pour la première fois ; alors, quand on le peut, on en profite. Mais ce que je vais voir, ce jour-là, sera pour moi un autre choc qui me fera douter une fois de plus de l'intelligence collective des humains. Avant de venir en Égypte, j'ai toujours imaginé les pyramides de Khéops, Khéphren et Mykérinos au milieu du désert, dans un paysage dénudé et mystique. Or, après une bonne heure et demie de route sur des boulevards urbains interminables, je suis sidéré quand, au-dessus des toits, j'aperçois le sommet des pyramides. La ville se rend, en fait, littéralement jusqu'au pied de ces monuments à la gloire du génie humain. Comment a-t-on pu laisser les spéculateurs bâtir aussi près des pyramides au point de détruire un paysage qui a dû être si exceptionnel ? « Il y a vingt ans, me répond notre chauffeur, vous auriez eu cette vision magique, il y avait plusieurs kilomètres de désert entre la ville et les pyramides, mais les gouvernements sont corrompus. » Je découvre à quel point en vingt ans – l'équivalent d'un millième de seconde dans l'histoire de l'humanité – la spéculation foncière et la corruption des élites égyptiennes ont détruit le charme d'un lieu millénaire et surtout menacé sa survie en l'inscrivant au cœur de l'urbanisation sauvage. J'apprends dans la foulée que Anouar al-Sadate, l'homme qui fait pourtant figure de héros dans son pays, celui à qui l'on doit les accords de paix de Camp David avec Israël[19], a lui-même donné l'exemple de cette corruption en se faisant construire un palais juste à côté des pyramides.

Mes amis égyptiens me répéteront d'ailleurs souvent, à propos de Sadate, ce que le peuple dit de ces militaires qui dirigent le pays : comment cet homme, qui gagnait officiellement une solde de quelques dizaines de milliers de dollars par année comme général quand il est arrivé au pouvoir en 1970, a-t-il pu amasser une fortune, se faire construire des palais, et ce, durant les seules onze années où il a été président ? Comment a-t-il pu faire tout cela sans avoir littéralement volé son peuple, en complicité avec sa femme, Jihane al-Sadate, elle-même célébrée aujourd'hui par la haute société mondaine internationale comme une grande bienfaitrice ? On comprend encore mieux ces questions à propos de Sadate quand on sait maintenant, comme l'ont confirmé, entre autres, les enquêtes du quotidien britannique *The Guardian*, que durant son propre règne de trente ans Hosni Moubarak, son successeur, a accumulé une fortune estimée à près de 70 milliards de dollars.

La fin de Khomeiny

Au début de juin 1989, je quitte Jérusalem en urgence, cette fois à destination de Téhéran où l'on vient d'annoncer la mort de l'ayatollah Ruhollah Khomeiny. Le guide suprême de la révolution a régné sur l'Iran depuis le renversement du shah dix ans plus tôt, et le pays vient à peine de sortir d'une guerre horrible contre son voisin irakien. Pour le monde extérieur

---

19. Le président Anouar al-Sadate a reçu le prix Nobel de la paix en 1978, avec le premier ministre israélien Menahem Begin, pour avoir entamé un processus de paix entre leurs deux pays.

comme pour les Iraniens que nous retrouvons à notre arrivée sur place, la mort de Khomeiny est en même temps source d'espoir et d'inquiétude. Tout le monde se demande quelle sera la suite, après le départ de celui qui a dirigé un régime honni, craint et admiré à la fois. L'Iran va-t-il changer ? La disparition d'un chef spirituel d'une telle importance va-t-elle plonger le pays dans l'instabilité ? Les successeurs de l'ayatollah réussiront-ils à effectuer une transition harmonieuse ?

Mais les Iraniens, s'ils partagent ces inquiétudes, ont décidé d'abord d'exprimer leur deuil, et ils le font en masse. Des dizaines de milliers de gens ordinaires, des paysans, des salariés ou des petits commerçants, pour qui le leader spirituel avait apporté stabilité et confiance, ont envahi Téhéran. Le jour des funérailles, ils sont plus d'un million et demi à défiler en procession dans la ville, sur une distance de plus de 25 kilomètres, jusqu'à un lieu à l'extérieur de la capitale, en plein désert, où l'on a creusé la tombe qui va recevoir sa dépouille. Très tôt, ce matin-là, l'armée iranienne a organisé des navettes en hélicoptères pour emmener les membres de la presse jusqu'à l'endroit de l'inhumation. Mais l'opération se déroule dans un tel chaos que mon ami caméraman Michel Dumond, venu de Londres pour couvrir les obsèques, n'a pas pu embarquer dans le même hélicoptère que moi. Il passera toute cette journée à des kilomètres de distance, incapable de traverser la multitude compacte massée autour du lieu de l'enterrement. Arrivé à destination dans le premier hélicoptère, après avoir survolé la foule pendant plus d'une demi-heure, je découvre qu'un collègue caméraman du réseau américain NBC, avec lequel nous collaborons régulièrement sur le terrain, se retrouve, lui, sans son reporter, qui ne réussira pas non plus à nous rejoindre. Nous décidons donc de faire équipe pour le reste de la journée et de mettre en commun nos efforts.

Sur place, nous devons, pour nous rendre de la piste d'atterrissage improvisée jusqu'au lieu d'inhumation, nous frayer un chemin dans une foule dense au bord de l'hystérie. Dans une chaleur extrême de plus de 45 °C, en ce mois de juin 1989, des centaines de milliers de jeunes hommes, les *bassidjis,* membres des Gardiens de la révolution, crient et se frappent avec une violence inouïe en attendant la dépouille. Un rituel funéraire des musulmans chiites où les hommes en particulier vont jusqu'à s'autoflageller et se mutiler pour exprimer leur deuil. La tombe a été entourée, pour la protéger de la foule, d'un cercle formé par deux rangées de conteneurs superposés. Les militaires qui nous servent d'escorte nous ordonnent de grimper dessus pour éviter que nous soyons écrasés par la marée humaine ; nous y disposerons, nous promettent-ils, d'une vue plongeante sur la cérémonie d'inhumation. Mais, aussitôt que nous sommes installés au sommet des conteneurs, la pression de la foule est telle que la structure menace de s'écrouler. Il faudra faire venir des renforts de l'armée pour éviter que notre estrade improvisée ne s'effondre.

Puis, à l'heure dite, on entend un hélicoptère s'approcher des lieux avec une lenteur solennelle. Aussitôt, la foule à perte de vue commence à s'enflammer en criant à l'unisson. J'avais déjà assisté en Corée du Sud à des funérailles aussi massives, quand 2 millions de Coréens s'étaient réunis sur une ancienne piste d'aéroport au centre de Séoul pour pleurer le décès tragique des victimes de l'écrasement du Boeing du vol 007 abattu par des chasseurs soviétiques, en septembre 1983. J'avais gardé le souvenir de cette vision unique de centaines de milliers d'Asiatiques aux cheveux noirs assemblés dans un silence absolu. Ce jour-là, alors que s'approche l'hélicoptère transportant le corps de Khomeiny, la vue d'une foule immense d'Iraniens habillés de noir de la tête aux pieds, en transe, a quelque chose d'encore plus sidérant. C'est alors que j'assiste à une scène tellement surréaliste que, si nous n'avions pas rapporté les images pour en témoigner, personne ne nous aurait crus.

Au moment où des Gardiens de la révolution entrent dans l'enceinte des conteneurs, où doit se dérouler la cérémonie d'inhumation, transportant au bout de leurs bras le cercueil de l'ayatollah, la foule massée autour d'eux est tellement hystérique – chacun cherchant à toucher le cercueil une dernière fois – que les porteurs l'échappent. Dans la chute, le couvercle s'ouvre, laissant tomber le cadavre verdâtre de leur idole qui, perdant le linceul qui le recouvre, s'offre à nos yeux ébahis dans toute sa nudité. Il faudra trois tentatives infructueuses aux porteurs avant de réussir à remettre le corps dans le cercueil et à le poser à côté de la tombe fraîchement creusée, tout cela devant une foule catastrophée par la scène incroyable à laquelle elle vient d'assister. Puis, quand les choses se calment, on voit un homme, que tout le monde semble connaître, s'avancer solennellement pour diriger la cérémonie : Hachemi Rafsandjani, le président du Parlement et fondé de pouvoir du guide suprême. Par sa seule présence auprès du défunt jusqu'à sa mise en terre, les Iraniens comprennent qu'il s'apprête à assumer un rôle important dans la succession.

Une fois la cérémonie terminée, un vent de panique s'empare de l'ensemble de la presse quand les conteneurs sur lesquels on nous a enjoints de nous installer commencent à s'écrouler, sous la pression de la masse en délire. Dans un fracas de cris stridents et de bruits de métal, en l'espace de quelques secondes, nous sautons tous dans le vide pour éviter d'être écrabouillés sous le choc, et la foule, incapable de supporter davantage autant de surprises, se disperse en une cohue humaine infinie. De ma vie, je crois, je n'avais jamais assisté à un tel enchaînement de situations aussi invraisemblables les unes que les autres. Nos reportages, ce soir-là, il va sans dire, seront flamboyants, et je garderai toujours le souvenir de cette journée hallucinante.

Quelques jours plus tard, alors que tous les journalistes, et toute la population iranienne aussi, cherchent, dans les rares signaux disponibles, à deviner l'issue de la lutte pour la succession du guide suprême, Hachemi Rafsandjani confirme, à cinquante-cinq ans, son intention de se présenter à la présidence de la République islamique. En lançant sa campagne pour l'élection qui doit avoir lieu le mois suivant, il promet des temps meilleurs pour ce pays écrasé par huit ans de guerre, où le taux de chômage atteint les 40 %, en s'engageant à favoriser l'entreprise privée. En août 1989, je serai de retour en Iran pour être témoin de la victoire somme toute facile de Rafsandjani. Mais le pouvoir suprême restera entre les mains de celui qui assumera une autre partie de la succession de Khomeiny, l'ayatollah Ali Khamenei, qui jusqu'à aujourd'hui occupe toujours le poste de guide suprême de la République.

Une balle dans la jambe

À mon retour en Israël, à la mi-juin 1989, le bilan quotidien des victimes de l'intifada n'a jamais été aussi élevé. Le ministre de la Défense, Yitzhak Rabin, à qui incombe la gestion de la sécurité dans les territoires occupés, est une fois de plus la cible de critiques acerbes de la part de ses concitoyens. En entrevue avec nous, le 18 juin 1989, il tente de justifier l'action du gouvernement de coalition dont il fait partie en disant qu'il est prêt à donner le droit de vote aux Palestiniens s'ils acceptent de renoncer à la violence. Le cabinet dirigé par le chef du Likoud, Yitzhak Shamir, a en effet sorti de son sac, à la suite d'un accord secret avec son partenaire travailliste Shimon Peres, une initiative visant à diviser l'ennemi palestinien. Il propose aux dirigeants locaux de l'OLP de leur accorder une forme d'autonomie administrative, ainsi que le droit de tenir des élections libres dans les territoires occupés. Le premier ministre sait que son offre mettra en furie Yasser Arafat et la direction du mouvement réfugiés à Tunis, parce qu'elle équivaut à reporter toute décision sur l'indépendance de la Palestine. Mais Shamir rêve, en scindant ainsi le leadership palestinien, de tuer dans l'œuf les velléités indépendantistes des Palestiniens en leur faisant accepter un compromis.

La proposition est sans surprise rejetée par les Palestiniens et ne contribue qu'à soulever la colère de l'extrême droite israélienne, et en particulier des colons de Cisjordanie qui ne veulent pas d'une autonomie palestinienne sur le territoire qu'ils occupent. Ils le font savoir de façon très cruelle à Shamir en le chahutant au cours d'une cérémonie funéraire à laquelle nous assistons en mémoire d'un colon d'origine américaine, Friedrich Rosenfeld, assassiné à coups de couteau par des Palestiniens. Alors que le chef du gouvernement s'apprête à prononcer l'oraison funèbre, des colons lui crient de rentrer chez lui et de céder son poste de premier ministre à son bouillant collègue Ariel Sharon, forçant ainsi le premier ministre humilié à quitter les lieux en catastrophe. Mais Yitzhak Shamir est un politicien coriace, qui a survécu à des années d'intrigues au sein de son propre parti. Formé à l'école de l'Irgoun, et de sa faction dissidente, le groupe Stern, un mouvement terroriste qui s'attaquait au pouvoir colonial britannique avant la création d'Israël – un passé que mon collègue et ami Keith Graves de la BBC s'amusait à rappeler constamment quand il parlait de lui en le qualifiant de « *former terrorist* » –, le chef du Likoud est beaucoup plus déterminé que son partenaire dans le gouvernement de coalition, Shimon Peres, qui à souvent fait preuve de compromission pour survivre en politique.

Mais, en ce début d'été 1989, Shamir doit faire face à plus coriace que lui ; au sein du Likoud, Ariel Sharon mène une campagne à peine voilée pour le renverser. L'ancien ministre de la Défense, qui avait été blâmé sévèrement lors de l'invasion israélienne du Liban en 1982 pour sa contribution indirecte au massacre de Sabra et Chatila, est revenu du purgatoire qu'il s'était vu imposer et il dirige une croisade en faveur de la poursuite de la colonisation des territoires occupés. Sharon s'oppose à toute concession aux Palestiniens tant qu'ils n'acceptent pas de mettre fin à l'intifada.

Quelques jours après la fronde dont il a été victime aux funérailles de Rosenfeld, Shamir déclare en grande pompe dans un discours devant plus de deux mille militants du Likoud qu'il ne permettra jamais la création d'un État palestinien dans les territoires. La déclaration du premier ministre vise à rassurer ses militants, mais surtout à stopper toute intention de Sharon. En coulisse, Shamir a accepté, pour faire taire son rival, de renoncer à son projet d'offrir aux Palestiniens une forme d'autonomie en échange de la paix. En conférence de presse, quand je m'adresse à lui en français – ce qu'il n'aime pas, parce qu'il se sent moins en confiance dans cette langue qu'il parle pourtant très bien –, il m'avoue, un peu piteux, que ses concessions à Sharon n'ont pas été faciles à faire. La querelle qui s'amorce au sein de la droite va se poursuivre de plus belle.

Dès le lendemain de la déclaration de Shamir refusant toute perspective d'un État palestinien, le cycle de la violence reprend de plus belle. Un attentat terrible se produit sur la route entre Tel-Aviv et Jérusalem lorsqu'un jeune Palestinien de dix-huit ans, Abed al-Hadi Ghaneim, qui a pris place à l'arrière du bus 405 faisant la navette entre les deux villes, remonte l'allée centrale et, arrivé à l'avant du véhicule, saisit le volant des mains du chauffeur avant de précipiter l'autobus dans un ravin en criant: «Allah est grand!», causant la mort de seize passagers[20]. Quand nous avons finalement accès au lieu de la tragédie, quelques heures plus tard, c'est la consternation. L'attentat est un des plus meurtriers à survenir en sol israélien, et les corps de la plupart des victimes ont été déchiquetés par l'impact de la chute de l'autobus dans le ravin, au point d'en être méconnaissables. Comme cela se passe toujours dans cette région du monde, l'attentat est immédiatement suivi par des appels à la vengeance lancés par les leaders de l'extrême droite, comme le chef du parti Kach, Meir Kahane, qui ne se prive pas, une fois de plus, de critiquer la faiblesse du gouvernement israélien qu'il accuse de vouloir négocier avec des terroristes.

Un seul geste de désespoir, perpétré par un jeune homme sans doute fanatisé par son entourage, vient une fois de plus compromettre les perspectives de paix entre Israéliens et Palestiniens. Quelques jours plus tard, alors que nous recevons chez nous des amis pour un dîner planifié depuis longtemps par Mireille, qui rêve toujours de rapprocher autour d'une bonne table des gens issus des deux communautés, la soirée se terminera par une engueulade en hébreu entre un réalisateur israélien et une journaliste palestinienne s'accusant mutuellement de tous les maux.

---

20. Abed al-Hadi Ghaneim sera condamné à vingt-six peines de prison à vie, mais il sera libéré après vingt-deux ans, en 2011, avec d'autres prisonniers, contre la libération du soldat Gilad Shalit détenu à Gaza.

La vie dans cette partie du monde est entièrement teintée par ce conflit latent dont on espère toujours une solution, mais qui semble éternellement se buter à la malédiction. Après presque un an à Jérusalem, j'en arrive moi-même à avoir de la difficulté à supporter le cynisme régnant au sein de la communauté des journalistes étrangers qui, trop habitués à raconter le désespoir de la situation qu'ils ont à décrire tous les jours, ont, à mon sens, perdu toute capacité de croire à une solution possible de la crise. En fait, j'ai probablement réussi à me protéger de ce cynisme en sortant régulièrement d'Israël et de la Palestine. Lorsque je revois mon horaire de l'époque, ne serait-ce que durant les premiers mois de 1989, par exemple, je m'aperçois à quel point je ne restais jamais en place longtemps. Janvier, Israël; février, l'Égypte; mars, l'Égypte à nouveau; avril, le Liban; mai, le sommet arabe au Maroc; juin, les funérailles de Khomeiny en Iran; juillet, retour en Iran pour l'élection de Rafsandjani; août, séjour à Chypre…

Mais, à l'automne 1989, les choses vont changer, quand je serai moi-même victime de la violence du conflit israélo-palestinien. Vers la fin d'octobre, on observe dans les territoires occupés une augmentation importante du nombre d'enfants blessés ou tués par balle au cours d'affrontements avec l'armée israélienne. On entend de plus en plus d'histoires disant que les militaires ont reçu de nouveaux ordres les autorisant à tirer à balles réelles quand ils font face à des manifestants, et ce, même s'ils sont très jeunes. On voit arriver dans les hôpitaux palestiniens des enfants blessés à la tête, dont les radiographies du cerveau montrent la présence de gros plombs ronds dont on n'a jamais constaté l'usage auparavant. Les militaires nient l'existence d'une politique systématique d'usage de balles réelles contre les enfants lanceurs de pierres, qui serait en contravention flagrante avec toutes les règles d'engagement avouées de l'armée israélienne dans les territoires occupés.

Le 30 octobre 1989, je me rends avec mon équipe à Gaza où la majorité des décès ont eu lieu, pour enquêter sur le phénomène. Nous planifions de nous installer quelques jours chez une famille qui accepte de nous louer des chambres, au milieu du camp de réfugiés palestiniens de Shabura, à Rafah, la deuxième plus grosse ville de la bande de Gaza, près de la frontière égyptienne. Nous voulons nous fondre le plus possible dans la vie du camp, habituer les habitants à notre présence, pour mieux pouvoir saisir comment les affrontements commencent, ce qui les déclenche, et pourquoi les Israéliens en viennent à utiliser des armes réelles contre des enfants.

Or, tandis que nous déposons nos bagages dans la maison où nous avons loué des chambres, des voisins nous préviennent qu'une émeute a éclaté, à quelques rues de là, où un autre enfant, Ashraf Kishda, quatorze ans, a perdu la vie après avoir reçu une balle tirée à bout portant par un soldat israélien. Alors que nous sortons de la maison, des centaines de gens, parents et enfants, sont déjà assemblés sur la place centrale du camp de Shabura. Quelques secondes plus tard, des jeeps blindées israéliennes s'approchent des lieux en vitesse pour tenter de mettre fin au rassemblement, mais elles sont aussitôt forcées de s'enfuir sous une pluie de pierres.

Heureux de cette victoire temporaire sur l'armée, les manifestants grossissent leurs rangs et commencent à s'animer quand soudain, à une des extrémités de la place, un groupe plus important de véhicules blindés fait irruption, et alors qu'ils s'approchent lentement de la foule, des soldats en sortent en épaulant leurs armes. Depuis le début de ces événements, nous tournons systématiquement tout ce dont nous sommes témoins. Voyant les militaires revenir vers les manifestants en plus grand nombre, Azur, le caméraman, décide de prendre le temps d'installer sa caméra sur son trépied, pour la stabiliser. Nous sommes donc clairement identifiés comme une équipe de télévision dans la manifestation lorsqu'un des soldats pointe soudain son arme sur nous et tire. Je ne me souviens pas d'avoir ressenti l'impact de la balle qui m'a atteint à la jambe, ce jour-là. À un moment donné, alors que tout le monde autour de nous se met à fuir le barrage de feu de l'armée israélienne et que nous continuons à filmer, je ressens soudainement une brûlure intense à la jambe droite. Voulant me masser le mollet, je touche quelque chose d'humide et de rigide à la fois au bout de mes doigts. Sous mon pantalon déchiré, je découvre alors une blessure profonde et large dont – au nom de quel réflexe, je n'en sais rien – j'extrais manuellement un cylindre que j'ai conservé jusqu'à aujourd'hui. Une balle de caoutchouc comme celles que les forces de l'ordre utilisent partout dans le monde pour disperser des manifestants et les intimider, mais qui, lorsqu'elles sont tirées à bout portant, comme ce fut le cas pour moi, peuvent déchirer les tissus et provoquer des blessures graves. Alors que je constate, sur moi, les dégâts causés par le tir rapproché du soldat, nous sommes rapidement cernés par des militaires dont le commandant nous interpelle en disant, sans aucune compassion pour ma blessure : « *Get out of the way !* », « Allez-vous-en ! »

Une voiture du Croissant-Rouge – la Croix-Rouge palestinienne –, alertée par les manifestants, s'approche de nous et nous emmène dans une clinique de fortune où un médecin palestinien me fait, à froid, un seul point de suture pour fermer la blessure temporairement, tout en me recommandant de me rendre le plus tôt possible dans un vrai hôpital. Pour lui, je suis le blessé le plus léger, ce jour-là ; la plupart des autres patients autour de moi, très jeunes, ont été victimes de tirs à balles réelles.

Ainsi se termine notre tentative de reportage sur les morts de Gaza. Je dois maintenant rentrer au plus tôt à Jérusalem pour soigner adéquatement cette blessure et récupérer un peu. Or, aussitôt sur la route de retour, le téléphone sonne dans la voiture. À l'époque, les premiers cellulaires sont de gros téléphones branchés sur la batterie des véhicules. Alertés par les agences de presse qui ont déjà relayé la nouvelle, mes patrons à Toronto et à Montréal veulent savoir comment les choses se sont passées et dans quel état je suis. Mais, loin de faire preuve de compassion eux aussi, ils souhaitent surtout, me sachant hors de danger, que je raconte pour les téléspectateurs canadiens comment tout cela s'est déroulé. Nous avons effectivement tout ce qu'il faut pour illustrer l'histoire. Azur a non seulement tourné des images uniques de l'arrivée des soldats dans leurs blindés, du tir qui m'a atteint, mais même après le coup de feu il a suivi toute l'affaire jusqu'à la clinique, en documentant le contexte de façon extraordinaire. Ce soir-là, malgré la jambe qui me fait souffrir, j'écris donc, pour la première fois de ma vie, un récit dans lequel je suis le principal protagoniste. L'histoire d'enfants sans armes, tués par une armée sans âme, et d'un journaliste blessé en voulant la raconter.

Tard dans la nuit, après que nous avons terminé nos montages, dans leurs versions anglaise et française, pour les deux réseaux, et que Mireille, venue nous rejoindre au bureau avec une bouteille de scotch, nous a servi un verre, nous décidons, avant de dormir, de nous rendre à l'urgence de l'hôpital Hadassah, le plus grand de Jérusalem, pour vérifier si la clinique palestinienne a fait ce qu'il y avait à faire. Un médecin russe parlant à peine hébreu et anglais nous y reçoit amicalement et, en retirant le pansement couvrant la plaie, il me dit que les Palestiniens ont bien travaillé ; il faut maintenant laisser la blessure ouverte quelques jours, le temps qu'elle se désinfecte, après quoi je devrai contacter un orthopédiste pour refermer la cicatrice convenablement. Au moment de quitter l'hôpital, Mireille s'écroule devant nous, victime d'un évanouissement, épuisée, sûrement, après avoir retenu pendant des heures l'angoisse qu'elle a ressentie depuis que, sur la route vers Jérusalem, je l'ai appelée pour la prévenir avant tout le monde de ce qui s'était passé.

Je devrai, une semaine plus tard, être opéré sous anesthésie générale pour qu'on referme avec vingt-cinq points de suture la plaie immense laissée par la balle de caoutchouc. À la suite de pressions de la part de Radio-Canada et du gouvernement du Canada, l'armée israélienne mènera une enquête sur l'incident qui démontrera que le tireur, voulant m'intimider, parce qu'il croyait que j'étais un activiste palestinien accompagnant l'équipe de télévision, avait délibérément tiré une balle de caoutchouc à bout portant, sans penser qu'à cette distance le cylindre rigide, au lieu de simplement me causer une douleur superficielle, allait me déchirer les tissus. Le soldat et son officier seront condamnés quelques jours plus tard à une sanction symbolique. Et le ministre de la

Défense, Yitzhak Rabin, sera obligé de s'excuser au nom de l'armée devant la Knesset.

La chute du mur

Le lendemain matin, alors que nous récupérons encore de cette journée haute en émotion, ça sonne à la porte de la nouvelle maison que nous louons dans le quartier Yemin Moshe, à Jérusalem. J'entends Mireille aller répondre, puis monter jusqu'à notre chambre à l'étage en parlant à des gens. C'est alors que je vois apparaître, au pied du lit où je suis étendu, la jambe droite blessée, un couple de jeunes soldats modèles en uniforme d'apparat, la jeune fille portant dans ses bras un immense bouquet de fleurs. S'arrêtant devant moi et me tendant les fleurs, ils me disent en chœur, au nom de l'armée israélienne : « *We are sorry !* » Puis, après que nous avons échangé quelques paroles sans importance, ils rebroussent chemin, leur mission accomplie. C'est à cela que se résume la compassion de Tsahal, l'armée israélienne, au lendemain du geste inadmissible d'un de ses soldats.

Immédiatement après leur départ, c'est au tour du téléphone de sonner ; au bout du fil, mes patrons de Toronto. Après m'avoir offert leurs vœux de prompt rétablissement, ils m'annoncent que John Owen, le directeur de l'information, viendra à Jérusalem pour demander officiellement des explications à l'armée et au gouvernement israéliens. Puis, en prenant mille précautions, ils me posent une question qui m'abasourdit. « Puisque tu ne peux pas travailler pour quelque temps, me disent-ils, est-ce que tu nous permets d'envoyer ton équipe à Berlin ? »

Depuis plusieurs semaines, en octobre 1989, l'Europe de l'Est est en ébullition. À la faveur des changements qui se déroulent à Moscou, où Mikhaïl Gorbatchev a donné le signal de réformes en profondeur du régime soviétique, des manifestations se multiplient partout dans les pays du pacte de Varsovie pour réclamer plus de liberté et contester leurs élites politiques inféodées à Moscou. La Pologne, avec Solidarnosc, s'apprête à renverser le général Jaruzelski, la Tchécoslovaquie, à entamer sa Révolution de velours ;

chaque jour, des centaines de gens fuient l'Europe de l'Est par la frontière hongroise qui laisse dorénavant passer vers l'Ouest tous ceux qui le souhaitent. La République démocratique allemande, sous le régime d'Erich Honecker, le vieux leader communiste dépassé, est le dernier État à résister ; des manifestations exigeant des réformes sont réprimées violemment dans les grandes villes du pays, en particulier à Leipzig, où le mouvement prend le plus d'ampleur. En visite à Berlin-Est pour célébrer le quarantième anniversaire de la création de la RDA, Mikhaïl Gorbatchev, au cours d'un bain de foule, demande aux Allemands de l'Est d'être patients. Durant les célébrations à Leipzig, des milliers de manifestants lui crient : « Gorby, aide-nous ! »

Deux semaines plus tard, sous la pression populaire, Honecker quitte le pouvoir, et le parti, en panique, le remplace par un autre apparatchik, Egon Krenz, aussitôt rejeté par les réformateurs. À la fin d'octobre, des milliers de manifestants massés vingt-quatre heures sur vingt-quatre du côté ouest du mur de Berlin accentuent la pression pour que le gouvernement est-allemand ouvre des points de passage entre les deux parties de la ville, et à coups de marteau qui résonnent jusque tard dans la nuit des centaines d'entre eux commencent à détruire, morceau par morceau, ce mur de béton qui a empoisonné leur vie et divisé leurs familles depuis trop longtemps. C'est le début du plus grand bouleversement du xxe siècle depuis la Seconde Guerre mondiale, dont j'avais moi-même prévu l'émergence, dans des reportages en Europe, deux ans plus tôt, et des journalistes du monde entier affluent dans la ville mythique d'Allemagne pour ne pas rater ce moment exceptionnel. Nos équipes déjà sur les lieux ont besoin de renfort, et le bureau de Jérusalem au complet s'apprête à déménager là-bas, sans moi.

Seul dans ma chambre, la jambe immobilisée, je réalise brutalement, après avoir raccroché le téléphone ce jour-là, qu'à cause d'une blessure stupide je vais rater une occasion exceptionnelle d'être une fois de plus témoin du cours de l'histoire. Cloué dans un lit, dans cette région du monde où rien ne change. Si je n'avais pas été blessé à Gaza, j'aurais rejoint à Berlin mes camarades, comme Raymond Saint-Pierre, pour être témoin avec eux de cette fameuse journée de novembre 1989 où le mur est tombé, changeant ainsi le destin de tout un continent et celui de l'humanité.

Heureusement, quelques semaines plus tard, la chance joue pour moi. Comme je recommence à marcher normalement, mes patrons m'offrent d'aller remplacer les équipes épuisées à Berlin pour couvrir les fêtes qui vont marquer l'ouverture officielle de la porte de Brandebourg, concrétisant, après des décennies, la réunification de la grande ville allemande. C'est ainsi qu'avec Mireille, et mon équipe de Jérusalem, nous allons retrouver à Berlin Olivier Hour, notre ami monteur du bureau de Paris, pour raconter le premier Noël des Berlinois enfin réunis, après avoir été séparés par un mur absurde construit en une nuit, entre le 12 et le 13 août 1961.

En arrivant sur place, à la mi-décembre 1989, je suis surpris de constater que les choses ont beaucoup moins changé que les médias l'ont laissé croire. Depuis plusieurs semaines, le gouvernement de la RDA a ouvert plusieurs points de passage dans le mur, permettant à la population de l'Est de sortir de son enfermement, mais il y a toujours dans la ville deux zones séparées qui ne se parlent pas, deux pays encore méfiants l'un envers l'autre. Sous l'influence déterminante du chancelier ouest-allemand Helmut Kohl, des fêtes imposantes vont marquer, durant la période de Noël, l'ouverture de la porte de Brandebourg, le grand symbole architectural de la puissance allemande qui, avant la construction du mur, constituait le centre monumental de la capitale, et sous lequel des générations de Berlinois ont vu défiler au cours de l'histoire les troupes victorieuses de Napoléon, celles de l'Allemagne nazie et surtout celles des quatre nations qui ont mis fin à la Seconde Guerre mondiale. L'ouverture de la porte de Brandebourg va rétablir le passage de l'ouest vers la grande avenue Unter den Linden, l'avenue sous les Tilleuls, à l'est, comme les architectes l'ont conçue à l'origine, et ainsi consacrer la réunification officielle de Berlin.

Le 20 décembre, deux jours avant le début des célébrations, on peut sentir encore les appréhensions des autorités et même de la population de l'Allemagne de l'Est devant l'avenir. Dans un premier reportage, je raconte comment le chancelier Kohl a pris la peine de se rendre à Berlin quelques jours avant les festivités pour tenter de convaincre « ceux qui ont encore des doutes sur sa façon de voir l'avenir des deux Allemagne ». Kohl s'est empressé, dès les premiers jours de la chute du mur, quelques semaines plus tôt, de prôner une réunification rapide des deux pays, comme le souhaite une majorité de citoyens de l'Ouest. Wolfgang Schnur, le nouveau chef élu du Réveil démocratique, un des nombreux partis réformistes qui naissent chaque jour en RDA, nous décrit, en sortant d'une rencontre avec Kohl, la peur de nombreux Allemands de l'Est que leur pays soit vendu aux enchères à l'Ouest. Mais les craintes viennent aussi d'ailleurs en Europe, comme le confirme lui-même le président de la France, François Mitterrand, en tournée dans les deux Allemagne à titre de président de la Communauté européenne.

À Leipzig, la grande ville qui a été le fer de lance du mouvement de réforme, il dit le lendemain, 21 décembre, après avoir été le premier chef d'État à conclure une entente bilatérale avec le nouveau gouvernement est-allemand : « On ne peut pas rayer d'un trait la réalité européenne telle qu'elle s'est constituée après la Seconde Guerre mondiale. » S'adressant à un groupe d'étudiants de l'Université de Leipzig, à la fois comme président de la France et de la CEE, il dit souhaiter que l'Europe affronte ses nouveaux défis avec prudence. La veille, dans une entrevue diffusée à la radio est-allemande, il a été encore plus concret : « Les frontières de l'Europe ne doivent pas être modifiées ! » Mitterrand traduit, dans ces quelques mots, la crainte viscérale de la France de voir se constituer à ses frontières un nouveau pays allemand réunifié de plus de 80 millions de personnes, capable par sa seule puissance économique de défier à nouveau l'Europe. « Ils doivent cesser d'avoir peur d'une Allemagne forte, répond Helmut Kohl dans ses discours ; pour que la paix s'installe en Europe, il faut permettre aux Allemands de décider de leur propre avenir. » Le lendemain, 22 décembre, l'histoire jouant en sa faveur, le chancelier ouest-allemand triomphe quand plus de cent mille personnes se massent sous une pluie battante devant la porte de Brandebourg pour assister, vingt-huit ans après son érection, à la destruction de la partie du mur qui empêchait l'ouverture de cette magnifique œuvre architecturale vers l'est de la ville. « C'est le plus beau jour de ma vie ! » s'exclame-t-il, dans le reportage que j'envoie ce jour-là au Canada. « Nous venons d'ouvrir la porte du changement », ajoute le maire de Berlin-Ouest, avant que Hans Modrow, le nouveau président du Conseil des ministres est-allemand, prenne la parole pour tenter d'expliquer, devant une foule indifférente à ses propos et déjà totalement tournée vers l'avenir, comment le mur n'avait été construit que pour protéger les citoyens de l'Est.

Les jours suivants donnent lieu à une succession d'événements grandioses nous projetant dans un univers fascinant, tellement ils marquent, en si peu de temps, une brisure brutale avec le passé encore immédiat.

Le 23 décembre, pendant qu'à Bucarest, en Roumanie, ma collègue Francine Bastien risque sa vie en couvrant une autre chute de régime – celle, plus brutale, de Nicolae Ceausescu –, les Berlinois, des deux côtés du mur, assistent à un concert dirigé par le grand chef d'orchestre américain Leonard Bernstein, atteint d'un cancer en phase terminale qui va l'emporter dix mois plus tard ; un concert planifié pour qu'il se termine à minuit afin de marquer le passage au 24, la date officielle où les citoyens obtiendront enfin le droit de circuler sans entraves. Bernstein a choisi de regrouper des musiciens de Berlin-Est et de Berlin-Ouest, ainsi que des quatre pays qui ont libéré la capitale allemande à la fin de la Seconde Guerre mondiale – la France, l'Angleterre, les États-Unis et l'Union soviétique –, pour interpréter une version unique de la *Neuvième Symphonie* de Beethoven, pour laquelle il a fait changer le livret de l'*Ode à la joie*, écrit en 1785 par le grand poète allemand Friedrich Schiller, afin de remplacer le mot « joie » – *Freude*, en allemand – par le mot « liberté », *Freiheit*. Après le concert, diffusé par toutes les chaînes d'Europe, les Berlinois des deux côtés du mur se réunissent dans des festivités nocturnes, pour ne plus jamais se séparer. Le lendemain, 24 décembre, je décris, avec des images extra-ordinaires, comment au signal de cette ouverture officielle de la ville, sans avoir, pour la première fois, à justifier quoi que ce soit ou à présenter des documents d'identité ou des visas, les Berlinois de l'Ouest se sont donné le mot pour aller célébrer la messe de minuit à l'Est. De part et d'autre du mur, les brasseries ont ouvert leurs portes pour offrir de la bière gratuitement à tous les clients. Je me souviens d'avoir été surpris par la pauvreté des quartiers du côté est de Berlin, de la pollution de l'air qui y régnait en comparaison de l'ouest. Pendant des années, les Allemands de l'Ouest investiront des fortunes pour aider l'ancienne République démocratique à se mettre au niveau de l'Europe et pour créer ce grand pays qui est aujourd'hui la quatrième économie de la planète. Le 25 décembre, Leonard Bernstein répétera l'exploit du 23 en présentant à nouveau la *Neuvième Symphonie* de Beethoven, le matin de Noël, cette fois au Schauspielhaus de Berlin-Est. Il dira: « C'est le plus beau jour de ma vie. »

La libération de Mandela

Après l'euphorie de Berlin, le retour en Israël est déprimant.

Pendant deux semaines, nous avons raconté un des bou-leversements les plus positifs sur le point de changer la face du monde; en Israël, nous retrouvons l'impasse et la désespé-rance d'une drôle de guerre qui ne fait que prendre de l'am-pleur. Deux ans après le début de l'intifada palestinienne, les affrontements commencent à gagner les abords de Jéru-salem. Dans la vieille ville, les familles juives et arabes qui ont vécu ensemble depuis des siècles ne se parlent plus. Le vieux maire de Jérusalem, Teddy Kollek, qui s'est pourtant donné pour objectif, depuis plus d'un quart de siècle, de rappro-cher les deux communautés de la ville, constate que l'inti-fada a tout compromis. En deux ans, plus de six cents Pales-tiniens sont morts dans des heurts avec l'armée israélienne, et une vingtaine d'Israéliens ont également péri. Certains jours, près d'un million de Palestiniens sont séquestrés chez eux, souvent pendant plus de vingt-quatre heures, par des couvre-feux décrétés par l'armée. La plupart des écoles et toutes les universités des territoires occupés demeurent fermées, sur ordre du gouvernement militaire.

Un jour, nous nous rendons à l'Université de Birzeit, près de Ramallah, en Cisjordanie, une des meilleures universités arabes du Moyen-Orient, pour voir le Dr Ramzi Sansour, qui dirige un laboratoire de santé publique. Ramzi, que je rencontre pour la première fois, mais qui deviendra un ami, ouvre tous les jours son labo clandestinement, en contravention avec les ordres des militaires, parce qu'il estime qu'il s'agit d'un service essentiel pour la population de Cisjordanie. « Le travail, c'est un risque, me dit-il, avec le ton dramatique qui le caractérise. Pour vivre ici, en Palestine, c'est un risque. » Chaque jour, il fait entrer dans le laboratoire les quelques étudiants qui acceptent de risquer de se faire emprisonner pour pouvoir à tout prix continuer leur formation. L'armée, quelques jours plus tôt, a démantelé des classes de Birzeit qui se tenaient clandestinement dans des appartements de Ramallah. Une centaine d'étudiants ont été arrêtés. Au début de 1990, alors que l'Europe vit des transformations spectaculaires, le gouvernement de Yitzhak Shamir, qui refuse toujours obstinément de discuter avec l'OLP, a plutôt lancé une vaste opération visant à consolider encore plus le statu quo. Depuis quelques semaines, chaque jour, un Boeing 747 atterrit à l'aéroport de Lod rempli de passagers en provenance de l'URSS. À la faveur d'une libéralisation des visas de sortie décrétée par Moscou, des milliers de Russes d'origine juive, dont une grande majorité – tout cela sera documenté plus tard – n'a pas pratiqué sa religion depuis des générations, ont décidé de profiter de l'invitation lancée par Tel-Aviv pour fuir le régime soviétique et émigrer en Israël. La grande migration, qui va amener jusqu'à cent mille Russes en Israël durant la seule année 1990, est présentée par le gouvernement Shamir comme une urgence nationale, puisqu'il faut accueillir tous ces nouveaux Juifs apatrides ; mais elle fait partie, en fait, d'une manœuvre machiavélique pour compenser la croissance plus rapide de la population palestinienne. Shamir lui-même ne s'en cache pas en disant publiquement que cet afflux d'immigrants justifie encore davantage l'emprise d'Israël sur les territoires occupés. Des propos qu'il devra retirer en raison de la controverse qu'ils vont provoquer. Aujourd'hui, les Russes issus de cette campagne d'immigration organisée en Israël sont plus d'un million, soit un huitième de la population du pays.

Mais au début de 1990, alors que le leadership israélien est de plus en plus divisé sur la façon de mettre fin à l'intifada, et qu'Israël ne semble pas vouloir s'inscrire dans le vaste courant de réforme qui a été initié en Europe, en Afrique, au même moment, un chef d'État, lui, a le courage de s'inspirer de ces changements et de briser des idées préconçues qu'on croyait pourtant indestructibles.

Le 1er février 1990, je prends l'avion avec Mireille pour Le Cap, la grande ville méridionale de l'Afrique du Sud, où nous allons rejoindre mon ami caméraman Michel Dumond et son technicien du son londonien, Fred Rotkopf. Nous projetons de passer plusieurs semaines dans ce pays qui vient d'ouvrir ses portes à la presse étrangère après des décennies d'isolement, et qui s'apprête lui aussi à vivre une révolution. Depuis plusieurs mois, sous la pression d'une campagne de boycottage international de plus en plus intense qui menace de ruiner l'économie du pays, le gouvernement blanc d'Afrique du Sud, dirigé par le chef du Parti national, Frederik de Klerk, a entamé des négociations secrètes avec le leader de la lutte antiapartheid, Nelson Mandela, en vue d'arriver à une entente devant mener à sa libération et à la mise en route d'un processus de réconciliation nationale.

De Klerk, au pouvoir depuis quelques mois seulement, a déjà montré des signes d'ouverture très importants en libérant de prison, sans condition, le 15 octobre 1989, Walter Sisulu, le mentor et bras droit de Mandela au sein de l'African National Congress (ANC) – la principale organisation de la lutte antiapartheid –, et en rencontrant dans son bureau présidentiel, le 13 décembre 1989, Nelson Mandela, libéré temporairement pour l'occasion. À notre arrivée en Afrique du Sud, Mandela est toujours détenu dans la prison-ferme Victor

Verster, à Paarl, près du Cap, où il habite la maison du gardien, dans laquelle on lui permet de recevoir des dignitaires du monde entier. Un régime de détention très souple, une sorte de résidence surveillée, qui favorise la négociation et qui tranche avec les conditions d'incarcération que le leader de l'ANC a subi pendant vingt-sept ans à la prison de Robben Island. Mais, même si l'on devine l'imminence de sa libération – la presse internationale s'y prépare en étant sur place en grand nombre –, le gouvernement sud-africain refuse encore de s'y engager.

À l'aéroport du Cap, nous sommes accueillis par un collègue sud-africain, Tony Weaver, qui nous reçoit en nous offrant, à la blague, un guide des vins locaux. Le geste nous touche d'autant plus qu'à l'époque les produits de l'Afrique du Sud, y compris ses vins pourtant réputés, sont boycottés par l'ensemble de la planète. Tony sera notre guide exceptionnel dans ce pays que nous découvrons à notre arrivée et dont nous ne connaissons que les rares récits qui, depuis des années, ont réussi à traverser la censure du régime de l'apartheid.

À nous quatre, Tony, Michel, Fred et moi, nous allons devoir couvrir, au cours des jours suivants, ce qui sera sûrement un des événements les plus médiatisés de l'actualité mondiale, pour la radio et la télévision des réseaux anglais et français de Radio-Canada, et cela, au milieu d'une cohue d'un millier de journalistes étrangers. Notre tâche sera aussi accrue par l'entrée en ondes, en ce début de 1990, de Newsworld, le nouveau réseau d'information continue de CBC qui nous mobilise dès notre arrivée. C'est ainsi que, à peine les portes de l'aéroport franchies, Tony nous conduit à l'hôtel pour y laisser nos bagages avant de nous emmener aussitôt à une première manifestation où nous attend l'équipe ; actualité oblige ! Je découvrirai, le soir, en rentrant à l'hôtel, que les quelques milliers de dollars comptants apportés pour couvrir nos frais, que, dans l'empressement, j'avais laissés dans la chambre, ont disparu. Une forme de mot de bienvenue dans un pays où – les événements le démontreront encore plus au cours des jours suivants – l'ordre imposé n'est qu'apparent.

Dès nos premiers reportages, nous constatons que les conditions exigées par le gouvernement de Klerk pour la libération de Mandela sont loin d'être acquises. Après une rencontre avec le leader de l'ANC dans sa résidence de la prison Victor Verster, le 6 février, le militant noir Allan Boesak nous révèle que Mandela, quant à lui, est prêt à ne plus exiger de conditions préalables à sa remise en liberté. Il demandait, avant d'être libéré, que les autorités lèvent l'état d'urgence donnant à l'armée et à la police sud-africaines des pouvoirs arbitraires sur la majorité noire et qu'elles relâchent tous les prisonniers politiques. Mais, si Mandela est disposé à laisser tomber ses conditions pour accélérer sa libération, le gouvernement, lui, exige de l'ANC qu'elle s'engage, avant même cette sortie de prison, à faire respecter l'ordre. La grande organisation qui a mené depuis des décennies la lutte contre l'apartheid n'a pas encore démantelé sa branche armée, et plusieurs membres du gouvernement craignent qu'elle ne profite des circonstances entourant la libération de Mandela pour s'emparer du pouvoir par la force. Chaque jour, des milliers de Noirs manifestent d'ailleurs dans les *townships*, ces grands bidonvilles où ils sont forcés d'habiter, pour faire monter la pression. On rapporte, dans certaines régions du pays, des affrontements entre Noirs qui se battent déjà entre ethnies rivales pour le contrôle du pouvoir après la fin de l'apartheid. Mais on en est encore très loin. Le 2 février, le lendemain de notre arrivée, de Klerk a légalisé l'ANC et une quarantaine d'autres organisations de la majorité noire. Son gouvernement blanc se dit prêt à discuter d'une forme de réconciliation nationale, mais il n'a pas encore décrété la fin de l'apartheid et entend conserver le contrôle des institutions de l'État.

Le 8 février – autre signe de changement important –, je raconte dans un reportage que la South African Broadcasting Corporation (SABC), la télévision d'État sud-africaine, qui a toujours été la voix de la minorité blanche, diffuse pour la première fois de son existence une nouvelle consacrée à Mandela en annonçant que le leader noir accepte de sortir de prison. Partout dans le pays, les médias profitent de la levée des restrictions sur la presse décrétée par le gouvernement pour parler enfin de l'ANC et de la lutte antiapartheid, ce qu'ils n'ont jamais pu faire auparavant. L'*Argus,* un grand tabloïd du Cap, présente en première page, pendant plusieurs jours, une série sur la vie de Mandela. « *Now, suddenly, we have a new ball game*», me dit Andrew Drysdale, le rédacteur en chef du journal. Harvey Tyson, le patron du *Star,* le plus grand quotidien du pays, avertit ses lecteurs qu'en attendant que de nouvelles règles soient édictées la liberté de presse est encore à risque. « On a publié nos premières photos de manifestations violentes récemment, nous dit-il, et on attend de voir ce qui va se passer. »

Le lendemain, vendredi 9 février, Frederik de Klerk réalise enfin la promesse qu'il a faite à la majorité noire en déclarant que Mandela sera libéré le dimanche suivant, 11 février, à 15 heures ; mais il en appelle au leader noir pour qu'il aide le gouvernement à créer les conditions favorables à la levée de l'état d'urgence. Mandela a donc officiellement cédé. Il ne pourra pas annoncer, à sa sortie de prison, la fin de l'état d'urgence comme il le souhaitait. En fait, il sera relâché sans que lui-même et le gouvernement aient obtenu les conditions qu'ils exigeaient dans leurs discussions préalables. Mais visiblement tout le monde en a assez de l'attente. En apprenant la nouvelle, un des plus grands partisans de Mandela, l'archevêque anglican Desmond Tutu, ne peut retenir sa joie : « Je me bats pour me contenir, nous dit-il, et je suis sûr que c'est vrai pour la majorité des gens dans ce pays ! » Parce que tout le monde, y compris les membres de la presse, est impatient de voir un dénouement. Chaque jour, nous cherchons de nouveaux sujets pour tuer le temps.

En acceptant d'être libéré sans avoir de garantie que l'état d'urgence et surtout l'apartheid seront levés, Mandela prend un risque énorme que sa femme Winnie nous résume en disant : « Nous aurions aimé qu'à sa libération il ne retrouve pas une Afrique du Sud de l'apartheid, mais c'est ce pays-là qu'il va revoir. » Dans son entourage, on craint même pour sa sécurité après sa remise en liberté. L'extrême droite blanche, qui demande encore qu'il soit pendu, s'oppose ouvertement aux concessions du gouvernement. Le jour même de l'annonce de Frederik de Klerk, un rassemblement de l'extrême droite dégénère en émeute quand les participants s'attaquent à un passant visiblement hostile à leurs idées en le tabassant à mort.

Le 11 février 1990, à 15 heures, l'heure annoncée, je suis au premier rang dans la foule avec Michel, mon ami caméraman, et Fred, l'ingénieur du son, quand, à quelques dizaines de mètres en face de nous, Nelson Mandela, tenant la main de sa femme Winnie, franchit les grilles de la prison Victor Verster en saluant les dizaines de milliers de gens en délire qui l'accueillent à la sortie. Il prend ensuite place dans la voiture de tête du convoi qui doit l'emmener à l'hôtel de ville du Cap, où il va s'adresser aux Sud-Africains pour la première fois depuis son emprisonnement, il y a vingt-sept ans. L'événement exceptionnel est diffusé en direct, sans la censure qui était à l'ordre du jour de la télévision d'État depuis sa naissance, et les images sont retransmises à la grandeur du globe. L'homme, symbole de la lutte de millions de Noirs sud-africains, n'a pas été vu en public depuis presque trois décennies. Mais, aussitôt engagé, le mouvement du cortège est ralenti, tellement les foules, impatientes, se bousculent pour tenter d'apercevoir Mandela dans la voiture où il a pris place. Craignant d'être coincés pendant des heures dans ce convoi qui avance à pas de tortue, nous décidons de quitter la scène et de nous replier vers notre salle de montage pour envoyer un premier reportage et ensuite prendre position en face du balcon de l'hôtel de ville du Cap, où il doit s'adresser à la foule en soirée.

À mon arrivée à la salle de montage, Newsworld me demande aussitôt de commenter les images de la SABC diffusées en direct au Canada. C'est la première fois que j'expérimente le dilemme de l'information continue. Si je dois, comme la chaîne le souhaite, décrire les images en direct, je n'aurai plus le temps d'aller voir sur les lieux le déroulement des événements, sentir la foule et voir l'action devant moi comme je l'ai toujours fait. Impossible pour moi d'avoir fait tous ces kilomètres pour être témoin d'un grand moment de l'histoire et d'être finalement forcé de rester dans un bureau pendant qu'il se produit. À l'époque, il faut le rappeler, on n'a pas encore de téléphones portables qui m'auraient permis de combiner les deux tâches, comme on le fait aujourd'hui en commentant en direct les manifestations de la place Tahrir au Caire ou une scène d'affrontement au moment où elle se déroule dans l'est de l'Ukraine. Je décide donc rapidement de proposer à Newsworld de confier la description en direct des événements à Tony Weaver, notre collègue sud-africain, qui s'avérera un très bon commentateur.

Ainsi libéré de la tâche auprès de Newsworld, je me précipite vers l'hôtel de ville du Cap pour me placer de manière à avoir une vue directe sur le balcon où Mandela doit parler. Tard dans la soirée, son convoi ayant été retardé tout le long du trajet par les foules empressées et aussi par des affrontements entre factions noires, Mandela apparaît finalement, devant plus de deux cent cinquante mille personnes, pour livrer son message tant attendu. «Je viens à vous au nom de la paix, leur dit-il, non pas comme un prophète, mais comme un humble serviteur. Je laisserai entre vos mains le sort des années qu'il me reste à vivre.» Mais la foule ne veut pas entendre un plaidoyer de modestie, elle a besoin d'un leader qui lui dicte la route à suivre. Alors, poussé par la pression de la masse de monde assemblée à ses pieds, il passe à l'offensive en réitérant publiquement les exigences de l'ANC: fin de l'état d'urgence, participation des Noirs à la direction politique du pays, élections démocratiques. «Les négociations, ajoute-t-il, évoquant les discussions qui vont s'ouvrir rapidement entre l'ANC et le gouvernement de Frederik de Klerk, ne peuvent se tenir au-dessus des têtes ou dans le dos de notre peuple. La fin de l'apartheid est essentielle, il doit y avoir une fin au pouvoir des Blancs!» La position est sans équivoque; dès son premier discours d'homme libre, le prisonnier le plus célèbre du monde se transforme en un leader que son peuple attendait et son ton devient rapidement plus combatif. «Nous avons attendu trop longtemps pour notre liberté, leur dit-il, il est temps d'intensifier notre lutte. Diminuer nos efforts serait une grave erreur!»

Le gouvernement de Klerk doit donc en prendre acte : Mandela ne fera pas de concessions maintenant qu'il a retrouvé la liberté. Au contraire, l'erreur serait de baisser la garde, de ralentir le combat alors qu'une partie de la bataille est acquise. Mais il ajoute, pour rassurer la minorité blanche : « Je me suis battu contre la domination blanche, mais je me battrai pour que les Blancs et les Noirs vivent ensemble en harmonie dans une société démocratique. C'est un idéal pour lequel je suis prêt à mourir ! » Il y a toutefois une ombre au tableau de cette grande célébration, ce soir-là. Le long du trajet qui l'a mené de la prison Victor Verster à l'hôtel de ville, il a vu des affrontements violents entre Noirs qui commencent déjà à se battre pour le partage du pouvoir dont ils rêvent. Dans les mois qui ont précédé la libération de Mandela, une guerre ouverte s'est déclarée entre les Zoulous, majoritairement fidèles à leur chef charismatique Mangosuthu Buthelezi, fondateur de l'Inkatha Freedom Party, une formation rivale de l'ANC, et les Xhosa, l'ethnie dont Mandela est issu. Aussitôt libéré de prison, le chef de l'ANC doit affronter des divisions au sein de son propre camp. C'est ainsi qu'en terminant son discours il lance un appel qu'il répétera abondamment au cours des jours suivants : « J'espère que vous rentrerez chez vous dans la discipline et que personne ne pourra dire que nous ne pouvons pas contrôler notre peuple. »

L'enjeu est fondamental pour Mandela, et c'est une question qui a sans doute été au cœur des discussions secrètes ayant mené à sa libération et qui hante la minorité blanche. Mandela sera-t-il capable de retenir la haine ressentie par les Noirs après des décennies de privation de liberté et d'humiliation ? Plus tard, à la presse, il dira de Buthelezi, son principal adversaire au sein de la majorité noire : « Nous avons des différends avec lui. Mais c'est une personnalité qui a ses fidèles. Je lui ai écrit parce que je pense que ce n'est pas correct que les Africains s'entretuent. »

Le lendemain de sa libération, Nelson Mandela se retrouve chez lui, à Soweto, le grand ghetto de la banlieue de Johannesburg, qui s'est rendu célèbre pour avoir été le théâtre de tellement d'affrontements avec les forces de

l'ordre. Le leader de l'ANC a choisi de commencer sa première journée de liberté en se rendant dans cette petite
maison modeste, au cœur du ghetto, où il habitait avant son
emprisonnement. Pour l'occasion, les trois grands réseaux de
télévision américains, ABC, NBC et CBS, ainsi que l'émission
The Journal de l'animatrice Barbara Frum du réseau anglais
de Radio-Canada, ont loué à prix d'or les maisons voisines de
celle de Mandela pour y réaliser leurs premières entrevues
avec lui. C'est ainsi que, grâce à la collaboration de l'équipe
de Barbara j'ai l'occasion de rencontrer brièvement en tête
à tête, dans la cour de la maison jouxtant la sienne, l'homme
qui a fasciné une grande partie de l'humanité depuis tant
d'années par sa résilience et sa vision. Un homme pourtant
si simple, en privé comme en public.

Ce jour-là, il s'adresse aussi pour la première fois à des
enfants dans une école de Soweto – ces enfants qu'il chérira
jusqu'à son dernier souffle –, auxquels il confie son désarroi
devant la crise de l'éducation dans les écoles noires et la
piètre qualité des moyens mis à la disposition des professeurs. «Je suis heureux d'être revenu, dit-il aux élèves et aux
enseignants réunis, mais triste de constater que vous vivez
encore dans un système inhumain.» Puis il ajoute, en revenant une nouvelle fois sur cette question qui le hante : «Je
suis révolté par les statistiques sur la criminalité.» Le lendemain, devant des milliers de partisans réunis au stade de foot-
ball de Soweto, il lance un appel encore plus vibrant pour
que les affrontements qui se poursuivent de plus belle entre
tribus et factions noires s'arrêtent une fois pour toutes.

La tâche du chef de l'ANC sera colossale, dans les années
subséquentes, pour ramener l'unité au sein de la majorité
noire et obtenir de la minorité blanche la tenue de la première
élection libre d'Afrique du Sud, en 1994. Mais, au moment où
nous nous apprêtons à quitter le pays, en ce début de 1990,
alors que la population noire est encore sous le choc du pas de
géant que vient de faire l'Afrique du Sud en libérant son idole,
la minorité blanche, elle, commence à réaliser la secousse sis-
mique qui va changer sa vie. Quelques jours avant notre départ,
nous assistons à un rassemblement de plusieurs centaines de

membres de l'AWB, le Mouvement de résistance afrikaner, un groupuscule paramilitaire d'extrême droite dirigé par Eugène Terre'Blanche qui, déjà frustré par la libération de Mandela, exige l'arrêt de toute concession supplémentaire à la majorité noire. À peine commençons-nous à tourner des images du rassemblement que des miliciens armés de Terre'Blanche se mettent à nous bousculer, nous écrasant les pieds avec leurs bottes, nous donnant des coups dans les tibias, attendant visiblement une réaction brusque de notre part qui leur servirait de prétexte pour nous tabasser encore plus violemment. À un moment donné, Michel, mon caméraman, sentant le danger augmenter, lui qui n'est pourtant pas peureux, nous donne le signal du départ en nous disant qu'il a tourné suffisamment d'images pour réaliser le reportage. Plus tard dans la journée, nous apprendrons que la veille, lors d'un rassemblement du même type, les hommes de Terre'Blanche avaient battu presque à mort un collègue journaliste australien.

Une impasse insupportable

De retour à Jérusalem, je découvre pour la première fois un sentiment de découragement profond au sein de la population palestinienne, lors d'une visite à Hébron, une ville magnifique de quatre-vingt mille habitants au cœur de la Cisjordanie. Depuis le début de l'occupation israélienne, la population arabe de Hébron est aux prises avec des tensions perpétuelles à cause de la présence au centre de sa vieille ville d'une colonie de Juifs ultraradicaux protégés par l'armée israélienne. En entrevue avec nous, Nader Tamimi, un commerçant, propriétaire d'une fabrique de céramique, déploie un exemplaire du quotidien *al-Quds*, de Jérusalem, en désignant un article portant sur les suites de la libération de Mandela. « Tu vois, me dit-il, eux aussi c'est fini. En Afghanistan (d'où les Russes se sont retirés), au Cambodge (d'où les Vietnamiens, là aussi, se sont retirés) et en Afrique du Sud ; partout, ils finissent par négocier, pas chez nous… » Alors qu'ils avaient repris espoir avec la proclamation de l'État palestinien à Alger et l'ouverture offerte par Arafat à la négociation, les Palestiniens ont le moral au plus bas. Et les bouleversements qui se produisent ailleurs sur la planète ne font que rendre l'impasse dans laquelle ils sont enlisés encore moins supportable.

Après deux ans dans cet univers bloqué, je commençais moi-même à ressentir une forme de lassitude. Depuis mon arrivée en Israël et en Palestine, aucun autre sujet n'intéressait mes interlocuteurs au Canada que cette guerre quotidienne entre des enfants et des soldats. Une série de reportages sur la question de l'eau potable, déjà cruciale à l'époque, le portrait d'un artiste prônant la réconciliation entre les deux peuples, ou de médecins israéliens œuvrant auprès des Palestiniens : tous ces sujets représentant un peu d'ouverture et d'espoir, quand ils n'étaient pas relégués aux bulletins de fin de semaine, étaient tout simplement refusés. Malgré tous les liens d'affection que j'y avais tissés, je sentais encore une fois le besoin de partir de cette région du monde, pour quelque temps du moins, puisque j'allais y revenir si souvent au cours des décennies suivantes.

Lors d'une rencontre des correspondants avec la population d'Ottawa, hiver 1984-1985, avec mes collègues Brian Stuart, à gauche, et Joe Schlesinger.

Chapitre 9

Retour au Québec

« Monsieur le député ! »

Automne 1995. Le Québec traverse une des périodes les plus effervescentes de son histoire. Pour la deuxième fois en quinze ans, le Parti québécois a déclenché un référendum sur l'indépendance, mais cette fois la donne est totalement différente. La lutte est chaude.

Quelques années plus tôt, en août 1990, Mireille et moi sommes rentrés au pays où l'on m'offrait de lancer une nouvelle émission d'affaires publiques à la télévision. Une proposition qui arrivait au moment où allait naître notre premier enfant, Félix. Nous envisagions donc une pause de quelques années dans le rythme fou de la vie de correspondant à l'étranger, histoire de profiter du confort de Montréal pour démarrer une nouvelle vie familiale.

Cinq ans plus tard, je me retrouve à la barre du *Point*, le magazine d'information diffusé chaque soir à la télévision de Radio-Canada, où je suis projeté, pour la deuxième fois de ma vie de journaliste, au cœur d'un autre grand déchirement des familles québécoises, tiraillées entre le Québec et le Canada. Une semaine avant le jour du vote, un dimanche, nous enregistrons, Bernard Derome, l'animateur du *Télé-journal*, et moi, une émission spéciale, comme nous le faisons chaque semaine depuis le début de la campagne référendaire. Pour cette dernière édition de la série, nous recevons les chefs des camps du « oui » et du « non ». Une émission cruciale, alors qu'ils sont au coude à coude.

Selon un système d'alternance que nous avons défini dès le début de cette série d'émissions spéciales sur le référendum, Bernard va interviewer le chef du « oui », Jacques Parizeau. Je me prépare, quant à moi, à recevoir le chef du « non », Daniel Johnson. Les entrevues sont enregistrées à l'avance, durant l'après-midi, en temps réel, donc sans montage, puis diffusées le soir même dans le cadre de l'émission spéciale. Il est environ 16 heures quand le chef du Parti libéral et président du comité du « non », Daniel Johnson, fait son entrée en studio.

Depuis quelques jours, la campagne des fédéralistes traverse une crise tellement évidente que les médias en discutent ouvertement. Les sondages montrent, pour la première fois, une nette possibilité que le « oui » l'emporte, et les ténors fédéralistes à Ottawa et au Québec se demandent s'ils peuvent renverser la tendance. Certains, parmi les troupes de Jean Chrétien en particulier, s'interrogent à voix haute sur la capacité de Johnson – un homme terne et cérébral – de contrer le charisme exceptionnel de Lucien Bouchard, le chef de l'opposition officielle à Ottawa qui a pris, quelques jours plus tôt, le leadership *de facto* de la campagne du « oui ». Johnson est donc sur la défensive.

Aussitôt entré dans le studio, il me tend la main en me lançant une attaque frontale. « Monsieur le député ! » me dit-il, devant toute l'équipe technique sur le plateau. Sidéré par cette apostrophe étonnante, je lui demande aussitôt des explications. « Pourquoi ces mots, est-ce que ça va ? » Il me répond que mon jeu est connu, que j'ai choisi mon camp ; m'accusant, d'emblée, d'être à la solde des souverainistes. J'ai beau vouloir clarifier cette situation malsaine, rien n'y fait. Le Parti libéral du Québec, je le sais, me perçoit comme un partisan du « oui ».

Dès le début de la campagne, j'en avais eu la preuve quand on avait tenté de convaincre la direction de Radio-Canada de m'exclure de la couverture du référendum. Un jour, alors que nous étions en train de planifier, avec toute l'équipe du *Point*, les semaines que nous allions consacrer à cet événement crucial pour l'avenir du Québec, j'avais reçu un appel du patron de l'information, Claude Saint-Laurent[21], qui souhaitait me voir le lendemain, vers 7 h 30, dans son bureau, pour discuter d'un sujet de grande importance. Le lendemain matin, à l'heure dite, il m'avait reçu avec une mine patibulaire en me demandant: « Est-ce vrai que tu es le parrain des enfants de Lucien Bouchard? »

Claude était préoccupé par cette information, plutôt surréaliste, qui lui avait été communiquée par je ne sais qui – il ne voulait pas me révéler sa source – et qui, si elle s'avérait, risquait de compromettre, selon lui, ma neutralité dans la couverture de la campagne référendaire. Mais le renseignement qu'il avait obtenu était faux: non seulement je ne pouvais être le parrain de deux enfants de la même famille, mais je ne l'étais pas non plus pour un seul d'entre eux. Je n'avais pas caché, par contre, mon amitié pour Lucien Bouchard, dont j'avais fait la connaissance durant nos séjours respectifs à Paris. Le genre de relations qui n'empêchent en rien les journalistes de faire leur métier avec indépendance.

Mais, ce jour-là, à peine Daniel Johnson et moi sommes-nous assis dans les fauteuils du studio où va se dérouler notre entrevue qu'un autre contretemps vient envenimer la situation. Alors que, dans ce climat de tension et de méfiance déjà exacerbées, nous attendons le signal du début de l'enregistrement, on m'avise que l'entretien sera retardé. Les journalistes qui accompagnent le chef du « non » ont été installés dans un studio voisin, où ils pourront écouter l'entrevue sur des moniteurs de télévision.

Or, pour une raison inconnue, nos techniciens n'arrivent pas à établir la communication entre les deux studios. Il nous

---

21. Par un drôle de hasard, mon nouveau patron avait le même nom que mon ancienne femme.

faudra attendre plus de quarante minutes pour que le problème se règle enfin. Durant tout ce temps, alors que nous sommes assis comme des chiens de faïence, je fais tout ce que je peux pour tenter de créer un meilleur climat entre nous. Je crois même y arriver quand je commence à évoquer, de guerre lasse, mes souvenirs du Collège de Saint-Laurent, un ancien établissement classique que nous avons tous les deux fréquenté à des époques différentes. Mais rien n'y fait.

Quand, après cette attente insupportable, on nous donne le signal du début de l'entrevue, l'affaire tourne au vinaigre. J'ai rarement vécu dans ma vie – et je m'en souviens encore aujourd'hui – un échange aussi tendu avec un invité ; comme si, exténués par ce délai interminable, nous n'avions plus aucune patience.

Pendant des années après cette entrevue, Daniel Johnson refusera de m'adresser la parole, mais nous finirons par nous réconcilier, au moins superficiellement. C'est une des nombreuses anecdotes mémorables qui ont marqué mon retour dans le monde politique québécois, après des années passées au cœur de l'actualité internationale. Pour paraphraser mon ami Jonathan Broder lorsqu'il m'avait accueilli à Jérusalem, en septembre 1988, j'aurais pu me dire : « *Welcome back to Quebec !* »

Le retour au bercail

Quand nous sommes rentrés à Montréal, Mireille et moi, en août 1990, la morosité ambiante nous a tout de suite frappés. Les Québécois ressentaient encore comme une blessure profonde – autant les fédéralistes que les souverainistes, d'ailleurs – le rejet, quelques mois plus tôt, par le reste du Canada, de l'accord du lac Meech, négocié par le gouvernement de Brian Mulroney avec ses homologues provinciaux pour briser l'impasse constitutionnelle canadienne provoquée par le rapatriement unilatéral de la Constitution en 1982. J'avais moi-même eu l'occasion de mesurer ce sentiment d'aliénation exprimé par la population québécoise quelques mois plus tôt, en mai 1990, lors d'un passage au Québec. Alors que l'échec de l'accord se concrétisait et que Lucien Bouchard quittait le Parti conservateur pour se rapprocher des souve-rainistes, le réseau anglais de Radio-Canada m'avait demandé de réaliser un reportage sur l'état d'esprit des Québécois, dans le cadre d'une émission spéciale sur le Canada après Meech. Quelques jours après la diffusion de cette émission, Robert Bourassa avait fait sa célèbre déclaration à l'Assem-blée nationale, affirmant que le Québec serait toujours une « société distincte, libre et capable d'assumer son destin et son développement ». Les sondages montraient une remontée spectaculaire de l'appui à la souveraineté à laquelle Bourassa répondra en créant la commission Bélanger-Campeau sur l'avenir politique et constitutionnel du Québec.

Mais, en plus de la gifle assénée par l'échec du lac Meech, le Québec traversait, en ce mois d'août 1990, une crise majeure qui avait forcé le premier ministre Bourassa, pour la deuxième fois dans sa carrière politique, à demander l'inter-vention de l'armée canadienne. La crise d'Oka, déclenchée le 11 juillet, à la suite d'un affrontement armé entre la Sûreté du Québec et des miliciens mohawks, les Warriors, qui avait fait un mort parmi les policiers. À notre arrivée au Canada, des centaines de militaires et des véhicules blindés avaient envahi la petite municipalité d'Oka pour encercler les positions des guerriers mohawks, et la tension était à son comble. Après des années à couvrir des conflits sur la planète, j'étais surpris de la patience des autorités devant un mouvement aussi violent et marginal. Pendant plusieurs jours, la police avait toléré l'occupation du pont Mercier par les Mohawks, même s'ils bloquaient une des principales voies d'accès à Montréal. Ailleurs dans le monde, me disais-je, on n'aurait pas enduré cette forme de provocation très longtemps. Je redécouvrais le Québec de la tolérance et de la négociation qui allait permettrc quelques semaines plus tard de résoudre cette crise lentement, certes, mais sans autre effusion de sang.

C'est dans ce contexte que j'ai entamé, pour la première fois de ma vie, une expérience extraordinaire que je répéte-rais au moins deux fois par la suite, celle de participer à la création d'une nouvelle émission de télévision.

La naissance d'*Enjeux*

J'avais décidé de rentrer au pays en août 1990, en partie pour des raisons familiales, mais surtout parce qu'on m'offrait un nouveau défi qui allait me permettre, tout en vivant à Montréal, de continuer à couvrir l'actualité internationale. Après avoir mis sur pied le grand magazine quotidien *Le Point*, en 1983, à la télévision, Radio-Canada souhaitait ajouter dans sa grille horaire une nouvelle émission hebdomadaire consacrée à des sujets dits de société. À la barre du projet, je retrouvais un ami, le réalisateur Jean-Luc Paquette, qui allait agir comme coordonnateur, ainsi qu'un grand technicien de la télévision, Luc Paradis. Lancer un projet d'émission, c'est un peu comme créer une PME. Il faut définir un concept – donc un produit –, lui trouver un titre – donc une marque de commerce –, engager une équipe et commencer la production. C'est un défi emballant où l'on marche un peu sur une corde raide, jusqu'à ce que le produit soit bien en selle. L'idée du projet était de consacrer cette émission, chaque semaine, à un dossier de l'actualité, avec plus de recul que pouvaient le faire les magazines quotidiens, et d'ouvrir chaque fois un volet international pour aller voir comment d'autres sociétés trouvaient des solutions à cet enjeu. Après plusieurs années à l'étranger, je sentais le besoin d'analyser l'actualité de chez nous à la lumière des expériences vécues ailleurs dans le monde. D'ouvrir, pour nos téléspectateurs, une porte vers l'extérieur. Le problème, c'est que les ressources qu'on mettait à notre disposition étaient beaucoup plus limitées que ce qu'on m'avait d'abord promis. La faiblesse de nos moyens restreignait, par exemple, notre capacité de recrutement.

C'est ainsi que j'ai découvert très tôt que beaucoup de collègues et amis de la salle des nouvelles ou du *Point* auxquels je m'adressais pour leur proposer de se joindre à *Enjeux* déclinaient mon invitation, parce qu'ils hésitaient à quitter le confort de leurs postes respectifs pour ce qu'ils percevaient comme un saut dans l'inconnu.

Deux journalistes d'expérience ont finalement accepté notre offre : Alain Borgognon, un collègue spécialisé dans les enquêtes scientifiques[22], et Alexandra Szacka, journaliste à Télé-Québec, qui deviendra une de nos grandes correspondantes à l'étranger. Pour compléter les rangs de l'équipe, nous avons misé sur deux jeunes peu connus à l'époque à la télévision de Radio-Canada : Bertrand Hall, un pigiste que j'avais rencontré à Paris, et Patrice Roy, lui aussi formé à Télé-Québec. Une bonne amie journaliste à la radio, Francine Tremblay, a accepté de prendre en charge la recherche.

La toute première émission d'*Enjeux* a été consacrée à un de ces problèmes redondants que le Québec n'a pas encore résolus aujourd'hui : la grande question des urgences médicales. Et la formule que nous avions choisie pour ce début de série allait mettre à l'épreuve mes capacités de présentateur. À l'époque, des gens mouraient parce qu'ils n'arrivaient pas à temps à l'hôpital, ou parce que les urgences les prenaient en charge trop tard. Nous avions décidé de suivre en temps réel le travail des ambulanciers, des lieux d'un accident majeur jusqu'à l'arrivée à l'hôpital et l'entrée du patient en salle d'opération. Pendant plusieurs jours, avec les services ambulanciers de Montréal, nous avions été sur le qui-vive pour être prêts, à l'instant même où un accident grave allait se produire, à suivre avec la caméra les équipes d'urgence.

Il avait fallu mettre en confiance tous les intervenants pour que, le temps venu, ils nous laissent travailler sans contrainte. Le tournage avait été dramatique. Un conducteur en état d'ébriété, roulant à pleine vitesse au volant d'une Porsche, avait brûlé un feu rouge et frappé de plein fouet un taxi, blessant grièvement le chauffeur. L'émission, montée en temps réel, a connu un succès étonnant ; à chaque étape, je présentais, sur les lieux, en pleine action, l'évolution de la situation et les leçons à en tirer.

Après ce constat à chaud du fonctionnement de nos services d'urgence, commenté par les intervenants eux-mêmes au fur et à mesure que l'action se déroulait, nous présentions un segment, tourné en France par Bertrand Hall, sur

---

22. Alain Borgognon sera malheureusement emporté par un accident cardio-vasculaire en 2002.

le SAMU, le Service d'aide médicale urgente, qui est encore aujourd'hui un modèle d'efficacité et de rendement. Malgré le peu de moyens dont nous disposions, et grâce à l'imagination et au travail exceptionnel de sa petite équipe, *Enjeux* a rapidement attiré l'attention dans le paysage médiatique d'alors par son approche, que la publicité de Radio-Canada avait résumée dans un titre accrocheur dès la promotion de la première émission : « Les mots et l'émotion. Questions cruciales. Réponses vitales. »

Dès la première année de l'émission, nous avons aussi diffusé des enquêtes qui ont provoqué beaucoup de réactions. C'est ainsi que, grâce à d'excellents rapports avec l'officier responsable des relations publiques de l'armée canadienne, John Paul Macdonald – que j'avais connu quelques années plus tôt à la base de Baden-Baden, en Allemagne –, et avec l'aide d'autres contacts au sein du gouvernement du Québec, nous avions pu présenter un bilan critique de la crise d'Oka, après la reddition des Warriors à la fin de septembre 1990. Nous avions démontré entre autres comment, faute de moyens et de préparation adéquate, et malgré les leçons qu'elle aurait dû tirer d'autres crises du genre – comme celle d'octobre 1970 –, la Sûreté du Québec avait été dépassée par les événements d'Oka et comment, après l'attaque ratée de la pinède, le 11 juillet, dans laquelle un des leurs avait trouvé la mort, les agents impliqués avaient dû être traités pour choc psychologique. N'ayant guère plus de préparation pour faire face à une telle crise, l'armée n'avait réussi à rétablir l'ordre et à intimider les Warriors que par l'effet du nombre, celui des centaines de militaires déployés sur les lieux. Dans cette émission, nous diffusions un segment réalisé à Miami où, dix ans plus tôt, la police avait elle aussi été déstabilisée par des émeutes qui avaient mis à feu et à sang les quartiers noirs de la ville.

Dix ans plus tard, les autorités de Miami tiraient les mêmes conclusions que nous pouvions dégager des événements d'Oka. Plusieurs mois avant les émeutes, la police avait renoncé, pour des raisons de sécurité, à patrouiller dans les quartiers noirs, ce qui avait permis à des bandes criminelles de s'armer. À Oka, le même laxisme avait ouvert la porte aux Warriors, leur permettant de prendre le contrôle du territoire.

Patrice Roy, jeune journaliste passionné des questions sociales, avait mené une enquête audacieuse sur les centres d'accueil pour délinquants juvéniles après le suicide d'un adolescent dans sa cellule. Nous avions démontré l'utilisation abusive de l'isolement pour contraindre les jeunes détenus plus turbulents, mais surtout le manque flagrant de ressources psychologiques ou psychiatriques mises à la disposition de ces adolescents en difficulté.

En septembre 1991, *Enjeux* a ouvert sa deuxième année en présentant un dossier étoffé sur un débat de société qui a cours encore aujourd'hui, celui du développement des grands projets énergétiques. Quelques mois plus tôt, les Cris et les Inuits avaient forcé le gouvernement du Québec à reporter un immense projet de développement hydroélectrique sur la Grande rivière de la Baleine et la Petite rivière de la Baleine, à la baie d'Hudson. Les Cris, qui se remettaient à peine de l'impact sur leur vie quotidienne de la construction des complexes de La Grande, Eastmain et Caniapiscau à la baie James, demandaient une pause dans le développement du Grand Nord québécois, le temps de réfléchir à l'avenir et, peut-être, de mieux préparer leurs négociations avec le gouvernement et Hydro-Québec. Un petit groupe de Cris et d'Inuits avait fait un geste spectaculaire en se rendant à New York à l'occasion de la journée de la Terre, en avril 1990. Avec l'appui du Sierra Club et d'environnementalistes célèbres de l'époque, comme Robert F. Kennedy Jr, ils avaient descendu la rivière Hudson jusqu'aux rives de Manhattan, à bord d'un canot spécialement fabriqué pour la circonstance, pour protester contre le projet d'Hydro-Québec. Le geste des autochtones avait frappé l'imagination des Américains, au moment où ceux-ci s'engageaient dans un débat sur leur propre consommation d'énergie. Dans les États du nord-est en particulier, où le Québec comptait vendre de l'électricité.

Dans un avis très critique sur l'effet de serre, dont on commençait à mesurer l'ampleur, l'Académie américaine des sciences avertissait le président George Bush père que les Américains devaient de toute urgence changer d'attitude à l'égard de leur consommation énergétique. Les scientifiques les plus radicaux recommandaient que les États-Unis réduisent du quart leurs besoins avant 2020, pour ralentir la progression de l'effet de serre.

Avec ma collègue, la réalisatrice Louise Lemelin, nous nous étions rendus dans les États de la Nouvelle-Angleterre pour montrer les programmes coûteux et audacieux d'économie d'énergie mis en place sous l'influence des écologistes. Le débat lancé aux États-Unis, puis réverbéré au Québec par les Cris et leurs partisans, terrorisait l'industrie québécoise de la construction et du génie hydroélectrique. Sous le sceau de l'anonymat, de peur d'être dénoncés par les écologistes, les dirigeants des firmes de génie et ceux d'Hydro-Québec nous avouaient leurs craintes de voir leur expertise et leur notoriété dans le domaine hydroélectrique se perdre, advenant un arrêt du développement des grands projets. Mais personne n'osait le dire publiquement.

Il nous avait fallu nous rendre jusqu'à la Baie-James, sur le chantier du complexe LG-1, pour entendre un ingénieur nous exprimer ouvertement ces craintes ; un Québécois d'adoption, Taing Lim Khy, qui avait fui le génocide dans son Cambodge natal et était devenu gérant de cet immense chantier dans un pays nordique au climat inhospitalier. En entrevue, en nous faisant visiter la centrale en construction, il nous avait carrément dit, se faisant l'écho de la hantise de ses collègues : « Si on n'a pas d'autres projets, on va perdre ce capital humain et ce *know how*. Ça coûtera cher. Les conséquences de l'interruption seront multiples. » Il était convaincu que, si les grands projets devaient s'arrêter au Québec, l'avance des Québécois dans le domaine du génie hydroélectrique, acquise au prix d'investissements massifs, serait reprise par des concurrents étrangers.

C'était déjà, à l'époque, le grand débat entre, d'une part, l'attrait du développement et de ses retombées éventuelles et, d'autre part, la préservation de la nature ; un débat qui reprend de plus belle aujourd'hui avec la perspective de l'exploitation du pétrole sur l'île d'Anticosti. Je le résumais ainsi en présentant l'émission à la Grande rivière de la Baleine : « Sommes-nous en train de perdre le Nord ? C'est en tout cas ce que disent les écologistes et surtout les autochtones qui accusent Hydro-Québec d'avoir perdu la tête en cherchant à précipiter le projet de Grande-Baleine alors qu'on mesure à peine l'impact de la première phase de la Baie-James. C'est aussi, à l'inverse, la crainte d'un grand nombre de Québécois devant la bataille des Cris pour contrôler ce territoire. Le développement de la Baie-James, qui faisait la fierté des Québécois, n'a jamais été aussi contesté. »

J'avais moi-même été troublé en voyant le paysage unique de la région de la Grande rivière de la Baleine ; un environnement sauvage, d'une beauté particulière qu'on a rarement l'occasion d'apprécier dans une vie, et que j'imaginais être un jour envahi par les camions et le béton. Je comprenais mieux l'hostilité des Cris à ce nouveau projet de développement, même si j'ai toujours soupçonné leurs leaders de s'opposer au projet de Grande-Baleine, comme ils l'avaient fait pour les autres barrages de la Baie-James, afin d'être en meilleure position pour en négocier les retombées économiques. Les Inuits, en comparaison, me semblaient plus francs et plus ouverts sur l'avenir. Je n'oublierai jamais ce jour où, en arrivant à l'aéroport de Poste-de-la-Baleine, j'avais été accueilli par une foule enthousiaste d'Inuits anglophones pour qui j'étais une vedette, parce que depuis déjà quelques années la population captait CBC par satellite. Ils avaient tous suivi avec assiduité mes années de péripéties à l'étranger.

Couvrir le monde depuis Montréal

Si *Enjeux*, en raison des objectifs que nous nous étions donnés, s'intéressait en priorité à l'actualité québécoise et canadienne, des événements importants sur la scène internationale ont aussi rapidement retenu notre attention. Au début de l'automne 1990, la planète entière était préoccupée par la perspective d'un nouveau conflit au Moyen-Orient. Durant l'été, Saddam Hussein, le dictateur irakien, à peine sorti d'une longue guerre avec l'Iran, avait ordonné à ses troupes d'attaquer le Koweït, qu'il accusait de voler le pétrole de l'Irak en faisant du forage indirect dans ses réserves souterraines. À son peuple, épuisé par une décennie de guerre, Saddam faisait miroiter l'idée de forcer une redéfinition des frontières qui avaient été tracées par les grandes puissances occidentales au détriment des populations arabes. Il prétendait que le Koweït avait toujours appartenu aux Irakiens. Les Américains, soucieux d'empêcher un précédent dangereux, qui menaçait aussi de perturber leurs propres approvisionnements en pétrole du Moyen-Orient, se préparaient à mettre sur pied une coalition militaire internationale, avec l'appui de l'ONU, pour donner une leçon à l'envahisseur.

Pour la première fois depuis mon retour au pays, j'observais à distance une crise qui éclatait dans une région du monde qui avait été mon terrain de prédilection. Pour ne pas être en reste, j'ai donc rapidement convaincu mes collaborateurs qu'il fallait consacrer un épisode d'*Enjeux* à ce sujet, même si cela devait impliquer un déplacement coûteux au Moyen-Orient. Je croyais important, pour mieux présenter le contexte du conflit au grand public, de nous rendre dans quelques pays de la région afin d'expliquer à partir de leur perception la portée de ce qui se tramait. C'est ainsi que je suis parti avec l'équipe pour notre première destination, Jérusalem, en novembre 1990, quelques jours à peine après la naissance de notre premier enfant, Félix. En arrivant là-bas, j'ai été surpris de constater l'unanimité des Palestiniens en faveur de Saddam Hussein. L'invasion du Koweït avait d'abord été condamnée par les gouvernants arabes, parce qu'elle menaçait de déstabiliser toute la région. Mais si des pays comme l'Égypte et l'Arabie saoudite allaient jusqu'à s'engager à fournir des troupes à la coalition internationale par solidarité avec l'émir du Koweït, certains leaders arabes, comme Yasser Arafat, avaient choisi d'appuyer Saddam Hussein.

La population palestinienne au grand complet, désespérée de trouver une issue à son propre conflit avec Israël, manifestait son appui à l'Irak dans les rues de Cisjordanie et de Gaza en déployant des photos d'Arafat et de Saddam

Hussein. « Arafat n'avait pas le choix, il se devait cette fois d'écouter ses partisans ! » m'avait dit le Dr Anouar Dudin, un ami pédiatre de Jérusalem qui ne pouvait pas cacher sa haine de ce qu'il appelait les régimes pourris du Golfe. Saddam Hussein était à l'époque une sorte de héros pour les Palestiniens, en raison de sa témérité, mais aussi de la générosité de l'aide matérielle qu'il leur fournissait, en particulier en armant la résistance palestinienne.

Au Caire, où je retrouvais mon ami journaliste et producteur de télévision Mohammed Gohar, la situation était aussi surprenante. « J'entends de plus en plus de gens donner raison à Hussein », m'avait-il dit. En fait, en Égypte comme dans la plupart des pays arabes, l'invasion du Koweït avait donné un prétexte aux populations opprimées depuis des années par des régimes dictatoriaux pour se défouler, exprimer leurs griefs contre leurs propres élites.

Comme je le disais dans l'émission, à l'époque, en envahissant le Koweït, en remettant ainsi en question l'ordre politique établi et imposé depuis des décennies par des étrangers, Saddam Hussein avait déclenché un mouvement qui, s'il avait perduré, aurait peut-être pu bouleverser le Moyen-Orient au grand complet. Les Israéliens, ayant perçu très tôt l'impact possible de ce geste provocateur, avaient été les premiers à pousser les Américains à mettre fin brutalement à l'invasion irakienne. Et la riposte ne tarderait pas ; après avoir passé l'automne à constituer une alliance militaire de trente-trois pays, Washington allait lancer, au début de 1991, ce qu'on appellera la première guerre du Golfe.

Le 16 janvier 1991, le président américain George Bush père déclare donc la guerre à l'Irak, et dans la nuit du 16 au 17 la coalition internationale, forte de plus de neuf cent trente mille hommes, lance les premiers bombardements sur Bagdad. En prévision du déclenchement des hostilités, Claude Saint-Laurent, le patron des nouvelles à Radio-Canada, a confié à une petite équipe le mandat de diffuser chaque soir une émission spéciale en direct, qu'on appellera *Bulletin de guerre*, animée par Bernard Derome, et où nous allons suivre jour après jour le déroulement de cette offensive imposante. Pendant plusieurs semaines, nous allons, pour la première fois de l'histoire de la télévision de Radio-Canada, relayer et commenter en direct une guerre se déroulant à des milliers de kilomètres de distance de chez nous, grâce aux images captées sur place par CNN, dont les journalistes Peter Arnett, Bernard Shaw et John Holliman se rendront célèbres en décrivant le conflit du toit de l'hôtel al-Rachid au centre-ville de Bagdad.

En tant qu'analyste et coanimateur de l'émission, je dispose d'un tableau électronique sur lequel je peux tracer, sur une carte de la capitale irakienne, le trajet suivi par les missiles Tomahawk, des missiles de croisière ultraperformants, qui circulent entre les édifices et qui peuvent atteindre à quelques centimètres près, nous dit-on, des cibles identifiées par des opérateurs installés sur des navires de guerre croisant dans le golfe Persique. Seul membre de l'équipe à avoir déjà travaillé en Irak, je m'emploie tous les jours à mettre en contexte et parfois à nuancer notre couverture d'un événement qui se déroule sans que nous ayons de correspondant à Bagdad ; avec comme seule source d'information les agences de presse, elles-mêmes limitées par la censure militaire, et les analyses souvent émotives et très proaméricaines de nos collègues de CNN. C'est ainsi que, dès la première émission, le 17 janvier, au début des bombardements sur Bagdad, et alors que des missiles Scud, en provenance du territoire irakien, atteignent la banlieue de Tel-Aviv, en Israël, je suis amené à faire une mise au point quand Bernard Derome, se fiant aux informations des agences, évoque la possibilité d'une attaque chimique dont serait victime l'État hébreu.

L'incident nous a amenés à redoubler de prudence au cours des semaines qui allaient suivre. Les grands médias commençaient déjà à se préoccuper de cette nouvelle forme de couverture de la guerre en direct qui est devenue monnaie courante aujourd'hui, avec la frénésie ajoutée par les réseaux sociaux.

Chaque jour, au *Bulletin de guerre*, nous diffusions les conférences de presse du commandant en chef de la coalition internationale, le général américain Norman Schwarzkopf, qui commentait, les unes après les autres, images à l'appui, les frappes dites chirurgicales des forces alliées. Des frappes qui ne devaient viser que des installations militaires ou stratégiques irakiennes dans le but d'affaiblir l'armée de Saddam Hussein en prévision d'une éventuelle offensive terrestre de la coalition. Mais, quatre semaines après le début de la guerre, alors que ces bombardements se poursuivaient toujours, sans que nous puissions être sur place pour faire l'état des lieux, nous commencions à mettre en doute l'authenticité de leur caractère « chirurgical ».

C'est entre autres ce que je laissais entendre en ondes, le 11 février 1991, en ces termes : « L'état de dévastation commence à se préciser en Irak, et malgré l'engagement des États-Unis à ne pas viser des objectifs civils, les bilans commencent à s'alourdir. La semaine dernière, c'était le ministre algérien des Affaires étrangères en visite à Bagdad, et aujourd'hui, c'est Ramsey Clark, l'ancien secrétaire américain à la Justice, qui parle de milliers de morts civils en citant le Croissant-Rouge irakien. » Plusieurs mois après la fin de *Bulletin de guerre,* une fois l'heure arrivée des bilans officiels américains, nous apprendrons que la grande majorité de ces frappes chirurgicales que décrivait le chef d'état-major de la coalition n'atteignaient pas les objectifs visés et détruisaient plutôt, par manque de précision, des cibles civiles sans aucune pertinence stratégique. Ce que les militaires qualifieraient éventuellement par le terme haut en cynisme de « dommages collatéraux ». La guerre chirurgicale dont se vantaient les Américains avait été une fumisterie.

Pendant ce temps, au début de 1991, la diffusion d'*Enjeux* se poursuivait et les épisodes qui se succédaient frappaient de plus en plus l'attention du public. En quelques mois à peine, l'audience était passée de quatre cent mille téléspectateurs à plus de sept cent mille. Faisant le bilan de l'année 1990 en télévision, la célèbre chroniqueuse des médias au quotidien *La Presse,* Louise Cousineau, retenait *Enjeux* parmi ses choix favoris. Le départ était donné, et le « bébé » grandissait en beauté ; mais, après avoir contribué à sa naissance, j'allais très bientôt être attiré vers de nouvelles avenues.

La tentation du pouvoir

Au début de l'été 1991, le vice-président de la télévision française de Radio-Canada, l'ingénieur Guy Gougeon, annonce l'ouverture d'une réflexion sur la gestion de la chaîne, dont la responsabilité sera confiée à une firme extérieure à la SRC, Bourbonnais Groupe conseil Inc., dirigée par un spécialiste en gestion stratégique, Jean-Pierre Bourbonnais. L'annonce du mandat a l'effet d'une bombe dans la grande bureaucratie radio-canadienne. La société d'État, il faut le dire, traverse une de ses nombreuses périodes difficiles. Un an plus tôt, en 1990, la direction a été forcée de fermer onze stations régionales pour se plier à de nouvelles compressions de son budget décrétées par le gouvernement de Brian Mulroney. Gougeon estime, entre autres, qu'il y a trop de postes au sein de la gestion du réseau français et il veut y faire une réforme importante. La programmation de Radio-Canada fait aussi l'objet de critiques, en particulier en information ; le directeur de l'information à la télévision, Pierre O'Neil, ancien attaché de presse de Pierre Elliott Trudeau, est non seulement mal vu par les conservateurs de Brian Mulroney depuis des années, mais il est aussi critiqué par les analystes des médias autant que par ses employés pour la gestion déficiente de son service.

Durant l'été précédent, Radio-Canada a souvent été mise à mal par des chroniqueurs de la presse écrite, comme Louise Cousineau, pour la lenteur de ses réactions et son inefficacité sur le terrain dans la couverture de la crise d'Oka. Depuis deux ans, nos concurrents à TVA connaissent une révolution avec l'arrivée de Guy Crevier, un jeune gestionnaire qui convainc la chaîne de miser sur l'information en y faisant des investissements substantiels. Crevier change entre autres les têtes d'affiche du réseau en y ajoutant une nouvelle génération de journalistes, comme Alain Gravel, venu de CKAC. Pendant tout l'été 1990, Gravel a devancé ses concurrents de la télévision d'État dans son traitement de la crise d'Oka.

Après un an au pays, à la tête d'une nouvelle émission qui voit son expansion limitée par le manque de moyens et de vision de la part de la direction de l'information, je commence à piaffer d'impatience. L'administration de Pierre O'Neil est opaque et enfermée dans une tour d'ivoire. Les communications entre la salle des nouvelles et les émissions dites d'affaires publiques sont quasi inexistantes, et la collaboration y est impossible. Le syndicat des journalistes lui-même, qui représente surtout les gens des nouvelles, est le principal frein à cette collaboration en limitant les échanges de personnel entre les deux services. En fait, notre machine d'information est devenue trop lourde et inefficace, et la voiture sport de TVA est en train de nous dépasser. Ce constat, je le fais publiquement en entrevue avec Josée Boileau, la future rédactrice en chef du quotidien *Le Devoir*, dans un article qu'elle écrit en mai 1991 pour le journal *Le 30*, de la Fédération professionnelle des journalistes du Québec, dont j'ai été un très jeune président en 1980 et 1981. « Ce qui m'a le plus surpris en rentrant, lui dis-je en parlant de mon retour au pays à l'été 1990, ça a été de constater à quel point Radio-Canada n'est pas une structure de production souple et que la situation avait empiré [...]. On voit qu'elle [l'entreprise] a très peu de ressources et d'imagination pour compenser le manque de fonds. » Habitué, pendant mes années à l'étranger, à gérer les budgets et les employés des bureaux que je dirigeais et à inventer des façons de faire plus avec peu, je n'en reviens pas de la bureaucratisation à outrance de toutes les étapes de la production à Radio-Canada. Et je sens le besoin d'intervenir pour changer les choses : « Il va nous falloir, à l'intérieur de nos entreprises, être plus critiques de la gestion des médias, de la même façon qu'en France les journalistes ont pris le contrôle du journal *Le Monde* ou qu'ils se sont impliqués à *Libération*. »

Pendant mon séjour à Paris, de 1986 à 1988, j'ai été témoin de ces changements qui se produisaient dans la presse française et surtout du rôle très dynamique joué par les syndicats, dont les dirigeants étaient beaucoup moins passifs que chez nous. « Les journalistes [québécois] sont devenus irresponsables dans les médias, dis-je en entrevue avec Josée Boileau en provoquant sciemment mes collègues, ils se sont installés dans une routine de syndiqués, laissant aux patrons toutes les responsabilités pour ne critiquer la gestion qu'à l'occasion des négociations de conventions collectives. » Je les invite à quitter « leurs pantoufles » et à s'impliquer davantage dans la gestion de leurs propres affaires. Je suis persuadé aussi qu'il faut qu'on invente de nouvelles façons de financer l'information à Radio-Canada pour ne plus avoir à dépendre uniquement du bon vouloir des politiciens fédéraux. Une question fondamentale qui n'est pas encore résolue aujourd'hui, alors que la SRC subit de nouveaux cycles de compressions de ses budgets.

Convaincu de la nécessité de m'impliquer davantage dans la gestion de l'information à Radio-Canada et de faire circuler à l'interne les idées que j'ai commencé à exprimer publiquement, je décide donc, à la fin de l'été 1991, de contacter Jean-Pierre Bourbonnais, le président de Bourbonnais Groupe conseil, pour lui offrir de partager mes réflexions sur l'avenir de l'entreprise. Un soir, après ma journée de travail, nous passons trois heures ensemble, dans ses bureaux, à discuter du fonctionnement de l'information à Radio-Canada. Je crois utile de nourrir la réflexion qu'il entreprend sur la gestion du réseau français de la société d'État, en lui parlant de mon expérience personnelle au sein du service de l'information et en lui expliquant pourquoi, à mon avis, nous manquons d'efficacité.

À la fin de la séance, tout en me remerciant de ma collaboration bénévole, il me demande si, le cas échéant, un poste de gestion m'intéresserait dans l'entreprise. Je lui réponds que ce qui m'intéresse vraiment, c'est d'améliorer le fonctionnement de Radio-Canada pour pouvoir pratiquer mon métier dans de meilleures conditions. Je n'avais aucune intention, en proposant de le rencontrer, de remplacer qui que ce soit à la direction, et je n'imaginais surtout pas abandonner ce travail de reporter tout-terrain pour me retrouver – comme je le voyais à l'époque – dans un « bureau de gestionnaire ».

Quelques jours après cette rencontre, Mikhaïl Gorbatchev, nouvellement élu président de l'URSS, se fait renverser à son retour à Moscou après des vacances en Crimée. TVA, notre concurrent, est le premier, et de loin, à entrer en ondes en direct pour commenter la nouvelle. L'effet Crevier nous frappe encore de plein fouet et la primeur de TVA ne passe pas inaperçue. Dans sa chronique du lendemain, Louise Cousineau lance une nouvelle attaque contre la lourdeur et l'inefficacité de Radio-Canada qui, le rappelle-t-elle, se fait maintenant doubler sur son propre terrain de l'information internationale par la télévision privée. Le soir même, je reçois un coup de téléphone de Jean-Pierre Bourbonnais qui ne peut que confirmer la justesse de mon analyse et qui demande à me revoir. Une fois de plus, je lui explique pourquoi Radio-Canada en est arrivée, selon moi, à se faire damer le pion par ses concurrents beaucoup plus petits, mais plus efficaces. À la fin de l'entretien, même question : « Si le poste de patron de l'information se libérait, si la place était vide, accepteriez-vous de la prendre pour mettre en œuvre les changements que vous souhaitez ? » Même réponse de ma part : « D'abord, la place n'est pas libre, et je n'ai aucune intention de contribuer à pousser Pierre O'Neil vers la sortie. »

Mais, ce soir-là, je sens que quelque chose a changé. Pour la première fois, je m'aperçois que la proposition du chasseur de têtes commence à faire son chemin dans mon esprit. Pourquoi, au lieu d'en parler constamment, n'irais-je pas appliquer les changements que je prône pour l'information à Radio-Canada ? Quelques jours plus tard, alors que je soupèse encore le pour et le contre d'une telle possibilité, Guy Gougeon émet un communiqué annonçant un remaniement majeur à la direction du réseau français de Radio-Canada et le départ de plusieurs directeurs, dont celui de Pierre O'Neil. Aussitôt la décision annoncée, le téléphone sonne à mon bureau et j'entends la voix de Jean-Pierre Bourbonnais qui me dit, sans préambule : « Maintenant, à vous de jouer si vous le voulez. » La porte est donc ouverte ; il ne reste qu'à faire le pas. Bourbonnais, le stratège en gestion, me plaçait soudainement en face d'une décision. Devais-je abandonner ce que j'aimais le plus au monde – le terrain, le reportage, les rapports avec le public – pour aller réaliser un projet qui m'emballait, certes, mais dont je n'aurais pas nécessairement le contrôle? Renoncer à la curiosité, l'ouverture sur le monde, les odeurs du terrain, pour m'enfermer dans un bureau? Étais-je même fait pour gérer des êtres humains?

Les semaines qui ont suivi restent encore aujourd'hui dans ma mémoire comme si c'était hier. L'issue de cette histoire a même été racontée dans un livre et dans plusieurs écrits par des journalistes comme Jean-François Lisée.

Après avoir pris la décision de poser ma candidature, je me mets en frais de préparer mon projet de gestion. En tant que patron de l'information à Radio-Canada, je m'engage à être beaucoup plus présent dans les grands débats liés au journalisme. Pour moi, la fonction commande que son titulaire soit un homme public au même titre que le directeur du journal *Le Devoir* ou l'éditeur de *La Presse*, un personnage capable de défendre les orientations de l'entreprise et de faire la promotion des bons coups de ses troupes. Je m'engage ensuite à réaliser dès mon arrivée en poste une fusion des services de nouvelles et d'affaires publiques et à proposer l'établissement d'une direction unique de l'information pour la radio et la télévision. Je veux abolir les structures bureaucratiques qui empêchent la mobilité de nos équipes. Et, finalement, je souhaite accélérer la mise sur pied d'une chaîne d'information continue francophone à l'instar de celle qu'ont créée nos collègues du côté anglais depuis plus d'un an.

Étrangement, plus j'en parle, plus l'idée d'assumer la direction de l'information me semble emballante; je me prends au jeu, et la présentation que je fais de mon projet de gestion plaît au comité de sélection dont font partie, entre autres, le vice-président, Guy Gougeon, la vice-présidente à l'information de la CBC, Trina McQueen, la nouvelle directrice du *Devoir*, Lise Bissonnette, et Jean-Pierre Bourbonnais. Les choses semblent aller tellement bien, selon ce que celui-ci m'en rapporte discrètement, que je décide, après quelques semaines, de présenter au comité une série de conditions qui feraient partie de ma négociation dans l'éventualité où l'on m'offrirait le poste. Chaque jour, en me levant, je continue à me demander si je fais le bon choix, et en posant ces conditions je rends volontairement la décision du comité plus difficile. La liste comporte d'abord des exigences salariales et contractuelles.

Mais il y a aussi une exigence politique qui va me causer beaucoup de problèmes. Je veux être en mesure, advenant l'obtention du poste de patron de l'information, d'annoncer dès ma nomination mon intention de changer le texte des lignes de conduite émises par la direction de Radio-Canada pour la couverture du débat constitutionnel canadien.

Durant cet automne 1991, le contexte politique canado-québécois est encore marqué par les séquelles de l'échec de Meech. Quelques mois plus tôt, en mars 1991, la commission Bélanger-Campeau, créée par Robert Bourassa pour dénouer l'impasse constitutionnelle, a remis son rapport affirmant que le statu quo n'était plus acceptable et recommandant la tenue d'un nouveau référendum sur l'avenir politique du Québec. À Ottawa, le gouvernement Mulroney cherche par tous les moyens à relancer un processus de négociation qui va mener à l'accord de Charlottetown à l'été 1992. Dans ce contexte de tension politique, le président de Radio-Canada, sous la pression du conseil d'administration, a fait adopter par les deux réseaux des lignes directrices pour la couverture des débats constitutionnels qui s'inspirent de modifications à la loi de Radio-Canada effectuées par les conservateurs. Les lignes directrices stipulent que les émissions d'information doivent « [...] refléter le Canada comme nation et évoquer les avantages sociaux, économiques, culturels et politiques apportés à chacun d'entre nous par l'appartenance à la communauté canadienne ».

Ces directives qui font de nous des propagandistes de l'unité canadienne indisposent beaucoup de mes collègues de Radio-Canada, mais servent surtout de prétexte aux souverainistes du Québec pour dénoncer le parti pris de la société d'État en faveur du Canada, dans le débat constitutionnel. Je ne peux donc pas m'imaginer arriver en poste pour apporter un renouveau dans l'administration sans pouvoir dans la foulée annoncer la fin de ces lignes directrices. Ma requête, présentée comme une condition incontournable, est mal reçue au comité de sélection, où les représentants de Radio-Canada veulent éviter à tout prix d'ouvrir ce dossier délicat. Mais une déclaration malhabile de ma part va envenimer encore davantage cette situation déjà délicate.

Invité à un colloque sur le rôle des médias dans le débat constitutionnel, organisé, à Ottawa, par un groupe d'attachés de presse du gouvernement fédéral, j'évoque, en réponse à une question sur l'état d'esprit à la SRC, le problème des lignes directrices en disant qu'il « règne [...] un climat de méfiance à Radio-Canada qui menace très sérieusement la qualité du travail journalistique ». La déclaration, publiée mot pour mot dans le quotidien *Le Soleil* le lendemain par son correspondant dans la capitale canadienne, Pierre-Paul Noreau, provoque une onde de choc au sein de la direction de la société d'État. On rapporte que le PDG lui-même, Gérard Veilleux, pour qui je représentais un candidat intéressant, a été sidéré par mon manque de retenue, pour ne pas dire mon irresponsabilité, pour avoir abordé en public un débat interne sensible. Quelques jours plus tard, je suis convoqué à nouveau devant le comité de sélection. Je sais par Jean-Pierre Bourbonnais que ma déclaration d'Ottawa a presque ruiné mes chances ; il n'est lui-même pas très fier de moi.

Aussitôt que je fais mon entrée dans la salle, où l'on m'accueille avec une froideur composée, Guy Gougeon donne la parole à Trina McQueen, une femme exceptionnelle, que j'ai bien connue à Toronto. Voici comment Jean-François Lisée, alors journaliste à *L'Actualité*, décrira cette rencontre, un an plus tard, dans l'édition du 2 octobre 1992 du magazine *Le 30*. Un texte qui raconte la scène avec une telle exactitude – alors qu'il ne m'a pas consulté à l'époque – qu'il devait avoir une très bonne source au sein du comité de sélection : « Ne parlant qu'anglais, McQueen insiste : "Si on enlève les directives, le conseil d'administration va reprendre une discussion qu'on ne veut pas rouvrir. Alors, Jean-François, si tu es notre choix et qu'on te dit d'oublier les directives, qu'elles ne sont là que pour la forme, qu'est-ce que tu dis ?" Moment de tension dans la pièce. Guy Gougeon, vice-président de la télévision du réseau français et maître du processus, renchérit: "C'est oui ou c'est non?" Lépine dit non. "Ces directives sont publiques, explique-t-il. Si le PQ brandit ça en pleine campagne référendaire, nous, on est faits. Notre public est potentiellement à moitié indépendantiste et ne comprendrait pas." »

En sortant une dernière fois des bureaux de Bourbonnais Groupe conseil, ce soir-là, je sais que c'est la fin de cette expérience pour moi. Tous les membres du comité de sélection ont été déçus de ma réponse et les réactions sur leur visage ont suffi à me convaincre de leur décision. Quelques jours plus tard, Claude Saint-Laurent, le patron des nouvelles qui a assuré l'intérim après le départ de Pierre O'Neil, se voit confier la direction de l'information.

Ai-je poussé aussi loin cette exigence sur les lignes directrices, sachant très bien qu'elle allait me nuire, parce que dans mon inconscient je voulais une raison de revenir à *Enjeux*, d'abandonner cette idée de devenir gestionnaire? Je ne le saurai jamais. Ce que je sais, c'est que tout le long de ce processus je n'ai jamais été convaincu que je faisais le bon choix en postulant cet emploi de direction, et qu'aussitôt retourné sur le terrain je n'ai jamais regretté quoi que ce soit. J'ai compris, par ailleurs, que mon obsession pour la liberté de parole, que je n'abandonnerais jamais, allait peut-être me désavantager encore à l'avenir.

L'aventure du *Point*

Dans les mois qui suivent l'issue de cette course à la direction, Claude Saint-Laurent me convoque à son bureau pour me faire une proposition à laquelle je ne m'attendais pas.

Alors qu'*Enjeux* n'est qu'à sa deuxième année d'existence, il m'invite à me joindre à un nouveau projet, celui de la relance de l'édition quotidienne du *Point*; le magazine d'affaires publiques de fin de soirée de la télévision de Radio-Canada.

Après avoir été animé pendant des années par des collègues de grand talent comme Pierre Nadeau, Madeleine Poulin et Simon Durivage, *Le Point* commençait à son avis à s'essouffler. Saint-Laurent avait confié à deux personnes, le réalisateur Louis Lalande et le journaliste Jean Pelletier, un ancien de *La Presse*, comme lui, le soin de revoir la formule du *Point*. Pendant des mois, ils s'étaient installés dans un local à l'extérieur de Radio-Canada pour élaborer leur projet de relance ; depuis la conception du studio jusqu'au choix du personnel de production. Saint-Laurent voulait que je me joigne à cette équipe pour incarner ce changement à l'écran. J'allais assumer l'animation de quatre soirées de la semaine, du lundi au jeudi, et ma collègue Madeleine Poulin allait présenter le vendredi une version différente, consacrée aux médias, *Le Point Médias*.

La proposition, aussi emballante qu'elle soit, me force à quitter une équipe extraordinaire au sein de laquelle nous avons bâti, en deux ans à peine, une cohésion unique. Mais, dans un contexte politique canadien et québécois en pleine effervescence, la tentation d'être, en tant qu'animateur d'une émission d'actualité quotidienne, au cœur des grands débats qui se préparaient une fois de plus me pousse à faire le saut, même si cela comporte des risques. D'abord, parce que je m'engage dans un projet immense avec deux personnes que je ne connais pas bien. Louis Lalande, en tant que réalisateur-coordonnateur des Émissions spéciales, avait certes dirigé avec brio l'aventure de *Bulletin de guerre*, au début de 1991, mais je gardais aussi, malheureusement, le souvenir d'une émission que nous avions faite ensemble en France, avec Bernard Derome, le jour des résultats de l'élection présidentielle française de 1988, où, après avoir loué comme décor, à grand prix, la scène d'un théâtre, il avait complètement raté la diffusion de cette émission en direct de Paris, faute d'avoir répété suffisamment le déroulement avec les techniciens français. Quant à Jean Pelletier, même si nous avions le même âge, nos chemins professionnels s'étaient rarement croisés. Jean, qui avait fait un passage comme reporter à Radio-Canada durant mon séjour à l'étranger, s'était rendu célèbre en publiant, le 29 janvier 1980, dans le journal *La Presse*, dont il était le correspondant à Washington, une primeur internationale sur le dénouement, deux jours plus tôt, d'une opération ultrasecrète de la CIA, en collaboration avec le Canada, surnommée «The Canadian Caper», qui avait mené à la libération de six otages américains détenus à Téhéran.

En plus de m'associer à un duo avec lequel je n'ai pas d'emblée d'atomes crochus, je dois aussi, pour devenir animateur du *Point*, renoncer à ma permanence syndicale et redevenir contractuel, en vertu des mêmes règles qui s'étaient appliquées quinze ans auparavant lors de ma nomination comme présentateur de *Présent édition québécoise*, à la radio.

Alors que je m'apprête à signer mon contrat, au printemps 1992, Claude Saint-Laurent m'appelle dans son bureau pour me présenter une dernière condition pour le moins surprenante. Depuis sa nomination à la fin de 1991, Claude a eu le mandat de revoir les fameuses directives au nom desquelles on avait rejeté ma candidature au poste de directeur de l'information. L'affaire avait tellement secoué l'entreprise que la direction avait voulu y trouver une solution. Claude me convoquait, en fait, à la demande de Gérard Veilleux, le grand patron de Radio-Canada, qui voulait s'assurer, avant que j'assume mon rôle d'animateur des grands débats constitutionnels à venir, que j'étais d'accord avec le projet de nouvelles directives. Le texte qu'il me soumet alors est aux antipodes des anciennes règles de conduite que j'avais dénoncées. Dorénavant, les journalistes de Radio-Canada ne seraient tenus que de rendre compte de la diversité des points de vue dans les futurs débats. Plusieurs mois plus tard, le changement que j'avais exigé se matérialisait comme par enchantement. L'affaire s'est donc conclue rapidement. Mais, avant d'endosser officiellement mon nouveau rôle, il me fallait terminer la saison d'*Enjeux* et compléter un autre projet dans lequel je m'étais entre-temps engagé.

Les mémoires de Trudeau

Au début de 1992, Radio-Canada s'était impliquée dans un projet de série documentaire sur Pierre Elliott Trudeau mené principalement par le producteur Roch Demers et le réalisateur Brian McKenna ; deux personnages intéressants qui avaient convaincu l'ancien premier ministre de se confier à la télévision, pour la première fois depuis son retrait de la vie publique en 1984, et de faire le bilan de ses années en politique. La série, qui devait s'intituler *Mémoires*, allait essentiellement mettre en scène Trudeau lui-même, qui acceptait de se soumettre à des heures d'entrevues dont le contenu allait servir de trame au documentaire. Pour la version anglaise du projet, Terry McKenna, le frère de Brian, un très bon journaliste de CBC, avait consenti à réaliser les entretiens.

Je connaissais bien les frères McKenna, qui avaient déjà marqué le paysage médiatique canadien et québécois. Brian souhaitait m'impliquer dans le projet pour réaliser les entrevues en français, et l'expérience me tentait, même si elle représentait une charge de travail imposante qui allait s'ajouter à mon horaire déjà bien rempli à *Enjeux*. L'idée de faire face à une personnalité aussi forte que Pierre Elliott Trudeau, de le pousser à témoigner le plus honnêtement possible de toutes ses années au pouvoir marquées par la controverse constituait pour moi un défi journalistique intéressant. Je ne pensais pas, en m'engageant dans ce projet, que j'allais moi-même me retrouver au centre d'une controverse.

Brian souhaitait que notre rôle, à Terry et à moi, se limite aux entrevues, le cœur de la série ; il assumerait, lui, le montage et confierait la narration à quelqu'un d'autre. Pierre Castonguay, un réalisateur émérite des affaires publiques de Radio-Canada, pour lequel j'avais beaucoup d'estime, allait contribuer à la version française.

Pendant des jours, au cours du printemps 1992, je me suis retrouvé en face de l'ancien premier ministre, dans un studio à Montréal, où nous avons passé en revue les grands moments de sa vie, de son enfance à Outremont jusqu'au rapatriement unilatéral de la Constitution en 1982 et sa sortie de la scène politique en 1984, en passant par la Révolution tranquille, la crise d'octobre 1970 et la nuit des longs couteaux de novembre 1981. En plus d'avoir nous-mêmes couvert, en tant que journalistes, une grande partie des événements dont nous discutions avec lui, nous disposions d'une impressionnante documentation préparée par un groupe dont faisaient partie l'ancien ministre Gérard Pelletier et l'ex-conseiller de

Trudeau, Tom Axworthy. J'avais en plus complété ma préparation des entrevues en rencontrant une série d'amis et d'anciens collègues de l'ex-premier ministre.

C'est ainsi que je l'ai surpris, un jour, en lui lisant une lettre que m'avait prêtée un de ses grands amis, Roger Rolland, dans laquelle Trudeau avait écrit, alors qu'il étudiait à Harvard, vers la fin de la Seconde Guerre mondiale, à quel point il estimait avoir raté l'histoire en se tenant à l'écart d'un conflit aussi important. Trudeau a reconnu, en entendant ma lecture de cette lettre, qu'il avait longtemps regretté de ne pas avoir joué un rôle dans ce conflit, comme son ami et futur adversaire politique René Lévesque l'avait fait en se portant volontaire en tant que journaliste de guerre. Mais, même si l'ancien premier ministre avait accepté de se confier à nous, nous avons dû déployer des efforts considérables, autant en anglais qu'en français, pour le sortir de son discours officiel et obtenir de nouveaux éclairages sur un passé à propos duquel il restait tant à dire.

Un jour, j'ai même menacé de quitter le studio quand, l'interrogeant sur la Révolution tranquille et l'animosité dont il avait fait preuve à l'endroit du nationalisme du gouvernement de Jean Lesage dans ses écrits à la revue *Cité libre*, il a refusé de répondre à mes questions en me disant: «On sait bien, vous êtes séparatiste!» Je lui ai répondu: «Si vous ne voulez pas qu'on vous pose des questions, vous pouvez parler seul à la caméra, ça sera une série ennuyante, et personne ne l'écoutera.» Estomaqué par la virulence de ma réplique, il a accepté de se rasseoir dans son fauteuil et il n'a plus jamais utilisé cette tactique. J'avais d'ailleurs eu l'engagement dès le début de la part de Brian McKenna qu'il retiendrait au montage ces échanges passionnants et souvent tendus qui révélaient beaucoup de la personnalité de Trudeau. L'ancien premier ministre avait une autre façon, beaucoup plus subtile, d'éviter de répondre aux questions. Quand on lui présentait, en anglais ou en français, des événements qu'il ne voulait pas commenter, ou des faits ou des témoignages qui l'ébranlaient, il disait souvent: «Je ne me souviens pas de cela! Si telle ou telle personne s'en souvient, poursuivait-il, vous n'avez qu'à lui en parler.»

Un jour, par exemple, alors que nous tentions d'en savoir plus sur le déroulement de la crise d'octobre 1970, et surtout sur la question de la proclamation de la Loi sur les mesures de guerre, Trudeau s'est empressé de nous servir à nouveau sa version officielle des événements : il prétendait que c'était Robert Bourassa qui lui avait demandé de proclamer la loi et de faire intervenir l'armée. Or, pendant la recherche avant les entrevues, Marc Lalonde m'avait raconté comment, alors qu'il était son secrétaire personnel, Pierre Elliott Trudeau l'avait envoyé à Québec pour qu'il rédige avec son ami Julien Chouinard, qui était chef de cabinet de Robert Bourassa, la lettre demandant à Ottawa de proclamer la Loi sur les mesures de guerre, et comment il avait dû faire au moins deux allers-retours Québec-Ottawa avant que le texte convienne aux exigences du premier ministre fédéral. En d'autres termes, Trudeau avait fait écrire une lettre sur mesure pour pouvoir invoquer la loi. Mis devant ces faits pour le moins troublants, l'homme m'a encore une fois débouté en disant : « Si c'est ce que Lalonde pense, il n'a qu'à le dire lui-même. »

De cette longue série d'entrevues et malgré tous les efforts que nous avons déployés, très peu d'éléments nouveaux sont ressortis. Durant l'été 1992, nous avons même refait une nouvelle série d'entretiens quand des documents inédits ont été publiés sur la crise d'Octobre. Résistant à nos questions, Trudeau, l'intellectuel et le juriste redoutable, a réussi, tout le long de ces échanges, à s'en tenir à sa version officielle de l'histoire. Quelques années plus tard, avec la collaboration de Tom Axworthy, il colligera d'ailleurs ces entretiens dans un livre intitulé *Les Années Trudeau : la recherche d'une société juste*, qui constituera en quelque sorte son testament politique.

Pendant les mois qui ont suivi cette expérience unique avec l'ancien premier ministre, j'ai été emporté par le lancement de la nouvelle formule du *Point* et par les défis que me posait ce projet immense. J'ai donc perdu de vue la suite de la réalisation de la série documentaire. Quand le montage des cinq épisodes des *Mémoires* a été terminé, Radio-Canada m'a recontacté, cette fois avec une nouvelle demande qui ne faisait pas partie de notre entente d'origine. On voulait que j'assume la narration de la série. Or le produit que j'avais devant moi ne correspondait pas à ce à quoi je m'attendais. Contrairement à ce qu'il m'avait promis, Brian McKenna avait par exemple enlevé toute trace des intervieweurs et de ces échanges tellement significatifs, selon moi, de la résistance de l'ancien premier ministre à nos questions. La série, bien montée et très professionnelle, était vraiment ce que son titre annonçait : le témoignage que cet homme voulait laisser à la postérité.

Il m'était donc impossible, dans les circonstances, d'associer ma voix à ce documentaire dont je n'avais pas pu suivre l'évolution. J'acceptais évidemment que soit connu le rôle que j'avais tenté de jouer dans les entrevues, mais mes patrons en voulaient plus. Je ne pouvais pas, me disaient-ils, après avoir passé autant d'heures à réaliser les entretiens, refuser d'ajouter de la crédibilité à la série en y prêtant ma voix. Terry McKenna, qui éprouvait les mêmes malaises que moi, avait entre-temps accepté de faire la narration de la version anglaise ; je n'avais pas d'autre choix, en toute logique, selon eux, que de lui emboîter le pas. J'ai eu beau exiger un cachet important, croyant pouvoir ainsi les dissuader, rien n'y a fait. Les pressions ont été telles que j'ai fini par consentir à effectuer la narration de la télésérie des *Mémoires* de Pierre Elliott Trudeau, qu'on m'a permis toutefois de remanier à ma convenance. Je voulais au moins transformer le commentaire projeté, qui était un long éditorial appuyant les extraits de Trudeau, en une simple mise en contexte historique.

À sa sortie, d'abord en salle puis à la télévision, deux ans après la réalisation des entretiens, la télésérie a reçu des critiques dévastatrices au Québec. La presse francophone, qui avait appris à détester cet homme, a détesté tout autant la série qui le mettait en valeur. Journaliste associé au projet, j'ai moi-même été attaqué de toutes parts. Comment ce professionnel rigoureux, disait-on dans toutes les tribunes, avait-il pu participer à un tel projet ? J'ai eu beau tenter, une fois, dans le cadre d'une émission à la radio consacrée aux médias, d'expliquer le contexte, notre objectif de départ, le défi que cela représentait, peine perdue. Radio-Canada a aussi essayé, de son côté, à coups de déclarations et de lettres dans les journaux, de répondre aux critiques. La série, prisée au Canada anglais, ne passait pas la rampe dans le Québec francophone que Trudeau avait tellement provoqué par ses attitudes arrogantes.

Les remous causés par les *Mémoires* n'ont pas duré très longtemps puisque, aussitôt la série diffusée, le Québec s'est engagé dans la tourmente du référendum de 1995 où j'allais pouvoir, une fois de plus, faire la preuve de mon indépendance d'esprit. Mais l'expérience m'a appris une leçon qui me servirait par la suite : ne jamais s'impliquer dans un projet qu'on ne contrôle pas entièrement.

Les débuts difficiles du *Point*

Je ne savais pas, du reste, que j'allais tester cette leçon aussi tôt. L'occasion s'est présentée dès mon arrivée dans l'équipe du *Point*; en fait, dès mes retrouvailles avec les deux têtes dirigeantes de l'émission, Jean Pelletier et Louis Lalande. Pendant plusieurs mois, ils avaient planifié le nouveau concept qui devait donner un second souffle à cette émission quotidienne diffusée juste après le *Téléjournal* de fin de soirée. Pour relancer la formule, ils jouissaient d'un budget impressionnant, et surtout de la confiance de la direction qui leur avait permis de donner libre cours à leurs projets les plus ambitieux. Le « nouveau *Point* » allait disposer d'un grand studio complètement redessiné – qui allait d'ailleurs gagner des prix pour son originalité –, équipé d'une régie technique ultramoderne, ainsi que de nouveaux locaux au rez-de-chaussée de la maison de Radio-Canada. C'est dans cette salle, si je me souviens bien, que Jean, Louis et moi, nous nous sommes réunis pour la première fois de façon formelle pour discuter de l'émission.

Occupé à terminer ma saison d'*Enjeux* ainsi que la série d'entretiens avec Trudeau, je n'avais pas pu consacrer beaucoup de temps à la préparation du *Point*. Jean et Louis étaient remplis d'enthousiasme et promettaient de m'intégrer le plus rapidement possible à la prise de décision.

Nous allions, me disaient-ils, former un triumvirat exceptionnel entièrement dédié à la réalisation de notre projet commun. Or, déjà, plusieurs décisions importantes avaient été prises. En plus des plans techniques, qui constituaient la spécialité de Louis, la plupart des membres clés de l'équipe avaient été choisis. Après l'annonce de l'entrée en scène de Louis et Jean, la majorité des anciens membres avaient, ou bien communiqué leur intention d'aller ailleurs, ou bien été écartés des plans de la nouvelle direction. Jean et Louis voulaient, et c'était légitime, bâtir une équipe à leur image.

C'est ainsi qu'ils avaient engagé un technicien de génie, Martin Cloutier, pour s'occuper de la coordination des moyens de production, un chaînon essentiel pour une émission quotidienne d'information nationale et internationale qui allait compter plusieurs dizaines de personnes. Ils avaient aussi convaincu Jean-Pierre Gagné, un intellectuel passionné qui appartenait à l'équipe rapprochée de Bernard Derome, au *Téléjournal*, de venir collaborer au *Point* en tant que réalisateur au contenu. Jean-Pierre, que je ne connaissais pas beaucoup, mais dont la réputation était excellente, allait travailler directement avec moi tous les jours. Il allait être mon filet de sécurité et mon conseiller au quotidien ; une perspective qui me rassurait. Louis avait aussi engagé pour la mise en ondes de l'émission une équipe de réalisatrices dirigée par Sylvain Schreiber, un jeune très prometteur qui avait été rapatrié de Toronto.

En les rencontrant pour la première fois, à la fin du printemps 1992, je découvrais tout le chemin déjà parcouru par Jean et Louis, et surtout les plans déjà établis dans lesquels j'allais devoir m'inscrire sans avoir participé à leur élaboration. Je m'engageais un peu dans l'inconnu, contrairement à l'expérience que je venais de vivre à *Enjeux*, où j'avais été associé dès le début à la création du projet ; si cette nouvelle situation m'inquiétait, la qualité des recrues de l'émission du *Point* était, elle, plutôt rassurante.

Durant l'été, Jean et Louis ont convenu avec moi que je devais, après quelques semaines de repos, partir en tournée de reportages et que l'endroit le plus approprié serait le Moyen-Orient. Jusque-là, l'année 1992 avait été marquante pour cette région du monde. Après la fin de la guerre du Golfe, au début de 1992, un Égyptien, Boutros Boutros-Ghali, un ministre de Moubarak d'origine copte, avait été nommé secrétaire général de l'ONU, une première dans l'histoire de l'organisation. En juillet, le chef du Parti travailliste, Yitzhak Rabin, avait été élu premier ministre d'Israël. Après des années de gouvernement inflexible à la tête de l'État hébreu, Rabin promettait d'arrêter la colonisation juive des territoires occupés et offrait même aux Palestiniens d'échanger des territoires contre la paix. Pour la première fois depuis le déclenchement de la première intifada, en décembre 1987, on entrevoyait un espoir de solution du problème israélo-palestinien.

En revenant au travail, en août 1992, je quitte donc Montréal pour effectuer une série de reportages en Égypte et en Israël avec un réalisateur avec qui je vais travailler pendant au moins une décennie, Georges Amar, un ancien de la *Course autour du monde*, cette émission de Radio-Canada qui a permis à beaucoup de jeunes Québécois de s'initier au milieu du cinéma et de la télévision. Georges est un personnage attachant. D'origine juive marocaine, il a un esprit ouvert sur le monde et une curiosité très stimulante doublée d'une connaissance particulière de la planète qu'il a parcourue en aventurier durant la *Course*. Ensemble, nous allons d'abord en Égypte, sur les traces de Boutros Boutros-Ghali, le nouveau secrétaire général de l'ONU, dont nous voulons faire un portrait.

Au cours de ce voyage, je fais la connaissance de Mona Makram-Ebeid, une politicienne égyptienne de confession copte, qui me servira de guide et de conseillère avisée dans ce pays complexe où elle mène encore aujourd'hui, à sa façon, un combat constant pour les droits fondamentaux des Égyptiens et des femmes en particulier. Lors de notre passage au Caire, Yitzhak Rabin y effectue une visite marquée d'espoir, la première d'un premier ministre israélien depuis celle de Shimon Peres en 1986. Toute la région voit avec optimisme l'arrivée au pouvoir à Jérusalem de cet ancien militaire, héros de guerre, ex-ministre de la Défense connu pour sa fermeté, qui accepte maintenant d'offrir une branche d'olivier aux Palestiniens. Personne ne sait encore qu'il a permis l'ouverture de négociations secrètes avec l'OLP à Oslo, en Norvège. En Israël, où l'arrivée de Rabin a aussi semé un vent d'espoir, je revois Shimon Peres qui, à titre de ministre des Affaires étrangères, est responsable des pourparlers avec l'OLP. Peres, un parfait francophone, nous accorde une entrevue qui va lancer la nouvelle saison du *Point*.

À mon retour à Montréal, je découvre avec un peu d'inquiétude que, contrairement à ce qu'on m'avait promis, nous sommes loin d'être prêts pour le démarrage de cette nouvelle saison. Je m'en aperçois quand nous commençons les premières répétitions dans notre grand studio. L'équipe de réalisation désire innover, changer les formules toutes faites ; on songe même à engager un *coach* pour m'aider à être plus à l'aise en studio. Mais personne ne sait ce qu'il veut exactement et tout le monde improvise. Louis, le coordonnateur, souhaite par exemple que je fasse les présentations de sujets dans l'émission en marchant. Mais lorsqu'on répète les déplacements en studio, l'équipe réalise que les éclairages n'ont pas été conçus pour cela. En plus des problèmes de studio, il y a aussi l'angoisse du contenu des émissions. À quelques jours de la première de cette nouvelle mouture du *Point* que tout le monde attend avec impatience, nous avons très peu de reportages intéressants prêts à être diffusés. Le recrutement des nouvelles équipes de production s'étant poursuivi durant tout l'été, très peu d'attention a été accordée, par Jean et Louis, à la planification des reportages pour marquer la rentrée.

Pourtant, l'actualité canadienne, en particulier, ne manque pas de matière. Durant l'été, le gouvernement de Brian Mulroney, déterminé à faire oublier l'échec de Meech, a réussi à amener les provinces et les représentants des peuples autochtones à s'entendre, à Charlottetown, dans l'Île-du-Prince-Édouard, sur un projet d'accord constitutionnel qui reconnaît, entre autres, un statut de société distincte au

Québec. Mais si Robert Bourassa vante les mérites de l'entente et appelle les Québécois à voter «oui» au référendum pancanadien prévu le 26 octobre, l'aile nationaliste du Parti libéral, autour de l'avocat Jean Allaire et des deux leaders de la Commission jeunesse, Michel Bissonnette et Mario Dumont, entend bien exprimer sa dissidence au cours d'un congrès des jeunes du parti qui doit se tenir les 28, 29 et 30 août, à Québec, juste avant le début de notre saison, prévu pour le lundi 31 août.

Nous décidons donc d'envoyer une équipe à ce congrès crucial pour le PLQ qui pourrait mener à un déchirement profond chez les fédéralistes québécois. Son mandat est de tourner en temps réel l'action et les coulisses du congrès durant le week-end, et de monter en vingt-quatre heures un tableau de ce qui se sera passé. Un exercice délicat et épuisant, mais qui nous permettra, nous l'espérons, d'offrir aux téléspectateurs, pour notre première émission, un document exclusif sur un moment clé de l'histoire politique du Québec. Or, à quelques heures de cette première du *Point*, nouvelle formule, nous sommes forcés de constater que notre pari ne pourra pas être tenu. L'équipe qui s'est prêtée de bon cœur à l'exercice périlleux n'a pas réussi, en vingt-quatre heures seulement, à sortir à temps des nombreuses cassettes de son tournage au congrès du PLQ un reportage qui puisse tenir la route.

En désespoir de cause, nous décidons de diffuser en ouverture d'émission l'entrevue que j'ai réalisée en Israël avec Shimon Peres; en deuxième partie, nous proposons un reportage ennuyeux – un des seuls qui soit disponible – sur un club de baseball formé par des Amérindiens à Winnipeg. Enfin, pour terminer l'émission, une autre entrevue avec un personnage peu connu du grand public, qui est de passage à Montréal, la metteure en scène de théâtre française Ariane Mnouchkine.

Résultat: après avoir annoncé la révolution en télévision, notre première émission, faute de préparation adéquate, avait été plus que décevante. Et nos ennemis à Radio-Canada, en particulier ceux qui enviaient les moyens qu'on nous avait donnés pour réaliser ce projet, ne manqueraient pas de me le rappeler pendant des mois. Mais, heureusement, nous allions très tôt reprendre les choses en main, et comme cela se passe souvent dans les médias, l'actualité des mois et des années suivantes allait nous servir grandement.

Dans la tourmente de la « question nationale »

Au début de l'automne 1992, la « question nationale » québécoise refait surface plus que jamais, dans la foulée de l'adoption par les premiers ministres du Canada et des provinces de l'accord de Charlottetown. Et, même s'il s'agit d'une entente à l'échelle du pays, c'est presque uniquement au Québec que le débat soulève les passions, et pour cause. Le sujet divise profondément non seulement le Parti libéral de Robert Bourassa, qui s'est déjà fait humilier publiquement par la fronde de son aile jeunesse, mais également l'ensemble de la société québécoise qui n'a pas oublié le rejet de Meech par le Canada anglais. Bourassa est aussi placé sur la défensive quand éclate l'affaire Wilhelmy. Peu de temps après la conférence de Charlottetown, les médias obtiennent les enregistrements d'une conversation téléphonique entre le juriste André Tremblay, conseiller du gouvernement dans les pourparlers, et la secrétaire générale associée responsable des affaires intergouvernementales canadiennes, Diane Wilhelmy. Les deux personnages qui ont été au cœur du processus de négociation avec le reste du Canada racontent en termes crus, dans cet enregistrement, comment ils ont été forcés de « marcher sur les genoux » devant les autres provinces à cause de la faiblesse de la position de Bourassa qui, selon eux, a rejeté à « 100 % » leurs conseils.

Dès les premières semaines de septembre, poussés par l'actualité et par Jean Pelletier, le rédacteur en chef du *Point*, un ardent fédéraliste passionné par ces questions, nous décidons de nous engager à fond dans la couverture de ce débat en commençant par une série d'émissions où, chaque soir, avec des juristes, nous décortiquons les multiples facettes de l'accord de vingt-cinq pages signé à Charlottetown : 8 septembre 1992, la clause Canada, 9 septembre, le partage des pouvoirs, 10 septembre, la formule d'amendement et le droit de veto du Québec, et cætera... L'exercice peut paraître superflu, puisque les sondages indiquent déjà une forte possibilité de rejet de cet accord par la population québécoise, mais nous décidons de le faire malgré tout. Et, comme cela se produit souvent au Québec quand les débats politiques s'enveniment, le public nous suit dans cette aventure même si elle peut sembler fastidieuse.

Dix ans après avoir couvert, comme correspondant parlementaire, les grandes conférences constitutionnelles et la nuit des longs couteaux qui ont mené à l'isolement du Québec, j'ai l'impression de recommencer à zéro un débat duquel mon séjour à l'étranger m'avait éloigné pendant tant d'années. Encore une fois, notre incapacité collective à résoudre des questions éternellement posées me fascine, alors qu'ailleurs dans le monde des ensembles humains et politiques beaucoup plus grands et complexes, comme l'Europe et l'ex-Empire soviétique, sont en pleine restructuration. Notre inertie me révolte. Et la campagne référendaire de l'automne 1992, par le manque d'enthousiasme qui la caractérise à la grandeur du pays, en est une illustration flagrante.

Le 26 octobre 1992, pour la première fois peut-être de son histoire, le Québec vote de la même façon que le reste du Canada sur une question constitutionnelle. L'accord est rejeté massivement « d'un océan à l'autre », mettant fin une fois pour toutes aux espoirs de Brian Mulroney de concrétiser ses engagements envers le Québec. Quelques semaines après le référendum, je me retrouve en tête à tête avec lui lors de l'entrevue de Noël avec le premier ministre qui, chaque année, fait partie du rituel de l'animateur du *Point*. Mulroney, qui est un homme affable et généreux, ne me semble pas du tout abattu par l'échec qu'il vient de subir. Il est convaincu d'avoir tout fait pour honorer ses engagements, et il s'apprête, nous ne le saurons que plus tard, à annoncer son départ de la politique avec le sentiment du devoir accompli.

Dans l'ouverture de l'émission, ce jour-là, je le présente en ces termes : « Un homme que les médias disent fatigué, et qui admet lui-même s'être accordé une période de réflexion sur son avenir. Mais un homme aussi qui continue à dire qu'en signant l'ALENA [le traité de libre échange nord-américain] et en proposant l'entente de Charlottetown il n'avait qu'un seul but : donner au Canada les moyens d'affronter le XXIe siècle. » J'avais la conviction d'avoir devant moi un personnage dont on allait reconnaître, trop tard peut-être, à quel point il avait été visionnaire.

L'annonce de la démission de Mulroney, le 24 février 1993, va engendrer toute une série de réactions en chaîne – élection de Kim Campbell en juin, défaite cuisante des conservateurs en octobre, arrivée de Jean Chrétien au pouvoir et de Lucien Bouchard comme chef de l'opposition officielle à Ottawa – qui, ajoutées au retrait de Robert Bourassa de la vie publique, pour des raisons de santé, au début de 1994, vont complètement bouleverser le paysage politique canadien et québécois.

Pour la première fois depuis mon arrivée à la barre du *Point*, les principaux politiciens qui s'apprêtent à écrire l'histoire du Québec et du Canada sont des gens avec lesquels j'ai tissé des liens personnels. Depuis mes premiers contacts avec Lucien Bouchard à Paris, notre amitié s'est accentuée. Nos épouses, Mireille et Audrey, ont eu leurs enfants presque en même temps et nos deux familles se fréquentent. Après la naissance de Félix, le 16 octobre 1990, notre fille Sophie est née le 22 mai 1993. Durant mon séjour à Paris, à la fin des années 1980, j'ai aussi eu l'occasion de faire davantage connaissance avec Jean Chrétien, un homme que j'avais connu somme toute superficiellement en couvrant la politique québécoise et canadienne au début de ma carrière. Grâce à l'intervention de son frère Michel, un grand scientifique que j'avais rencontré quelques années plus tôt à Pékin, nous avons passé une soirée ensemble, alors qu'ils étaient tous les deux de passage dans la capitale française. Malgré nos différends idéologiques, nous avons discuté jusqu'à très tard dans la nuit des enjeux politiques canadiens et internationaux, alors qu'il entamait une retraite stratégique temporaire de la vie publique. Au printemps 1993, je l'ai revu, en privé, avec mon collègue réalisateur Jean-Pierre Gagné, cette fois à Stornoway, la résidence du chef de l'opposition qu'il allait quitter quelques mois plus tard pour devenir premier ministre. Au cours de cette rencontre, nous avions été surpris des changements qui semblaient s'être produits chez lui. L'homme un peu rustre, qui se prêtait facilement à la caricature, avait changé d'allure, comme s'il avait mûri pendant ses années de réflexion et de pratique du droit en dehors de la politique.

Jacques Parizeau, qui s'apprête à prendre le pouvoir à Québec, est aussi une personnalité avec laquelle j'ai entretenu des liens, et ce, depuis mes premières années en journalisme où, d'abord comme économiste commentant l'actualité, puis comme membre fondateur du Parti québécois, il ne ratait jamais une occasion de participer à nos émissions. C'est entouré de tout ce monde familier que je m'engage, en tant qu'animateur du *Point*, à la fin de 1994 et au début de 1995, dans la tourmente de la couverture d'un autre grand moment de la politique québécoise. Mais, comme les événements le démontreront, les liens personnels entre journalistes et politiciens viennent la plupart du temps compliquer les choses.

Le référendum de 1995

Après le retrait de Robert Bourassa de la politique au début de 1994, Jacques Parizeau est élu premier ministre à Québec en septembre en promettant de déclencher un référendum au cours de l'année suivante. Depuis l'échec de Meech et des efforts de Mulroney pour répondre aux aspirations constitutionnelles du Québec, les appuis à la souveraineté ont remonté dans les sondages, et les changements dans la conjoncture politique canadienne représentent une occasion unique pour Jacques Parizeau de gagner son pari référendaire. Jean Chrétien, le nouveau premier ministre canadien, est impopulaire au Québec. Le Parti libéral a remporté les élections fédérales, un an plus tôt, sans l'appui de la province, qui, au contraire, en votant massivement pour le Bloc québécois, a plutôt permis à Lucien Bouchard de devenir, par un drôle d'accident de l'histoire, le premier indépendantiste québécois à diriger l'opposition officielle de Sa Majesté au Parlement canadien.

Mais, à peine un an après son arrivée en poste, cet allié inespéré de la cause souverainiste à Ottawa se voit brutalement extirpé de la scène politique par une tragédie. En décembre 1994, Lucien Bouchard est hospitalisé à l'hôpital Saint-Luc de Montréal où il s'est présenté à l'urgence, souffrant d'une fièvre virulente. Les médecins découvrent que le chef souverainiste est atteint d'une fasciite nécrosante, une nécrose des tissus provoquée par un streptocoque qu'on appelle familièrement la bactérie mangeuse de chair. En quelques heures, il se retrouve entre la vie et la mort tellement la bactérie progresse rapidement. Pour lui sauver la vie, les médecins doivent lui amputer une partie de la jambe et lui administrer des doses massives d'antibiotiques.

Pendant plusieurs jours, des dizaines de militants indépendantistes et d'admirateurs font le pied de grue devant l'hôpital en attendant que de rares nouvelles que nous essayons d'avoir, nous, les journalistes, à l'intérieur, parviennent à filtrer du service des soins intensifs où le politicien mène un combat pour sa survie. Quand elle réussit à stabiliser l'état de son patient, l'équipe médicale convoque une conférence de presse où les médecins révèlent l'existence d'un bout de papier sur lequel, alors qu'ils s'acharnaient sur son corps pour stopper la progression de la maladie, Lucien Bouchard a écrit les mots : « Que l'on continue ! » Un message qu'eux-mêmes ont alors perçu, de la part du malade, comme un feu vert qu'il leur donnait pour poursuivre leur intervention, peu importe quelles en seraient les conséquences. Aussitôt la nouvelle publiée de l'existence de ce mystérieux papier, une rumeur se répand voulant que ces mots aient été plutôt destinés aux souverainistes ; le chef charismatique leur enjoignant, alors qu'il se trouve entre la vie et la mort, de continuer leur combat quoi qu'il arrive. Lucien Bouchard est devenu une figure emblématique dont les moindres signaux sont récupérés par les troupes indépendantistes pour promouvoir leur cause.

En février 1995, alors qu'il se remet de sa maladie et de la longue période de rééducation à laquelle il a dû se soumettre pour apprendre à vivre avec une jambe amputée, Lucien Bouchard m'accorde la première entrevue qu'il donne à la télévision. Nous le retrouvons dans le modeste appartement qu'il habite avec sa famille à Outremont, où je ne peux pas m'empêcher de revenir sur l'histoire de cette phrase griffonnée sur un bout de papier. Quand, en le regardant droit dans les yeux, je lui demande de nous dire, pour la première fois, de vive voix, ce qu'il voulait signifier par ces mots : « Que l'on continue ! », il me répond, avec cette conviction dont il est capable : « Alors j'ai écrit en lettres moulées, presque illisibles sur un bout de papier [...] ces mots-là. [...] Sans penser à des répercussions collectives très immédiates, mais j'avais dans l'esprit qu'il fallait continuer, qu'il ne fallait pas arrêter. » Puis j'ajoute : « Alors c'était vraiment un message politique ? » Et il renchérit : « Ah oui, c'était politique. Je m'en confesse bien modestement ! »

Hubert Gendron, le réalisateur qui m'accompagnait pour cette entrevue, raconte qu'il a alors vu mon visage se transformer. Lucien Bouchard venait-il de me mentir ouvertement ? Avant l'entretien, un ami qui avait été à son chevet durant toute la période critique m'avait confirmé que Lucien Bouchard avait bel et bien, de son propre aveu, écrit ce mot pour donner le champ libre à ses médecins. D'où l'intérêt pour eux, en conférence de presse, de nous le montrer. Après la diffusion de l'entrevue, le soir même de son enregistrement, le même ami m'a appelé en me disant : « Il t'a menti ! » Lucien Bouchard était déjà engagé dans une campagne pour la souveraineté du Québec où il s'apprêtait à prendre la place centrale.

Dans les mois qui ont suivi, l'équipe du *Point* s'est lancée une fois de plus avec énergie dans la couverture de ce débat dont on ne pouvait deviner l'issue, mais dont l'importance était cruciale pour le Québec et, pour la première fois vraiment, pour le Canada. Et, comme chaque fois qu'une société se déchire sur des questions fondamentales touchant son avenir, nous avons subi, nous, les journalistes, les contrecoups de ces déchirements. Entre nous, d'abord, au sein de l'équipe du *Point*, où les choix de couverture politique étaient toujours le résultat de compromis.

À la coordination de l'émission, Louis Lalande avait été remplacé par un réalisateur originaire du Manitoba, Richard Simmons, dont les opinions fédéralistes frisaient parfois le zèle. Avec Jean Pelletier, Richard Simmons et le réalisateur au contenu Hubert Gendron, un excellent journaliste formé à l'école des médias anglophones de Montréal, j'étais littéralement entouré de sympathisants du « non » qui ne cachaient pas leurs convictions, mais dont il fallait souvent tempérer les ardeurs. Nous traversions donc des périodes de discussions tendues au *Point* avant d'en arriver à respecter l'équilibre essentiel dont nous devions faire preuve dans la couverture de la campagne. Et c'était normal; un peu comme on imagine les tensions qui devaient exister dans les rédactions françaises au moment de la guerre d'Algérie au tournant des années 1960, ou dans les médias américains à l'époque de la guerre du Vietnam.

Plus l'échéance référendaire d'octobre 1995 approchait, plus le Québec en entier ressentait cette tension. Et les politiciens des deux camps n'hésitaient pas à exercer sur nous toutes sortes de pressions sans le moindre scrupule. Chaque dimanche, durant la campagne référendaire, le *Téléjournal* et *Le Point* unissaient leurs forces pour présenter une émission spéciale intitulée *L'Heure du choix*, qui était animée par Bernard Derome et moi, et qui faisait le bilan de la semaine écoulée. C'est à cette émission, par exemple, que nous avons invité pour la première fois un couple d'analystes peu connus jusqu'alors à la télévision, que nous appelions entre nous Pixie et Dixie; les politologues Guy Laforest et Stéphane Dion, qui sont rapidement devenus, en raison de leurs débats farouches et intelligents, les vedettes de notre couverture du référendum et qui se lanceront tous les deux en politique par la suite. L'émission comprenait aussi deux entrevues que nous enregistrions dans la journée avec des candidats du « oui » et du « non », sur des sujets particuliers de la campagne.

C'est ainsi que, le dimanche 1er octobre 1995, je me retrouve en face de Bernard Landry pour discuter des enjeux économiques du vote référendaire. À la fin de l'enregistrement, Landry, que je connais bien depuis des années, se tourne vers moi et me dit, avec un sourire narquois, en présence des techniciens et du réalisateur Hubert Gendron : « Bon, à partir de maintenant, Ottawa va vous dire quoi faire ! » Complètement révolté par cette remarque arrogante que je juge indigne de la confiance qu'il m'a toujours témoignée dans le passé, je proteste en lui demandant comment il peut sous-estimer à ce point notre indépendance d'esprit et d'action. Et, contre toute attente, il me répond : « À leur place – en parlant du gouvernement fédéral –, je ferais la même chose ! » La bataille référendaire prenait une telle tournure que beaucoup de politiciens en arrivaient à perdre toute retenue.

Le dimanche 15 octobre, nous avions invité les deux chefs fédéraux des camps du « non » et du « oui », Jean Chrétien et Lucien Bouchard, à se prêter à ces entrevues, chacun de leur côté, dans le cadre de notre émission spéciale. Or, le vendredi précédent, nous recevons un appel de la salle des nouvelles nous disant que le premier ministre Chrétien se désiste et qu'il nous propose de se faire remplacer par la ministre Lucienne Robillard, une femme plus populaire que lui au Québec. Pratiquement au même moment, Bouchard lui-même me contacte par téléphone. Ses adjoints venant de lui apprendre la nouvelle, il me dit, furieux, qu'il n'accepte pas d'être considéré comme l'égal d'une adjointe de Chrétien et que, puisque son adversaire refuse d'occuper sa place, il ne nous donnera une entrevue que s'il est seul dans l'émission. « Qu'on dise que Chrétien s'est désisté, me dit-il, un point c'est tout ! » Mal à l'aise devant cette demande qui contrevient à nos règles d'équité, et surtout devant un ami qui espère peut-être profiter de nos liens communs pour obtenir un passe-droit, je décide de transférer l'appel à mon collègue Hubert Gendron. Constatant la fermeté de nos positions, Bouchard se lance alors dans une attaque à notre endroit, en disant que le désistement de Chrétien en faveur de sa ministre n'est qu'une tactique pour l'empêcher, lui, de parler, et qu'en cédant à ce jeu nous le privons de son droit de parole. À la fin, Lucien Bouchard maintiendra jusqu'au bout son refus d'être traité sur le même pied qu'une ministre de Jean Chrétien et se fera remplacer à cette entrevue par sa collègue député Suzanne Tremblay.

La campagne référendaire de 1995 s'est terminée, comme on le sait, par une mince majorité de quelques dizaines de milliers de voix en faveur du « non ». Je me souviendrai toujours de ce moment au cours de la soirée du 30 octobre, que j'animais en compagnie de Bernard Derome, où les résultats de la région de Québec ont commencé à sortir. Depuis quelques minutes, je voyais le visage d'un de mes invités à la table d'analyse, l'organisateur de la campagne du « non » Marc-Yvan Côté, pâlir devant les premiers résultats annonçant une avance significative du « oui ». Soudain, son regard s'est mis à s'animer à nouveau en voyant, en quelques secondes, se produire ce que les souverainistes redoutaient au plus haut point : la région de Québec, qui avait l'habitude d'être un terreau favorable au Parti québécois et où le vote en faveur du « oui » devait en principe avoisiner les 60 %, n'était pas au rendez-vous.

Contrairement à ce qu'allait déclarer Jacques Parizeau quelques minutes plus tard en commentant le résultat final avec sa célèbre sortie sur les votes ethniques et l'argent, qui a mis fin à sa carrière politique, c'était les francophones blancs qui avaient ruiné les espoirs des souverainistes. La mince victoire du « non », comme on pouvait s'y attendre, n'a pas permis de résoudre la question nationale qui hante encore aujourd'hui le Québec. Lucien Bouchard, lui, a quitté la politique six ans plus tard sans jamais reprendre sa croisade pour l'indépendance avec autant de conviction qu'il l'avait fait pendant la campagne référendaire de 1995. Quant à moi, je me suis tourné dans les années subséquentes vers d'autres régions du monde pour découvrir des peuples qui allaient, eux, s'attaquer de pied ferme à la construction de leur avenir.

Chapitre 10

Voir les choses autrement

Plus c'est loin, plus c'est froid

Au printemps 1998, Radio-Canada décide de changer la formule du *Téléjournal/ Le Point* en transférant la presque totalité des équipes de reportage du *Point* dans un projet de grande émission de documentaires d'actualité qui doit être diffusée en heure de grande écoute. Constatant une érosion graduelle de l'auditoire en fin de soirée, la direction de l'information estime plus rentable de regrouper les reportages du *Point* en milieu de soirée, dans un créneau plus populaire et susceptible d'attirer davantage l'attention ; et on me confie le mandat, avec le réalisateur Luc Paradis et le rédacteur en chef Marc Gilbert, d'élaborer un projet d'émission. L'idée n'est pas nouvelle, puisqu'elle reprend les concepts qui ont précédé la création du *Point*, comme *Le 60* ou *Télémag* qu'avait animés Pierre Nadeau ; elle s'inscrit aussi dans une tendance déjà adoptée par plusieurs grandes télévisions du monde.

Au milieu des années 1990, CBS, la grande chaîne américaine, devant le succès grandissant de son magazine du dimanche soir, *60 Minutes*, se prépare à lancer une édition additionnelle le mercredi soir, animée par Dan Rather. Sa concurrente, NBC, diffuse cinq soirs par semaine, en heure de grande écoute, des éditions différentes de son magazine *Dateline*. France 2, en Europe, a emboîté le pas en créant *Envoyé spécial*, une émission de reportage diffusée en milieu de soirée elle aussi. La BBC a lancé *Panorama* et *Reporters*. Je propose donc, en mai 1998, d'effectuer une tournée de ces grandes émissions, aux États-Unis, en France et en Angleterre, en compagnie de Luc Paradis, pour discuter avec leurs concepteurs et y puiser des idées pour notre projet.

C'est ainsi que nous rencontrons l'équipe dirigeante du prestigieux magazine *60 Minutes* de CBS, qui nous fait l'honneur de nous recevoir dans ses bureaux de New York. En arrivant sur place, après un premier échange de bienvenue, nous sommes invités dans la salle de visionnement de l'émission où nous assistons à la projection du premier jet d'un reportage de Mike Wallace et de son équipe, en présence de Don Hewitt, le producteur et créateur du magazine. Je suis étonné de voir Wallace, âgé de quatre-vingts ans à l'époque, accepter, avec une modestie remarquable, les critiques de Hewitt, son patron de soixante-seize ans ; les deux journalistes, qui ont eu une carrière exceptionnelle, m'impressionnent par le zèle qu'ils déploient encore malgré leur âge avancé en discutant des changements à apporter au reportage pour l'améliorer. Après cette séance de visionnement, Don Hewitt, le grand chef, accepte de répondre à toutes nos questions touchant l'organisation et la vision de l'émission.

Les médias américains traversaient, à la fin des années 1990, une période particulière, où ils avaient tous tendance à se désintéresser de l'actualité internationale. Avec le démantèlement de l'Empire soviétique et la fin de la menace qu'il représentait, les grands réseaux de télévision avaient commencé à fermer leurs bureaux à l'étranger ou à y réduire massivement le personnel pour s'intéresser davantage à la nouvelle de proximité, beaucoup plus populaire auprès de leurs auditoires. *60 Minutes* avait suivi la tendance, et Hewitt nous le confirme laconiquement en disant : « L'international, c'est froid ! Et plus c'est loin, plus c'est froid ! » Résumant ainsi ce qu'il percevait de l'attitude de ses téléspectateurs. Pour « réchauffer l'actualité internationale », pour la rendre plus attrayante, Hewitt a donné comme directive à ses équipes de toujours trouver un personnage d'origine américaine au cœur des histoires que l'émission couvre à l'étranger.

Quelques jours plus tard, en poursuivant notre tournée en France, je suis sidéré d'entendre le même constat de la part des deux créateurs d'*Envoyé spécial*, Paul Nahon et Bernard Benyamin. Leur émission avait, elle aussi, commencé à réduire son contenu international, pour des raisons d'« audimat », nous disaient-ils. Au cours des semaines précédant notre passage, ils avaient réussi à augmenter sensiblement leur auditoire en diffusant un reportage sur le Front national, et un portrait très fleur bleue du chanteur Francis Cabrel. Deux sujets très franco-français.

Se pouvait-il que ce constat nous atteigne, nous aussi, éventuellement, au Canada ? Que ma passion pour les enjeux planétaires soit à son tour limitée par l'indifférence du grand public ? Nous n'avions pas encore commencé à mesurer ce désintérêt qui allait pourtant se manifester, au Québec également, au cours des années subséquentes. Mais, en lançant *Zone libre* avec mes collègues, cette année-là, je me suis promis de ne jamais contribuer à fermer les fenêtres de nos médias au monde extérieur. Et, grâce en partie à la vision de certains de nos patrons, cette ouverture sur la planète allait pouvoir continuer à s'exprimer sur les ondes de Radio-Canada pendant des années encore.

La passion de l'international

Durant mes années au *Point*, avant la création de *Zone libre*, nous avions investi beaucoup d'énergie et de ressources dans la couverture de l'information internationale, comme le voulait la tradition de l'émission. En élaborant leur concept, Jean Pelletier et Louis Lalande avaient prévu qu'une part importante du budget serait consacrée, entre autres, à la réalisation d'entrevues à distance visant à couvrir l'actualité de la planète. Chaque jour, l'équipe des moyens de production dirigée par Martin Cloutier et David Lefrançois recevait, après la réunion éditoriale, des demandes de réservations de lignes satellites vers l'étranger. Nous voulions à tout prix être en contact avec le reste du monde, peu importe, au début en tout cas, ce que cela allait coûter. Si nos équipes de reportage ne pouvaient pas être toujours sur le terrain, nous pouvions faire au moins les choses à distance.

Au printemps 1994, par exemple, nous avons vécu une expérience unique et très triste à la fois, en étant en relation fréquemment avec le lieutenant-général Roméo Dallaire, le commandant militaire de la MINUAR, la Mission des Nations unies pour l'assistance au Rwanda, alors que se préparait le génocide. Au début de janvier 1994, Dallaire avait fait parvenir par télécopieur au Secrétariat général de l'ONU un message devenu tristement célèbre, où il annonçait ce qu'il croyait être les prémices d'une vague de violence dirigée contre la minorité tutsie par une milice hutue, les Interahamwe ; il réclamait l'autorisation de saisir les stocks d'armes dont les miliciens disposaient en préparation de leur sinistre projet. Une autorisation qu'il ne recevra jamais.

Dans les échanges que nous avons eus durant l'émission avec lui jusqu'au début du génocide, il nous disait son impuissance et son manque de moyens devant l'imminence du massacre. Chaque fois, nous nous employions à relayer ses appels à l'aide à son collègue à New York, le major-général Maurice Baril, qui était alors conseiller militaire au quartier général du Département des opérations de maintien de la paix de l'ONU, et qui nous avouait lui-même son impuissance devant la situation. Nous avons d'une certaine façon à l'époque documenté, par les entrevues avec ces deux militaires canadiens au cœur de l'action, l'incapacité de la communauté internationale d'empêcher ce génocide. Nous avons poursuivi notre couverture en envoyant sur place trois collègues, le journaliste Bertrand Hall, le réalisateur Jean-Jacques Simon et le caméraman François Laliberté, qui ont été une des premières équipes de télévision étrangères à entrer au Rwanda après le début des massacres. En revenant au pays, plusieurs mois plus tard, en septembre 1994, le général Dallaire nous accordait sa première grande entrevue télévisée dans le studio du *Point*, devant une assistance comprenant, entre autres, des parents de victimes du génocide rwandais.

La couverture internationale au *Point*, c'était donc, en partie, ces contacts par satellite, par lesquels nous suivions l'actualité de la planète. Mais c'était aussi tout ce que produisaient nos équipes de reportage, dans la mesure où nos moyens nous permettaient de les envoyer à l'étranger, et les émissions que nous consacrions à des événements d'envergure internationale au Canada ou aux États-Unis. En étant sur place à Seattle, en novembre 1993, nous avons ainsi couvert la réunion de fondation de l'APEC, le Forum de coopération économique Asie-Pacifique, où se rencontraient pour la première fois officiellement le président de la Chine Jiang Zemin, son homologue américain Bill Clinton et Jean Chrétien, qui venait d'être élu quelques semaines plus tôt à la tête du gouvernement canadien. C'était la première fois que j'avais l'occasion de m'adresser en conférence de presse au président américain, qui allait entretenir avec Jean Chrétien des relations étroites. Pour les deux hommes, la croissance fabuleuse que commençait à connaître la Chine représentait une occasion à saisir ; après la création de l'ALENA à la fin des années 1980, le projet d'établir un grand marché de libre-échange avec les pays de l'Asie, cette fois, ouvrait des possibilités de développement uniques pour les deux économies. Au cours de cette rencontre de Seattle, Bill Clinton réussira à convaincre les quinze chefs d'État et de gouvernement de faire du sommet de l'APEC un rendez-vous annuel.

Dans son discours, le Chinois Jiang Zemin avait prononcé cette phrase visionnaire qui commençait à se propager comme un leitmotiv dans les milieux politiques internationaux : « Avec la fin de la guerre froide, il faut maintenant voir les choses autrement. » L'heure était à l'optimisme et au changement. Quelques semaines plus tôt, le 13 septembre 1993, dans les jardins de la Maison-Blanche, Bill Clinton avait réussi ce que tout le monde croyait impossible en amenant le premier ministre Yitzhak Rabin à serrer la main de celui qui était jusqu'à ce jour le pire ennemi d'Israël, Yasser Arafat. Les deux hommes venaient de signer la première série des accords de paix négociés pendant des mois en secret à Oslo, et qui devaient mener – du moins l'espérait-on – à une solution permanente de cette crise qui durait depuis la création de l'État hébreu en mai 1948. Le déblocage historique de la situation entre Palestiniens et Israéliens devenait un modèle à suivre, une raison d'espérer, même si d'autres conflits en Bosnie-Herzégovine, en Afghanistan ou en Afrique continuaient à s'enliser, et nous allions consacrer beaucoup d'énergie au *Point* à suivre les bouleversements géopolitiques qui s'amorçaient.

La mise en échec d'Oslo

Moins d'un an après la célèbre poignée de main dans les jardins de la Maison-Blanche, à la mi-juin 1994, je me retrouve dans la bande de Gaza avec mon collègue réalisateur Georges Amar, au moment où Yasser Arafat s'apprête à effectuer son retour officiel en territoire palestinien. C'est la première fois que je reviens à Gaza depuis que j'y ai été blessé à la jambe par un tir israélien cinq ans plus tôt. Ce qui nous frappe, en arrivant, c'est le peu d'enthousiasme de la population, malgré l'espoir suscité par les accords d'Oslo. Et pour cause. Le territoire gazaoui est encore divisé en plusieurs zones isolées les unes des autres par de nombreux barrages de l'armée israélienne qui paralysent l'économie ; Israël occupe toujours cette bande de terre peuplée par plus d'un million de Palestiniens, dont un grand nombre de réfugiés de la guerre de 1948. Les militaires israéliens ont pour principale fonction de protéger quelques centaines de familles de colons juifs qui, malgré leur petit nombre, occupent 40 % du territoire et monopolisent 60 % des réserves d'eau. L'économie de Gaza est paralysée par l'occupation qui ne profite qu'aux colons ; le taux de chômage chez les Palestiniens dépasse les 60 %, et la situation ne fait qu'encourager les extrémistes comme les militants du Hamas et du Jihad islamique, qui ont rejeté massivement les accords d'Oslo et qui vont mener au cours des années subséquentes des attentats sanglants contre la population israélienne. Quelque temps après la poignée de main entre Rabin et Arafat, un des leaders de l'OLP à Gaza a été assassiné au cours d'un attentat revendiqué par un groupe qui se présente comme l'État islamique au Moyen-Orient.

Ce qui surprend par rapport à la période où je vivais dans la région, cinq ans plus tôt, c'est le nombre d'armes qui circulent dans la population. Après la signature des accords d'Oslo, les territoires occupés par Israël ont été divisés en trois zones, dont une d'entre elles est livrée entièrement au contrôle de l'Autorité nationale palestinienne, la nouvelle entité gouvernementale créée en vertu des accords. Les forces de sécurité sous ses ordres sont dotées d'armes légères, et plusieurs, même parmi les Palestiniens, craignent le jour où, laissées à elles-mêmes, les différentes factions palestiniennes se serviront de ces armes pour régler leurs différends. Gaza nous apparaît dans ce contexte comme une bombe à retardement, mais en désespoir de cause les habitants se raccrochent à la venue prochaine de Yasser Arafat, qui a promis d'y établir son quartier général et de s'y installer avec sa femme Souha.

En prévision de son arrivée, et pour appuyer les efforts de paix, l'Union européenne et les grands bailleurs de fonds étrangers ont commencé à investir dans des projets d'infrastructures. Un aéroport international est en construction dans le sud de Gaza, ainsi qu'une nouvelle usine de production d'électricité. Une course contre la montre s'engage, en fait, dans le but de calmer l'impatience des Palestiniens, de leur donner des signes d'espoir, pour qu'ils ne sombrent pas à nouveau dans le radicalisme. Avec la délimitation de zones d'autonomie spéciales, appelées zones d'autogouvernement, la mobilité des individus s'accroît. C'est ainsi que je rencontre mon ami Ramzi Sansour, de Ramallah, en Cisjordanie, venu tester dans la bande de Gaza cette nouvelle liberté de circuler, comme un touriste visitant un pays étranger. Les Israéliens aussi profitent de la détente provoquée par les accords d'Oslo. Les chauffeurs de taxi racontent qu'ils reviennent à Naplouse, où ils avaient l'habitude de faire réparer leurs voitures par les mécaniciens arabes moins chers que leurs compatriotes israéliens et surtout de goûter la cuisine locale, une des meilleures de la région.

Après Gaza, nous allons à Jéricho, au cœur de la Cisjordanie, qui a été désignée aussi comme zone d'autogouvernement par les accords d'Oslo, et où Arafat compte se rendre quelques jours plus tard. La petite ville touristique se prépare à recevoir le leader de la révolte palestinienne avec enthousiasme, mais on ne peut pas faire autrement que de constater le triste symbole qu'elle représente. C'est tout ce que les Palestiniens ont réussi à obtenir de ces négociations d'Oslo, en plus de deux parcelles de la bande de Gaza où Arafat songe à s'établir ; une petite ville au milieu du désert, comme prix de consolation, où l'Autorité palestinienne pourra exercer ses pleins pouvoirs. Mais, en ce mois de juin 1994, les Palestiniens voient davantage le verre à moitié plein. Ils préfèrent bâtir sur les faibles acquis d'Oslo et tenter d'en profiter au maximum, quitte à se poser des questions plus tard.

C'est l'attitude que je retrouve chez mon ami Albert Aghazarian, un Arménien, professeur d'histoire à l'Université Birzeit, que j'essaie de revoir chaque fois que je suis à Jérusalem. Dans sa maison presque millénaire du quartier arménien de la vieille ville, il me présente Zahi Khoury, un Palestinien de l'étranger qui est revenu pour profiter des promesses d'Oslo et qui croit dans le développement qui se prépare. Homme d'affaires vivant aux États-Unis, proche de Yasser Arafat, il compte tirer profit de ses relations avec le chef de l'Autorité palestinienne pour être en bonne position quand viendra le temps de bénéficier de la relance économique. Ils sont des dizaines comme lui à être rentrés en Palestine où, grâce à leurs contacts avec les bonzes de l'OLP, ils ont obtenu des contrats de construction ou de fournitures d'équipement.

Mais les promesses de paix, même si elles se matérialiseront en partie au cours des années subséquentes, vont se heurter rapidement à une catastrophe majeure. Deux ans à peine après la signature des accords d'Oslo, le 4 novembre 1995, Yitzhak Rabin est assassiné lors d'une grande assemblée politique en plein centre de Tel-Aviv par un Juif fanatique. La mort de Rabin, celui qui a eu, avec son collègue Shimon Peres, le courage de négocier honnêtement avec l'ennemi, marquera jusqu'à aujourd'hui la fin de toute concession additionnelle aux Palestiniens et relancera les deux camps dans le cycle de la violence.

De retour dans la région, un an plus tard, en octobre 1996, nous ne pouvons que constater l'ampleur du recul par rapport aux espoirs suscités. Shimon Peres, le successeur par intérim de Rabin, a perdu les élections au profit d'un jeune leader fougueux du Likoud, Benyamin Netanyahou. Ex-ambassadeur d'Israël aux États-Unis, proche des Républicains, Netanyahou a été porté au pouvoir par la droite et l'extrême droite qui n'ont pas digéré les concessions faites à l'OLP ; partisan de la colonisation des territoires occupés, il provoque la colère des Palestiniens et d'une partie importante de la population israélienne en remettant en question le processus de paix. Nous le constatons encore mieux en rencontrant les deux personnes, du côté israélien, qui ont été les plus étroitement impliquées dans la négociation des accords d'Oslo, Yossi Beilin et Uri Savir. Beilin, en tant que vice-ministre des Affaires étrangères dans le gouvernement de Rabin, a supervisé l'évolution des pourparlers. Politicien progressiste et francophone, il partage avec son mentor, Shimon Peres, une utopie pour le Moyen-Orient. Les deux hommes croient qu'en réglant le contentieux israélo-palestinien l'État hébreu en arrivera un jour à ouvrir ses frontières avec tous ses voisins arabes, comme il l'a déjà fait en partie avec l'Égypte et la Jordanie, qui vient elle aussi de signer un traité de paix avec Israël. Ils rêvent d'un marché commun avec les Arabes ; de faire au Moyen-Orient ce que les Européens ont fait après la Seconde Guerre mondiale : créer des liens économiques tellement puissants qu'aucun pays ne songerait à avoir recours à la guerre pour régler ses différends. L'initiative de paix lancée secrètement à Oslo devait constituer la première étape de cette utopie, mais la mort de Rabin a tout compromis. Le plus déçu d'entre eux est celui qui a personnellement sacrifié des mois de sa vie à mener chaque seconde de ces négociations secrètes au nom d'Israël, sur place, en Norvège, Uri Savir. Jeune mandarin brillant, ancien diplomate israélien au Canada, où j'ai fait sa connaissance, Savir, complètement démotivé, me raconte comment, en relançant la colonisation dans les territoires occupés, Netanyahou a provoqué une rupture de contact entre deux équipes de négociateurs qui s'étaient fréquentés pendant des années et dont la tâche était loin d'être complétée. Uri Savir et Yossi Beilin, un peu par dépit, abandonneront tous les deux la politique active[23].

Les bouleversements de l'après-guerre froide

Pendant les années 1990, l'Europe, le continent modèle dont rêvent les progressistes israéliens, subit les contrecoups de la fin de la guerre froide. Et, tandis que de nombreux pays comme la Pologne et la Tchécoslovaquie abandonnent pacifiquement le pacte de Varsovie pour se fondre dans l'Union européenne, la Yougoslavie, elle, se démantèle dans l'anarchie et la violence. C'est ainsi que nous assistons, surtout à distance, tellement il est dangereux d'y aller, au conflit en Bosnie-Herzégovine, où musulmans bosniaques, catholiques croates et orthodoxes serbes, qui avaient vécu en paix ensemble pendant des décennies sous le règne du dictateur communiste Josip Broz Tito, s'affrontent dans une guerre civile atroce.

Tout avait commencé quand Slobodan Milosevic, le successeur de Tito, avait lancé l'armée fédérale contre la Croatie et la Bosnie pour tenter de sauver ce qui restait de la mainmise de la majorité serbe sur une fédération qui ne tenait que par la force. Pour la première fois depuis la Seconde Guerre mondiale, l'Europe revoyait à l'intérieur de ses frontières des scènes d'horreur qu'elle ne pensait jamais avoir à vivre à nouveau : camps de concentration, charniers, recours

---

23. À la tête d'une entreprise de consultation, Yossi Beilin fait toujours la promotion de ses idées dans les médias ou dans des tournées de conférences. Uri Savir dirige un centre pour la paix, le Peres Center for Peace, et il a lancé Global Forum, une organisation qui encourage les contacts entre les villes comme moyen de prévenir les conflits.

au viol comme tactique d'intimidation ; les atrocités de la guerre en Bosnie nous pétrifiaient sans qu'on puisse vraiment les arrêter. Sarajevo, la ville hôte des Jeux olympiques de l'hiver 1984, la ville multiethnique qui nous fascinait par sa tolérance et son ouverture, devenait soudain une poudrière. Se pouvait-il que l'Europe retourne à ses anciens démons après tous les progrès qu'elle semblait avoir faits ?

Je n'ai pas couvert cette guerre qui a commencé au moment où nous lancions la nouvelle version du *Point* et où nos débats nationalistes nous mobilisaient. Nous l'avons suivie à distance, grâce, en partie, aux reportages extraordinaires de ce jeune journaliste français courageux, Paul Marchand, avec qui j'avais failli travailler quelques années plus tôt au Liban. Quelques équipes de Radio-Canada ont aussi été envoyées en Bosnie pour témoigner du rôle joué par les soldats canadiens qui participeraient à la mission de l'ONU sur le terrain. Nous avons également reçu au *Point* la jeune Zlata Filipovic, une adolescente bosniaque évacuée de Sarajevo avec ses parents qui avait publié un livre émouvant, *Le Journal de Zlata,* que le monde des éditeurs avait comparé au *Journal d'Anne Frank,* et dans lequel elle avait colligé les récits quotidiens de sa vie d'enfant au cœur de l'anarchie.

Quelques jours après la signature des accords de Dayton, en Ohio, qui ont mis un terme aux hostilités en Bosnie, en décembre 1995, nous décidons de marquer ce tournant important au *Point* en nous rendant à Sarajevo alors que la situation sécuritaire commence enfin à s'améliorer. Nous partons pour la première fois en deux équipes, dans le but de couvrir le plus de terrain possible dans un court laps de temps, ne sachant pas, avant d'arriver là-bas, quelles vont être nos conditions de vie et de sécurité. L'idée est de réaliser des reportages que nous comptons diffuser durant les fêtes de Noël, pour marquer ce dénouement heureux d'un conflit dont la violence nous a tous ébranlés. Pour la première fois, je voyage avec un jeune journaliste qui a travaillé quelques années à la télévision française, puis comme pigiste pour Radio-Canada à Paris, et qui deviendra un de nos grands correspondants par la suite, Jean-François Bélanger.

Pour atteindre Sarajevo, nous devons emprunter, à partir de Split, le long de la côte de la Croatie, une route dans la montagne, qui constituait, pendant toutes ces années, la seule voie d'approvisionnement et de sortie de la ville assiégée quand elle n'était pas coupée par des attaques ennemies. Une route sinueuse bordée de précipices où, en cette période de fin de guerre alors que la trêve est encore fragile, la circulation dans les deux sens est tellement dense qu'on arrive à peine à avancer. À notre arrivée à Sarajevo, après des heures de route épuisantes, nous découvrons avec émoi la désolation qui règne dans cette ville ravagée, autrefois symbole de tolérance. Le centre de Sarajevo est toujours divisé, le long d'une grande avenue centrale, en deux camps retranchés d'où émanent encore, surtout la nuit, des rafales d'armes automatiques. Nous séjournons à l'hôtel Holiday Inn, un monstre de béton troué par les obus, qui a été pendant trois ans l'épicentre des combats et où, en cette fin de décembre, le chauffage est inexistant. Autour du centre-ville, nous découvrons les banlieues dévastées où les maisons vides sont encore reliées entre elles par des réseaux de tranchées que les habitants devaient emprunter pour circuler sans être la cible des tirs. Des maisons criblées de balles où j'imaginais, comme le racontait Zlata dans son livre, les familles qui avaient tout brûlé, les moulures, les portes, les planchers et, à la fin, même leurs livres les plus précieux, pour ne pas crever de froid durant les longs hivers du siège.

En quelques jours sur place, nous avons tenté de faire le point avec tous ces gens qui sortaient de trois ans d'enfer. Jean-François Bélanger a découvert des familles déchirées par la guerre qui se retrouvaient enfin après avoir opté pour des camps ennemis pendant toutes ces années de combats. Pour ma part, j'ai rencontré un homme extraordinaire, Jovan Divjak, un militaire serbe bosniaque qui avait osé défier l'autorité de Slobodan Milosevic, au début du conflit, en se rangeant du côté du gouvernement musulman de Bosnie dont il avait dirigé, pendant toute la durée de la guerre, le premier corps d'armée en tant que général-commandant. Quelques mois avant notre rencontre, le général Divjak, un parfait fran-cophone, avait fondé une organisation, l'OGBH, « L'éduca-tion construit la Bosnie-Herzégovine », dédiée à l'enseigne-ment de l'art et de l'histoire aux jeunes, pour que jamais les générations futures ne reprennent les armes. Un être coura-geux, d'une modestie et d'une générosité exemplaires, que les gens saluaient partout alors que nous nous déplacions dans les ruines de cette capitale qu'il avait réussie malgré tout à protéger.

À l'époque, le monde extérieur ne connaissait pas encore l'ampleur des horreurs commises au cours de cette guerre. Les circonstances exactes du massacre de Srebrenica qui s'était produit durant l'été précédent n'allaient être élucidées que des années après, tout comme celles des viols systématiques utilisés comme moyen d'intimidation, des fosses communes ou des camps de concentration.

Mais, pendant que l'Europe se remettait de ces séquelles tragiques du démembrement de l'Empire soviétique et essayait de se reconstruire, un autre bouleversement, éco-nomique celui-là, se produisait à l'autre bout du monde, qui allait modifier encore plus au cours des années subséquentes l'équilibre de la planète.

Le boom chinois

En mars 1997, j'ai décidé de réaliser un rêve que je caressais depuis un moment, mais que l'intensité de la couverture de l'actualité au *Point* ne m'avait pas donné le temps de concré-tiser : je voulais revoir la Chine. Retourner dans ce pays fasci-nant, un peu plus de dix ans après y avoir quitté mon poste de correspondant.

Entre 1986 et 1997, la Chine avait vécu la catastrophe de Tian An Men de juin 1989. Un choc brutal où des mil-liers de Chinois, des jeunes surtout, qui avaient cru à l'ou-verture du régime de Deng Xiaoping au point de réclamer plus de libertés, avaient été durement réprimés parce qu'on jugeait qu'ils avaient dépassé les bornes. Mais le traumatisme de la répression de Tian An Men avait été éclipsé au cours des années suivantes par les progrès économiques fabuleux qu'avait connus le pays. Depuis 1990, la croissance de l'économie de Shanghai, où nous avions choisi de nous rendre, atteignait les 15 % par année et s'illustrait par l'apparition de centaines de gratte-ciel et de quartiers en pleine expansion. On disait alors que plus de 20 % des grues de la planète se trouvaient en Chine.

Onze ans après mon départ de Chine, la ville vétuste aux infrastructures désuètes que j'avais visitée avec le maire de Montréal, Jean Drapeau, était devenue une mégapole méconnaissable. En face du Bund, la grande avenue bordée d'édifices monumentaux construits lors de la colonisation étrangère, de l'autre côté du Huangpu, le fleuve qui traverse Shanghai, les Chinois avaient bâti une toute nouvelle cité en quelques années seulement, la ville de Pudong, qui allait devenir une des plus grosses places financières et industrielles du monde. Les autorités prédisaient déjà que l'agglomération allait dépasser Tokyo et Hong Kong en 2020. Shanghai, disaient-ils, allait redevenir la tête du dragon chinois (*long tou*), la capitale économique de l'Asie.

Il faut dire que la ville bénéficiait d'appuis en haut lieu au sein du gouvernement chinois : le président Jiang Zemin et son premier ministre Zhu Rongji en avaient tous deux été maires. On disait partout en Chine que le pays était dirigé par une clique de Shanghai. Mais la nature même du régime chinois y était aussi pour quelque chose, et c'est encore le cas aujourd'hui. En moins de vingt ans, grâce à des politiques autoritaires et à un contrôle rigoureux de la population, le pouvoir avait réussi une mutation profonde de la vieille économie communiste chinoise en un capitalisme d'État agressif, responsable des taux de croissance économique les plus fabuleux de la planète.

Le changement extraordinaire s'incarnait non seulement dans le développement incroyable qu'avait connu la ville de Shanghai, mais aussi dans les Chinois eux-mêmes. Une mutation que je résumerais par trois noms ou personnages : le fonctionnaire, Lin Dongfu et Johnny Wu.

Le fonctionnaire chinois, en premier lieu, s'était transformé radicalement. Je m'en suis rendu compte dès le premier jour lors de la rencontre avec le comité d'accueil du service des affaires étrangères de la ville, auquel Georges Amar et moi devions, comme le voulait le rituel, soumettre notre projet de tournage. Comme je l'avais vécu tant de fois du temps où j'étais correspondant, nous nous sommes retrouvés en face d'une série de visages impassibles nous regardant avec indifférence pendant que nous récitions la liste de nos demandes.

Nous voulions documenter le boom de Shanghai dans ses moindres aspects. Les points positifs, évidemment, comme le progrès économique, le développement des infrastructures ou l'augmentation de la consommation, mais aussi les conséquences négatives de la croissance à outrance qu'on pouvait observer partout : les locataires expulsés, les usines vétustes détruites, les vieux quartiers sacrifiés. Plus la liste s'allongeait, plus je craignais leurs accès d'impatience. Mais quelque chose avait changé. À la fin de l'entretien, le comité nous avait laissés en nous souhaitant un bon tournage, et dès le lendemain le jeune guide qu'on nous avait désigné nous avait retrouvé avec un sourire, en disant : « Tout est accepté, dépêchez-vous, nous avons du travail ! »

Pendant plusieurs jours, nous avons ainsi interviewé des planificateurs municipaux qui nous ont expliqué comment les locataires des quartiers détruits avaient été relogés dans des appartements plus modernes et plus spacieux. On nous a laissés rencontrer des locataires résistants, qui refusaient de déménager de leurs vieux logements. Puis on nous a emmenés dans d'anciens quartiers entièrement reconstruits pour nous montrer comment, grâce à des conseillers étrangers, la ville avait réussi à conserver de vieux édifices patrimoniaux qu'on avait intégrés le mieux possible aux bâtiments modernes. Bien sûr, nous avouait-on, durant les premières années du boom économique, les promoteurs avaient détruit trop d'édifices du patrimoine historique de Shanghai, mais les autorités s'en étaient rendu compte à temps pour réussir à préserver l'essentiel du caractère culturel de la ville.

Ce qui me frappait, onze ans après avoir quitté ce pays, c'était la franchise, la transparence avec laquelle les Chinois acceptaient de nous révéler les dilemmes soulevés par leur développement accéléré. Pour la première fois, les officiels reconnaissaient que la fermeture des vieilles usines d'État qui avaient garanti un emploi à vie à des générations d'ouvriers avait créé un problème de chômage important. Cette sincérité, qui n'allait pas durer, venait probablement de la conviction qu'ils avaient tous, à l'époque, qu'avec la croissance que le pays connaissait tout pouvait être résolu.

Après le fonctionnaire, le deuxième personnage qui a illustré pour moi cette transformation, c'était Lin Dongfu, que j'avais connu grâce à un ami diplomate canadien. Lin avait ouvert, dans un quartier à la mode du vieux Shanghai, le premier bar de jazz privé, le Blues and Jazz, dont il était l'unique propriétaire. Mesurant 1,90 mètre, Lin était un animateur vedette de la télévision, rempli de projets, qui incarnait pour moi la Chine en devenir. Pendant des décennies, les maoïstes n'avaient toléré qu'un seul endroit dans tout le pays où l'on pouvait entendre de la musique occidentale : un bar de jazz dans le vieux Peace Hôtel de Shanghai, où des musiciens vénérables avaient le droit d'interpréter leur répertoire de blues qui datait du début du XXe siècle. Une sorte de Buena Vista Social Club à la chinoise. Lin, lui, accueillait au Blues and Jazz des musiciens de partout dans le monde, et personne, au sein du gouvernement, ne lui demandait des comptes.

J'ai découvert, par son entremise, des gens ouverts, curieux, intéressés et prêts à parler sans retenue et à s'amuser. On avait l'impression d'un peuple qui avait retrouvé sa nature profonde. Il incarnait aussi ce changement par la liberté qu'il prenait dans les émissions de variétés qu'il animait à la télévision. Pour la première fois, je connaissais un Chinois qui parlait ouvertement de l'argent qu'il gagnait et du bonheur d'être riche. « L'argent, m'avait-il dit, c'est dangereux si ça devient la priorité. » Je me réjouissais de voir ce peuple prendre son envol. Deng Xiaoping avait fait le pari de développer son pays en misant sur l'esprit d'entreprise des Chinois. Il ne réalisait peut-être pas totalement comment cette liberté économique allait donner à ses compatriotes le goût de pousser de plus en plus loin les limites.

Mon collègue Patrick Brown, un fin connaisseur de la Chine, qui y a vécu plus d'une décennie, constatait déjà à l'époque l'audace manifestée par le Chinois moyen devant l'autorité, une audace qu'il expliquait comme suit : « Quand 90 % de tout ce que tu fais ne provient plus du gouvernement, tu ne te préoccupes plus du gouvernement. Et c'est ça, la réalité chinoise d'aujourd'hui. » En quelques années seulement, de plus en plus de Chinois, qui auparavant dépendaient de l'État pour la quasi-totalité de leurs besoins, de la naissance à la mort, pour l'éducation de leurs enfants, la santé, l'emploi, le logement, la retraite et même la sépulture, devaient désormais assumer tout cela eux-mêmes, en raison de la privatisation graduelle de l'économie. Quand il réglait tout de la vie des êtres humains qui dépendaient de lui, le gouvernement pouvait exercer un contrôle sur eux ; la seule menace de leur retirer son assistance permettait à l'État de les dominer. Mais quel pouvoir, quel chantage pouvait-il dorénavant exercer sur cette population immense, dès lors qu'il ne pourvoyait plus à ses nécessités ?

Enfin, le troisième personnage qui illustrait ce bouleversement qui se produisait en 1997, c'était Johnny Wu. Canadien d'origine chinoise, diplômé en gestion de l'UQÀM, Johnny avait décidé de tenter sa chance en Chine en y représentant une compagnie canadienne de chariots à provisions pour les épiceries, Cari-All. Inspiré par un de ses professeurs québécois, il était persuadé que les supermarchés allaient devenir populaires en Chine aussi, et il voulait à tout prix être en position, avant tout le monde, pour en profiter. Johnny Wu est encore là-bas aujourd'hui et il fait fortune maintenant en vendant des patinoires et des centres de ski intérieurs partout en Asie. Déjà, en 1997, des dizaines de Québécois avaient décidé de s'établir à Shanghai pour être en mesure de participer au boom chinois. Le Collège LaSalle de Montréal y avait ouvert une école de mode, qui remporte aujourd'hui des prix importants dans les grandes foires de design de vêtements en Chine. Je retrouvais aussi là-bas un ami, Pierre Deschênes, un jeune architecte québécois qui cherchait à trouver sa place dans le plus grand chantier de la planète.

Après onze ans d'absence, je redécouvrais un pays qui ne pensait dorénavant qu'à son avenir et qui allait un jour, j'en étais persuadé, nous dépasser par ses performances et sa réussite. Quelques mois plus tard, j'ai pu mesurer encore mieux les pas de géant effectués par l'économie chinoise en me rendant à Calcutta, une des plus grandes villes de l'Inde, à l'occasion des funérailles de mère Teresa, qui se déroulaient en même temps que celles de Lady Di, la princesse Diana, morte quelques jours plus tôt dans l'accident absurde que l'on sait.

Après les funérailles, nous avons décidé de rester sur place pour tenter de comparer le développement de cette grande ville avec celui de Shanghai. Alors que la Chine avait déjà l'admiration de la planète entière pour ses rendements économiques, l'Inde, depuis l'assassinat de Rajiv Gandhi en 1991, avait connu des années d'instabilité politique qui ne lui avaient pas permis de connaître le même genre de croissance. Et la mégapole de Calcutta, capitale économique de l'est du pays, en offrait une illustration flagrante.

En reportage dans un des plus grands bidonvilles du monde où l'écrivain Dominique Lapierre avait campé, douze ans plus tôt, le personnage central de son roman *La Cité de la joie*, nous avons découvert des cliniques qui traitaient des milliers d'enfants et leurs mères souffrant de malnutrition extrême. Un drame habituellement associé aux régions éloignées de l'Afrique, mais qui se produisait en plein cœur d'une cité moderne. Je mesurais ainsi le gouffre énorme qui s'installait tranquillement entre deux grands pays, pratiquement de même taille, mais aux destins si différents. Il faudrait une autre décennie d'hésitation et d'instabilité avant que l'Inde finisse par rejoindre à son tour le peloton de tête des pays à plus forte croissance de la planète.

Le lancement de *Zone libre*

Au début d'avril 1998, quelques jours avant mon quarante-neuvième anniversaire, mon patron, Claude Saint-Laurent, m'invite à déjeuner au restaurant Hélène-de-Champlain, au parc Jean-Drapeau, en face de Montréal. Ce n'est pas la première fois qu'il me fait ce genre d'invitation, mais son langage corporel, ce jour-là, me dit qu'il s'apprête à me surprendre. Mettant un terme à des rumeurs qui circulent depuis plusieurs jours, il m'annonce que la direction a décidé de procéder à un réaménagement majeur du *Téléjournal* de fin de soirée et de l'émission *Le Point*. Bernard Derome ayant confirmé son intention de quitter la barre du grand bulletin de 22 heures, qu'il anime depuis vingt-huit ans, Stéphan Bureau le remplacera en présentant, seul, l'heure au complet, incluant *Le Point*.

Bureau avait été pendant quelques années le chef d'antenne du bulletin concurrent à TVA, où il avait contribué à relever les cotes d'écoute. Claude Saint-Laurent était fasciné par les succès d'audience de TVA qui, sous la gouverne de Guy Crevier, avait considérablement amélioré son image en information. Le réseau privé avait même lancé en 1988 une émission de reportage en heure de grande écoute, *Le Match de la vie*, animée par l'ancien ministre Claude Charron, qui faisait un tabac. En sept ans à la tête de l'information à Radio-Canada, Saint-Laurent avait changé à plusieurs reprises les animateurs de notre bulletin de nouvelles régionales de début de soirée, dans l'espoir de contrer la popularité de Pierre Bruneau, qui dominait le marché au même créneau horaire depuis 1976 à TVA. Mais les changements fréquents n'avaient contribué qu'à réduire notre impact. Il croyait cette fois que, en installant à la tête du *Téléjournal/Le Point* à 22 heures une vedette de TVA[24], il pourrait mieux supplanter son concurrent privé.

En échange de ce qui pouvait paraître à première vue comme une perte de confiance à mon endroit, Claude m'offrait de lancer un grand magazine de reportage auquel se joindrait la presque totalité des équipes de reportage du *Point*. La nouvelle émission qui serait diffusée en heure de grande écoute allait donc bénéficier d'un personnel imposant qui

---

24. Stéphan Bureau quittera *Le Téléjournal/Le Point* cinq ans plus tard, en 2003, sans avoir réussi à relever de façon significative le niveau d'audience de l'émission et il se consacrera entièrement à la culture et au divertissement.

allait conserver les locaux du *Point*. L'équipe de recherche à elle seule comptait au début huit personnes, dont un chef recherchiste, Bernard Faucher, qui avait cofondé le journal *Voir*. Francine Tremblay, une excellente journaliste à la recherche avec laquelle j'avais créé *Enjeux*, se joignait à moi pour m'assister dans la préparation des reportages ; le réalisateur André Dufresne allait s'occuper du contenu.

Huit ans après la création d'*Enjeux*, je me lançais donc à nouveau dans un projet que nous allions pouvoir bâtir entièrement, mais cette fois les moyens étaient impressionnants. En quelques semaines, nous avons élaboré le concept : mon rôle allait être non seulement de présenter les reportages, mais aussi d'en produire une part plus importante. Beaucoup d'émissions seraient d'ailleurs enregistrées sur la route, sur les lieux de tournage des sujets traités. *Zone libre* – c'est le titre qui s'est imposé rapidement – allait être un grand magazine d'actualité et même d'enquête, à l'occasion, sur des questions nationales et internationales. Nous voulions aussi varier, dans chacune des émissions, le ton des différents segments ; mélanger le drame au rire. Pour enrober l'émission, pour lui donner une facture visuelle et sonore unique et moderne, le réalisateur-coordonnateur Luc Paradis a mis à contribution un des meilleurs infographistes de Radio-Canada, Alain Provost, et il a requis les services du musicien Philippe Leduc pour l'indicatif musical.

Contrairement aux expériences précédentes que j'avais vécues à *Enjeux* et au *Point*, nous avions aussi le luxe du temps pour démarrer le projet. Après avoir développé le concept et l'aspect physique de l'émission, au printemps, nous avons pu déployer dès le début de l'été les équipes de tournage, déjà rodées au rythme du *Point*, pour qu'elles préparent le contenu de la première saison. J'ai moi-même passé presque tout le mois d'août avec la réalisatrice Louise Lemelin, le caméraman Patrice Massenet et le technicien du son Daniel Ferland en Indonésie, ce grand pays d'Asie peu couvert à l'époque par les médias occidentaux qui traversait alors une crise économique sans précédent. En route vers Jakarta, nous avions fait un arrêt à Amsterdam pour assister aux premiers

Jeux gais d'envergure internationale, une manifestation sportive pour les gais et lesbiennes qui allait prendre encore plus d'ampleur au cours des années subséquentes, et dont le Canada voulait devenir le prochain pays hôte.

Quelques jours après mon retour au Canada, je suis reparti, cette fois vers le Kosovo, où le gouvernement de Slobodan Milosevic avait lancé une offensive contre l'Armée de libération du Kosovo, l'UÇK, dans un ultime effort pour empêcher cette province à majorité musulmane de quitter le giron de Belgrade. Abandonnant leurs villages au pillage des milices serbes, des milliers de paysans kosovars fuyaient sur les routes de la province; des familles entières entassées dans des charrettes tirées par des tracteurs, certaines cherchant refuge jusqu'en Albanie. J'ai rejoint, à Pristina, la capitale du Kosovo, Jean-François Bélanger et le caméraman Serge Brunet qui avaient préparé le terrain pour moi. Nous disposions sur les lieux d'une vieille Land Rover blindée appartenant à nos collègues plus riches du réseau anglais, avec laquelle nous nous sommes aventurés sur les routes de campagne à la recherche des réfugiés qui se cachaient dans les forêts, loin de la vue des Serbes. En faisant la tournée des villages dévastés, nous avons essuyé des tirs de miliciens serbes cherchant à nous faire fuir. Pour ce reportage, nous avons aussi interviewé à Pristina celui qui deviendra le premier président de la province autonomiste en 2002, Ibrahim Rugova.

Un début délicat

Revenu à Montréal pour le montage de la première émission à quelques jours de sa diffusion, je vois Luc Paradis entrer dans mon bureau un matin en me disant, l'air abattu: «Il faut aller tourner de nouvelles présentations, Marc veut changer le *line-up*!» Comme nous en avions convenu durant tous les mois d'élaboration du concept du magazine, j'avais profité de mon passage sur le terrain pour présenter les reportages sur les lieux où nous les avions tournés. Dans cette première édition historique de *Zone libre*, nous avions décidé de surprendre le public en abordant deux sujets aux antipodes: la crise des réfugiés du Kosovo, qui s'imposait d'autant plus qu'elle était d'une actualité brûlante, et la question, plus légère et colorée, mais aussi très humaine, de la grande foire des Jeux gais. J'avais donc enregistré dans un camp de réfugiés au Kosovo, où la misère était visible autour de moi, le début de l'émission où j'invitais les téléspectateurs à une nouvelle expérience que nous souhaitions toute particulière, puisqu'elle allait les emmener dans des univers totalement différents. Je leur annonçais qu'ils allaient voir plus tard dans l'émission un reportage sur les Jeux gais d'Amsterdam, mais que nous nous intéressions d'abord au sort plus urgent des réfugiés kosovars. Les présentations étaient émouvantes ; tournées en pleine action, elles nous emmenaient au cœur du sujet en quelques secondes.

Or, Marc Gilbert, le rédacteur en chef, avait décidé que les choses allaient se passer autrement. Convaincu que les Jeux gais allaient nous attirer plus de cotes d'écoute que les réfugiés du Kosovo, et surtout obsédé par l'idée d'obtenir un impact maximum en lançant une nouvelle émission, il nous demandait de changer l'ordre de diffusion des reportages. Il nous fallait donc renoncer à toutes ces présentations tournées sur place qui, pour la majorité d'entre nous, allaient définir le caractère de l'émission ; et il nous fallait surtout envoyer un message aux téléspectateurs auquel nous ne croyions pas. Leur dire, au fond, que le sort des réfugiés du Kosovo passait après le divertissement des Jeux gais.

Après quelques minutes de réflexion, je décide donc d'aller contester la décision de Marc dans son bureau, entre quatre murs. « Je ne comprends pas, lui dis-je, qu'après que nous nous sommes entendus sur une façon commune de voir l'émission tu puisses à ce point bouleverser nos convictions, et tout cela au nom de la sacro-sainte peur des cotes d'écoute. » J'étais déterminé à ne pas modifier l'ordre de l'émission au risque d'en subir les conséquences. Et comme j'étais un contractuel, je savais que cela pouvait me coûter mon poste d'animateur. Mais il ne me semblait pas possible de lancer une nouvelle émission avec un tel malentendu. Pendant des heures, ce jour-là, nous sommes restés sur nos positions. Marc dans son bureau ; moi dans le mien ; pendant que Luc Paradis, inquiet de perdre autant de temps à quelques jours de la première diffusion, faisait la navette entre nous pour savoir qui céderait en premier. Puis, en fin d'après-midi, Marc nous a laissés sans que les choses soient résolues.

Or, ce soir-là, je sais que Marc fait des travaux dans une maison qu'il vient d'acheter à quelques pas de chez nous. Je me rends donc chez lui en emportant avec moi une bouteille de cognac au cas où la discussion s'éterniserait. Alors que je sonne à sa porte, quelques instants plus tard, et que je me prépare à un autre affrontement avec lui, Marc me désarçonne complètement quand il me dit, en m'accueillant chez lui : « Tu sais, Jean-François, je pense que c'est toi qui as raison ! » Je découvrais soudainement, à ma grande surprise, que tout était réglé et qu'il ne nous restait plus qu'à siroter un bon cognac.

Ce fut le seul différend majeur entre nous pendant toutes les années que nous avons passées ensemble à *Zone libre*, et je lui rends encore hommage aujourd'hui pour avoir accepté de revenir ce jour-là sur sa décision.

La première émission de la série, le vendredi 18 septembre 1998, a été un succès. Diffusée à 21 heures, juste après *La Fureur* – une émission musicale très populaire animée par Véronique Cloutier, qui en était aussi à sa première année et à laquelle Mireille participait ce soir-là en direct –, elle a tout de suite atteint des sommets d'audience. Et, chez Luc Paradis, à Saint-Lambert, nous avons célébré, après l'avoir vue en direct sur grand écran, le début de ce qui allait être une belle aventure.

À l'affût des changements

De septembre 1998 à l'été 2007, pendant presque dix ans, *Zone libre*, qui deviendra en 2006 *Zone libre enquêtes*, frappera l'imagination des téléspectateurs et remportera de nombreux prix en couvrant les bouleversements qui marqueront le tournant vers un nouveau millénaire. Deux expériences caractérisent pour moi, dès les premières années, l'originalité de ce que nous voulions faire. Un sujet local, donc très chaud, très près des gens, et un sujet international très lointain de nos préoccupations quotidiennes, donc très froid en principe, que nous avons réussi à rendre chaud.

En mai 1999, peu de temps après les débuts de l'émission, l'actualité au Québec était monopolisée par les séquelles d'une guerre que se livraient des bandes de motards criminalisées pour le contrôle du commerce de la drogue et de la prostitution, et qui avait même fait des victimes innocentes au sein de la population. Quelques années plus tôt, une escouade policière spéciale, l'escouade Carcajou, avait été mise sur pied pour s'attaquer spécifiquement au problème des motards, et après des années de travail de la part des enquêteurs, des dizaines de motards avaient été condamnés et emprisonnés. Une des prisons à sécurité maximum du Québec, le pénitencier de Donnacona, avait même dû être réaménagée pour séparer les détenus de deux bandes rivales, les Hells Angels et les Rock Machine, qui menaçaient de s'entretuer. On disait toutes sortes de choses sur ce qui se passait à l'intérieur de Donnacona ; que les motards y faisaient la loi, qu'ils étaient traités comme des rois et que tout cela coûtait une fortune aux contribuables. Marc Gilbert voulait que nous allions vérifier sur place et que nous prenions suffisamment de temps entre les murs de la prison pour en saisir le plus possible la réalité. Mais jamais ce genre d'accès n'avait été accordé à des journalistes de télévision par un pénitencier fédéral. Après plusieurs jours de discussions délicates avec les autorités pénitentiaires, mais également avec les différents comités de détenus, qui devaient aussi approuver le projet et surtout garantir notre sécurité à l'intérieur, nous avions eu, à notre grande surprise, le feu vert pour tourner pendant plus d'une douzaine de jours à Donnacona. Pour la première fois, une émission de télévision avait la chance de montrer la vie quotidienne de meurtriers condamnés à de lourdes peines, leurs intrigues, leurs commerces illicites, les programmes de réhabilitation qu'on tentait malgré tout de leur faire suivre ; pour la première fois aussi, autant les prisonniers que leurs gardiens acceptaient de raconter les tensions internes, les entrées illégales de drogue, la violence ou même l'ennui de la routine.

Pour que nous puissions circuler sans danger, j'avais acquis la confiance des principaux leaders des détenus, et en particulier d'Yves Plamondon, qu'on appelait Colosse, le caïd de Donnacona, emprisonné pour un triple meurtre qu'il prétendait ne pas avoir commis. Un jour, alors que je tournais une entrevue avec un homme de Plamondon dans sa cellule, un nommé Robert Peruta, lui-même condamné pour meurtre, celui-ci m'avait montré la silhouette de Colosse tatouée sur une de ses jambes en me disant son admiration pour le caïd. Je lui avais alors demandé : « Si Plamondon te demande de tuer quelqu'un, tu vas le faire ? » En un instant critique, nous avions cru qu'il allait me sauter à la gorge, puis il s'était retenu en cherchant à fuir la question. Grâce au climat de confiance que nous avions établi avec les détenus et aussi, il faut le dire, à la liberté exceptionnelle que nous avait laissée la direction du pénitencier, nous avions réussi à réaliser un documentaire unique sur un univers habituellement clos et mystérieux, à démystifier la prison au moment où la population entière voulait en savoir plus.

La diffusion du reportage avait connu un succès majeur autant auprès de nos collègues de la presse que des téléspectateurs. Claude Poirier, le célèbre chroniqueur des affaires criminelles à Montréal, m'avait même appelé pour souligner ce qu'il qualifiait d'exploit. Notre émission, intitulée « Qui mène en prison ? », avait dépassé ce vendredi soir les cotes d'écoute de *La Fureur*, l'émission très populaire qui nous précédait, pour atteindre 1,2 million de téléspectateurs.

Mais le vrai défi, c'était de susciter le même intérêt pour des sujets plus éloignés des préoccupations quotidiennes du public, l'actualité internationale, dont l'importance nous apparaissait incontournable. Ce fut le cas, durant cette même période du printemps 1999, à propos de la question des Kurdes de Turquie, une population de près de 20 millions d'individus qui est encore aujourd'hui victime de discrimination de la part de la majorité turque. En février 1999, après des années de lutte dans la clandestinité, un des hommes les plus redoutés en Turquie, Abdullah Ocalan, le leader du PKK – le Parti des travailleurs du Kurdistan, une organisation politique et paramilitaire au service de la cause des Kurdes –, avait été arrêté par la police turque et condamné à mort, ce qui avait provoqué des manifestations violentes partout dans le monde.

Le sort de ce peuple mal connu se voyait soudain propulsé en première place de l'actualité sans que personne sache vraiment comment on en était arrivé là ; et nous croyions important d'en parler un peu plus en profondeur. Les Kurdes, un peuple d'origine perse, sont répartis aujourd'hui dans quatre pays limitrophes, la Turquie, l'Iran, l'Irak et la Syrie ; victimes des redécoupages frontaliers liés aux guerres et à la colonisation étrangère, ils n'ont jamais réussi, dans l'histoire récente, malgré leurs revendications répétées, à avoir leur propre pays. La majeure partie d'entre eux se trouvent en Turquie où leur présence, quoique très importante – plus du quart de la population du pays –, n'est pas reconnue par des droits acquis. En 1999, alors que se multipliaient les manifestations d'appui partout dans le monde, ils n'avaient toujours pas droit à des écoles ou à des médias dans leur langue. Certains de leurs députés avaient été emprisonnés parce qu'ils avaient tenté de prononcer des discours en kurde au Parlement turc. L'histoire de ce peuple ostracisé en cette fin de XXᵉ siècle me paraissait importante à raconter, mais malgré la recherche exhaustive qu'avait faite ma collègue Francine Tremblay, nous n'arrivions pas à trouver un angle précis, une bonne histoire qui aurait convaincu notre rédacteur en chef, davantage porté sur les sujets de proximité, plus faciles à «vendre» au public, d'approuver les frais du voyage.

Or, un matin, j'apprends par hasard en consultant Internet qu'une jeune adolescente kurde de quatorze ans, Nadjila Coskum, s'est immolée par le feu lors d'une manifestation en plein cœur de Londres contre la condamnation à mort d'Ocalan. La jeune fille, qui a été brûlée au troisième degré, a malgré tout survécu, et son histoire tragique attire l'attention de la planète. Même Bill Clinton l'a appelée pour lui offrir de l'aide. L'histoire tombe à point et nous décidons de partir pour Londres le plus tôt possible afin de rencontrer cette jeune Britannique, qui, sans jamais avoir mis les pieds dans son pays d'origine, avait choisi de mourir pour ce peuple méconnu.

Quelques semaines plus tard, nous étions en présence de l'adolescente – en partie remise de ses brûlures –, qui avait accepté de nous recevoir. Depuis sa naissance, Nadjila vivait en Angleterre avec ses parents, qui avaient fui la discrimination en Turquie pour tenter leur chance à l'étranger ; mais le reste de la famille habitait encore le village d'origine, au cœur du Kurdistan turc. Une région difficile d'accès pour la presse où nous avons résolu de nous rendre malgré tout.

Arrivés dans le village, après avoir pris, sans autorisation, un vol local jusqu'à destination en camouflant notre caméra, nous avons été accueillis par une famille qui niait tout de ces conditions d'oppression et qui ne parlait qu'en bien de la Turquie. Jusqu'au moment où notre interprète, comprenant à peine le kurde, a surpris une discussion animée entre les oncles de Nadjila. Quelques heures plus tard, habitués à notre présence, ils ont fini par briser le silence officiel en nous révélant tout de leur situation : l'école turque imposée à leurs enfants, la discrimination dans l'emploi et l'accès aux services, le mépris des autorités. En revenant vers Diyarbakir, la capitale du Kurdistan turc, fiers d'avoir pu compléter notre tournage, nous avons été arrêtés par l'armée puis forcés de reprendre un avion à destination d'Istanbul.

L'histoire de Nadjila Coskum a connu un succès au Canada où les cotes d'écoute de l'émission ont dépassé toutes nos espérances, en dépit de l'exotisme du sujet ; elle a aussi fait le tour du monde sur TV5, où *Zone libre* était rediffusée. C'est ainsi que, quelques jours après la diffusion, nous avons eu droit à une lettre de réprimande de l'ambassadeur turc à Paris, qui l'avait vue sur le réseau satellitaire francophone et qui n'avait pas apprécié ce qu'il appelait notre parti pris. L'année suivante, cette émission, intitulée « L'insoutenable condition des Kurdes », a été choisie comme finaliste au Banff World Media Festival, dans la catégorie « Meilleur programme d'information ». En célébrant mes cinquante ans, en ce printemps 1999, j'avais l'impression d'avoir atteint une maturité dans ce métier qui me permettait d'en jouir de façon exceptionnelle, et Radio-Canada me faisait confiance en me donnant les moyens de bien travailler. *Zone libre* se développait, au Canada comme à l'étranger, et notre impact se faisait sentir.

La Mongolie

En élaborant le concept de *Zone libre*, nous avions mis sur pied un système qui me permettait de sortir le plus souvent du bureau, d'être le plus possible sur le terrain, et cela représentait pour moi une combinaison idéale. L'affiche publicitaire de l'émission misait sur cette image en me surnommant «l'homme tout terrain». J'étais obsédé par l'idée d'être présent où les choses bougeaient, et pendant les premières années, du moins, nous avions les moyens de le faire. Je voulais voir ces pays auxquels on s'intéressait peu habituellement, mais qui, à la faveur des bouleversements géopolitiques de l'après-guerre froide, commençaient à se démarquer, à se prendre en main. C'est ainsi qu'en plein hiver 1999, avant d'aller chez les Kurdes de Turquie, je me suis rendu avec mon collègue Georges Amar en Mongolie, le pays mythique de Gengis Khan.

Ancienne république populaire d'Asie de l'Est colonisée par Moscou, la Mongolie se trouvait, après le démantèlement de l'Empire soviétique, dans une situation terrible parce qu'elle avait perdu d'un coup, en retrouvant son indépendance au début des années 1990, l'aide financière et technique généreuse de son grand frère soviétique. En quelques années, avec la fermeture des bases militaires russes et le retour massif de milliers de coopérants, techniciens et cadres dans leur pays, la Mongolie s'était écroulée techniquement et économiquement. La situation était telle qu'on parlait de famines chroniques et d'un exode des populations des steppes vers la seule ville d'importance, Oulan-Bator, la capitale, qui était devenue rapidement surpeuplée. La Mongolie fascinait, non seulement par la légende de ce peuple d'anciens conquérants, mais aussi en raison de ses particularités. Un pays grand comme la moitié de l'Inde, mais un des moins peuplés du monde avec à peine plus de 2,5 millions d'habitants, où la population vivait surtout d'élevage sur des terres arides, comme les Mongols l'avaient fait depuis des siècles, et où on comptait dix chevaux par personne. Soixante pour cent des Mongols habitaient encore dans des yourtes, ces tentes rondes très colorées, mais c'était aussi l'endroit sur la planète où il y avait le plus grand nombre de journaux quotidiens par habitant.

On avait d'ailleurs découvert dans ces journaux, avant de partir là-bas, un phénomène unique au monde qui se passait à Oulan-Bator et qui était une des conséquences frappantes de l'augmentation de la pauvreté. En hiver, des centaines de familles sans abri se réfugiaient, pour se protéger du froid, dans le système d'égouts de la ville où passaient, comme partout en Union soviétique à l'époque, d'immenses canalisations d'eau bouillante destinées à chauffer les édifices de la ville. C'est ainsi qu'un des premiers soirs après notre arrivée dans la capitale, alors que nous tentions, à l'extérieur de notre hôtel, de tester le fonctionnement d'un nouveau téléphone satellite expérimental, l'Iridium, nous avions eu une vision surréaliste. À -30 °C, en plein mois de février, nous avions vu le couvercle métallique d'une bouche d'égout se soulever et un enfant y apparaître, torse nu. Nous étions allés aussitôt chercher la caméra dans l'hôtel pour suivre les enfants qui nous invitaient à visiter leur « palace ». En descendant l'échelle bringuebalante jusque dans l'égout, j'avais décrit à la caméra la vision incroyable qui apparaissait devant mes yeux. À perte de vue, aussi loin que les bougies – dont ils se servaient pour s'éclairer – nous permettaient de voir, nous découvrions dans cet endroit glauque où régnait une odeur horrible, traversé par des tuyaux géants dégageant une chaleur presque intolérable, des centaines de gens entassés à même le sol couvert de cartons, vivant dans ces conditions inhumaines. La scène que nous avions imaginée en lisant les journaux à Montréal, nous l'avions devant nous dans toute sa brutalité. C'était l'illustration la plus crue de la vulnérabilité d'un petit peuple abandonné par son ancien protecteur dans la mondialisation débridée qui s'étendait à l'échelle du globe. Le lendemain, nous avions rencontré un prêtre congolais francophone qui s'occupait des habitants des égouts. Un Congolais aidant des pauvres à Oulan-Bator : la mondialisation des services aux plus démunis… Puis nous avions repris un peu d'espoir pour les Mongols en rencontrant le jeune ministre de l'Éducation, un autre francophone formé en partie en France, qui nous avait parlé des projets du nouveau gouvernement, dont la moyenne d'âge était de trente-sept ans. Il rêvait de voir son pays exploiter un jour les immenses ressources minières que ce territoire recelait et qui faisaient l'envie de la Chine et de la Russie. Dans la présentation de l'émission tournée sur place, je disais : «Après avoir été pendant quarante ans un pays satellite dominé par l'URSS, la Mongolie a décidé elle aussi de se libérer. Du jour au lendemain, en 1990, inspiré par des économistes néolibéraux, le pays est passé de Lénine à Reagan, du communisme à l'anarchie. Mais les résultats ont été catastrophiques : chômage, pauvreté, désolation. Aujourd'hui, la Mongolie est dirigée par un des gouvernements les plus jeunes du monde, et c'est vers nous qu'il se tourne pour nous demander de l'aide. »

Pendant des décennies, la Mongolie avait vécu grâce à l'aide matérielle de Moscou. Tout le développement, les usines, les écoles, les hôpitaux existaient grâce à l'URSS. Quand l'Empire soviétique s'était écroulé, tout le reste avait suivi. Les usines avaient fermé les unes après les autres. Nous avions visité une base aérienne de l'Armée rouge, qui abritait une trentaine de Mig dans les meilleures années et qui faisait vivre à elle seule toute une ville, mais dont il ne restait plus que des ruines.

Les États-Unis avaient promis au jeune gouvernement d'Oulan-Bator de remplacer l'aide financière russe à condition, lui disait-on, que le pays adopte des réformes démocratiques à l'occidentale ; mais, dix ans après le départ des Russes, l'aide américaine n'arrivait toujours pas. À l'époque où le filet social des communistes existait, on n'aurait jamais vu le genre de scène digne d'un autre monde qu'on avait tournée dans les égouts du centre-ville. Mais le gouvernement minimisait le problème et promettait de redresser le pays. On nous avait présenté celui qui incarnait alors le modèle rêvé de l'entrepreneur mongol de l'avenir, un millionnaire dans la jeune quarantaine qui avait déjà amassé une fortune dans la production de laine de cachemire qu'il exportait partout dans le monde. «La laine, ce n'est que le début, nous disait-il, nous avons beaucoup d'autres richesses ! » Aujourd'hui, quinze ans plus tard, la Mongolie, qu'on appelle familièrement Minegolia, connaît une croissance économique parmi les plus élevées du monde, dépassant de loin celle de la Chine, grâce à l'exploitation accélérée de ses ressources minières, mais les inégalités sont encore criantes.

La poussée des pays émergents

Dans les mois qui ont suivi, nous avons visité deux pays dans une situation comparable, qui tentaient eux aussi de trouver leur place dans la croissance mondiale. En novembre 1999, au Cambodge, j'avais retrouvé, dix ans après l'avoir interviewé comme chef de chantier à la Baie-James, l'ingénieur cambodgien Taing Lim Khy. M. Khy avait décidé de quitter le Canada pour aller contribuer à la relance de son pays d'origine. Leader d'un parti d'opposition, il avait été invité à participer à une coalition gouvernementale dirigée par l'ancien Khmer rouge Hun Sen, encore au pouvoir vingt ans après avoir été mis en place par les Vietnamiens. Taing Lim Khy, qui fait toujours de la politique au Cambodge aujourd'hui, avait été nommé ministre des Transports et il mettait toutes ses compétences d'ingénieur à contribution pour reconstruire le réseau routier de son pays, miné par des années de guerre dont il ne s'était pas encore remis. Je me souviens d'une route nationale que nous avions empruntée pour nous rendre de Phnom Penh jusqu'à la frontière thaïlandaise ; une route de terre, littéralement impraticable malgré son rôle stratégique pour l'économie locale, parce qu'elle était détruite chaque fois qu'une pluie tropicale s'abattait sur la région.

J'avais été frappé par un phénomène que je raconte toujours depuis ce temps quand j'évoque le rôle parfois néfaste de l'aide internationale. Dans chaque village, le long de cette route, on pouvait voir des affiches vantant les mérites de tel ou tel projet d'école, de puits artésien ou d'agriculture ; toute une série d'ONG dépensaient de l'argent dans ces projets, chacune dans son village, mais aucune d'entre elles n'avait eu l'idée, ou la générosité, de mettre en commun une partie de leurs ressources pour construire une route en asphalte qui aurait facilité la vie de toute la région. C'était l'incarnation de l'égoïsme et de la concurrence des petits intérêts particuliers qui, alors qu'on croyait aider les Cambodgiens, contribuaient au contraire à ralentir leur développement.

Au cours du même voyage, nous nous étions rendus aussi au Vietnam voisin. Malgré sa victoire retentissante contre la puissance militaire américaine, quinze ans plus tôt, le pays, dominé par un régime communiste pur et dur, était resté dans la misère. Mais, inspiré par les progrès fabuleux que connaissait la Chine, le gouvernement de Hanoï avait commencé à permettre la privatisation d'une partie de l'économie. Ces Vietnamiens qui, par leur génie et leur capacité de travail, avaient vaincu l'armée la plus puissante du monde mettaient cette fois la même énergie à relever leur niveau de vie. On avait rencontré sur place des Vietnamo-Québécois venus eux aussi participer à la relance. Le gouvernement, après s'être méfié d'eux pendant des années, avait décidé de faire appel aux anciens *boat people*, qui avaient fui le communisme et la guerre, afin qu'ils l'aident à redémarrer le développement du pays. Aujourd'hui, quinze ans plus tard, le Vietnam est une des économies en plus forte croissance en Asie.

À la fin des années 1990, le succès des grands pays émergents comme la Chine, en Asie, le Brésil, en Amérique latine, ou l'Afrique du Sud inspirait de nombreux gouvernements dans le monde qui cherchaient eux aussi à trouver leur place dans la croissance mondiale. Depuis la création de l'OMC, l'Organisation mondiale du commerce, en 1995, les frontières économiques commençaient à tomber, la mondialisation était le mot à la mode et, grâce à elle, nous disaient ses propagandistes, les plus pauvres de la planète finiraient par se relever.

Au début de février 2001, alors que la ville de Québec s'apprête à accueillir quelques semaines plus tard le troisième Sommet des Amériques, qui doit discuter de l'établissement de la ZLÉA, la Zone de libre-échange des Amériques, nous nous rendons au Brésil justement parce que les progrès de cette puissante économie d'Amérique latine nous intéressent. Depuis quelques années, avec à sa tête un sociologue polyglotte, Fernando Henrique Cardoso, le Brésil a procédé à des réformes majeures pour moderniser son économie qui commencent à donner des résultats. Un des symboles de la relance économique brésilienne, la compagnie aéronautique Embraer, une ancienne société d'État sclérosée comme l'était Canadair, mène un combat acharné contre son principal concurrent qu'elle rêve de supplanter, le champion canadien de l'aéronautique Bombardier. Les deux entreprises se livrent, avec l'appui de leurs gouvernements respectifs, une bataille commerciale féroce à l'OMC, chacune accusant l'autre de profiter d'avantages fiscaux et financiers publics incompatibles avec le libre-échange.

Après avoir tourné une première partie de reportage dans les usines de Bombardier Aéronautique au Québec, nous nous retrouvons au siège d'Embraer à São José dos Campos, près de São Paulo, où nous sommes impressionnés par le professionnalisme et l'efficacité de l'organisation. Comment un pays dont on disait autrefois qu'il faisait partie du tiers-monde pouvait-il prétendre au même niveau de compétence et de performance que notre fleuron de l'aéronautique? Notre reportage sur la guerre entre Bombardier et Embraer, diffusé peu de temps avant le Sommet des Amériques de Québec, a montré au public canadien l'importance de la montée en force des économies émergentes et la menace qu'elles pourraient éventuellement constituer pour nous si nous ne faisions pas d'efforts pour rester à la hauteur de la concurrence.

L'islam radical
Au tournant du XXIe siècle, l'économie mondiale était en effervescence et beaucoup de pays en pleine restructuration se préparaient à en saisir les occasions. L'heure était à l'optimisme pour les dirigeants de la planète. Bill Clinton terminait son deuxième mandat en laissant à son pays

un bilan économique enviable, la Chine se lançait dans une nouvelle décennie de croissance record, l'Europe s'agrandissait en intégrant des pays de l'ancien pacte de Varsovie, et Vladimir Poutine s'apprêtait à rétablir l'ordre dans une Russie menacée par l'anarchie. Mais une nouvelle menace risquait de compromettre cette euphorie.

Deux ans plus tôt, le 7 août 1998, deux attentats suicides simultanés avaient été organisés par des groupes liés à al-Qaïda contre les ambassades américaines de Dar es-Salaam, en Tanzanie, et de Nairobi, au Kenya, faisant de nombreuses victimes. Oussama Ben Laden, le chef présumé de l'organisation qui avait déjà été associé à l'attentat raté du World Trade Center à New York en 1993, voyait aussitôt son nom figurer dans la liste des hommes les plus recherchés du monde. En décembre 1999, Ahmed Ressam, un Algérien immigré à Montréal, se faisait arrêter en cherchant à entrer aux États-Unis pour aller faire sauter l'aéroport de Los Angeles. À l'aube du nouveau millénaire, l'islam radical, qui couvait depuis des années, s'apprêtait à se manifester d'une façon jamais vue jusqu'alors, et encore une fois, nous allions être au cœur de l'action.

Chapitre 11

Les enjeux de demain

Mohammed n'est pas mort!

Le matin du 11 septembre 2001, je me trouvais au Château Frontenac, à Québec, où un groupe d'ombudsmans du Canada m'avaient invité à discuter, à leur congrès annuel, de la question des rapports entre les journalistes et la justice. Depuis quelques années, Radio-Canada et CBC étaient la cible d'un nombre croissant de poursuites dans le cadre d'enquêtes que nous avions menées sur des sujets controversés. C'était le début d'une tendance – qui allait s'accélérer au cours des années subséquentes – au recours à des poursuites-bâillons pour intimider la presse et freiner sa curiosité. Nous en avions été victimes à *Zone libre*, quelques mois plus tôt, lors d'une enquête que nous menions sur les liens entre les compagnies pharmaceutiques et les médecins. Nous nous intéressions en particulier à tous ces événements sociaux – des dîners bien arrosés ou des colloques dans des hôtels exotiques – auxquels les médecins étaient invités sans frais et qui servaient à la promotion de nouveaux médicaments vedettes. Alors que nous tournions des images d'un de ces dîners, des agents de sécurité nous avaient ouvertement menacés de nous faire subir le même sort que nos collègues de CBC, qui avaient été l'objet d'une poursuite en diffamation. Malgré ces menaces, notre reportage, en révélant ces pratiques, avait contribué à l'adoption de nouvelles règles visant à limiter cette collusion inacceptable entre l'industrie pharmaceutique et les médecins.

Ce matin du 11 septembre, le sujet de l'atelier auquel je devais participer au Congrès des ombudsmans était donc très attendu. Or, à peine une demi-heure après le début de la séance, alors que j'entame ma présentation, une porte de la salle s'ouvre et quelqu'un, en panique, nous dit qu'un deuxième avion vient de percuter une des tours du World Trade Center et que ce qui semblait être au premier abord un accident prend plutôt l'allure d'une attaque concertée. L'appareil de la United Airlines, le vol UA175, en provenance de Boston, s'est écrasé à 9 h 03 sur la tour sud du complexe immobilier le plus prestigieux de Manhattan, quelques minutes à peine après le premier impact du vol AA11 sur la tour nord. En moins de deux heures, ce jour-là, depuis le décollage du premier avion, à 8 h 19, à l'aéroport de Boston, jusqu'à l'écrasement du quatrième appareil, le vol UA93, dans l'État de la Pennsylvanie, quatre attentats suicides spectaculaires vont faire deux mille neuf cent soixante-treize victimes et déclencher un bouleversement géopolitique mondial, dont on subit encore les conséquences aujourd'hui.

Chacun de nous a son propre souvenir de cette journée du 11 septembre 2001 qui, comme le souhaitaient les auteurs des attentats, a terrorisé l'Amérique et le monde. Quant à moi, je garde presque autant en mémoire la suite de cette tragédie, que j'ai vécue quelques jours plus tard en Égypte et en Palestine. Après avoir participé aux émissions spéciales dans les heures et les jours qui ont suivi l'attaque, nous avons décidé, à *Zone libre*, de nous rendre au Moyen-Orient, d'où provenaient les coupables présumés, et en particulier en Égypte, le pays d'origine de Mohammed Atta, celui que le FBI identifiait comme le chef des opérations et le pilote du vol AA11. Nous étions curieux de mesurer les réactions du monde arabe et de mieux comprendre, peut-être, les origines de ce drame.

C'est ainsi que, deux semaines après les attentats, je me suis retrouvé, avec mon équipe et un groupe de journalistes étrangers, dans l'appartement de Mohammed al-Amir Awad al-Sayed Atta, un modeste avocat du Caire, où nous avons vécu une scène surréaliste. Dès son entrée dans la pièce où nous l'attendions, Mohammed Atta père, cet homme sans histoire, propulsé soudainement au cœur de l'actualité internationale à cause d'un acte fanatique de son fils, nous a surpris par son état d'excitation extrême, se lançant dans une attaque en règle contre l'Amérique et les mensonges du FBI. Il venait tout juste, nous assurait-il, de parler à son fils au téléphone. Celui-ci l'avait appelé d'Allemagne, où il poursuivait ses études d'ingénieur. Il ne pouvait donc pas avoir perdu la vie dans le geste de folie désespéré qu'on lui attribuait. Pendant des mois, le père de Mohammed Atta continuera d'entretenir cette fiction, mais il mourra sans jamais revoir son fils.

Quelques jours plus tôt, nous avions assisté à une autre situation aussi absurde, alors que nous nous étions présentés à une assemblée du Syndicat des journalistes du Caire portant sur les attentats du World Trade Center. La rencontre avait été convoquée parce que, à peine deux semaines après la tragédie, de plus en plus de journalistes égyptiens s'inquiétaient des réactions négatives qui se multipliaient partout dans le monde à l'endroit des Arabes. L'événement, qui avait commencé de façon très sereine et professionnelle, avait rapidement dégénéré quand une journaliste, excédée, s'était levée en disant à ses pairs : « Vous ne vous rendez pas compte que c'est un complot sioniste ! » Par cette seule affirmation, elle avait déclenché, dans la foule qui l'écoutait, un accès de délire collectif sur la responsabilité d'Israël dans les attentats du 11 septembre, dont le seul objectif, selon eux, était de s'attaquer au monde arabe et à l'islam pour les discréditer à jamais. Une thèse qui a cours encore aujourd'hui.

Avant d'arriver au Caire, nous nous étions rendus à Jénine, en Cisjordanie, une ville palestinienne très militante qui, en pleine intifada contre l'armée israélienne, avait acquis la réputation d'être un refuge et un centre de recrutement des kamikazes qui terrorisaient Israël en se faisant sauter dans des endroits publics. Le jour de la prière à la mosquée principale de la ville, l'imam avait fait preuve d'une agressivité étonnante à l'endroit de Washington : « Ce qui s'est passé mardi [le 11 septembre], avait-il dit, est le châtiment de Dieu contre les agresseurs. Vous vous croyez les policiers du monde ; ne pensez pas que vous êtes les plus forts. Dieu qui vous a créés est plus fort que vous ! »

Dans ce délire ambiant, peu de voix s'élevaient pour tenter de rationaliser ce qui avait pu causer le recours à une telle violence contre des victimes innocentes. Sauf peut-être celle de cette femme d'un rare courage, la mère d'Oussama Abu al-Heija – un jeune kamikaze mort en perpétrant un attentat dans la ville israélienne de Hadera, le 25 mai précédent –, qui, même devant d'autres Palestiniens qui nous écoutaient, avait osé, en entrevue avec nous, dénoncer l'obscurantisme de la violence. « Ils m'ont pris mon enfant sans me consulter ! » nous avait-elle dit en parlant du Jihad islamique, qui avait embrigadé son fils. « Ils ne m'ont même pas donné l'occasion de le convaincre. Les jeunes sont désespérés, avait-elle ajouté, ils n'ont rien, aucun espoir. »

Durant ce passage de quelques jours en Palestine et en Égypte, nous avons été en mesure de décrire le courant de fanatisme qui allait prendre encore plus d'ampleur au cours des années suivantes, non seulement dans le monde arabo-musulman, mais aussi dans nos propres sociétés. La guerre contre les « forces du mal » que s'apprêtaient à lancer les idéologues de l'entourage de George W. Bush et le jihad de l'islam radical contre l'Occident allait engendrer des conséquences catastrophiques, en particulier au Moyen-Orient.

Aujourd'hui, alors que de plus en plus de religieux fanatiques en Amérique sombrent dans le créationnisme pour expliquer les origines de l'homme et que l'islam radical se propage, on peut craindre qu'une montée de la pensée irrationnelle vienne ralentir les progrès de l'humanité. Mais, au cœur de ces angoisses nées à la suite des événements de septembre 2001, je me souviens des propos rassurants d'un sage que j'ai toujours respecté, l'ancien secrétaire général des Nations unies, Boutros Boutros-Ghali. Un jour, dans son bureau au Caire où, après une entrevue, nous réfléchissions ensemble sur la montée du fanatisme religieux, il m'avait dit espérer malgré tout que, avec le développement d'Internet et la propagation des connaissances grâce aux communications modernes, la raison prenne finalement le pas sur les idéologies, que le rationnel supplante le religieux. « Que nous passions, m'avait-il dit en illustrant ses propos par un dessin griffonné sur un bout de papier, du règne du clocher ou du minaret à celui des satellites. »

La deuxième intifada

On dit souvent, et j'en suis moi-même convaincu, que l'impasse dans l'éternel problème israélo-palestinien, tant qu'elle persistera, servira de prétexte noble à l'islam radical pour justifier la violence. Tant qu'on ne trouvera pas de solution à ce conflit absurde, tous les « al-Qaïda » de ce monde, comme ce fut le cas après les attentats du 11 septembre 2001, se réclameront des injustices subies par les Palestiniens pour expliquer leurs actes de terreur. C'est pour cela que je répète constamment que, au lieu de s'acharner à dénoncer la menace nucléaire iranienne ou la violence désespérée des jeunes lanceurs de roquettes artisanales de Gaza, le gouvernement israélien devrait plutôt s'employer à mettre fin à la construction de colonies juives dans les territoires occupés par Israël et à signer une fois pour toutes une vraie paix avec le peuple palestinien.

Un an avant septembre 2001, je m'étais rendu dans cette région, avec Georges Amar, à un moment, justement, où la violence avait atteint un tel niveau que tout espoir de paix apparaissait plus que jamais compromis. Durant l'été, malgré toute sa bonne volonté, le président américain Bill Clinton n'avait pas réussi à convaincre le leader palestinien Yasser Arafat et le premier ministre israélien Ehud Barak, qu'il avait réunis à sa résidence d'été, de s'entendre sur une proposition d'accord qui constituait pourtant une solution de paix honorable pour les deux parties. L'échec de ce « Camp David II » était venu attiser les frustrations déjà exacerbées des Palestiniens de Gaza et de Cisjordanie. Depuis son retour en Palestine au milieu des années 1990, Yasser Arafat s'était déjà mis à dos une grande partie de ses compatriotes en installant au pouvoir un gouvernement inefficace et corrompu, qui avait tué dans l'œuf tous les espoirs de progrès qu'avait suscités la conclusion des accords d'Oslo.

Le 28 septembre 2000, Ariel Sharon avait envenimé encore davantage le climat en se présentant sur l'esplanade des Mosquées à Jérusalem. Et ce geste de bravade avait servi de prétexte au déclenchement par les Palestiniens de ce qui allait s'appeler la deuxième intifada. Du jour au lendemain, comme cela s'était produit douze ans plus tôt, la région s'était embrasée à nouveau, mais cette fois il ne s'agissait plus d'une guerre des pierres, mais d'une guerre ouverte, puisque les Palestiniens étaient dorénavant armés. Après les accords d'Oslo, les Israéliens avaient permis la constitution de forces de sécurité armées dans les territoires palestiniens, dont une partie se retournait maintenant contre eux. Des commandos s'étaient aussi formés dans les villes de Palestine en se procurant des armes dans les réseaux mafieux israéliens.

En trois mois, du 29 septembre, jour du début de la deuxième intifada, jusqu'à notre arrivée à la fin de décembre, les affrontements entre Israéliens et Palestiniens avaient déjà fait plus de trois cents morts et des milliers de blessés, mais pour la première fois les pertes étaient énormes des deux côtés. Les principaux combats se concentraient dans une petite zone d'à peine 20 kilomètres carrés, autour de Jérusalem, Ramallah et Bethléem. J'avais été sidéré, en arrivant sur place, de découvrir ce conflit qui, pour la première fois depuis la guerre des Six Jours, en juin 1967, se déroulait aux portes de la ville sainte, où s'entassaient plus d'un million de Juifs et d'Arabes. Un jour, nous nous étions rendus à Beit Jala, une petite ville chrétienne paisible juchée sur une colline voisine de Bethléem et séparée par une vallée étroite de la colonie de Gilo, juste en face, une banlieue de Jérusalem construite sur des territoires palestiniens annexés par Israël. Beit Jala avait été envahie par des milices palestiniennes qui y avaient trouvé une position favorable pour viser les colons juifs de Gilo. Mais, dans ce combat inégal qui les opposait à une des armées les plus puissantes du monde, les Palestiniens n'avaient réussi qu'à provoquer la destruction d'une partie de Beit Jala par les Israéliens surarmés et à faire fuir les habitants à majorité chrétienne qui y avaient vécu depuis deux mille ans. Dans le sous-sol d'un édifice de Beit Jala transformé en arsenal clandestin, nous avions rencontré de jeunes cagoulés, armés de fusils d'assaut M-16 – des armes d'une qualité jamais vue jusqu'alors en Palestine –, qui nous avaient dit être déterminés à s'attaquer à toutes les colonies et à tous les symboles de l'occupation israélienne en territoire palestinien.

Dans cette guerre de tranchées au cœur d'une région surpeuplée, j'avais revu, une fois de plus, mon ami Ramzi Sansour qui, un dimanche, m'avait proposé de l'accompagner avec ses enfants et sa femme dans une expédition risquée pour rendre visite à sa mère à Bethléem. Entre Ramallah, où ils habitaient, et la maison de la vieille dame, dans la ville natale du Christ, nous avions mis plusieurs heures à parcourir la distance d'une vingtaine de kilomètres, passant d'une zone A, gérée par les Palestiniens, à une zone B, sous contrôle partagé israélo-palestinien, où des échanges de tirs se produisaient souvent, puis à une zone C, sous autorité israélienne, où, selon l'humeur des militaires, on pouvait, sans aucune raison, vous renvoyer au point de départ. Tout le long du trajet, avant d'arriver à chacun des points de contrôle militaires, Ramzi changeait de drapeau sur le véhicule pour amadouer ceux avec qui nous aurions à négocier. En arrivant finalement à la résidence de sa mère, à Bethléem, nous l'avions retrouvée tapie avec une domestique dans sa maison, dont les fenêtres trouées de balles témoignaient de la violence des combats qui avaient eu lieu la nuit précédente. « Nous sommes tombés dans le piège ! m'avait dit Saleh Abdel Jawad, un autre ami palestinien, professeur de sciences politiques à l'Université Birzeit. Chaque fois que nous avons fait la guerre aux Israéliens, nous avons perdu. » Il reprochait autant aux Israéliens qu'aux leaders palestiniens d'avoir fermé les yeux sur les entrées d'armes en Palestine, encourageant ainsi la naissance d'une guerre qui allait faire autant de victimes d'un côté que de l'autre, sans mener nulle part. La deuxième intifada ne faisait pourtant que commencer et elle allait durer plusieurs années.

Deux ans plus tard, au printemps 2002, alors que le personnel de l'information de Radio-Canada est mis en *lock-out* par la direction, le magazine *L'Actualité* m'offre de retourner encore une fois en Israël, afin de réaliser pour son compte un grand reportage sur la situation qui n'a cessé de se détériorer. À mon arrivée à Jérusalem, en avril 2002, Ariel Sharon, l'homme fort de la droite israélienne et des colons de Cisjordanie et de Gaza, vient à peine d'être élu premier ministre, ce qui met en veilleuse une fois de plus tout espoir d'assouplissement. Les Palestiniens, eux, sont dans une impasse ; après avoir laissé se développer ce qui est devenu une guerre ouverte avec l'État hébreu, Yasser Arafat n'est plus en mesure de contrôler les éléments les plus radicaux qui, faute de pouvoir mettre en échec l'armée israélienne, ont commencé à s'en prendre aux civils en organisant des attentats dans les villes d'Israël.

Dans ce contexte difficile, armé d'un seul crayon, d'un carnet de notes et d'un petit magnétophone de poche, j'apprécie soudain l'anonymat que me procure mon nouveau rôle de journaliste de la presse écrite ; sans la présence, souvent intimidante, d'une équipe de tournage auprès de moi, les confidences me semblent tellement plus faciles à recueillir. Dans mon article, intitulé en page couverture « L'impossible rêve », je décris comment « […] en frappant dans les restaurants, les bars et les cafés, les extrémistes palestiniens se sont attaqués aux endroits de prédilection des pacifistes et de la gauche israélienne ». En touchant la seule portion de la société israélienne encore sympathique à la cause de la Palestine, les attentats, qui ne sont pas dénoncés par le leadership palestinien, ne font qu'enterrer encore davantage tout espoir de solution. « C'est comme si la population israélienne avait complètement "viré capot". Les sondages le montrent : alors qu'il n'y a pas si longtemps elle approuvait l'idée de la création d'un État palestinien, la grande majorité appuie désormais la répression et la réoccupation de la Cisjordanie par l'armée[25]. » La deuxième intifada, et la violence extrême qu'elle a engendrée dans la région, ne se terminera vraiment qu'avec le décès de Yasser Arafat en France, en novembre 2004. La cause palestinienne, après s'être enlisée dans une violence peu productive, perdra ensuite pendant des années sa pertinence, alors que l'attention du monde sera mobilisée par d'autres régions du Moyen-Orient s'enflammant à leur tour.

La fin de Saddam

Dans les années qui suivent le 11 septembre 2001, le monde a davantage les yeux tournés vers l'Afghanistan et l'Irak. Heurtés au plus profond de leur angoisse sécuritaire, les États-Unis, qui assument depuis la chute de l'Empire soviétique un rôle de policier de l'ordre mondial, ont convaincu les Nations unies et l'OTAN de mettre fin au pouvoir des talibans en Afghanistan en lançant une offensive imposante dès les premières semaines après les attentats du World Trade Center. Mais, à peine engagés dans cette campagne militaire, à l'automne 2002, George W. Bush et son équipe de conseillers ont déjà en tête un second objectif, l'Irak, où ils accusent le président Saddam Hussein de développer des armes de destruction massive. Or, cette fois, les alliés de Washington sont beaucoup plus réticents à appuyer cette nouvelle phase de la guerre américaine contre les prétendues « forces du mal ». Le Canada, au premier chef, sous la gouverne de Jean Chrétien, refuse de céder aux pressions de Bush.

Dans une enquête que nous réaliserons quelques années plus tard à *Zone libre*, Raymond Chrétien, qui observait tout cela de son poste privilégié d'ambassadeur du Canada à Washington, nous décrira les raisons qui motivaient les réticences d'Ottawa : « Deux raisons fondamentales : le doute que le Canada avait sur la réalité de l'existence des armes de destruction massive. Nos propres services de renseignement n'avaient pas cette preuve. Nos amis anglais et américains ne

---

25. Jean-François Lépine, « L'impossible rêve », *L'Actualité*, 1er juin 2002.

pouvaient pas nous la fournir […]. Deuxième raison, l'absence de consensus à l'ONU[26]. » Le 9 septembre 2002, George W. Bush avait tenté une dernière fois de convaincre Jean Chrétien au cours d'une rencontre en tête à tête à la frontière canado-américaine. Comme nous le rapportera Eddie Goldenberg, son conseiller, Jean Chrétien avait été sidéré par le manque de préparation du président américain : « Il [Chrétien] a dit : "Je ne sais pas s'il a d'autres preuves, mais ce qu'il m'a raconté aujourd'hui… J'ai commencé ma carrière comme avocat de barreau rural (*sic*) à Trois-Rivières/ Shawinigan ; avec ce que le président m'a fourni aujourd'hui, je n'aurais jamais été capable de convaincre un juge de la cour municipale." »

Durant cet automne 2002, alors que l'Amérique s'apprête à s'engager dans une autre guerre ruineuse, cette fois sans l'appui de la communauté internationale, nous décidons, à *Zone libre*, de profiter de la tenue d'un référendum en Irak pour nous rendre au pays de Saddam Hussein. Afin de contrer la propagande américaine, le dictateur a choisi de lancer sa propre opération de relations publiques en organisant un référendum sur son leadership, et il invite la presse étrangère à venir y assister. C'est ainsi que, avec la réalisatrice Kristina Von Hlatky, le caméraman Patrice Massenet et le technicien du son Jean Denis Daoust, nous nous rendons à Bagdad par la route à partir d'Amman, en Jordanie, puisqu'un embargo international interdit tous les vols commerciaux à destination de la capitale irakienne.

Dès notre réveil, le lendemain, après une longue expédition qui s'est terminée en plein milieu de la nuit, nous sommes frappés par la torpeur qui semble s'être installée chez les Irakiens. Un peuple autrefois si fier, que je retrouve après plus d'une décennie et que Saddam Hussein a réduit à la soumission totale. Au centre de presse, où l'on nous remet nos accréditations et nos « instructions », les fonctionnaires nous accueillent avec froideur. En présentant, puisque nous y sommes forcés, la liste des endroits que nous sou-

---

26. « Le Canada en guerre », édition spéciale de *Zone libre enquêtes*, septembre 2007.

haitons visiter, des gens que nous voulons rencontrer, on nous répond que tout notre séjour sera organisé et que nous n'aurons pas d'autre choix que de suivre les instruc tions. Le raïs, le président Saddam, nous a invités dans son pays, mais il a bien l'intention de contrôler nos moindres mouvements.

Saddam Hussein n'a jamais toléré qu'on le contredise et, dès le début de son règne, il a montré à son peuple de quoi il était capable. J'ai en tête, en retournant en Irak, ces images qui circulaient alors sur Internet et qui faisaient pro-bablement partie d'une campagne pour le discréditer davan-tage. Celles d'une réunion de son parti, le Baas, que Saddam avait convoquée le 22 juin 1979, six jours après sa prise de pouvoir, et dont il avait ordonné de capter sur film chaque seconde, afin que cet épisode reste gravé à jamais dans la mémoire de tous ceux qui tenteraient de s'opposer à lui. Pendant des heures, on y voit un homme, à une tribune, lire une longue confession, sous les yeux de Saddam fumant un immense cigare. Puis, après ses aveux évoquant un com-plot contre le nouveau dictateur, il poursuit sa lecture en nommant les uns après les autres des membres du parti qui, à mesure qu'ils sont appelés, sont saisis par des officiers de sécurité pour être emmenés à une mort certaine. Alors que le sinistre exercice se déroule, on voit des hommes se lever en criant des slogans à la gloire du dictateur, dans l'espoir, croient-ils, d'échapper au destin qui les attend, puis d'autres sortir un mouchoir pour s'éponger les yeux, convaincus que leur tour viendra bientôt. Soixante-huit hauts dirigeants poli-tiques seront exécutés ou envoyés à la torture, ce jour-là, des centaines d'autres dans les jours suivants. C'était le début de la république de la peur, et c'est avec ces images en tête que nous entamons ce séjour en Irak, où nous allons assister à la mascarade de ce peuple soumis allant aux urnes pour plé-biscite son propre tortionnaire, entouré d'affiches disant : « Avec Saddam, tout ira bien. »

Or, le pays de Saddam n'est plus que l'ombre de lui-même. Victime des sanctions imposées par la communauté inter-nationale depuis la première guerre du Golfe, l'économie irakienne est en chute libre. La monnaie, à l'effigie du dictateur, ne vaut plus rien ; l'inflation a connu une croissance de 6 000 % en douze ans. Je montre à la caméra comment, alors que pour payer ma facture d'hôtel de 800 dollars douze ans plus tôt je n'ai eu besoin que d'un seul billet de 250 dinars irakiens, en 2002, il m'en faut des centaines qui n'ont pratiquement plus aucune valeur. Les Irakiens n'ont plus assez de leurs salaires pour se nourrir, et seulement les privilégiés de l'entourage de Saddam Hussein peuvent encore se pavaner avec des objets de luxe importés en contrebande de l'étranger. La seule activité économique en progression qui a transformé le paysage de ce pays en ruine, c'est la construction de mosquées. Pour faire taire les critiques véhiculées par le clergé musulman – la seule force qui ose encore s'opposer à lui –, Saddam Hussein a fait ériger des lieux de culte, dont certains à sa propre gloire, comme la grande mosquée Oum al-Ma'arik, la « mère de toutes les batailles », une des plus grandes du Moyen-Orient à l'époque, construite pour marquer le dixième anniversaire de la fin de la guerre avec l'Iran. Le peuple crève de faim, mais le dictateur, lui, quelques mois avant sa fin tragique, continue à dépenser sa fortune au profit de sa propre image, comme dans cet atelier que nous visitons en ville, où des sculpteurs formés dans les plus grandes écoles d'art du pays coulent encore des bronzes immenses à l'effigie de Saddam, une scène me rappelant l'ampleur du culte de la personnalité que les Chinois avaient voué, jusqu'à la fin eux aussi, à l'endroit d'un autre dictateur décadent, Mao Zedong.

Quelques jours après notre arrivée à Bagdad, tous les journalistes étrangers sont convoqués au centre de presse, où nous attendent des autobus qui doivent nous emmener au complexe industriel al-Furat – « l'Euphrate » –, à une trentaine de kilomètres de la capitale. Une base de l'armée irakienne que George W. Bush a présentée, dans un discours quelques jours plus tôt, comme étant un centre d'enrichissement d'uranium lié au développement de l'arme nucléaire. Les Irakiens, en nous conduisant sur place, veulent répondre aux accusations américaines et nous montrer que ces installations ciblées par l'administration Bush sont inoffensives. Dans l'autobus, je retrouve John Burns, le collègue du *New York Times* que j'ai connu en Chine au milieu des années 1980 et qui s'est rendu célèbre, entre-temps, pour sa couverture de la guerre en Bosnie-Herzégovine, pour laquelle il a gagné un prix Pulitzer.

Je découvre, en le revoyant, que Burns est en fait « en mission en Irak ». Son journal, aussi sérieux et respectable soit-il, est littéralement en campagne pour démontrer la présence d'armes de destruction massive sur le territoire irakien. Dans sa croisade contre les « forces du mal », George W. Bush a réussi à entraîner une grande partie de la presse américaine qui, dans le feu de l'action, en oublie les balises élémentaires du métier.

Arrivés à la base de al-Furat, après une conférence de presse du commandant du complexe, le brigadier Samir Ibrahim, nous expliquant que toute recherche dans le domaine nucléaire a été interrompue en 1981, nous assistons à une scène rocambolesque. Aussitôt laissés à eux-mêmes, les journalistes se précipitent dans toutes les directions pour explorer les lieux, pendant que les guides du gouvernement essaient de les rattraper. Chacun espérant trouver un indice, un seul, qui permettrait de corroborer les soupçons des Américains. Or, ce que nous découvrons, en fait, c'est une série de bureaux abritant des techniciens en blouse blanche, occupés à faire l'entretien d'équipements électroniques qui nous paraissent désuets, des sous-sols vides ou d'autres édifices en partie en ruine. En somme, un complexe militaire qui reflète l'état général du pays. En retournant à Bagdad, dans l'autobus, j'aperçois John Burns, furieux de n'avoir pas pu trouver une preuve de ce qu'il cherchait. Jamais ni la presse, ni les espions américains, ni non plus les inspecteurs de la Commission de contrôle, de vérification et d'inspection des Nations unies (COCOVINU) présidée par le Suédois Hans Blix ne réussiront à démontrer l'existence d'usines de production d'armes de destruction massive en sol irakien ; mais cela n'empêchera pas les Américains d'utiliser cette rhétorique, fondée sur le mensonge, pour justifier la guerre contre l'Irak.

En quittant le « Pays de Saddam », comme nous allions intituler le reportage à *Zone libre*, je savais que je ne reverrais jamais plus cet homme perfide à la tête de son pays. Les États-Unis étaient déterminés à renverser le dictateur, au risque de déstabiliser à jamais cette région du monde. La suite est connue : le 20 mars 2003, Bush a déclenché l'opération *Libération de l'Irak*, au cours de laquelle il n'a fait face qu'à une résistance symbolique de la part du régime de Saddam Hussein, qu'il avait pourtant décrit comme l'un des plus menaçants de la planète.

Quelques jours à peine après le déclenchement de l'offensive contre l'Irak, je m'étais rendu à Beyrouth, au Liban, puis en Israël, comme je l'avais fait après septembre 2001. J'avais alors rencontré Amine Gemayel, l'ancien président libanais, qu'on disait lié à Saddam Hussein et qui tentait une ultime intervention auprès du dictateur pour qu'il rende les armes avant qu'il ne soit trop tard. J'avais aussi fait la connaissance de Ghassan Salamé, un politologue et diplomate libanais francophone qui était ministre de la Culture dans le gouvernement de Rafiq Hariri, et qui m'avait dit, je m'en souviens encore aujourd'hui, que l'offensive américaine ne mènerait qu'à des années de chaos dans la région. « Plusieurs nouveaux conflits vont naître de celui-ci, avait-il prédit de façon tellement juste, et engendrer un mouvement de révolte contre la présence américaine. » La suite des événements, malheureusement, lui a donné raison. L'Irak est encore aujourd'hui déchiré par la haine et les clivages ethno-religieux ; et les groupes ultra-violents qui sont nés en réaction à l'invasion américaine – comme l'EIIL, l'État islamique en Irak et au Levant, devenu l'EI – menacent maintenant de déstabiliser l'ensemble du Proche-Orient.

Le Canada a été un des rares pays, avec la France, à s'opposer ouvertement à l'agression américaine contre Saddam Hussein, un geste de courage du premier ministre Jean Chrétien qui, avec l'appui massif que la population canadienne lui exprimait, a osé dire non à son voisin tout-puissant, pour une rare fois dans l'histoire des deux nations. Comme le disait Raymond Chrétien dans l'enquête que nous avons réalisée sur le sujet en 2007, « [...] les Américains ont pensé qu'au dernier moment le Canada allait se rallier à leurs desiderata et y aller avec eux. Ils ont été surpris du "non" canadien, et on en a payé le prix ». Le Canada, dans ses relations avec les États-Unis, a souffert de cette fronde de Jean Chrétien, mais il en est sorti grandi aux yeux de la communauté internationale. Pour compenser son refus d'engager des troupes canadiennes en Irak, Chrétien a accepté d'accentuer la contribution militaire du Canada en Afghanistan, mais c'est avec l'arrivée au pouvoir de Paul Martin, pressé de renouer avec Washington, et celle de Rick Hillier, un militaire très proaméricain, à la direction des Forces armées canadiennes, que le Canada s'engagera dans l'engrenage qui le mènera à la mission de combat controversée dans la province de Kandahar.

Pourquoi les jeunes Mohammed sont-ils si furieux ?

Dans la foulée des attentats du 11 septembre 2001, une question très importante n'avait pas, à mon avis, reçu suffisamment d'attention. Comment de jeunes Arabes éduqués, âgés d'à peine vingt ans, comme ceux qui avaient planifié et exécuté les attentats, avaient-ils pu recourir à des méthodes aussi extrêmes ? Pourquoi trouvaient-ils dans les harangues de commandants islamistes vieillissants comme Oussama Ben Laden ou Ayman al-Zaouahiri une inspiration assez forte pour accomplir leurs desseins funestes ? Pendant des années, en parcourant le monde arabe, en particulier avec mon collègue Georges Amar, et à force de côtoyer la révolte des enfants de l'intifada ou celle des jeunes dans les bidonvilles du Caire, devenus les fers de lance de l'islam radical, nous avions beaucoup réfléchi sur les raisons de leur colère.

Dans la plupart de ces pays, où la majorité de la population était âgée de moins de vingt-cinq ans, les conditions de vie des jeunes étaient pitoyables. Au lieu de miser sur cette force vive comme l'Amérique l'avait fait après la Seconde Guerre mondiale, de profiter de ce carburant démographique en lui donnant une possibilité d'explosion, le monde arabe, en concentrant la richesse et les espoirs entre les mains d'une minorité privilégiée et corrompue, avait créé le germe d'une révolte qui allait s'exprimer au cours des années sub-séquentes. Le désespoir des jeunes privés d'avenir, forcés de passer leurs journées à jouer à des jeux vidéo dans des cafés internet sordides, allait être récupéré par des forces conservatrices religieuses qui souhaitaient en découdre avec les pouvoirs en place.

L'occasion de nous pencher davantage sur le cas de cette jeunesse violente nous a été donnée lorsqu'une série d'attentats se sont produits presque simultanément, le 16 mai 2003, au cœur de Casablanca, la grande capitale économique du Maroc. En une soirée, une dizaine de jeunes entre vingt et vingt-cinq ans, armés de couteaux et ceinturés d'explosifs, s'étaient attaqués à un restaurant espagnol, à un hôtel pour étrangers, à un centre social, à un cimetière juif et au consulat de Belgique, faisant une quarantaine de morts et une centaine de blessés. C'était le premier acte terroriste d'une telle ampleur à frapper le monde arabe depuis les attentats de New York. Et il survenait quelque temps après la diffusion d'un message d'Oussama Ben Laden menaçant de représailles tous les États inféodés aux Américains, dont le Maroc. Les membres de ce commando, dont la plupart s'étaient fait exploser sur les lieux de leurs attentats, venaient presque tous de Sidi Moumen, une grande banlieue pauvre de Casablanca reconnue pour l'influence qu'y exerçaient les intégristes salafistes, financés par l'Arabie saoudite, pourtant l'allié officiel des États-Unis dans le monde arabe.

Quelques mois après les attentats, en janvier 2004, nous nous sommes rendus au cœur des bidonvilles de Sidi Moumen où, tout en cherchant à contourner les policiers en civil qui tentaient de nous empêcher d'entrer en contact avec la population, nous avons pu glaner quelques éléments d'explication. La plupart des membres du commando étaient des jeunes éduqués, souvent solitaires, au chômage malgré leurs diplômes. De jeunes Marocains comme nous en rencontrerions des centaines au cours de notre séjour, dont ce groupe de manifestants, plus pacifiques, qui exprimaient devant un bureau d'emploi leur désespoir de se trouver un jour un travail à la mesure de leurs compétences.

Les jeunes de moins de trente ans, qui constituaient, au moment des attentats, plus de 70 % de la population marocaine, représentaient, selon les rapports publiés par le gouvernement lui-même, une vraie bombe à retardement pour l'État. On disait que plus de 25 % des Marocains en âge de travailler étaient au chômage et que plus de cent mille diplômés cherchaient de l'emploi. Beaucoup parmi eux se rabattaient sur la criminalité pour survivre, et les statistiques indiquaient que plus de 40 % des détenus en prison avaient moins de trente ans. Les récits des événements tragiques du 16 mai 2003, fournis principalement par deux des membres du commando qui avaient survécu, montraient comment les jeunes kamikazes avaient accepté, après des semaines d'intoxication idéologique, de se sacrifier en portant des vestes chargées d'explosifs jusqu'aux lieux visés par les attentats, sans avoir eux-mêmes le contrôle sur les détonateurs qui étaient déclenchés à distance par leurs mentors.

Au cours de ce voyage au Maroc, nous avons aussi voulu décrire le même désespoir qui poussait d'autres jeunes à risquer leur vie en prenant la mer, dans des conditions précaires, pour atteindre à tout prix l'Europe et les espoirs de prospérité qu'elle représentait. Nous avons suivi la trace de ce trafic d'êtres humains, contrôlé par des mafias qui faisaient fortune sur le dos de la détresse des sans-emploi en exigeant des sommes astronomiques pour des traversées clandestines dont elles ne garantissaient jamais l'aboutissement. À Tanger, nous avons vu comment des jeunes se glissaient sous des camions, la nuit, à l'entrée des traversiers vers l'Espagne, dans l'espoir de ne pas être arrêtés par les policiers avant l'arrivée de ces camions de l'autre côté de la Méditerranée. En entrevue avec nous, le ministre de la Jeunesse du Maroc, Mohammed al-Gahs, un ancien journaliste, nous affirmait que le roi Mohammed VI connaissait bien les problèmes de la jeunesse et qu'il allait s'y attaquer, mais il ajoutait avec l'arrogance d'un aristocrate regardant de haut la masse : « Il ne faut pas faire l'erreur de justifier la violence par la situation des pauvres. »

Quelques semaines après la diffusion de ce reportage au Maroc, le 11 mars 2004, en pleine heure de pointe, le matin, des bombes explosaient dans des Cercanias, des trains de banlieue entrant à Madrid, la capitale espagnole, faisant près de deux cents morts et mille quatre cents blessés. Cette tragédie, la plus meurtrière en Europe depuis l'explosion d'un avion de la Pan Am au-dessus de Lockerbie, en Écosse, en 1988, était à nouveau le fait de jeunes Marocains islamistes.

L'année suivante, en janvier 2005, je me retrouve une fois de plus au Maroc, pour faire enquête, avec mon collègue réalisateur Jean-Luc Paquette, sur les origines d'un autre Marocain associé au terrorisme à l'époque : Adil Charkaoui, arrêté au Canada en mai 2003, quelques jours après les attentats de Casablanca, et détenu par la suite en vertu d'une procédure exceptionnelle qu'on appelle un certificat de sécurité. Charkaoui, un immigrant marocain résidant au Canada, est soupçonné par le Service canadien du renseignement de sécurité (SCRS) d'être un agent « dormant » du GICM, le Groupe islamique combattant marocain, un groupe terroriste lié à al-Qaïda qui a été au cœur des attentats de Casablanca. Dans le dossier mis en preuve par les services secrets pour justifier l'émission d'un certificat de sécurité contre lui – un dossier auquel ni les avocats de Charkaoui ni la presse n'ont accès –, on indique qu'il a été identifié comme agent du GICM par un des leaders du groupe, Noureddine Nfia. Il aurait aussi été identifié par Ahmed Ressam, l'Algérien montréalais condamné aux États-Unis pour tentative d'attentat à la bombe contre l'aéroport de Los Angeles en décembre 1999, qui aurait dit, dans sa déposition aux autorités américaines, avoir connu Charkaoui sous le nom de Zubeir al-Maghrebi dans un camp d'entraînement d'al-Qaïda en Afghanistan.

Le cas d'Adil Charkaoui nous intéresse, non seulement en raison de la controverse autour des certificats de sécurité, en vertu desquels il peut être déporté dans son pays d'origine après avoir été détenu sans procès au Canada, mais surtout par la nature des accusations qui sont portées contre lui. Charkaoui est un étudiant modèle en littérature française, au Maroc, et un sportif accompli, quand son père décide de vendre son entreprise de mécanique à Casablanca pour emmener la famille au Canada. De leur propre aveu, les parents et les enfants ne sont pas des religieux très pratiquants à l'époque. Pourtant, peu de temps après son arrivée à Montréal, Adil Charkaoui devient un fidèle assidu de la mosquée Assuna, dans le quartier Parc-Extension, où, on le saura plus tard, il noue des liens avec des gens appartenant à la mouvance terroriste, comme Ahmed Ressam ou Fateh Kamel, un autre Algérien qui, à partir de Montréal, aurait été un élément actif dans le réseau des islamistes qui se sont engagés dans la guerre en Bosnie, au milieu des années 1990. Il ouvre aussi une petite pizzeria en association avec Abdellah Ouzghar, un homme lui aussi d'origine maghrébine, condamné plus tard par contumace en France et lié, selon la police, au gang de Roubaix, un groupe d'islamistes violents.

En retournant au Maroc sur les traces d'Adil Charkaoui, en janvier 2005, nous sommes surpris du confort dans lequel il vivait avec sa famille avant de partir pour le Canada à l'âge de vingt-deux ans, durant l'été 1995. La maison familiale, rue Éléonore-Fournier, à Casablanca, le cabanon à la plage David, l'école primaire Jeanne-d'Arc, le lycée Idriss, l'université, sa professeure d'histoire et de roman, Bahia al-Ahouad; l'environnement dans lequel il a baigné avant son départ du Maroc semble tellement serein qu'on se demande pourquoi il a voulu le quitter, mais surtout comment cet homme a pu être séduit par l'islam violent. « Il était trop fragile, nous dit son enseignante, Mme al-Ahouad. Il aura probablement été influencé à la mosquée, à Montréal. » Mais ce voyage au Maroc, en 2005, ne nous aidera pas à voir les choses plus clairement, au contraire. Grâce à un journaliste marocain qui s'intéresse aussi au dossier, nous rencontrons une femme dont le visage est recouvert d'un niqab et qui dit être l'épouse de Noureddine Nfia, celui qui, selon les services secrets canadiens, a identifié Charkaoui comme un représentant du GICM à Montréal. Elle nous remet un mot de la part de son mari dans lequel il écrit qu'on l'a forcé à signer une fausse déclaration sous la torture après les attentats de

Casablanca et qu'il ne connaît pas de Charkaoui au Canada. En entrevue avec nous, le ministre de la Justice du Maroc, Mohamed Bouzoubaâ, nous révèle qu'après avoir fait enquête sur son cas, à notre demande, le gouvernement marocain ne retient aucune charge contre Adil Charkaoui et qu'il peut rentrer dans son pays d'origine. Mais, avant que nous quittions le Maroc, quelqu'un m'aborde dans le hall de notre hôtel, à Casablanca, et me dit qu'un homme important veut me rencontrer de toute urgence.

Quelques heures plus tard, je me retrouve au bar de l'hôtel devant un personnage immense qui ne me donne pas son nom, mais qui dit être un responsable des services de renseignement marocains. En me remettant des photocopies de documents manuscrits, qui reprennent essentiellement toutes les accusations formulées par le SCRS, il me dit que tout ce que nous avons entendu durant notre séjour au Maroc est faux, que Charkaoui est bel et bien lié à al-Qaïda, et que s'il remet les pieds en sol marocain il sera immédiatement arrêté. La confusion est donc totale, et notre reportage, tout en apportant beaucoup de nouvelles informations au dossier, ne contribuera pas à éclaircir totalement la question de l'identité réelle de l'homme. Adil Charkaoui a vu son certificat de sécurité annulé par la Cour fédérale en 2009, après avoir passé vingt et un mois en prison ; aujourd'hui citoyen canadien, il réclame des millions de dollars en dédommagement au gouvernement canadien pour préjudices subis.

Après la sortie de notre émission sur l'affaire Charkaoui, en avril 2005, nous décidons de poursuivre notre enquête à Montréal. En établissant des liens entre ce jeune Marocain brillant, arrivé au Canada au milieu des années 1990, et une douzaine d'individus d'origine nord-africaine impliqués dans des activités criminelles ou terroristes, nous nous posons de plus en plus de questions sur le rôle de la métropole comme plaque tournante de la mouvance terroriste. Les informations divulguées par Ahmed Ressam et son complice Mokhtar Haouari après leur arrestation aux États-Unis, les procès intentés en France contre Fateh Kamel et Abdallah

Ouzghar, et les croisements qu'on peut faire avec les accusations portées contre Charkaoui nous révèlent l'existence d'une nébuleuse très active à Montréal à partir de la moitié des années 1990. En plus de nos propres recherches, plusieurs autres journalistes avaient commencé depuis quelques années à mettre ensemble des noms, à faire eux aussi des liens entre des individus : Ressam, Haouari, Charkaoui, Samir Aït Mohamed, Khalil Touahri, Saïd Atmani, Adel Boumezbeur, Abdelmajid Dahoumane, Fateh Kamel, Abdallah Ouzghar. Ils avaient tous frayé ensemble à un moment ou à un autre, en partageant des appartements, de petits commerces, en mettant sur pied des opérations illégales ou des complots terroristes. Et ils avaient tous en commun, aussi, un point de ralliement où ils s'étaient connus et où, à la sortie de la prière du vendredi, on distribuait ouvertement des cassettes appelant au jihad : la mosquée Assuna.

Lors de son passage au Québec, à la fin des années 1990, le juge français Jean-Louis Bruguière, spécialiste de la lutte anti-terroriste au tribunal de grande instance de Paris, avait averti nos corps policiers de la présence dans la métropole d'une nébuleuse terroriste. Venu interroger des suspects dans le cadre d'une enquête sur des attentats en France, il était à la recherche, entre autres, d'Ahmed Ressam, dont nos policiers avaient perdu la trace, alors même qu'il se préparait à faire sauter l'aéroport de Los Angeles. Le juge avait critiqué à mots couverts ce qu'il percevait comme la naïveté de nos corps de police, qui sous-estimaient, selon lui, la menace de ce qui se dessinait sous leurs yeux. Nous voulions savoir, en 2005 et en 2006, où tout cela avait mené. Existait-il encore à Montréal un islam violent, et si oui, comment expliquer que cette haine puisse éclore dans une ville en apparence aussi tolérante, prospère et sécuritaire ?

En faisant des recherches sur le sujet, j'ai rencontré un journaliste influent de la communauté algérienne montréalaise qui m'a raconté comment, durant la guerre civile au milieu des années 1990, il avait fui son pays parce que sa vie était mise à prix par les islamistes violents. « Dans l'avion que je prenais pour fuir, les gens qui voulaient ma tête, m'a-t-il dit, je les retrouvais assis à côté de moi ! » Les islamistes radicaux qui terrorisaient l'Algérie avaient profité du laxisme de nos policiers pour trouver eux aussi refuge à Montréal et ainsi échapper aux poursuites des services secrets algériens.

Grâce aux budgets dont nous disposions encore à l'époque, nous avons pu mener une longue enquête, et tenter de remonter jusqu'aux racines de la filière terroriste de Montréal. Avec le réalisateur Jean-Claude Burger, nous sommes allés à Paris pour rencontrer Jean-Louis Bruguière, puis à Roubaix, dans le nord de la France, où la police avait dû mener une opération quasi militaire pour venir à bout de ce groupe d'islamistes violents surnommé « le gang de Roubaix », auquel étaient liés certains Maghrébins de Montréal.

Nous avons aussi effectué un séjour en Égypte, où un courant de réforme au sein du mouvement des Frères musulmans avait décidé de renoncer à la violence pour se battre ouvertement sur le terrain politique en participant aux élections, où il allait remporter des succès rapides. Diaa Rashwan, un chercheur au Centre d'études politiques et stratégiques d'al-Ahram, aujourd'hui journaliste, nous avait offert un point de vue étonnant sur l'état d'esprit des populations arabo-musulmanes à l'égard de l'Occident. Il dénonçait, en particulier, le fait qu'en s'attaquant à l'islam violent et en stigmatisant le peuple arabe nous, les médias, trop tournés sur nous-mêmes et nos clichés, selon lui, n'avions pas noté que les islamistes avaient enregistré des gains importants, sans violence, dans quatorze élections dans le monde arabe après le 11 septembre. L'engouement populaire pour les islamistes prenait une telle ampleur en Égypte qu'un leader politique modéré, Mohamed Abou al-Ghar, de Kifaya, un mouvement d'opposition au président Moubarak, nous prédisait que si le régime continuait à traiter les Égyptiens de façon aussi méprisante les Frères musulmans prendraient le pouvoir dans les cinq années suivantes. Il ne savait pas à quel point il était visionnaire.

Revenus à Montréal, nous avons eu recours aux services d'un collègue français d'origine algérienne, Mohamed Sifaoui, un spécialiste des milieux islamistes violents qui avait notamment infiltré des cellules terroristes à Paris, pour nous aider à mener une enquête sur l'islam radical dans notre propre cour. Pendant trois semaines, durant l'été 2006, équipé d'une caméra cachée et libre de se déplacer sans être reconnu, il a fréquenté les mosquées, les commerces et les cafés de la communauté musulmane de Montréal. Dans une petite librairie du quartier Côte-des-Neiges, il a découvert des CD faisant l'apologie du terrorisme, de la guerre sainte et des attentats suicides, alors que la police nous disait avoir éliminé ce genre de propagande. « Le vendredi 21 juillet, racontait le site internet de *Zone libre*, Mohamed Sifaoui s'est rendu une première fois à la mosquée Assuna pour assister au prêche du cheikh Omar Soufyane. On était en pleine crise entre le Liban et Israël, après une vague de bombardements israéliens dans le sud du Liban et au cœur des quartiers du Hezbollah dans la capitale, Beyrouth. Selon le journaliste, l'imam de la mosquée, très en colère, a évoqué la crise au Proche-Orient et a terminé son discours en priant Dieu de tuer tous les ennemis de l'islam jusqu'au dernier[27]. »

Avec Mohamed Sifaoui, nous avons aussi tourné à Montréal, le 29 juillet 2006, des images d'une manifestation de militants liés au mouvement islamiste Justice et spiritualité, fortement réprimé au Maroc. Les manifestants, qui se disaient membres de l'Observatoire canadien des droits de l'homme – une organisation qu'ils avaient créée quelques semaines auparavant –, dénonçaient, devant le consulat général du Maroc, la violence dont ils étaient victimes dans leur pays. Pendant que nous tournions, Sifaoui s'est intégré aux militants, qui lui ont confié qui ils étaient, en fait, ainsi que leur intention d'abandonner l'action politique pour finalement passer au jihad. En terminant son enquête, Sifaoui s'est retrouvé à nouveau à la mosquée Assuna, où le prêche était prononcé cette fois par un remplaçant de l'imam. En pleine crise entre Israël et le Liban, le guide spirituel n'hésitait pas à prendre parti en traitant l'État hébreu de « traînée » et de

---

27. http://ici.radio-canada.ca/nouvelles/national/2006/09/08/004-zl_islam_mosquees.shtml

« bâtard », puis il a appelé les jeunes à se mobiliser en faveur de la guerre sainte en leur lançant : « Vous êtes les munitions de notre communauté. »

Cette émission sur l'islam violent a eu un effet révélateur important lors de sa diffusion, durant l'automne 2006, et les leaders islamistes, après avoir menacé de nous poursuivre en justice, ont dû se rendre à l'évidence. Nous avions réussi, en grande partie grâce à la contribution de notre collègue Sifaoui, à révéler ce qui était jusqu'alors pratiquement indémontrable, et même la police, qui prétendait avoir réglé le cas de l'islam violent à Montréal, en avait pris ombrage. Mais ce qui nous satisfaisait presque tout autant, c'est que nous avions montré clairement les origines de cette haine : l'exaspération de toute une génération de jeunes privés d'avenir, qui, voyant de plus en plus, dans le développement des communications planétaires, les chances qu'ils rataient, avaient décidé de ne plus attendre. Pour l'heure, une minorité d'entre eux s'exprimaient par une violence terroriste isolée, mais ils n'allaient pas tarder à se manifester autrement. Cinq ans plus tard, ce vent d'insatisfaction et de frustration allait déferler dans les rues du Moyen-Orient, au point de provoquer la chute de certaines des dictatures les plus redoutables de la planète.

Le « projet Inter »

Au moment où nous préparons ce dossier sur l'islam violent à Montréal, après avoir connu le succès pendant six ans autant sur les ondes de la télévision de Radio-Canada que sur TV5 Monde – où l'émission est disponible partout sur la planète –, *Zone libre* n'est plus que l'ombre d'elle-même. Pour des raisons budgétaires, l'émission est passée de quarante-huit épisodes par saison lors de sa naissance, en 1998, à vingt-six épisodes durant l'année 2004-2005, puis à une dizaine en 2005-2006. Au retour des fêtes de Noël et du Nouvel An, quelques mois plus tôt, en février 2005, la direction du réseau français de Radio-Canada, sous la gouverne de Daniel Gourd, un homme sans vision, nous a annoncé que le tiers des nouvelles compressions imposées à la SRC par le gouvernement serait assumé par l'information. Gourd a nommé à la tête de l'information à la télévision Louis Lalande, l'ancien coordonnateur du *Point*, qui, contrairement à tous ses prédécesseurs, ne s'oppose pas à cette décision.

Dans l'annonce, qui sort au compte-gouttes dans les médias, la direction prétend que la couverture internationale, qui constitue près de la moitié du contenu de *Zone libre*, sera dorénavant prise en charge par les équipes des nouvelles. Mais personne n'est dupe de la manœuvre, l'avenir de *Zone libre* et du reportage international est en jeu, et les titres des journaux et des chroniques en témoignent. « Quand Radio-Canada désinforme ! » dit Michel Vastel, rappelant que quelques jours avant cette annonce la ministre du Patrimoine, Liza Frulla, vantait à *Tout le monde en parle* les mérites de *Zone libre* et de *Découverte*. « Radio-Canada choisit la cote d'écoute », titre *La Voix de l'Est*, sous la plume de Jean-Guy Dubuc qui, comme beaucoup d'autres, voit dans cette décision de la direction la volonté d'épargner les émissions de variétés, plus populaires, au détriment de sa mission d'information. « Il est inconcevable que la SRC décide de mettre ainsi de côté son mandat d'enquête et d'information internationale, à l'heure où la mondialisation affecte de plus en plus notre quotidien », écrit *Le Soleil* de Québec en paraphrasant les propos que nous avons tenus dans une conférence de presse, où la plupart des animateurs et têtes d'affiche de l'information étaient présents. La décision de la direction frappe de plein fouet *Zone libre*, mais elle affecte aussi les budgets des émissions *Enjeux*, *La Facture*, *Second Regard*, ainsi que *Justice*, qui disparaîtra dans les mois subséquents. La sortie publique des journalistes de Radio-Canada donne lieu à un déferlement de réactions en provenance des Parlements de Québec et d'Ottawa, des universités et des milieux d'affaires, qui s'inquiètent de voir se fermer une fenêtre essentielle sur le monde. Des centaines de gens se mobilisent pour signer des pétitions qui circulent dans plusieurs milieux.

À l'instigation du Pr Charles-Philippe David, le titulaire de la Chaire Raoul-Dandurand de l'UQÀM, dont je préside bénévolement le conseil de direction, les universitaires du Québec décident de boycotter pendant plusieurs semaines les émissions d'affaires publiques de la radio et de la télévision de Radio-Canada. La pression est telle sur la direction que les esprits commencent à s'échauffer. Dans un courriel cinglant qu'il m'adresse le 25 février, Daniel Gourd refuse de nous rencontrer en disant qu'il n'est pas dans ses habitudes de discuter, ou de rediscuter, les décisions de ses « responsables » – en parlant de ses cadres –, alors que tout le monde sait que la décision vient de lui directement.

Trois semaines plus tard, un gros titre en première page du cahier Arts et Spectacles de *La Presse* affirme : « La SRC n'a pas aimé la sortie de Jean-François Lépine. » Dans son article, Hugo Dumas fait état d'une entrevue que j'ai donnée quelques jours plus tôt, au cours de laquelle j'aurais, selon lui, « […] dénoncé sur les ondes de Télé-Québec la quasi mise à mort de *Zone libre*». «Selon une source radio-canadienne, déclare-t-il, "la direction va utiliser cette escapade non autorisée pour sévir contre Lépine". » Puis il cite un extrait de mes propos à l'émission *Il va y avoir du sport*, de Marie-France Bazzo, où je dis : «Il y a une tentation de remplacer l'information par du divertissement. Parce qu'on est obsédés par les revenus publicitaires […]. Et moi je dis arrêtons ça ! »

À cinquante-six ans, après avoir fait plusieurs fois le tour de la terre, et celui de ce métier que j'aime tant, je n'ai plus rien à perdre et je ne peux pas accepter le choix de mes patrons de sacrifier notre mission première au profit d'une rentabilité éphémère. Comme l'avait dit un jour lors d'une soirée de gala des Jutra un réalisateur-documentariste québécois d'origine chilienne, Patricio Henriquez, pour lequel j'ai beaucoup de respect, en critiquant une décision du gouvernement fédéral de ne plus subventionner les documentaires traitant de sujets étrangers : «Dans une maison, quand il n'y a pas de fenêtres, il fait noir et ça pue. » J'étais convaincu, et je le suis plus que jamais aujourd'hui, qu'une nation comme le Québec et un pays comme le Canada ne pouvaient pas se passer d'un investissement essentiel dans ce regard particulier que nous apportions sur l'évolution de la planète. Et une grande partie de l'opinion publique m'appuyait.

Quelques mois après avoir condamné à mort *Zone libre*, Daniel Gourd, en juin 2005, annonce qu'il prendra sa retraite à l'automne pour être remplacé par Sylvain Lafrance, un homme qui, en tant que vice-président de la radio française, s'est déjà fait connaître pour avoir augmenté l'audience des émissions, justement en misant sur l'information de qualité. Après sa prise de fonction, Lafrance décide de fusionner les services de l'information radio et télévision qui avaient été séparés pendant des années, et il confie à Alain Saulnier, le patron de l'information à la radio, le soin de moderniser les structures pour rendre nos services plus efficaces. Quelques mois après son arrivée en poste à la vice-présidence du réseau français de Radio-Canada, je remets à Sylvain Lafrance, au cours d'un déjeuner au restaurant, un projet d'émission qui serait entièrement consacrée à l'information internationale, un concept qui n'existe pas dans les grandes chaînes de télévision généralistes de la planète, sauf peut-être à la BBC. Mais, comme je sais à quel point nos ressources sont limitées, je propose d'utiliser principalement nos bureaux à l'étranger pour assurer le contenu du futur magazine télévisé.

Depuis des années, les correspondants de Radio-Canada, encore nombreux à l'époque, se plaignent de ne pas être assez visibles dans les bulletins de nouvelles, de plus en plus courts et entrecoupés de publicités. Pourquoi ne pas leur donner un créneau en heure de grande écoute, comme le font des émissions comme *Correspondent* ou *This World* à la BBC? Au début de 2007, alors que *Zone libre*, devenue entre-temps *Zone libre enquêtes*, se demande encore quel sera son avenir, je suis convoqué par Alain Saulnier qui m'annonce que la direction a décidé de réaliser un tel projet. L'idée est de recentrer les deux grandes émissions d'affaires publiques de la télévision – *Enjeux*, animée par Alain Gravel, et *Zone libre enquêtes*, dont je présente la douzaine d'éditions dans l'année – pour les redéployer autour de deux grands axes, qui devront dorénavant caractériser l'information de Radio-Canada: l'enquête journalistique et l'information internationale. Gravel animera le magazine d'enquête et je mettrai sur pied, avec une toute nouvelle équipe, une émission entièrement consacrée à l'actualité de la planète. Le projet est emballant, même si nous savons que les ressources financières dont nous disposerons pour l'élaborer seront à peine suffisantes. C'est du moins le son de cloche que me donne Jean Pelletier, qui, quinze ans après avoir lancé avec moi la nouvelle version du *Point*, me dit, en toute confidence: «Le projet est nécessaire, mais on n'a pas l'argent pour le réaliser.» Je rends hommage à Jean encore aujourd'hui pour avoir tenté tout ce qu'il pouvait, malgré tout, pour que le rêve se réalise.

Dès le début de 2007, le concept de l'émission commence à prendre forme. Un premier document, daté de février et portant le titre de travail «Inter», expose la formule: «Le magazine, animé par Jean-François Lépine, réunit les correspondants, les envoyés spéciaux et les analystes de Radio-Canada pour présenter, en une heure, les grands événements de la semaine sur la scène internationale. L'émission combine l'utilisation de technologies de pointe en infographie à la présentation de reportages et de débats.» Le 30 mars, une réunion informelle est organisée avec des artisans de la première heure dont certains seront dans l'équipe de départ: Guy Parent, le futur rédacteur en chef, Raymond Saint-Pierre et André Gariépy, qui seront parmi les premiers reporters-réalisateurs, et Josée Bellemare, une réalisatrice d'une vivacité exceptionnelle que je connais à peine. Une deuxième rencontre, le 7 avril, introduit une nouvelle idée majeure: l'émission se déroulera devant un public en studio. Une portion importante sera consacrée chaque semaine au reportage, mais la direction souhaite que l'on explore l'idée d'inviter des téléspectateurs à assister à l'émission et même à intervenir dans le traitement des sujets. On pense aussi à mettre à contribution des invités de prestige comme nos ex-ambassadeurs Raymond Chrétien ou Louise Fréchette, des Canadiens qui ont bâti la réputation du Canada et qui connaissent l'étranger, qui peuvent «réchauffer ce qui est froid».

Le 5 mai, lors d'une rencontre avec Alain Saulnier, où sont présents Guy Parent et Jean Pelletier, nous confirmons la nomination de Josée Bellemare à titre de coordonnatrice. L'émission, en plus de son réseau de correspondants à l'étranger, comptera deux équipes de tournage à Montréal et trois recherchistes. Deux personnes clés, le réalisateur Yanic Lapointe et l'assistante Lydie Lacroix, seront responsables de la production en studio. Des effectifs minimalistes, pour réaliser ce qu'on souhaite pourtant être un grand magazine hebdomadaire.

La première d'*Une heure sur Terre*, malgré ses imperfections, est à la mesure de nos espoirs et du message que nous voulons lancer aux téléspectateurs. En début d'émission, nous recevons notre collègue Patrice Roy et son caméraman Charles Dubois, qui se remet à peine d'une amputation à la jambe à la suite de l'explosion qui a détruit le véhicule dans lequel ils se trouvaient, quelques semaines plus tôt, en Afghanistan. Ils nous présentent pour la première fois le récit de cette tragédie dans laquelle deux militaires canadiens ont perdu la vie.

En ce début d'automne 2007, le Canada mène une opération de combat dans la province de Kandahar, dont je couvrirai la fin durant l'été 2011 ; une guerre mal comprise par la population, habituée à voir ses soldats en mission de paix. Nous profitons donc du passage de nos collègues pour soulever la question de la pertinence du rôle des Forces canadiennes en Afghanistan. Selon la formule que nous avons décidé d'expérimenter, nous avons invité à l'émission une personnalité qui n'est pas forcément liée aux sujets que nous allons aborder, mais qui est connue du grand public et qui s'intéresse à l'actualité. Pour cette première, le pianiste Alain Lefèvre a accepté avec un certain courage de briser la glace. Alain, qui est très critique de la présence du Canada en Afghanistan, a, dès le début, des relations un peu tendues avec nos deux collègues, mais c'est le genre de risque que nous voulons prendre. Après la diffusion du reportage bouleversant de Patrice et Charles, nous discutons de la pertinence de la mission avec Chris Alexander, un jeune Canadien qui est à l'époque le représentant adjoint du secrétaire général de l'ONU en Afghanistan.

Puis nous passons à une partie plus légère. En plus des reportages d'une réalité parfois brutale et des échanges avec nos invités, nous voulons aussi utiliser les livres, la musique et des chroniques originales pour traiter de l'état du monde. C'est ainsi que je présente ce soir-là la première chronique de Julie Perreault, intitulée «La planète est dans ma cour», qui s'intéresse à l'apport unique des immigrants à la société québécoise. Catherine Mercier, dans le dernier segment, nous dresse un tableau de l'actualité au moyen de nouvelles insolites que l'on n'a pas vues dans les grands médias.

Une heure sur Terre, par sa nouveauté et son originalité, va rapidement se démarquer dans le paysage télévisuel québécois et même international; les collègues français, en particulier, apprécieront la formule dès ses premières diffusions sur TV5 Monde. Pour moi, c'est l'aboutissement d'un projet qui exprime le plus fidèlement ce que je souhaite présenter depuis longtemps au public. L'esprit d'équipe est aussi exceptionnel; avec l'enthousiasme qui la caractérise et l'exigence constante qu'elle nous insuffle, Josée Bellemare dirige un groupe qui en arrive à faire des miracles, en dépit des faibles moyens de l'émission. Pendant ses six ans d'existence, *Une heure sur Terre* gagnera des prix chaque année, mais elle sera victime, au fil du temps, du même rouleau compresseur qui a coupé graduellement les ailes de *Zone libre*: les compressions budgétaires.

C'est ainsi qu'après deux ans seulement nous perdrons l'usage de ce grand studio, ce grand plateau de discussion, magnifiquement aménagé par Michel W. Morin et décoré de façon si originale, chaque semaine, par l'infographiste Danielle Lauer, dont j'ai conservé certains dessins qui sont pour moi des œuvres d'art. Un univers certes coûteux, mais qui donnait son caractère unique à l'émission et dans lequel nous avons reçu des personnalités aussi différentes et marquantes que Youssou N'Dour, Louise Arbour, Clotaire Rapaille, Paul Martin ou Vladimir Pozner.

Le laboratoire du XXIᵉ siècle

Un des grands défis d'*Une heure sur Terre*, après son lancement, s'est présenté à la fin de la première saison, au printemps 2008. À quelques mois des Jeux olympiques de Pékin, j'avais eu l'idée, après le succès que nous avions connu durant l'année, de proposer pour l'été une édition spéciale sur la Chine mettant à contribution les anciens correspondants qui, comme moi, avaient fait la chronique de l'évolution de ce pays depuis l'ouverture du bureau avec Don Murray, en 1979. J'estimais que, pour souligner la tenue des JO en Chine, Radio-Canada et CBC se devaient d'utiliser cette expertise unique, accumulée au fil des ans, dans une production télévisée qui allait nous démarquer une fois de plus. La direction de Radio-Canada avait réagi avec enthousiasme à cette idée en nous donnant le feu vert pour réaliser dix heures d'émissions devant être diffusées en rafale durant les Jeux. Grâce à l'apport budgétaire combiné des deux réseaux, nous avons donc pu envoyer en tournage en Chine, au cours de ce printemps 2008, Don Murray, Patrick Brown, Céline Galipeau, Raymond Saint-Pierre, auxquels s'ajouterait notre correspondant en poste à Pékin Michel Cormier. Chacun, ayant vu la Chine à un moment précis de son histoire récente, avait pour mandat de la redécouvrir sous un angle particulier.

C'est ainsi que nous avons produit, en l'espace de quelques semaines, une série de reportages uniques portant sur des sujets aussi variés que la démocratie ou la répression, le développement économique foudroyant et son corollaire, la pollution extrême, les nouvelles formes d'expression artistique, les nouveaux riches ou les relations avec Taiwan. Céline Galipeau a tourné un reportage inoubliable sur les conséquences néfastes de la politique de l'enfant unique, qui avait provoqué l'assassinat de tant de bébés filles dans le passé, mais qui, avec le développement technologique, avait pris une tournure encore plus perverse. On y voyait comment, même dans un village de la campagne profonde, des familles avaient recours à l'échographie et à l'avortement sélectif en soudoyant des fonctionnaires malhonnêtes pour mieux planifier l'arrivée du bébé garçon tant désiré. Céline et moi sommes revenus à Pékin durant les Jeux, accompagnés entre autres de Catherine Mercier, qui allait elle-même devenir plus tard correspondante à Pékin, pour présenter de la capitale chinoise, pendant deux semaines, les émissions qui étaient montées par le personnel d'*Une heure sur Terre* à Montréal au jour le jour et diffusées en début de soirée, avant la couverture quotidienne des Jeux. La série, intitulée « À l'heure de la Chine », a connu un grand succès et demeure encore aujourd'hui, pour moi et pour toute l'équipe, une de nos plus belles réalisations.

Il faut dire que la Chine que nous redécouvrions en 2008 avait tout pour fasciner. Après ma visite à Shanghai en 1997, j'avais fait une autre tournée dans le pays en 2005, avec la réalisatrice Kristina Von Hlatky, pour produire une série de reportages portant principalement sur les entreprises canadiennes en sol chinois et les défis qu'elles devaient surmonter pour profiter des occasions qu'offrait cette immense économie en ébullition. Nous avions, entre autres, passé beaucoup de temps à l'usine Bombardier Sifang de Qingdao, un *joint-venture* sino-canadien qui permet encore aujourd'hui à la grande compagnie québécoise de participer à l'expansion fulgurante que connaissent les chemins de fer chinois au XXIᵉ siècle. Avec Laurent Beaudoin à Montréal et le personnel de l'usine de Qingdao, nous avions illustré en quoi c'était un défi pour une entreprise de technologie de pointe comme Bombardier de s'associer à des partenaires chinois sans se faire subtiliser ses secrets technologiques ; cette ligne rouge que toute entreprise doit maintenir pour conserver l'intégrité de son *savoir-faire* particulier.

À peine trois ans après cette visite, la Chine était devenue en 2008 une puissance technologique avec un potentiel de recherche et de développement de classe mondiale ; et la qualité des infrastructures olympiques, de l'organisation des Jeux, le professionnalisme de l'accueil et la splendeur des cérémonies d'ouverture et de clôture en étaient une illustration fabuleuse. Un pays, sorti de la pauvreté extrême à peine un quart de siècle plus tôt, qui était devenu, à force de travail et d'ingéniosité, une puissance mondiale. Le comité olympique chinois avait engagé, pour nous accompagner comme guides, chauffeurs ou interprètes, des jeunes issus des plus grandes universités ou des entreprises modèles, dont l'ouverture d'esprit et même la capacité critique nous fascinaient.

Aujourd'hui, près de trente ans après les réformes de Deng Xiaoping, malgré tous les efforts et les milliards dépensés par la Sécurité publique chinoise pour les contrôler, les Chinois profitent d'une liberté de plus en plus grande qu'ils expriment la plupart du temps en critiquant les inégalités, le pouvoir de l'élite politique et les privilèges des amis du Parti communiste. Dès 2006, dans son discours annuel devant l'Assemblée nationale du peuple, l'ancien premier ministre Wen Jiabao – lui-même critiqué aujourd'hui pour avoir amassé pendant ses années au pouvoir des centaines de millions de dollars – avait reconnu qu'il y avait en Chine des dizaines de milliers de manifestations violentes chaque année de la part de citoyens réclamant leur dû ou dénonçant les privilèges des dirigeants. Internet et les médias sociaux constituent de plus en plus une soupape exceptionnelle par laquelle s'exprime la population, malgré les barrières imposées par la police. Toutes les autres formes d'expression, comme la musique, la peinture, la poésie ou la littérature, ont pris une ampleur phénoménale.

Comme les nouveaux nationalistes chinois aiment le dire, le pays est en voie de retrouver, grâce à ses réalisations exceptionnelles, le statut de grande puissance qu'il avait dans le monde avant la colonisation étrangère. Et tout cela en misant, comme à l'époque, sur les qualités uniques de son peuple : génie du commerce, éthique du travail, amour des arts et de la grande cuisine, ouverture aux autres, inventivité et capacité incroyable d'adaptation. La Chine est aujourd'hui la première puissance exportatrice de la planète, elle dispose de la plus grande armée, et elle sera bientôt la première économie du monde. À l'aube de l'an 2000, les pays membres des Nations unies s'étaient donné comme but, en adoptant les Objectifs du millénaire pour le développement (OMD), d'arriver, avant 2015, à réduire de moitié la pauvreté dans le monde. Faire passer des centaines de millions de gens au-dessus de la barre des 2 dollars de revenu par jour qui représentait à l'époque le seuil de la pauvreté. L'objectif a été atteint plus tôt que prévu, en 2013, et cela, en grande partie en raison de la Chine qui a réussi, grâce à ses seules réformes économiques, à sortir plus de 600 millions d'individus de l'extrême pauvreté.

Malheureusement, les coûts humains et matériels de cette révolution économique sont énormes. Malgré ces progrès, la Chine enregistre le plus grand écart du monde entre riches et pauvres, des taux record de pollution – seize des vingt villes les plus polluées de la planète sont en Chine – et une corruption généralisée des élites. Lors de mon dernier voyage en Chine pour Radio-Canada, en septembre 2012, j'ai voulu revoir deux personnes sur lesquelles j'avais fait un reportage au milieu des années 1980, quand, pour illustrer l'impact des réformes de Deng Xiaoping, les autorités glorifiaient les premiers millionnaires du pays. Je voulais me servir de ces deux personnes pour mesurer les progrès qui avaient été accomplis. Le premier s'appelait Lu Zhonghen, et il était à l'époque un paysan de la grande région de Shanghai qui avait fait fortune en vendant des poulets. Quand je l'ai joint pour ce reportage, en 2012, Lu ne voulait plus nous parler. Nommé membre du Parti communiste pour ses succès en affaires au milieu des années 1980, il s'était fait avoir dans les années suivantes par des cadres du parti qui étaient devenus ses associés et qui, en fait, lui avaient volé son commerce. Pendant des années, Lu avait poursuivi en vain ces associés pour récupérer ses fonds. Il avait dû rembourser les gens de sa famille et de son village qui, ayant cru en lui, avaient investi dans l'entreprise et tout perdu comme lui. Aujourd'hui, épuisé et malade, il vend des produits alimentaires sur Internet pour survivre.

En 1986, j'avais aussi rencontré un autre Lu, Lu Guowei, le fils d'un armateur qui, à l'arrivée de Mao au pouvoir, avait dû abandonner les affaires parce que les communistes persécutaient les capitalistes. Avec les réformes de Deng Xiaoping, Lu Guowei avait eu le feu vert pour relancer l'entreprise familiale de transport fluvial sur le Yangtsé, le grand fleuve de Chine. Sa compagnie, Datong, connaissait une telle croissance, quand je l'avais rencontré dans ses bureaux de la ville de Wuhan, qu'elle concurrençait les entreprises d'État bureaucratisées et déficitaires. Dans les années qui avaient suivi, Lu Guowei avait été pratiquement forcé, par les autorités locales corrompues, de vendre Datong à ces concurrents étatiques, et il était mort sans avoir pu transmettre l'entreprise à ses enfants. Par contre, son neveu, Lu Xiaozhong, était devenu un magnat du transport maritime dans une autre ville, la mégapole de Chongqing dans le Sichuan, où son entreprise, Minsheng Shipping, avait prospéré. Quand j'ai voulu lui parler en 2012, heureux de raconter cette histoire qui aurait fait la fierté de son oncle Lu Guowei, Lu Xiaozhong a refusé lui aussi de me rencontrer. Entre-temps, son entreprise avait subi le même sort que celle de son oncle. Il avait été forcé lui aussi de vendre le contrôle de Minsheng Shipping au gouvernement local, qui avait gagné une fortune en inscrivant la compagnie en Bourse. En deux histoires, très simples, je venais de parcourir, en 2012, le trajet qu'avait suivi la Chine, depuis le moment où Deng Xiaoping lançait ses réformes jusqu'à son succès actuel, une route malheureusement parsemée de malversations et d'injustices.

Lorsqu'il est arrivé au pouvoir en 2013, pour un mandat de dix ans, le nouveau président, Xi Jinping, un haut fonctionnaire très rigide du Parti communiste, a promis, comme ses prédécesseurs, de s'attaquer aux problèmes d'injustice et de corruption en Chine. Et, même si la grande majorité des Chinois sont sceptiques, je crois tout de même qu'il y a de l'espoir.

Pendant des décennies, après la Seconde Guerre mondiale, les États-Unis ont été le grand laboratoire du monde, l'endroit sur la planète où l'innovation politique, sociale, technique et économique était à son comble. Nous avions, nous les Canadiens, au sud de nos frontières, cet immense potentiel humain dont nous avons profité abondamment. Aujourd'hui, le laboratoire du monde s'est déplacé autour de la Chine et de son dynamisme impressionnant. En 2012, le pays est devenu le plus gros consommateur d'énergie du monde. C'est aussi, malheureusement, celui qui émet le plus de gaz à effet de serre. D'ici 2020, plus de 600 millions de Chinois vont avoir notre niveau de vie. Un marché équivalent à deux fois celui des États-Unis. Si tous ces consommateurs décident comme nous de s'acheter une voiture – la Chine est déjà le plus gros marché automobile du monde –, les Chinois consommeront en 2020 autant de pétrole que les États-Unis, le Moyen-Orient et l'Europe réunis.

À elle seule, cette équation illustre les défis des Chinois et l'influence déterminante que leur développement aura sur nous. Et, si cette équation nous semble inquiétante, voire impossible, compte tenu des ressources limitées de la planète, les Chinois eux-mêmes en sont conscients. On ne peut pas tous continuer à consommer comme on le fait, et eux les premiers le réalisent. Dans son plan quinquennal de 2006, le gouvernement chinois avait décidé de miser sur le développement des technologies de l'environnement pour résoudre les défis devant lesquels la progression économique accélérée du pays allait le placer. En quelques années, la Chine est ainsi devenue le premier producteur mondial de panneaux solaires et d'éoliennes. Les Chinois se sont aussi attaqués au développement de la voiture électrique. En 2011, lors du douzième plan, ils se sont engagés à réduire la consommation d'énergie et les émissions de CO_2 par unité du PIB de 16 et 17 % respectivement, et les objectifs des planificateurs en Chine sont toujours atteints. Pour remplir leurs buts, les Chinois investissent des fortunes en recherche et développement. C'est même devenu l'endroit au monde où se concentrent le plus d'investissements étrangers en R&D. Au XXIe siècle, le grand laboratoire de la planète s'est déplacé en Asie.

Les prochaines puissances

L'exemple de la Chine inspire beaucoup de pays qui se sont joints à la grande mouvance du monde émergent. Après avoir été fascinés par la montée en puissance des BRICS – pour Brésil, Russie, Inde, Chine, Afrique du Sud –, nous observons maintenant l'essor des MIPS – Malaisie, Indonésie, Philippines, Singapour –, et les grands fonds d'investissement de la planète surveillent les « *next eleven* » ou les vingt-cinq RGM – pour Rapid Growth Markets –, comme on caractérise ces pays qui possèdent deux qualités requises pour assurer un potentiel de développement économique : une population jeune et des taux de croissance dépassant les 4 %. Parmi eux, des pays aussi variés que le Bangladesh, le Vietnam, la Turquie, l'Égypte ou le Pakistan sont dans la mire des investisseurs internationaux.

Après la Chine, l'Inde deviendra la première puissance mondiale, parce que le pays dispose d'un atout, grâce à sa politique plus libérale en matière de contrôle des naissances : une main-d'œuvre jeune et entreprenante en abondance. Déjà, en Inde, les résultats se mesurent par des exemples concrets. ANI, Asian News International, la petite entreprise fondée par Prem Prakash, que j'ai connu en 1984, est maintenant gérée par ses enfants et elle compte aujourd'hui plus de cent bureaux dans le pays et à l'étranger. Elle est devenue une entreprise de taille mondiale en production de télévision. À l'image de beaucoup de grands pays qui traînaient de l'arrière en matière de communications – comme l'Égypte, la Turquie ou le Pakistan –, l'Inde a connu, au cours de la dernière décennie, une multiplication fabuleuse de ses canaux de télédiffusion, des journaux et des stations de radio, sans compter le développement du Web. L'armée indienne, selon une étude récente menée par *The Economist*, est une des plus puissantes et des plus modernes du monde. Tata, un des plus grands conglomérats industriels du pays, a acheté Land Rover et Jaguar – deux vieux joyaux de l'Empire britannique qui périclitaient – et en a fait une réussite. L'Inde est un des géants mondiaux dans le secteur des ressources naturelles, avec des succès comme celui d'ArcelorMittal. Beaucoup d'Indiens se classent aujourd'hui dans le top vingt des milliardaires de la planète. Mais, pour continuer à progresser, le pays devra lui aussi, comme la Chine, faire face à des défis colossaux.

Près d'un quart de siècle après la mort d'Indira Gandhi, le gouvernement indien est encore aux prises avec les problèmes auxquels elle était confrontée. Les sikhs n'ont toujours pas renoncé à leurs velléités souverainistes. Le Cachemire est encore perturbé par des tensions internes. Si 600 millions d'Indiens consommeront bientôt comme nous, 600 millions d'autres, par contre, n'ont même pas accès à des latrines. Le pays demeure encore déchiré entre une majorité extrêmement pauvre et une minorité extrêmement riche. Les viols collectifs qui font la manchette de nos journaux et qui détruisent l'image internationale de l'Inde contrastent de plus en plus avec la modernisation à outrance d'autres secteurs du pays. Au cours des prochaines décennies, l'Inde va devoir investir des fortunes dans la construction d'infrastructures modernes, ne serait-ce que pour rattraper son concurrent chinois dans ce domaine. Des dizaines de milliards de dollars d'investissements sont déjà prévus dans l'aménagement d'un vaste corridor ultramoderne reliant Bombay à Delhi. Le pays se transforme, et à son échelle de 1,2 milliard d'habitants, sa progression vers l'avenir est pour nous un exemple de défi extraordinaire, qui devrait nous inspirer.

Et pourquoi pas l'Afrique ?
Bientôt, c'est l'Afrique qui nous surprendra aussi. En raison du potentiel de développement extraordinaire de ses ressources naturelles et de la croissance fulgurante de sa population, le continent africain prendra une place prépondérante dans l'équilibre mondial. Selon les prévisions démographiques du Population Reference Bureau, une agence financée par l'ONU, la population africaine connaîtra la plus importante croissance de la planète au cours des prochaines décennies, passant de 1,1 milliard en 2013 à plus de 2,4 milliards en 2050, soit l'équivalent du quart de la population du globe. On dit que l'Afrique retrouvera son statut de berceau de l'humanité. En décembre 2011, dans une édition intitulée « The hopeful continent », le magazine britannique *The Economist* s'excusait officiellement d'avoir sous-estimé les capacités de l'Afrique en qualifiant, dans un autre numéro dix ans plus tôt, ce grand continent de cinquante-quatre pays de « *hopeless continent* ».

Contrairement à tout ce qu'il avait écrit dans le passé, le magazine constatait, en 2011, les changements impressionnants qui s'étaient produits en Afrique et qui annonçaient, selon ses experts, une croissance continue pour les années à venir. Le magazine fondait ce nouvel optimisme sur plusieurs constats significatifs : une classe moyenne en pleine expansion, une croissance économique supérieure à la moyenne mondiale, une productivité en hausse, un commerce extérieur en hausse aussi, des dettes et des déficits publics en baisse. Ce continent, où sept habitants sur dix n'ont pas encore accès à l'électricité et où les famines sont encore fréquentes, a certes une pente abrupte à monter pour réaliser ses ambitions, mais si le leadership africain décide d'exploiter la pleine capacité de ses moyens physiques et humains, l'Afrique, comme la Chine ou l'Inde – trois ensembles démographiques comparables –, connaîtra des progrès fantastiques.

Et si le monde arabe s'y mettait ?

En janvier 2011, quand le Printemps arabe a éclaté, on a bien cru que le Moyen-Orient et l'Afrique du Nord allaient vivre une révolution qui allait libérer leurs populations des dictatures qui les opprimaient depuis des décennies. Le 19 décembre précédent, je faisais des courses dans un centre commercial, près de chez moi, quand un homme d'un certain âge m'avait abordé en me demandant : « Avez-vous entendu parler de ce qui se passe en Tunisie ? » Deux jours plus tôt, le 17 décembre, un jeune chômeur tunisien de vingt-sept ans, Mohamed Bouazizi, qui vendait des fruits et légumes sans permis officiel pour aider sa mère monoparentale à nourrir ses frères et sœurs, s'était immolé par le feu en signe de désespoir. Des policiers venaient de lui confisquer son chariot, sa marchandise et sa balance, parce qu'il n'arrivait plus à payer les pots-de-vin qu'ils réclamaient. En quelques heures, des milliers de gens étaient descendus dans les rues des grandes villes du pays pour protester contre cette illustration brutale de la misère dans laquelle le régime corrompu du président Zine al-Abidine Ben Ali les forçait à vivre. « Vous allez voir, m'avait dit cet homme d'origine tunisienne à Montréal, c'est une question de jours, Ben Ali va tomber ! » Personne ne pouvait imaginer, même en Tunisie, que ce geste tragique, commis par un jeune désespéré, allait marquer le départ d'une vague de protestation populaire qui s'étendrait à la grandeur du monde arabe et qui ébranlerait les régimes autoritaires qu'on croyait les plus solides du monde. Vingt-huit jours après le geste de Bouazizi, le président Ben Ali quittait son pays dans la honte, pour éviter d'être victime de la grogne populaire. Quelques jours plus tard, le 1ᵉʳ février 2011, je me retrouvais, avec une partie de l'équipe d'*Une heure sur Terre*, au Caire, en Égypte, où l'effet domino des manifestations tunisiennes menaçait cette fois le régime tout aussi corrompu du président Hosni Moubarak. En sortant de l'aéroport du Caire et en prenant la route vers le centre-ville, comme je l'avais fait plus d'une vingtaine de fois dans le passé, j'ai été étonné par l'absence de policiers dans les rues et le nombre de milices improvisées qui s'étaient emparées des principales artères où elles effectuaient des contrôles totalement arbitraires. Comment un régime aussi autoritaire, après trente ans de pouvoir sans partage, pouvait-il, lui aussi, en quelques jours, comme en Tunisie, perdre à ce point la maîtrise de la situation ?

Une fois à l'hôtel Ramses Hilton, où nous allions séjourner, tout près de la place Tahrir occupée par les opposants de Moubarak, une image m'a sidéré tellement elle révélait l'état de la situation. En face de l'hôtel, on pouvait voir l'édifice imposant du siège du Parti national démocratique, le parti de Moubarak, un symbole de son pouvoir absolu, complètement carbonisé et encore fumant, après avoir été incendié par la foule. Et, à côté de l'édifice, encore intacte, elle, cette immense affiche de propagande montrant un groupe d'enfants souriants, sur laquelle on pouvait lire : « Le parti, c'est l'avenir de la jeunesse ! » Cette jeunesse, elle venait de se retourner contre lui.

En fin d'après-midi, le jour de notre arrivée, nous décidons, le caméraman Sylvain Castonguay et moi, de nous rendre à la place Tahrir pour faire un état de la situation et tourner quelques images. Pour la première fois, nous nous retrouvons au cœur de ce bouillonnement populaire qui fascine alors la planète entière. Il y a encore, ce soir-là, des affrontements violents entre les partisans du président qui tentent de reprendre la place et les centaines de milliers d'opposants qui en ont pris le contrôle. À un certain moment, alors que nous circulons parmi les manifestants pro-Moubarak, en direction de la place, Ismaïl, un ami documentariste égyptien qui nous sert de guide, commence à montrer des signes de panique et nous suggère fortement de sortir de cette foule qui vient de détecter notre présence. Soudainement, alors que nous commençons à nous éloigner, un homme s'approche de Sylvain et le frappe d'un coup de poing en plein visage, et comme si c'était un signal, des dizaines de gens, hommes et femmes, dans un mouvement d'une rare violence, se ruent sur mon caméraman pour le battre. Pendant de longues minutes, alors qu'Ismaël, notre interprète, nous abandonne de crainte d'y passer lui aussi, j'assiste à cette scène d'hystérie collective sans pouvoir intervenir. À un moment donné, heureusement, je repère un groupe de soldats égyptiens postés non loin de là et je réussis, dans un mélange approximatif d'anglais et d'arabe, à les convaincre d'intervenir pour sauver Sylvain. Pendant une partie de la nuit, ils nous cacheront au rez-de-chaussée d'un édifice où ils ont établi un poste de commandement temporaire, jusqu'à ce que la foule en colère, qui nous attend à l'extérieur, se disperse et que des militaires en civil nous ramènent en sécurité à l'hôtel.

Quelques jours plus tard, le 11 février 2011, *Une heure sur Terre* annonçait en direct du Caire la démission forcée du raïs, le président tout-puissant d'un régime craint par plus de 80 millions d'Égyptiens. Lorsque j'ai ouvert l'émission, ce soir-là, sur un balcon surplombant les grandes avenues autour de la place Tahrir, des millions de gens et de voitures manifestaient derrière moi dans un tintamarre assourdissant, célébrant une victoire dont ils n'auraient même jamais pu rêver quelques semaines auparavant et qu'ils avaient rendue possible en risquant leur vie. Dans l'émission, nous revenions à grands traits sur cette bataille qui, en moins d'un mois – dix-huit jours, en fait –, avait réussi à mettre fin à un régime que tout le monde croyait éternel. Nous présentions certains de ces jeunes qui avaient mené avec un courage foudroyant la révolte populaire ; puis d'autres, comme Eric Ananian, un jeune dentiste copte qui, séduit par ce mouvement de masse, avait rejoint les rangs de tous ces gens ordinaires qui avaient fait l'histoire. « Ils nous rendent honteux ! » nous avait dit Mona Makram-Ebeid, une amie égyptienne, ancienne députée de l'opposition, en admiration devant ces jeunes qui avaient réussi en quelques jours, à force de détermination et de courage, à faire ce que eux, les plus vieux, n'avaient jamais osé faire : venir à bout de la dictature en l'affrontant ouvertement. « Ils nous ont donné une leçon ! » renchérissait Chérif El Shoubashy, un journaliste au quotidien du pouvoir, *al-Ahram*, et ancien diplomate, qui promettait dorénavant de poursuivre le travail de reconstruction du pays déclenché par les jeunes.

Quelques jours avant la chute de Moubarak, nous avions rencontré le célèbre auteur du roman *L'Immeuble Yacoubian*, Alaa El Aswany, qui passait ses journées sur la place avec les jeunes, au milieu des combats, et qui nous avait dit : « Je les ai vus braver la mort, je me suis dit : "Je reste avec eux !" S'il tombe, avait-il ajouté en parlant de Moubarak, l'Occident ne pourra plus soutenir des régimes qui n'ont pas l'appui de leur peuple. » Hosni Moubarak, l'homme qui s'était méfié des médias durant toute sa vie au pouvoir, s'était justement fait renverser par les chaînes d'information continue et les nouveaux médias sociaux qui avaient véhiculé pendant toute cette révolte le ras-le-bol populaire. Ironiquement, quelques années plus tôt, en 2001, lors d'une visite aux modestes bureaux d'al-Jazeera, au Caire, il avait dit : « C'est donc de cette boîte d'allumettes que vient tout ce vacarme. » En février 2011, c'est ce même réseau qui a diffusé dans le monde entier l'annonce de son départ forcé.

Je suis retourné une dernière fois dans la région pour *Une heure sur Terre*, deux ans plus tard, en février 2013, pour une tournée de quatre pays qui avaient été ébranlés par le Printemps arabe : la Tunisie, l'Égypte, la Libye et la Palestine, et j'ai été surpris par les espoirs déçus. En Tunisie, un parti islamiste élu pour diriger un gouvernement de transition n'avait réussi qu'à décevoir les foules qui avaient renversé Ben Ali ; en Libye, les factions qui avaient eu raison du dictateur Kadhafi se battaient entre elles ; en Palestine, la population tentée par l'ébullition de la région s'était fait rabrouer une fois de plus par Israël. En Égypte, les premières élections libres depuis la chute de la dictature avaient porté au pouvoir un gouvernement islamiste dirigé par les Frères musulmans qui en avait profité pour prendre le contrôle des forces de sécurité et surtout pour faire adopter une constitution qui imposait un recul important des droits des femmes en particulier, alors qu'elles avaient pourtant joué un rôle fondamental dans la révolution.

Aujourd'hui, la situation dans le monde arabe n'a jamais été aussi dangereuse pour ces populations qui méritent tellement mieux. Seule la Tunisie, l'initiatrice du Printemps, semble vouloir se diriger maintenant vers un compromis national qui pourrait donner des fruits. La Libye est toujours aux prises avec ses milices armées. La Syrie est détruite par une guerre interne catastrophique, dont l'Irak, son voisin, a été infecté. Israël et la Palestine s'enlisent de plus en plus dans une impasse. En Égypte, après Nasser en 1956, Sadate en 1970 et Moubarak en 1981, un autre militaire vient de s'installer au pouvoir en renversant par la force les Frères musulmans qui avaient pourtant été élus démocratiquement. L'Égypte est une fois de plus retombée dans la noirceur de la dictature militaire, et ce que le nouveau régime annonce n'est guère réjouissant. Dès le début du règne du général al-Sissi, la nouvelle vedette issue des casernes égyptiennes, des journalistes ont été emprisonnés pour complicité avec l'opposition, dont une équipe d'al-Jazeera. Pour la première fois depuis la création de son entreprise Video Cairo Sat, il y a près de quarante ans, mon ami Mohammed Gohar, qui vit maintenant au Canada, a vu ses bureaux au Caire envahis par la police et son personnel, incarcéré.

La leçon de Bronislaw
L'avenir du monde arabe ne sera pas facile. La flambée d'enthousiasme qui a gagné la planète après le début du

Printemps arabe donne lieu ces temps-ci à beaucoup de rêves brisés et de désespoir. C'est probablement la région au monde qui compte le plus de victimes de la guerre depuis le début du XXIe siècle. Des morts, des blessés, mais surtout des millions de réfugiés innocents. Il faut peut-être tirer de tout cela une leçon que l'histoire devrait pourtant nous avoir apprise. La révolution, surtout quand elle bouleverse autant de tabous, ne se fait pas en un jour et, dans ce contexte où tous les anciens points de repère changent de plus en plus rapidement, je fais partie de ceux qui pensent que tous les espoirs sont permis.

Le XXIe siècle sera marqué par une redistribution extra-ordinaire du pouvoir économique et politique dans le monde qui va remettre en question, pour la première fois peut-être depuis le milieu des années 1800, la suprématie de l'influence occidentale. Déjà, en 2020, selon des prévisions très prudentes, les classes moyennes des pays émergents dépasseront de loin en nombre et en pouvoir d'achat celles des pays occidentaux. Le G20 remplacera le G8 comme forum de décision mondial. L'ONU, qui a été créée à la fin de la Seconde Guerre mondiale, devra s'adapter à ce changement de pouvoir en modifiant ses structures de décision dépassées, qui ne reflètent plus la réalité en complète mutation. La montée en force de nouveaux pouvoirs ne peut que nous aider à sortir de l'impasse à laquelle l'ancien ordre mondial nous a menés.

En août 2007, de passage en Pologne, un pays qui connaissait une renaissance économique importante après son admission au sein de l'Union européenne, j'avais revu un intellectuel brillant, Bronislaw Geremek, qui m'avait impressionné par le rôle qu'il avait joué auprès de Lech Walesa au moment de la bataille qu'ils menaient contre l'Union soviétique. Lors de cette rencontre, Geremek était alors député européen et professeur au campus polonais du Collège d'Europe, qui forme les hauts fonctionnaires de l'Union. Je voulais tirer avec lui les leçons de tout ce qu'il avait vécu et de l'évolution extraordinaire qu'avait connue l'Europe depuis la fin de la guerre froide. Il m'avait raconté une histoire qui, à mon avis, devrait inspirer tous les êtres humains de la planète. Quelques années après la victoire de Walesa et la fin de la domination soviétique sur la Pologne, Geremek rencontre dans la rue, à Varsovie, un vieil ami qu'il n'a pas vu depuis longtemps, et avec lequel il avait fait de la prison en tant qu'opposant politique. Autour d'un café, l'homme lui rappelle quelque chose que Geremek avait oublié au cours de toutes ces années de turbulence. «Te souviens-tu, lui dit son ami, nous étions tous déprimés en prison. On se disait que jamais on n'y arriverait, que l'Union soviétique était tellement puissante que jamais on ne réussirait à se libérer de son emprise. Mais toi, tu étais le seul qui y croyait. Tu disais : "On va réussir. Même les empires les plus puissants finissent par s'écrouler quand on fait ce qu'on a à faire !"» Geremek[28] me racontait cette histoire pour me transmettre sa conviction profonde – et Dieu sait s'il l'avait lui-même expérimentée – que, lorsque les êtres humains le veulent et travaillent ensemble, ils peuvent réaliser leurs rêves et changer le monde.

Et, dans ce contexte, le rôle des médias, comme chien de garde des valeurs fondamentales, devient encore plus crucial.

---

28. Bronislaw Geremek est décédé l'année suivante dans un accident de voiture à l'âge de soixante-seize ans.

Dans le sud du Liban après les attaques israéliennes, septembre 2006.

Chapitre 12

Un métier en quête de vision

Sauvés par maestro Nagano

Vendredi 11 mars 2011. À peine sommes-nous revenus du choc de notre couverture du Printemps arabe qu'un tremblement de terre majeur secoue la côte est du Japon, provoquant presque instantanément le déferlement d'un tsunami dévastateur. La vague géante, en s'abattant sur les rives, détruit des villes et des villages côtiers, causant des centaines de morts et de blessés, et forçant la fermeture d'un des plus gros complexes de centrales nucléaires du Japon, sérieusement endommagé par le séisme. Aussitôt, à *Une heure sur Terre*, nous dépêchons sur place la journaliste Marie-Ève Bédard et le caméraman Sylvain Castonguay pour qu'ils réalisent, en tentant le mieux possible de se protéger des radiations nucléaires qui limitent l'accès à la région dévastée, un reportage sur les secours apportés aux populations locales. Une semaine après la catastrophe, le vendredi 18, la direction de Radio-Canada nous contacte pour nous faire part d'un projet audacieux. Sylvain Lafrance, le patron des services français, vient de recevoir une proposition du maestro Kent Nagano, le directeur artistique de

413

l'Orchestre symphonique de Montréal, qui souhaite participer avec des musiciens de l'orchestre à une émission spéciale en appui au pays d'origine de sa famille. Lafrance a proposé à Nagano une formule mixte qui l'a séduit. L'émission pourrait être faite en collaboration avec *Une heure sur Terre* en alliant information et musique. Le défi est passionnant et se présente au moment où notre magazine, qui traverse une période difficile, a justement besoin d'attirer l'attention de façon particulière. Après trois ans d'existence, et malgré toutes les marques d'appréciation qu'elle reçoit et les nombreux prix qu'on lui décerne, *Une heure sur Terre* doit faire face une fois de plus à de nouvelles compressions budgétaires et à des pressions de groupes à l'intérieur même de Radio-Canada qui souhaitent notre disparition de l'antenne. L'information internationale, selon ces détracteurs, coûte trop cher et ne rapporte pas suffisamment de revenus publicitaires. Le projet d'émission spéciale avec l'Orchestre symphonique de Montréal nous offre donc une autre occasion de nous démarquer, mais aussi de démontrer notre capacité d'innover souvent limitée par le manque d'argent.

Cette fois-ci, le budget n'est pas un problème ; la direction veut employer les grands moyens. Le problème, c'est l'ampleur du projet et le temps pour le réaliser. L'objectif est de diffuser l'émission spéciale en direct une semaine plus tard, le vendredi 25 mars, juste avant la fin de l'année budgétaire. Et les ambitions du maestro ne sont pas modestes. En plus des reportages que nous préparons pour l'émission, il compte amener une soixantaine de musiciens en studio et un chœur d'enfants, et il souhaite que la musique soit illustrée par des images des séquelles du tsunami. Le défi est quasi insurmontable en si peu de temps, mais nous décidons tout de même de nous y attaquer. Dès le lendemain, le samedi 19, comme cela se produit dans les grandes occasions à Radio-Canada, nous réunissons une équipe exceptionnelle recrutée parmi les meilleurs techniciens, réalisateurs et journalistes de l'entreprise. Pour réaliser l'ensemble du projet, nous avons réussi à convaincre un grand réalisateur d'événements musicaux à la SRC, Jocelyn Barnabé, qui, après avoir d'abord refusé en nous disant que les délais étaient trop courts et irréalistes, a décidé lui aussi de se lancer dans l'aventure. Barnabé a depuis longtemps établi un lien de confiance avec le maestro et il est le plus à même de faire travailler ensemble des musiciens et des journalistes. Josée Bellemare, la coordonnatrice d'*Une heure sur Terre*, s'occupera du contenu ; Yanic Lapointe, notre réalisateur en studio, sera chargé de la production des images qui seront projetées en synchronisme avec les pièces musicales choisies par le maestro. Mais un autre élément qu'on ne contrôle pas menace de faire avorter le projet. Kent Nagano a engagé ses musiciens dans cette affaire, mais il n'a pas encore obtenu leur accord, et eux sont en pleine négociation pour le renouvellement de leur convention collective. Impossible, donc, de donner le feu vert aux techniciens pour commencer la préparation de l'émission et de faire venir de l'équipement d'ailleurs au Canada, comme les grands écrans pour projeter les images, sans avoir la confirmation de la présence des musiciens. Il faudra attendre jusqu'au lundi midi avant de l'obtenir et de pouvoir, finalement, déclencher le compte à rebours.

Le soir du 25 mars, après des répétitions qui ont emballé le maestro, quand nous entrons en ondes en direct, devant un public composé en partie de dignitaires, dans le grand studio 42 de Radio-Canada, le moment est magique. Mis à part les grandes soirées électorales ou les débuts d'*Une heure sur Terre*, je n'ai jamais vécu une atmosphère aussi exaltante dans un studio de télévision. L'émission, qui débute par notre émouvant reportage au Japon, met aussi en scène les soixante musiciens de l'OSM qui ont accepté de participer bénévolement à cet hommage à la résilience des Japonais, la soprano Suzie Leblanc et le Chœur du Nouveau Monde d'une trentaine d'enfants de l'école FACE de Montréal. Nous y présentons aussi un entretien avec l'ambassadeur du Japon à Ottawa, Kaoru Ishikawa, un parfait francophone, et des témoignages de Québécois qui connaissent bien le Japon, comme le cinéaste François Girard. Deux semaines à peine après le début de la tragédie, l'événement est exceptionnel, par son contenu, mais aussi par sa pertinence, et il est repris en simultané dans sa version sonore à la chaîne musicale de la radio de Radio-Canada. En réalisant ce tour de force, dans un délai aussi rapide, nous avons fait preuve d'une capacité de réaction étonnante. Grâce au professionnalisme et surtout à l'esprit de corps de l'équipe, nous avons non seulement évité ce qui aurait pu devenir une catastrophe, tellement le délai était court, mais nous avons aussi produit une émission marquante. Dans une magnifique lettre qu'il nous écrira quelques jours après la diffusion, le maestro Nagano nous dira qu'aucune autre télévision du monde, y compris les grandes chaînes allemandes ou la télévision d'État japonaise NHK, avec lesquelles il a souvent travaillé, n'aurait pu réaliser un tel exploit en si peu de temps.

Quelques semaines après la diffusion d'*Une heure sur Terre pour le Japon*, nous avons appris que ce succès de télévision nous avait donné un nouveau répit. La direction de Radio-Canada, qui avait déjà pris la décision de mettre fin à notre magazine, avait changé d'avis devant l'ampleur des réactions favorables après notre émission spéciale, et elle avait décidé de nous permettre de survivre une autre année au moins.

Un modèle économique qui menace l'ouverture au monde

Une heure sur Terre a quitté l'antenne de Radio-Canada deux ans plus tard, en septembre 2013, après avoir été vidée presque entièrement, vers la fin, de son personnel et de son budget. L'expérience, qui avait été pourtant couronnée de succès et que le président de la SRC lui-même, Hubert Lacroix, se faisait une gloire de citer en exemple, devant les chambres de commerce du pays, comme étant ce que la télévision d'État pouvait faire de mieux, a été jetée comme un déchet aux poubelles, six ans après sa naissance, par une direction à mon avis sans vision. Lacroix avait attendu le départ de Sylvain Lafrance, le vice-président des services français qui avait mis au monde *Une heure sur Terre*, avant de confier à son successeur, Louis Lalande, le mandat de tuer l'émission. Tout en mettant fin, en vertu de choix économiques discutables, à cette expérience courageuse que même nos collègues de CBC n'avaient pas osé tenter, celle de diffuser, en heure de grande écoute, une émission de télévision entièrement consacrée à l'actualité internationale, la direction de Radio-Canada, la même année, supprimait des ondes de la première chaîne de la radio la seule émission dédiée elle aussi en partie au reportage international, *Dimanche magazine*. Une quinzaine de reporters et de réalisateurs basés à Montréal, les Akli Aït Abdallah, Michel Labrecque, Sylvain Desjardins, Chantal Lavigne, Gilles Gougeon, André Gariépy, Yanic Lapointe, et j'en passe, dont le métier était de couvrir le monde pour la radio et la télévision de Radio-Canada, et dont les reportages avaient frappé l'imaginaire de nos téléspectateurs et de nos auditeurs, se voyaient réaffectés à d'autres tâches. Jean-Michel Leprince et Sophie Langlois, nos correspondants pour l'Amérique latine et l'Afrique basés à Montréal, seraient dorénavant affectés en priorité à la couverture de sujets « nationaux ». En annonçant la fin d'*Une heure sur Terre*, le 27 mars 2013, Michel Cormier, le patron de l'information à Radio-Canada, s'engageait à rendre l'information internationale plus présente et plus vivante que jamais à l'antenne. « C'est par une approche plus agile, disait le communiqué émis ce jour-là, plus nerveuse et plus apte à rendre compte des événements, au moment où ils se produisent, que nous entendons accentuer la présence de l'international dans nos différents rendez-vous. »

Mais, dès le lendemain, Jean-François Dumas, le président d'Influence Communication, une entreprise qui analyse le contenu des médias au Québec et dans le monde, envoyait aux journaux une lettre passionnée déplorant les conséquences de cette décision sur la société québécoise. « Jean-François Lépine se retire et l'émission *Une heure sur Terre* disparaît, disait-il. Le Québec qui était déjà parmi les champions du misérabilisme en information internationale plonge encore un peu plus creux. [...] En 2012, les médias québécois ont accordé dix-huit fois moins d'attention au reste du monde que leurs homologues ontariens et vingt-quatre fois moins que la moyenne des médias dans cent soixante pays. [...]. Jusqu'à aujourd'hui, 82 % de l'information internationale au Québec provenait de deux sources : Radio-Canada et le journal *La Presse*. Le Québec médiatique est une société vraiment distincte. Avec la disparition de l'émission *Une heure sur Terre*, le "p'tit Québec" sera encore et un peu plus replié sur lui-même[29]. »

À la même époque, RDI, le réseau de l'information de la SRC, avait déjà supprimé un bulletin d'information qui était consacré chaque jour exclusivement à l'actualité internationale et qui mettait en vedette nos correspondants à l'étranger. En matière d'émissions d'information internationale, le réseau ne diffusait plus que deux fois par semaine, les samedi et dimanche, de 16 h 30 à 17 heures, un bulletin de nouvelles de France 2, la chaîne française. Et, malgré les intentions exprimées par la direction de l'information, RDI se colle aujourd'hui de plus en plus à son rival, LCN, en se repliant sur l'information de proximité.

Peu de temps après ces changements importants à l'antenne de la radio et de la télévision, la direction du réseau français de Radio-Canada confirmait cette orientation en faveur des préoccupations locales en annonçant une refonte complète de la marque de commerce de l'entreprise. Dorénavant, les différentes « plates-formes » de diffusion de la SRC abandonneraient les mots « Radio-Canada », identifiant le diffuseur depuis sa fondation le 2 novembre 1936, pour leur substituer le mot « ICI ». La télévision de Radio-Canada allait s'appeler ICI Télé ; ICI Première allait remplacer Radio-Canada pour la première chaîne de la radio, etc. Aussitôt lancée, après plus d'un an de préparation et plus de 400 000 dollars versés à des consultants privés, de l'aveu même de la direction, la campagne allait provoquer non seulement la colère du ministre fédéral du Patrimoine responsable de Radio-Canada, James Moore, mais aussi celle du public, des artisans et des spécialistes des médias, partout au pays. Les titres, dans les journaux, témoignaient des questions soulevées : « Ici de l'argent mal investi », titrait Hugo

---

29. Jean-François Dumas, président d'Influence Communication, « Le Québec, société vraiment distincte », 28 mars 2013.

Dumas dans *La Presse* du 6 juin 2013 ; « Radio-Canada : le changement de nom suscite la grogne », affirmait *Le Devoir* le 7 juin ; « Changement de nom. Radio-Canada veut confondre les sceptiques », lisait-on le 8 juin, encore dans *La Presse*.

Dans les jours qui ont suivi cette annonce, dont on disait qu'elle témoignait d'une nouvelle orientation de Radio-Canada vers ses auditoires de proximité, les protestations ont été telles que l'entreprise a dû faire marche arrière et que son grand patron, Hubert Lacroix, a dû s'excuser publiquement de cette mauvaise lecture de la situation. Alors qu'on venait de supprimer *Une heure sur Terre* pour des raisons budgétaires, la SRC avait dépensé en pure perte des centaines de milliers de dollars – si l'on ajoute au prix des consultants privés le temps consacré à ce projet par des dizaines d'employés – pour une campagne de repositionnement stratégique qu'on devait mettre à la poubelle.

Sous la pression de James Moore, qu'une caricature dans *La Presse* représentait bottant le derrière de Louis Lalande, le vice-président des services français de Radio-Canada, le projet a été abandonné et le « Radio-Canada », la marque de commerce de l'entreprise, a refait son apparition. Dans un baroud d'honneur qui dure encore aujourd'hui, les fonctionnaires qui avaient conçu cette campagne ont tout de même réussi à imposer, accolé à Radio-Canada, le mot « ICI », que tous les animateurs d'émissions – sous peine de sanctions – sont dorénavant forcés d'utiliser. C'est ainsi que la marque de commerce de la télévision de Radio-Canada est passée en quelques semaines, en juin 2013, de Radio-Canada Télévision à ICI Télé, puis à ICI Radio-Canada, avec tous les changements de graphisme et d'affichage et tous les frais que cela implique. Fait à noter : cette campagne autour du mot « ICI » et ce recentrage de la production de Radio-Canada vers le contenu de proximité, jamais le réseau anglais, CBC, n'y a été soumis. Comme si le local et la fermeture sur soi, c'était bon pour les « francos », mais pas pour les « anglos ». En d'autres termes, pour les francophones, en vertu d'un calcul commercial douteux, et surtout très méprisant, on décidait de fermer l'ouverture sur le monde, pour se regarder le nombril. Pendant que tous ces changements se produisent au réseau français, le réseau anglais, lui, continue d'affecter des sommes importantes à la couverture internationale, et Peter Mansbridge, l'animateur du *National*, se déplace dans le monde quand l'actualité le justifie.

La fin des bureaux bilingues

Dans la foulée de tous ces bouleversements qui ont affecté notre couverture de l'actualité internationale à Radio-Canada, une autre expérience qui contribuait, depuis 1979, à la richesse et à l'originalité de la société d'État dans l'univers des médias a connu elle aussi son chant du cygne. Pendant des années, pour des raisons budgétaires, mais aussi culturelles, je dirais, les deux réseaux, anglais et français, avaient appliqué une formule originale pour couvrir le monde en rationalisant les dépenses et en utilisant un atout unique du Canada : le bilinguisme. L'expérience avait été tentée pour la première fois avec succès à Pékin, en 1979, quand Don Murray avait ouvert le premier bureau de correspondant bilingue dont j'ai pris la relève par la suite, et dont le modèle a plus tard été implanté à Jérusalem et à Moscou.

Au début, à Pékin, le correspondant devait fournir des reportages à quatre réseaux différents, radio, télé, anglais et français. Puis, au fur et à mesure que l'appétit des salles de nouvelles s'est développé, la tâche est devenue trop exigeante avec quatre réseaux clients, et il a fallu limiter l'expérience à la télévision seulement. Sur le terrain, il fallait « servir » les deux réseaux en faisant des conversations en direct ou en enregistrant nos reportages dans les deux langues, et je ne connais pas d'autres télévisions dans le monde, même pas en Belgique ou en Suisse, où l'on utilisait un tel système. Je me souviens que souvent, sur le terrain, je remarquais la fascination qu'exerçait ce genre de pratique auprès de nos collègues, quand, sans hésitation, nous passions d'une langue à une autre pour livrer nos reportages.

Peter Jennings, le célèbre animateur d'*ABC News*, qui était lui-même d'origine canadienne et qui avait travaillé avec de grands journalistes francophones comme Pierre Nadeau, me disait toujours, chaque fois qu'on se voyait, son admiration devant ce que j'arrivais à faire en deux langues ; lui, le Canadien, avait perdu la capacité de s'exprimer en français. Le système était non seulement rationnel financièrement pour Radio-Canada et CBC, mais il était aussi très enrichissant culturellement et intellectuellement pour nous, les correspondants « bilingues ». J'ai toujours dit, à l'époque, et mes collègues partageaient cette opinion, que c'était une richesse énorme pour nous de travailler pour deux réseaux, deux mentalités, deux conceptions de gestion différentes aussi. Pendant des années, avant que des réformes surviennent à Montréal, Toronto était toujours plus prompt à réagir, à nous appeler. La machine de CBC, qui avait plus de moyens il faut le dire, était plus rapide quand il s'agissait de décider de couvrir tel ou tel sujet. La salle de nouvelles de Montréal était par contre plus ouverte au monde. Les collègues de Toronto sont en général beaucoup plus près des États-Unis et plus enclins à se définir par rapport aux Américains. Moins portés à se distinguer d'eux qu'à essayer de les imiter. Dans les médias du Canada français, c'est l'inverse. Davantage soumis à une influence mixte, autant européenne qu'américaine, nous avons, en général, une vision du monde plus originale, animée d'un souci d'indépendance par rapport aux grandes puissances ; un peu à l'image de la politique étrangère canadienne, avant que Stephen Harper ne la dénature, où le mélange des influences québécoises et canadiennes anglaises a donné lieu, pendant des années, à une perspective très particulière sur le monde, faite d'ouverture et de tolérance.

Le bureau éditorial de Toronto était par ailleurs beaucoup plus interventionniste que celui de Montréal. C'est au contact de CBC que j'ai découvert, au début des années 1980, le *vetting*, une pratique très courante dans les médias anglophones qui consiste à confier à une équipe éditoriale le soin de revoir et souvent de réécrire les textes des reporters ou des correspondants sur le terrain. Je me souviens de la difficulté avec laquelle des journalistes aussi expérimentés et cultivés que Joe Schlesinger subissaient les commentaires et les changements imposés à leurs reportages par des collègues deux fois plus jeunes qu'eux. Dans les situations les plus tendues dans le monde, il fallait envoyer nos textes de reportages à Toronto avant de les enregistrer et de démarrer le montage. Et cela, par téléscripteur au début, ensuite par télécopieur, avant qu'Internet ne nous facilite la tâche. L'exercice était intéressant parce qu'il nous forçait à justifier notre propos et qu'il nous permettait souvent d'améliorer notre récit, mais il donnait lieu à des confrontations d'ordre éthique ou idéologique souvent éprouvantes.

Mon premier affrontement de ce type avec la salle de rédaction de Toronto s'était produit le 1ᵉʳ octobre 1984, alors que j'étais correspondant à Pékin. Les Chinois célébraient le trente-cinquième anniversaire de la Révolution communiste et de la proclamation de la République populaire de Chine. Pour marquer l'occasion, le gouvernement de Deng Xiaoping avait décidé de remettre à l'honneur les grands défilés traditionnels typiques des régimes communistes de l'époque, qui avaient été interrompus depuis la mort de Mao. Le défilé qui devait emprunter la grande avenue Chang An jusqu'à la place Tian An Men, au cœur de Pékin, allait permettre pour la première fois au nouveau régime de Deng Xiaoping d'afficher littéralement ses couleurs, de déployer ses slogans, comme Mao le faisait en son temps en faisant parader devant lui des hordes de gardes rouges brandissant son fameux livre rouge.

Mes collègues de Toronto, eux, étaient particulièrement intéressés par les armes et les équipements qui allaient être exhibés dans la partie militaire du défilé. Or, les observateurs militaires étrangers à Pékin nous avaient prévenus, quelques jours avant l'anniversaire, que cette section du défilé ne serait d'aucun intérêt, puisque la Chine n'avait pas encore procédé à la modernisation de ses forces armées. On n'y verrait donc rien d'inédit. Dans mon reportage, j'avais choisi de minimiser cet aspect de la célébration pour me concentrer davantage sur ce qu'elle révélait de nouveau. Pour l'occasion, Deng Xiaoping avait en effet décidé d'afficher les grands slogans des réformes économiques qu'il comptait implanter dans le pays. C'est ainsi qu'on voyait des ouvriers défiler avec des banderoles disant : « Le temps, c'est de l'argent. Il faut être efficace », « Il faut chercher la vérité dans les faits », ou différentes déclinaisons d'un autre message à la gloire du pragmatisme qui disait : « Peu importe qu'un chat soit noir ou gris, pourvu qu'il attrape des souris. » Les vieux slogans idéologiques de la période maoïste sur les prolétaires du monde entier avaient été remplacés par d'autres, valorisant dorénavant le matérialisme, la science ou le savoir ; faisant la promotion, en fait, de tout ce que Mao avait voulu liquider dans le passé.

Ce soir-là, après avoir envoyé le texte de mon reportage au pupitre de Toronto, j'avais eu une joute importante avec le bureau éditorial quand, citant les reportages qu'ils avaient vus sur les chaînes de télévision américaines, les collègues m'avaient demandé de refaire le mien pour accorder plus d'importance à la partie militaire du défilé. Comme cela ne comportait aucun intérêt à mes yeux, je me rappelle qu'au cœur du débat je leur avais dit : « Si vous voulez un correspondant américain à Pékin, nommez-en un ! Moi, je suis canadien, et je vois les choses autrement ! » L'affaire s'était réglée en ma faveur, et le lendemain le chef de pupitre s'était excusé par télécopieur. J'avais commencé à imposer mon style.

Je suis convaincu, en effet, que les journalistes américains et canadiens ont des façons différentes d'appréhender la réalité de la planète. Les Américains sont fortement nationalistes, là où nous gardons une distance critique. Ils disent « nos soldats » quand ils parlent de l'armée américaine, ce que nous évitons de faire en général. L'exemple le plus flagrant de cette différence, c'est quand la presse américaine, sauf en de rares exceptions, a pris le parti d'appuyer sans nuance la décision de l'administration Bush d'envahir l'Irak en 2003.

Les bureaux bilingues de CBC et Radio-Canada étaient une expérience unique, à ce chapitre, dans le monde du journalisme international. Sans compter qu'ils nous permettaient, à nous, les correspondants, d'avoir accès au plus grand auditoire possible au pays, combinant francophones et anglophones, d'un océan à l'autre. Nous mettions en commun ce que nous avions de mieux pour couvrir la planète, et les Don Murray, Tom Kennedy, Patrick Brown, Georges Trémel, Raymond Saint-Pierre, Céline Galipeau, Michel Cormier, Alexandra Szacka ou Catherine Mercier, qui ont participé à cette belle utopie, ont marqué l'opinion publique canadienne. C'est ce rôle essentiel qu'a souligné Peter Mansbridge, le présentateur du *National* à CBC, dans l'hommage qu'il m'a rendu lors de mon départ de Radio-Canada. De même qu'en me remettant la médaille d'officier, en 2012, l'Ordre du Canada a tenu à reconnaître les efforts que nous avions faits pour expliquer et communiquer des enjeux internationaux complexes à un large public canadien.

Malheureusement, cette magnifique expérience des bureaux bilingues, cet exemple unique de collaboration entre les deux réseaux de Radio-Canada, qui, en s'étendant à d'autres régions du monde, aurait été une excellente façon de réduire nos frais de couverture internationale, n'aura pas de suites. Les deux réseaux, français et anglais, ont graduellement abandonné cette forme de collaboration sous prétexte qu'elle était plus complexe à gérer. Et le grand patron de la société d'État, Hubert Lacroix, a raté une autre occasion de faire preuve de vision en laissant aller les choses.

Journalisme en danger

Le journalisme, pour assurer son avenir, a pourtant plus que jamais besoin d'un leadership visionnaire. Pour la première fois, l'évolution ultrarapide de la technologie est venue bouleverser le modèle économique qui avait fait le succès de la grande presse traditionnelle depuis la Seconde Guerre mondiale. Aujourd'hui, les grands journaux imprimés et les chaînes de télévision généralistes, qui ont produit pendant des décennies le meilleur journalisme en y investissant des moyens imposants, voient leurs sources de financement traditionnelles se tarir. L'arrivée massive de nouveaux joueurs dans le paysage médiatique, comme les canaux spécialisés en télévision, la télévision numérique à la carte, les médias numériques sur Internet ou les médias sociaux, a morcelé le marché publicitaire en réduisant d'autant la part du lion que les grands médias traditionnels s'étaient taillée.

Si, en se rétrécissant, les revenus publicitaires de la Société Radio-Canada n'arrivent plus à compenser la diminution des crédits gouvernementaux dans son financement, au point de menacer sa survie, l'avenir n'est pas plus rose au *New York Times*, par exemple, ou au journal *Le Monde*. Dans ce contexte, la tentation est grande, comme on l'a vu à la SRC, de préférer le divertissement, plus rassembleur et plus populaire, à la couverture internationale, plus coûteuse et plus risquée en matière de cote d'écoute. Bientôt, ce sera peut-être le journalisme d'enquête qu'on abandonnera, faute de moyens, au nom de la même rentabilité ; c'est cette perspective qui a poussé les animateurs des émissions d'information à la télévision et à la radio de Radio-Canada à manifester leur inquiétude collectivement en se présentant ensemble sur le plateau de *Tout le monde en parle*, au printemps 2014, contre l'avis de leurs directions. Pour éviter que ce nouveau contexte économique dans lequel évoluent maintenant les médias ne mène à une détérioration de la qualité du journalisme, il faut que les patrons de presse et aussi les syndicats fassent preuve d'audace et de vision.

Parce que, en plus de transformer profondément le modèle économique des médias, le développement foudroyant de la technologie a aussi changé les façons de faire du journalisme. En quarante ans de pratique, les journalistes de mon âge ont été témoins de ces bouleversements. Nous avons vu le métier passer de l'âge de pierre, en matière de technologie, à l'ère spatiale. Quand je suis entré dans la salle de rédaction de Radio-Canada à Montréal, en septembre 1971, les journalistes écrivaient leurs reportages sur des machines à écrire mécaniques qui pesaient une tonne et qu'on aurait pu lancer du sixième étage de l'ancien Hôtel Ford, le siège social de l'entreprise à l'époque, boulevard Dorchester Ouest, sans en briser le mécanisme. Les reportages pour la télévision se tournaient en film 16 millimètres, qu'il fallait envoyer au laboratoire pour qu'ils soient développés avant de les mettre en ondes. On communiquait avec l'étranger en passant par des «opératrices» de lignes téléphoniques ou par télex. Tout prenait du temps. Aujourd'hui, on peut converser de la place Tahrir, au centre du Caire, avec un présentateur de journal télévisé à Montréal en ne se servant que de la caméra miniature qui transmet des images en haute définition à partir d'un téléphone intelligent. Et tout cela grâce aux communications par satellite et à Internet.

Pierre Nadeau, une des grandes figures du journalisme télévisé au Québec, avec qui je discutais de l'ampleur de ces changements technologiques et de leurs conséquences sur le travail des journalistes, dont il s'inquiétait, me rappelait que lorsqu'il partait en reportage, à ses débuts à la télévision, l'«affectateur» lui disait: «Appelle-nous si tu peux.» C'était la mentalité de l'époque, dictée par le rythme préhistorique des moyens de communication. Le correspondant s'en allait comme sur un bateau sans moyen de communiquer, et s'il pouvait éventuellement contacter sa base, c'était tant mieux. Un ingénieur du son de Radio-Canada à Paris, Yvon Corre, m'a raconté comment, alors qu'il suivait une tournée du ministre des Affaires extérieures du Canada, Mitchell Sharp, en Afrique, en compagnie du journaliste Yvon Turcot, il s'est aperçu qu'en envoyant le reportage par avion vers Montréal, lors d'une escale dans une des capitales africaines, il s'était trompé de ruban sonore. Il avait en fait envoyé avec le film une bobine de son vierge. Pendant plusieurs jours, avant de revenir à Paris, il s'est fait du mauvais sang en imaginant la réaction terrible de la salle de rédaction lorsqu'on découvrirait son erreur. Or, le technicien du son n'a jamais eu une seule remarque de quiconque à propos de cette malencontreuse méprise. Les reportages envoyés par avion durant cette tournée ministérielle arrivaient tellement en retard à Montréal, par rapport aux agences de presse qui, elles, transmettaient l'information en temps réel, qu'ils ne se rendaient jamais en ondes.

Aujourd'hui, c'est totalement l'inverse; dans le feu de l'action, les journalistes sur le terrain sont maintenant inondés de demandes de leur base, pour la radio, Internet, la télévision, sans compter toutes les émissions de services qui souhaitent les entendre raconter ce qu'ils vivent. Je me souviens d'avoir redécouvert avec stupéfaction le rythme des « nouvelles » quand – alors animateur de *Zone libre* – on m'avait demandé, durant l'été 2005, d'aller couvrir le retrait des colons israéliens de la bande de Gaza. L'opération déclenchée le 16 août par le premier ministre Ariel Sharon, dans une démarche d'ouverture aux Palestiniens, était suivie par le monde entier. On s'attendait à un affrontement majeur entre les forces de sécurité israéliennes, composées de plusieurs dizaines de milliers de soldats et de policiers, et quelques milliers de leurs propres concitoyens en colère. Pendant une semaine, alors que les manœuvres d'évacuations forcées se déroulaient jour et nuit, avec le caméraman Sergio Santos et une amie réalisatrice israélienne, Margo Veldt, nous avions dû répondre vingt-quatre heures sur vingt-quatre aux demandes de RDI, de la radio et de multiples téléjournaux, dont les équipes, qui ne se parlaient pas entre elles, même si elles étaient côte à côte dans la salle de rédaction, nous envoyaient souvent des requêtes contradictoires ou conflictuelles en matière d'horaire.

Pendant cette semaine-là, en ne dormant que deux à trois heures par nuit, nous avions dû gérer ce conflit de plus en plus difficile entre la nécessité de répondre aux demandes des salles de nouvelles et celle, primordiale à mon avis, de suivre le déroulement des événements. À tout moment, on me demandait de me rendre à un point d'alimentation par satellite dans la bande de Gaza où, après avoir perdu des heures le long de la route à cause des nombreux points de contrôle de l'armée israélienne, je devais faire des « directs » avec Montréal ; ce qui nous faisait souvent rater des moments d'action importants entre les colons et les forces de sécurité.

L'information à la télévision a vraiment commencé à changer de rythme avec l'apparition des chaînes d'information continue au milieu des années 1980, puis l'arrivée des téléphones cellulaires, d'Internet et, au tournant du XXIe siècle, de la force de frappe des réseaux sociaux. Je me souviens d'une des premières demandes que j'aie eues de

Toronto quand nous avons commencé à utiliser le téléphone cellulaire, à la fin des années 1980. Notre premier appareil était énorme ; une boîte avec un combiné, qu'on installait dans la voiture et qui ne fonctionnait qu'avec le courant produit par le moteur. Un jour, alors que nous étions en reportage en Cisjordanie, j'avais reçu un appel de Toronto me disant que des émeutes se déroulaient au Caire, en Égypte. La personne au bout du fil me demandait de lui envoyer le plus tôt possible, par téléphone, une « voix », une narration, qu'elle pourrait monter sur des images en provenance d'Égypte pour en faire un reportage. J'ai eu beau lui dire que je n'étais pas au bureau, que je ne pouvais donc pas facilement vérifier ce qui se passait au Caire et que je me sentais un peu mal à l'aise de décrire des événements qui se déroulaient à des centaines de kilomètres de distance, je réalisais soudain qu'avec cet unique coup de fil on venait de passer à une autre ère, un peu dangereuse, où le cellulaire et l'accès facile qu'il nous permettait allaient changer nos vies de journalistes.

Un quart de siècle plus tard, à cause de tous ces développements technologiques, la pression de la demande est telle qu'on en arrive parfois à souhaiter ne plus avoir de moyens de communiquer avec notre base pour mieux travailler, mieux réfléchir à ce qu'on fait sur le terrain. La pression des communications peut même devenir dangereuse, dans les zones de conflit en particulier, quand elle nous empêche de porter suffisamment attention à ce qui se passe autour de nous. La qualité de nos reportages peut en souffrir aussi quand, pressés de toujours transmettre l'information de plus en plus rapidement, parce que la technologie le permet, on en arrive à ne plus avoir le temps de faire les vérifications d'usage avant de diffuser une information.

Dans le paysage médiatique complexe qui nous entoure maintenant, où chacun peut s'improviser journaliste et diffuser de l'information, la tentation est également forte pour quiconque de recourir au sensationnalisme, de « tourner les coins ronds » comme on dit, pour attirer l'attention. Le danger aussi, c'est que la vitesse et la multiplication des

« plates-formes » de diffusion de l'information rendent le message plus superficiel, plus édulcoré, moins profond, moins vérifié. D'où l'importance de valoriser le rôle des employés des salles de rédaction, chefs de pupitre, recherchistes ou rédacteurs, souvent dépréciés ou plus facilement victimes des compressions budgétaires parce que leur départ est moins visible que celui de leurs collègues à l'antenne. Il est d'ailleurs ironique que, alors que les défis éditoriaux sont de plus en plus importants dans les grands médias, en raison du rythme de production de la presse et de la concurrence féroce que les médias se livrent entre eux, les salles de nouvelles fonctionnent de plus en plus avec des effectifs réduits où les artisans deviennent des personnes à tout faire aux horaires impossibles.

Dans la pratique de ce métier qui change à une vitesse incroyable, je m'inquiète enfin d'un autre effet secondaire de l'hyper-concurrence et de la course à la publicité : l'accélération du rythme de consommation des nouvelles. De plus en plus, on observe dans les médias, en information locale ou nationale autant qu'à l'échelle internationale, ce que j'appelle l'effet de meute. Tous les médias s'intéressent à un sujet en même temps et l'abandonnent en même temps quand ils estiment que le public a atteint un degré de lassitude critique. C'est ce que je décrirais comme la « iPhonisation » de la nouvelle. On change même quand c'est encore bon. On consomme et on abandonne.

On l'a vu, par exemple, après le tremblement de terre en Haïti, en janvier 2010, quand, après deux ou trois semaines de couverture des premières opérations de secours et un certain rétablissement de la situation, une fois les morts enterrés, la meute des médias internationaux a décidé de quitter les lieux, abandonnant sur place des centaines de milliers de victimes qui auraient connu un meilleur sort beaucoup plus rapidement si la présence de la presse avait continué d'exercer des pressions sur les donateurs et les élus. Combien de fois des réfugiés ou des sinistrés ne nous ont-ils pas abordés, alors que nous vidions les lieux trop tôt à leurs yeux, pour nous supplier de rester ? Ils étaient convaincus que, aussitôt les projecteurs de télévision éteints, ils allaient être laissés à eux-mêmes. Combien de grands médias sont retournés en Haïti pour faire le bilan de la reconstruction quatre ans après cette catastrophe qui, par son ampleur unique et sa soudaineté, avait rempli d'émotion la planète entière ? Radio-Canada, malgré ses faibles moyens, l'a fait, en partie, et il faut en donner le mérite aux patrons de l'information qui ont pris cette décision et aux journalistes qui ont réussi à les convaincre. Mais Haïti fait un peu partie de nos priorités géopolitiques, et dans ce cas en particulier c'était notre devoir de ne pas céder à l'effet de meute et de l'information jetable et d'approfondir, au contraire, notre compréhension de la situation.

En juillet 2013, quand des manifestations de millions d'Égyptiens ont poussé le commandant des forces armées, le maréchal Abdel Fattah al-Sissi, à destituer le président Morsi, la presse étrangère, sans doute mobilisée ailleurs par l'effet de meute, a pratiquement ignoré ces événements cruciaux qui allaient pourtant transformer la donne en Égypte. Un ami du Caire, Eric Ananian, un jeune dentiste que j'avais interviewé plusieurs fois depuis le Printemps arabe, m'a alors envoyé un courriel que j'ai conservé depuis, dans lequel il critiquait cette forme d'abandon qu'il jugeait très sévèrement : « Je ne peux retenir mon étonnement face à l'absence quasi totale des médias internationales [*sic*] pendant les événements actuels en Égypte. Ayant participé à bon nombre de manifestations ces derniers temps, j'ai été frappé par le "désert" médiatique qui régnait dans les rues face au nombre PHARAONIQUE d'Égyptiens présents. »

Les enjeux de sécurité

Un autre danger menace l'avenir de notre ouverture sur le monde : la question de la sécurité. La détérioration des conditions de sécurité et la prolifération du banditisme dans beaucoup de théâtres d'opérations sur la planète entraînent des coûts humains et financiers qui amènent beaucoup d'entreprises de presse, même parmi les plus riches, à réduire leur présence à l'étranger. Dans les nouvelles situations de guerre qui se développent de plus en plus, résultant, la plupart du temps, de conflits internes mettant en scène des milices inexpérimentées, ignorantes des conventions internationales, et où les populations civiles sont souvent les premières victimes, le travail des journalistes et même celui des organisations humanitaires sont aujourd'hui de moins en moins respectés. Les dossards de presse ou la croix et le croissant rouges ne sont plus comme avant des garanties d'immunité. Il n'est plus rare maintenant de voir les humanitaires et les reporters être ciblés par des combattants ou simplement pris en otages pour être monnayés et servir d'objets de négociation.

Même dans le contexte de désastres humanitaires, la presse et les organisations d'aide ne sont plus à l'abri des pillards et des brigands qui en profitent pour s'enrichir au détriment des victimes. Les règles traditionnelles qui, dans les conflits comme dans les situations de crise, protégeaient l'intégrité des journalistes ou du personnel humanitaire ne tiennent souvent plus. C'est ainsi qu'à Radio-Canada et CBC seulement, au cours des dernières années en Afghanistan, par exemple, nous avons eu à faire face à l'enlèvement d'une de nos journalistes, Mellissa Fung. Le caméraman Charles Dubois a perdu une partie d'une jambe lors de l'explosion du véhicule dans lequel il se trouvait. D'autres collègues comme Raymond Saint-Pierre ont été plus chanceux quand leur véhicule a connu le même sort. Des journalistes ont été battus, comme Sylvain Castonguay, alors qu'il couvrait les manifestations de la place Tahrir.

Pour faire face à ces nouvelles conditions, les organisations de presse ont dû investir des fortunes de façon à protéger leurs troupes sur le terrain. Dans les entreprises encore assez riches pour en assumer les coûts, les journalistes appelés à se déplacer vers des zones de guerre, de crises ou de désastres naturels doivent maintenant suivre des formations sophistiquées pour apprendre à se protéger contre des agressions auxquelles on ne s'attendait pas autrefois, assimiler les techniques de premiers soins et savoir identifier de nouvelles formes de dangers. Des formations qui doivent être renouvelées fréquemment, tellement les conditions sur le terrain évoluent rapidement. Les frais d'assurance et de protection durant ces missions en zones dangereuses sont devenus exorbitants.

Le problème, c'est que la sécurité est devenue tellement préoccupante et surtout tellement coûteuse qu'elle a fourni un autre prétexte aux entreprises de presse pour se retirer de l'étranger. Une autre raison de se replier sur soi. Après avoir été nommée, en juillet 2009, présidente-directrice générale de l'International Crisis Group, une organisation qui documente la situation dans les zones de conflit sur la planète, Louise Arbour m'avait confié cette préoccupation qu'elle avait ressentie en assumant ses fonctions. Alors que les diplomates, au nom des mêmes inquiétudes quant à leur sécurité, se confinaient de plus en plus dans leurs chancelleries, ne s'aventuraient plus sur le terrain, si les grandes entreprises de presse en arrivaient à se désengager elles aussi, les guerres régionales risquaient de se multiplier sans qu'elles attirent l'attention du monde extérieur. Son organisation, qui s'obstinait à être présente partout où cela s'avérait nécessaire, recrutait justement d'anciens journalistes passionnés d'information internationale qui ne trouvaient plus de place dans leurs propres médias.

L'avenir de l'actualité internationale

Les changements dans les médias ne sont qu'un reflet de ce qui se passe dans beaucoup d'autres domaines à l'échelle du globe. En trente ans, de 1990 à 2020, au rythme où se développent les grandes économies émergentes, les classes moyennes vont passer de 900 millions d'individus à près de 3 milliards sur la planète, la grande majorité se concentrant en Asie. Alors que, dès 1990, des organismes comme le Club de Rome s'inquiétaient des capacités des ressources de la Terre de supporter les besoins de ces 900 millions de consommateurs, qu'arrivera-t-il quand ils seront près de 3 milliards, d'ici à peine cinq ans, en Chine, en Inde, au Brésil ou en Russie, à vouloir consommer comme nous ? Comment l'écologie de la planète pourra-t-elle soutenir ce développement ?

En un quart de siècle, le pouvoir économique et politique dans le monde est passé de l'Occident aux grandes nations émergentes comme l'Inde et la Chine. On dit que c'est la plus grande transformation politique qu'ait connue l'humanité sans qu'elle soit le résultat d'une guerre.

Comment ces nouvelles puissances vont-elles se comporter quand elles vont vraiment commencer à assumer leurs pouvoirs? La Chine est sur le point de devenir la première économie du globe; quelles seront ses valeurs quand elle endossera vraiment son rôle de première puissance mondiale? Tous ces enjeux, grossièrement résumés, vont avoir un impact direct sur nos enfants, nos entreprises, nos économies, parce que le monde dans lequel nous vivons est de plus en plus interdépendant. Les décisions que prennent les Chinois dans beaucoup de domaines les concernant vont nous affecter tôt ou tard directement. Dans ce contexte, quelle est la responsabilité des médias et comment ceux qui les dirigent assument-ils le rôle auquel on devrait s'attendre de leur part?

Là-dessus, les constats de Jean-François Dumas, d'Influence Communication, pour l'année 2013 comme pour les années précédentes, ne sont guère rassurants. Selon les données relevées par son entreprise, moins de 1% du contenu de la presse quotidienne au Québec est consacré à l'information internationale. En comparaison, les médias du reste du Canada, des États-Unis et surtout de l'Europe réservent entre 8 et 12% de leur couverture quotidienne à l'actualité étrangère. C'est plutôt le sport qui domine largement nos informations quotidiennes avec plus de 15% du contenu, dont les trois quarts sont consacrés à la couverture des activités du club de hockey des Canadiens de Montréal[30].

Alors que nous vivons à une époque où nos entreprises, pour survivre, doivent à tout prix savoir ce que font leurs concurrents à l'échelle de la planète, que nos institutions d'enseignement doivent adapter leurs programmes pour

---

30. « État de la nouvelle : bilan 2013 – Québec », Influence Communication, Montréal.

être à la hauteur de la concurrence internationale ; alors que notre vie quotidienne et l'environnement dans lequel nous vivons dépendent de plus en plus de décisions prises ailleurs sur le globe, comment expliquer ce manque d'intérêt des médias québécois pour l'étranger et ce repliement sur soi ? Les propriétaires d'entreprises de presse répondront qu'ils ne font que satisfaire à la demande de leurs lecteurs, auditeurs ou téléspectateurs. Si c'est le cas, cela rend le constat encore plus dramatique ; cela confirmerait que les médias se limitent de plus en plus à la diffusion d'informations de proximité parce que c'est plus rentable en matière de marché, tout en étant, bien sûr, beaucoup moins cher à produire. On se refermerait ainsi sur nous-mêmes par souci d'économie et de rentabilité.

C'est dans ce contexte de désintérêt de la part du public et de difficultés financières pour les gestionnaires que la SRC a décidé de mettre fin à l'émission *Une heure sur Terre*, après avoir graduellement diminué son financement au cours de ses six années d'existence. Depuis son arrivée en poste, le patron de la Société Radio-Canada, Hubert Lacroix, avait pourtant l'habitude de dire, publiquement en tout cas, que, malgré les compressions budgétaires répétées imposées par Ottawa, la société avait assez d'argent pour exercer son mandat. J'ai toujours cru qu'il aurait été du devoir de Radio-Canada de faire preuve de courage et de maintenir à tout prix cette ouverture sur le monde. Et j'avais même proposé des solutions pour y arriver qui n'ont jamais été retenues.

Une vision pour nos enfants
Au début de l'été 2011, alors que Sylvain Lafrance, le vice-président des services français de Radio-Canada, venait d'annoncer sa décision de quitter ses fonctions, j'ai eu l'idée de me porter candidat à sa succession. En cette fin de saison 2010-2011 d'*Une heure sur Terre*, peu de temps après le sursis que nous avait procuré l'émission spéciale avec l'OSM sur le Japon, notre moral était mis à l'épreuve par la décision de la coordonnatrice, Josée Bellemare, la véritable âme du magazine, d'accepter une offre d'emploi à Espace

Musique, la chaîne musicale de la radio de Radio-Canada. Je savais qu'après le départ de Josée et le sursis *in extremis* que l'émission avait obtenu l'avenir d'*Une heure sur Terre* allait être encore plus qu'incertain, et je pensais qu'il était opportun de profiter de l'occasion du départ de Sylvain Lafrance pour présenter en haut lieu, dans la compagnie, une fois pour toutes, ma vision des orientations que devrait prendre Radio-Canada à l'avenir. Je croyais important, à soixante-deux ans, après une quarantaine d'années d'expérience dans cette entreprise que j'aimais, d'offrir mes services pour mettre en application ces idées.

Quelques années plus tôt, durant l'été des Jeux olympiques de Pékin, en 2008, Hubert Lacroix m'avait invité, avec un groupe d'une soixantaine d'artisans, à participer à un exercice de réflexion sur les orientations de l'entreprise pour les prochaines années. À peine descendu de l'avion en provenance de Pékin, j'avais pris la route pour être à temps à cette rencontre, à Kanata, en banlieue d'Ottawa, où il m'avait accueilli devant tout le monde comme une sorte de héros, à l'ouverture des travaux, parce que j'avais accepté, malgré mon horaire chargé, de relever le défi de cette consultation. L'exercice auquel il nous conviait, avec l'ensemble de la direction, visait à imaginer ce que nous devrions être dans cinq ou dix ans pour être pertinents dans un monde médiatique en complète perturbation. J'avais adoré l'expérience, que je croyais sincère de la part de la direction. Accepter de se faire provoquer par une soixantaine d'employés triés sur le volet et issus de tous les métiers qui faisaient la richesse de cette immense compagnie. Nous devions, dans les trois ou quatre jours de la rencontre, nous constituer en équipes et présenter aux membres de la direction des scénarios de développement de l'entreprise pour l'avenir. À l'issue des délibérations, notre équipe, à laquelle participait, entre autres, l'actuelle directrice générale des services français de Radio-Canada, Louise Lantagne, avait remporté la palme pour l'originalité de sa présentation et le contenu de ses propositions. Hubert Lacroix avait conclu cette rencontre, que j'avais surtout appréciée en raison du climat de créativité qui l'animait, en nous promettant un suivi et des consultations subséquentes. Pour des raisons que je n'ai pas comprises, je n'ai jamais plus été invité à ce genre d'exercice par la suite.

En juin 2011, après l'annonce du départ de Sylvain Lafrance, j'avais donc décidé de tester une fois de plus la capacité d'Hubert Lacroix d'accueillir des idées neuves en me portant candidat à la vice-présidence des services français de Radio-Canada. Peu de temps après lui avoir fait parvenir un courriel officiel lui confirmant mes intentions, Lacroix m'avait répondu en me disant qu'il recevait avec enthousiasme ma candidature et en me recommandant de contacter la firme Egon Zehnder International, des chasseurs de têtes qui avaient obtenu le mandat de trouver un successeur à Sylvain Lafrance. Pendant une partie de l'été, en consultant une série de spécialistes de l'univers des médias, ainsi que les rapports annuels de Radio-Canada et CBC et les nombreux documents soumis par la société lors d'audiences précédentes au CRTC, le Conseil de la radiodiffusion et des télécommunications canadiennes, j'ai préparé ma candidature à ce poste en étant persuadé que je le faisais un peu aussi au nom de tous mes collègues.

J'ai donc imaginé, dans un contexte où la SRC devait se concentrer sur sa mission première, compte tenu des contraintes budgétaires auxquelles nous devions faire face, une structure d'entreprise complètement épurée, où l'essentiel des moyens financiers allait être dédié à la production de contenu. Une nouvelle SRC, plus efficace, et dont les ressources allaient être orientées vers son unique mandat, celui de produire et diffuser de la programmation destinée au public canadien. Au lieu d'appliquer constamment à tous les services les compressions budgétaires à répétition qui nous étaient imposées, je croyais qu'il fallait avoir le courage de remettre en question carrément certaines des missions moins essentielles de l'entreprise pour privilégier la création de contenu. J'avais la conviction et je l'ai toujours aujourd'hui que, pour assurer l'avenir de la radio et de la télévision publiques au Canada, il fallait déclencher l'équivalent d'une révolution dans l'entreprise. Revoir sa constitution en fonction d'un seul objectif: en faire une machine de production unique. Or, ce travail de réflexion, on ne m'a pas donné l'occasion de le mettre en application au sein de l'entreprise.

En août 2011, j'ai été reçu chez Egon Zehnder par un homme charmant qui m'a appris que je n'aurais pas à passer devant un comité de sélection, comme cela se produisait habituellement pour des postes importants dans des entreprises équivalentes, puisque Hubert Lacroix avait décidé de se charger lui-même du choix des candidats. Il ne m'était donc d'aucune utilité de présenter mes projets aux chasseurs de têtes, me disait-il, puisque Lacroix allait tout décider. En septembre, en reportage en Afghanistan, j'ai reçu un appel téléphonique d'Hubert Lacroix qui m'a appris que ma candidature avait été très appréciée, mais qu'il avait l'intention de recruter à l'extérieur de l'entreprise. J'étais donc éliminé d'office. «Je veux changer la culture de Radio-Canada, m'avait-il dit, nos défis sont importants, il faut aller chercher des idées ailleurs.» À la fin de l'appel, il a ajouté qu'il tenait malgré tout à m'entendre et me promettait de me convoquer à une rencontre avec lui plus tard dans la saison.

Au début de décembre 2011, comme il s'y était engagé, Lacroix m'a invité à son bureau en me disant qu'il souhaitait prendre le temps de m'écouter. En entrant dans la pièce, je lui ai demandé s'il avait eu du succès dans sa recherche de candidats à l'extérieur. Je savais très bien, en lui posant la question, que son projet n'avait pas abouti. Les candidats intéressants qui avaient été rencontrés – et parmi ceux-ci des gens qui s'étaient illustrés dans la gestion d'entreprises de presse – n'avaient pas été retenus ou avaient tout simplement décliné l'invitation parce qu'ils n'étaient pas d'accord avec la vision du PDG. Hubert Lacroix a passé une heure à écouter ce que j'avais à dire sur les orientations qui devaient être adoptées pour assurer l'avenir de la SRC, mais il n'en a rien retenu. Peu de temps après cette rencontre, Louis Lalande, le vice-président par intérim des services français, un homme qui quelques années auparavant avait été écarté de la direction de l'information, était choisi pour remplacer Sylvain Lafrance. Celui qui voulait à tout prix apporter du sang neuf dans la bureaucratie radio-canadienne, de nouvelles idées, nommait ainsi, malgré ses promesses, un des personnages qui en incarnaient le plus la paralysie.

À moins d'une révolution dans une entreprise de presse comme le réseau français de Radio-Canada, et compte tenu de la diminution graduelle de son financement, des fonctions essentielles pour un service public, comme celle de l'ouverture sur le monde, déjà très handicapée par les transformations récentes, ne pourront pas survivre. Or, à la lumière des récentes décisions, il n'y aura pas de révolution à Radio-Canada mais une décroissance inévitable; la direction, sous la gouverne de Hubert Lacroix, a choisi de faire porter par tous les secteurs de l'entreprise, et au secteur de la production de contenu en particulier, le poids des compressions budgétaires. On envisage même un repli vers une diffusion concentrée sur le Web. Contrairement à une tradition qui a toujours perduré depuis la création de Radio-Canada, autant Lacroix lui-même que son conseil d'administration ont renoncé à se battre pour convaincre le gouvernement fédéral d'augmenter sa contribution au budget de l'entreprise.

Pourtant, ailleurs dans le monde, des sociétés bien plus importantes que CBC et Radio-Canada ont eu le courage de trouver les moyens de survivre dans la nouvelle économie des médias. L'Agence France-Presse, en grande difficulté financière il y a quelques années, a dû se redéfinir, sous la gouverne de son président-directeur général Emmanuel Hoog, pour retrouver la rentabilité. L'entreprise vieillissante est devenue aujourd'hui une agence dynamique de diffusion de contenu, autant écrit que visuel et sonore. Le quotidien britannique *The Guardian*, fondé en 1821, qui était lui aussi menacé de mort, s'est transformé ces dernières années en une redoutable société de production de contenu original et d'enquêtes; notamment par son traitement des révélations de Wikileaks et de Richard Snowden, et en mettant à contribution les technologies les plus avant-gardistes, en particulier dans le traitement graphique sur le Web des datas, les données numériques qui vont constituer, dans l'avenir, un bassin d'information intarissable. Le grand leader de cette révolution au *Guardian*, Alan Rusbridger, un musicien, homme de lettres et visionnaire, a mis à contribution les forces vives de sa société pour la repenser et la propulser au cœur du XXIe siècle, en acceptant en plus, pour donner l'exemple, au début du redressement du journal, de diminuer son propre salaire.

Quand j'étais à Pékin, j'étais fasciné par l'investissement que faisait la Norvège pour couvrir l'actualité mondiale. Dans la seule capitale chinoise, ce petit pays de 5 millions d'habitants avait un correspondant pour sa chaîne publique de télévision et de radio, la NRK, avec lequel je partageais certains services, et un autre pour un de ses grands quotidiens, *Aftenposten*. La Norwegian Broadcasting Corporation, financée par une population pourtant beaucoup plus petite que celle du Québec, avait plus de correspondants dans le monde que CBC et Radio-Canada réunis. Parce que les Norvégiens avaient cette volonté, qu'ils ont encore plus que jamais aujourd'hui, d'être présents dans le monde pour savoir ce qui s'y passe, et, surtout, y transmettre leurs valeurs de liberté et de démocratie. Malgré leur poids démographique négligeable à l'échelle du globe, les Norvégiens y exercent un rôle primordial par l'appui qu'ils apportent aux populations sinistrées, par les positions courageuses qu'ils prennent sur les enjeux globaux, souvent en contradiction avec le conservatisme des grandes puissances comme la Chine et les États-Unis, et par leurs interventions pour promouvoir la paix, comme ils l'ont fait en 1993 en créant des conditions favorables à l'émergence des accords historiques d'Oslo entre Israël et la Palestine.

Pourquoi le Canada et une grande institution comme la Société Radio-Canada n'auraient par l'audace de faire preuve de la même vision pour l'avenir?

Un bilan en extrêmes
En ce début d'été 2014, alors que j'écris ces lignes, l'actualité internationale est dominée par des nouvelles inquiétantes.

Le Moyen-Orient, en particulier, est aux prises avec deux conflits internes catastrophiques en Syrie et en Irak, qui ont fait des dizaines de milliers de victimes, surtout parmi les populations civiles, et des millions de réfugiés, sans qu'aucun espoir de solution pointe à l'horizon. Les victoires successives de l'EI, l'État Islamique, une milice sunnite radicale, menacent de déstabiliser toute la région et de s'étendre à des pays jusqu'ici épargnés comme le Liban et la Jordanie. En Israël et en Palestine, les tensions reprennent de plus belle, alors que l'armée israélienne lance une fois de plus une offensive disproportionnée pour mettre fin à des tirs de roquettes palestiniens. Malgré tous les efforts déployés par John Kerry, le secrétaire d'État américain, pour ramener une certaine rationalité dans ce conflit, les Palestiniens de Cisjordanie demeurent le seul peuple au monde à vivre sous l'occupation d'une armée étrangère et sous un régime légal régi par les tribunaux militaires qui limitent leurs libertés fondamentales y compris celle de circuler à l'intérieur comme à l'extérieur de leurs frontières. La bande de Gaza, ce territoire plus petit que celui de l'île de Montréal, qu'on décrit souvent comme la plus grande prison à ciel ouvert de la planète, est encore, au XXIe siècle, le seul territoire au monde victime d'un blocus complet de la part d'une puissance étrangère, et cela, depuis des années.

Le 20 juin 2014, un rapport du Haut Commissariat des Nations unies pour les réfugiés estimait à plus de 50 millions le nombre de réfugiés, de demandeurs d'asile et de personnes déplacées dans leur propre pays à l'échelle du globe. Un chiffre record dépassant pour la première fois les seuils enregistrés lors de la Seconde Guerre mondiale. Mais les États-Unis, qui ne veulent plus jouer à la police du monde, n'intimident plus personne, et les nouvelles puissances comme la Chine ne veulent pas se mêler de ce qui ne les concerne pas directement, parce qu'elles ne souhaitent surtout pas ouvrir la porte à une ingérence étrangère dans leurs propres affaires. Alors que le monde consomme de plus en plus, que les classes moyennes prennent de l'expansion partout dans les économies émergentes de la planète, au XXIᵉ siècle, on continue de tolérer des déséquilibres de plus en plus grands entre riches et pauvres. Malgré les progrès accomplis, si 1 milliard d'êtres humains sont sortis de la pauvreté depuis les Objectifs du millénaire en 2000, 1 milliard d'autres gens, des femmes et des enfants surtout, ne mangent pas encore à leur faim et n'ont pas accès à de l'eau potable ou à des sources d'énergie essentielles au développement.

Heureusement, des avancées considérables nous permettent de penser que ces grandes iniquités se résoudront plus rapidement que jamais auparavant. Les êtres humains communiquent entre eux de plus en plus. Ils peuvent donc régler les problèmes plus vite. Des étudiants au Bangladesh, en Chine et au Canada échangent quotidiennement des données pour résoudre des problèmes. L'éducation se développe à un rythme fou. Des imprimantes 3D fabriquent déjà à partir de cellules vivantes des veines ou d'autres organes vitaux du corps humain, et les savants les plus optimistes annoncent déjà la fabrication d'un cœur vivant. Mais, pour que nos enfants s'adaptent à ce monde en changement et y trouvent leur place, il faut demander aux enseignants, aux journalistes, aux leaders : comment préparez-vous ces nouvelles générations pour qu'elles puissent comprendre le XXIᵉ siècle et y vivre ? Il faut demander aux politiciens : quelles ressources leur donnez-vous, à ces enseignants ? Comme on l'aurait demandé à Mandela, Walesa, Kohl, Mitterrand, Reagan ou Gorbatchev : quelle est votre vision ?

On peut avoir peur de ce qui s'en vient, mais on peut aussi décider d'en profiter. Pour cela, il faut apprendre des autres pour savoir et innover afin de trouver sa place. Nous assistons dans le monde, heureusement à mon point de vue, à un nouvel équilibre entre des pôles nouveaux et anciens de développement et d'influence, une diversification géographique et économique de la planète qui mettra fin à la domination qu'exerçait l'Occident depuis deux siècles, mais qui va aussi dorénavant mettre à contribution des régions du monde qui tardaient encore à s'affirmer, comme l'Afrique, qui s'apprête maintenant à décoller. En s'affirmant, qui sait, ce grand continent, par son originalité culturelle, nous aidera peut-être à trouver de nouvelles solutions à nos problèmes.

En quarante-deux ans de journalisme à parcourir la planète, j'ai vu la chute de dizaines de despotes sous la pression de masses humaines pacifiques. La fin de mythes qu'on croyait éternels comme l'apartheid ou la guerre froide. Il y a, bien sûr, des foyers de résistance notoires et des raisons de s'inquiéter, comme la montée en force du radicalisme religieux. Mais, j'en suis convaincu, les victoires compensent les difficultés, et elles doivent nous rendre optimistes.

Au cours de ces quarante-deux années de journalisme, j'ai toujours été ému par les enfants, ces êtres fragiles qu'on retrouve toujours au premier rang des victimes des catastrophes humaines ou naturelles. Ces petits êtres résilients aux visages et aux mains sales, qui endurent les folies des adultes. Ces réfugiés des guerres absurdes, dont Kim Thúy, l'écrivaine québécoise d'origine vietnamienne qui a si bien décrit l'instinct de survie dans son beau roman *Ru*. Ou les enfants laissés pour compte des quartiers défavorisés de nos villes. Réfugiés dans leur propre pays. Ce sont ces enfants qui devraient nous obséder et mobiliser nos efforts. Quand ils n'existeront plus, quand ils seront bien nourris, assis, propres, sur un banc d'école près de chez eux, l'humanité aura accompli son destin le plus noble.

Remerciements

Je tiens à remercier en particulier Mireille Deyglun, pour sa patience et la conviction avec laquelle elle a appuyé ce projet. André Bastien, mon éditeur, et toute la magnifique équipe de Groupe Librex qui a plongé dans cette aventure avec passion. Marc Laurendeau pour m'avoir poussé à fouiller dans mes carnets de notes. Mes amis, Jean-Luc Paquette, Luc Tremblay, Sami Aoun, Charles Enderlin, Ernest Loignon, Dang Duc Tue, Dalil Maschino et particulièrement Vincent Bilodeau et Francine Tremblay, qui ont lu des ébauches et collaboré à la recherche. Enfin, tous les guides, interprètes et chauffeurs qui ont parfois risqué leur vie pour me permettre cette ouverture sur le monde.

Retrouvez Jean-François Lépine au
www.editions-libreexpression.com/jeanfrancoislepine
pour davantage d'informations sur les sujets
évoqués dans cet ouvrage.

Suivez les Éditions Libre Expression sur le Web :
www.edlibreexpression.com

Cet ouvrage a été composé en ITC New Baskerville 11,5/13,65
et achevé d'imprimer en novembre 2014 sur les presses
de Marquis imprimeur, Québec, Canada.

certifié | procédé | 100 % post- | archives | énergie
sans chlore | consommation | permanentes | biogaz

Imprimé sur du papier 100 % postconsommation, traité sans chlore,
accrédité Éco-Logo et fait à partir de biogaz.